一本书读懂世界史

YIBENSHU DUDONG SHIJIESHI

王禹翰 / 编著

北方联合出版传媒（集团）股份有限公司

万卷出版公司

ⓒ 王禹翰 2013

图书在版编目（CIP）数据

一本书读懂世界史 / 王禹翰编著 . — 沈阳 : 万卷出版公司 , 2013.8（2022.1 重印）
（典藏 / 吴昊主编）
ISBN 978-7-5470-2519-2

Ⅰ . ①一… Ⅱ . ①王… Ⅲ . ①世界史 – 通俗读物 Ⅳ . ① K109

中国版本图书馆 CIP 数据核字 (2013) 第 141014 号

出版发行：北方联合出版传媒（集团）股份有限公司
　　　　　万卷出版公司
　　　　　（地址：沈阳市和平区十一纬路25号 邮编：110003）
印 刷 者：北京一鑫印务有限责任公司
经 销 者：全国新华书店
幅面尺寸：178mm×254mm
字　　数：360千字
印　　张：19
出版时间：2013年8月第1版
印刷时间：2022年1月第2次印刷
责任编辑：张洋洋
封面设计：范　娇
版式设计：鄂姿羽
责任校对：高　辉
ISBN 978-7-5470-2519-2
定　　价：68.00元

联系电话：024-23284090
邮购热线：024-23284050
传　　真：024-23284521

经典之藏，心灵之旅

读书是一件辛苦的事，读书又是一件愉悦的事。读书是求知的理性选择，同时，读书又是人们内在自发的精神需求。不同的读书者总会有不同的读书体验，但对经典之藏，对精品之选的渴求却永远存在。

传统上，读书是求学的手段，千百年来，人类知识的传承，最重要的总是通过书籍的记载与传述。因为有了书，人类才可以文脉延续，薪火相传。西哲说：书籍是人类进步的阶梯，因而，先贤们都把读书当作高尚而庄重的事情，赋予读书神圣、光荣的使命感。故此，韦编三绝、悬梁刺股，以及凿壁、囊萤、映雪等等，就成了刻苦求学的典型，千百年来成为人们效法的楷模。于是，寒门学子挑灯夜读，富家子弟潜心求学，或诚心拜师，或自学成才，诸如此类的事例，就成了激励学子上进求学的传说故事而广泛流传。

书籍除了自身寓含的教化功能外，还能让人感到身心的愉悦和快乐。在文化生活极度匮乏的年代，人们极力去寻找各种承载文明的载体，来填塞文化需求的饥渴。一本残破小书，可以在上百人的手中传递和阅读，看完后仍意犹未尽，不忍释卷。彼时，人们读书如饥似渴，却并无黄金屋、颜如玉一类的功利目的，有的只是内心的精神需求，读书的愉悦与快乐正在于此。仲春季节，读书间隙，推窗而立，鸟语花香扑面而来，内心深处则有禾苗拔节的哔剥之声回响；炎炎夏日，一卷在手，品茗读书，摇扇驱蚊，自然能感受到心灵的清凉和愉悦；秋风瑟瑟，听窗外传来淅淅沥沥的雨声，啜一口酽茶，想起"风声雨声读书声"的名联，便会发出会心的微笑；数九严冬，寒意泛骨，围炉夜读或雪夜捧卷，书香入腹，情暖人心，又能体验到视通万里、思接千载的悠悠遐思。

　　无论是求学求知还是寻求精神上的愉悦，读书都是我们的一种心灵之旅，是接受自我内心的召唤和灵魂的导引上路，让自己再次起飞得到新生的力量。变换的风景，奇异的遭遇，萍逢的客人……这一切旅途中可能发生的事件，都会在我们读过的书籍中出现，它们强烈地超出了我们已知的范畴，以一种陌生和挑战的姿态，敦促我们警醒，唤起我们好奇。在我们被琐碎磨损的生命里，张扬起绿色的旗帜；在我们刻板疲惫的生活中，注入新鲜的活力。

　　正因为读书之益，读书之趣，我们才对书籍本身挑剔起来。试想，灵魂之伴侣如何可以等闲视之呢？一本书的好坏，总会有无数人来品评，既有芸芸众者即兴点评，又有专家学者细心解析，然而，书籍最终的裁定者是历史而不是某一种潮流。随着时光的淘汰，留下来的经典之作渐渐走进更多人的视野，留在人们的案头，成为经典之藏。

　　"典藏"之作正如伴随我们的益友，多闻、博大、精彩而有趣，这样的益友，需要人们用心地品读，细心地筛选，最终把最好的"朋友"留在自己的身边。我们的"典藏"正是帮助读者挑"益友"的一种尝试，希望能把经典的、有价值的或者有趣的书籍放在读者的案头，让它们像朋友一样陪伴每一位读者走上自己的心灵之旅。

　　当我们打开书本，走进属于自己的心灵世界，自然能够体验那种君临一切的奇特感觉。此时心如止水，宁静安然，恰如室外无言的星月，美文佳句不期而至时，或击案称绝，或吟哦出声，甘之如饴。愿这"典藏"之作能给我们的心灵留下一块绿荫，助大家在自己的漫漫行旅中搭起一座可供休憩的风雨亭，对抗庞大、芜杂、纷繁的外界侵扰。

目　录

万物的开启

　　美国人类学家斯坦利·戴蒙德曾说："到哪里去寻找没有从激情与劳动中异化出来的人类生存呢？答案就是：原始人。通过与过去的和现存的原始人的交流，并且还有同我们自身的原始能力的交流，我们才可以创造出一种形象或景观，一种生活观。这种生活观过去曾经引导全人类，现在只引导一小部分人类了，它比我们自己的生活观更加丰富。这一任务可以分解为三个方面：像原始人那样去理解原始世界；用原始人的观点反思我们自己的世界；把这两种世界联系起来思考我们未曾洞悉的人的本质。"

生命的起航

地球从一个巨大的熔炉开始，冷却、凝固，直到形成适合生命生存的环境，接着第一个单细胞生物诞生，脆弱的生命演绎了发展的历史，从最初的单细胞生物到海洋生物、两栖动物、爬行动物、哺乳动物，随着环境的不断变化，在优胜劣汰的自然选择中，一些物种生存了下来，一些物种灭绝了，在缓慢进化中，曾经的古猿演变进化成了现在的人类。文明开始在这个星球诞生，这文明改变了我们，也改变了地球。

生命诞生

众所周知，地球只是茫茫宇宙中极小的一分子，大爆炸后的尘埃通过互相吸引逐渐融合，经过漫长的时期形成球体，而燃烧的地核使其自身不停旋转，我们人类就诞生在这个仍在旋转的星球上。

地球的形成大概在 45 亿年前，当时它只是一个燃烧着的巨大球体，不断受到宇宙中小行星的撞击，直到几百万年后撞击减少，地球表面开始出现了薄薄的地壳。随后由于撞击产生的水蒸气在空中越聚越多，恰好太阳到地球的距离又无法使水蒸气蒸发，就这样降雨产生了，无休无止地降落在这寂寞的星球上，慢慢形成了海洋和湖泊。当雨水最终停下的那一刹那，阳光穿透云层，照射到了这个蓝色的世界。

这个过程大约持续了 15 亿年，地球上才出现了最早的生命。第一个活着的单细胞生物，无声无息地在大海里被孕育出来。

原始的单细胞生命在大海里漂荡了几百万年，从低等级不断地向高等级进化。有些细胞在海底的淤泥中扎根，慢慢进化成植物——海藻；有些细胞在海水里游荡，逐渐变成了水母；一些生长在岩石缝的细胞，后来变成了蠕虫。

漫长的进化实际进行了 27 亿年，最终使海洋中有了鱼，使陆地上有了森林、两栖动物、爬行动物和哺乳动物，巨大的爬行动物——恐龙，逐渐控制了这个世界，它们中的一些分支又进化成了鸟。到此，地球的陆地、天空和海洋都有了生物的踪迹，接下来该人类登场了。

人类出现之前的历史简表

年 代	时 间	生 物
太古代	40~25 亿年前	地球形成最初的永久地壳，大气层、海水开始形成，晚期出现生命，存在菌类和低等蓝藻。
元古代	25~5.45 亿年前	也被称为"菌藻时代"，中期发生了全球性的大冰期，末期开始出现腔肠动物、环节动物和节肢动物，这些动物都没有坚硬的骨骼。
古生代	5.45~2.5 亿年前	古生代是地质年代中的一个代，包括了寒武纪、奥陶纪、志留纪、泥盆纪、石炭纪、二叠纪。泥盆纪、石炭纪、二叠纪又合称晚古生代。出现无叶植物和昆虫，海水中鱼类动物和两栖动物繁盛。
中生代	2.5 亿~6550 万年前	中生代分三叠纪、侏罗纪和白垩纪三个纪。中生代中爬行动物非常活跃，最引人注意的是恐龙。鸟类和哺乳动物开始出现并发展。被子植物在这个时期也开始发展。
新生代	6550 万年前至今	新生代一般被分为古近纪和新近纪两个纪，以及古新世、始新世、渐新世、中新世、上新世、更新世和全新世等七个世。新生代是哺乳动物的时代。

❧ 人类的始祖——古猿 ❧

距今 3000 多万年前，在众多哺乳动物中，有一些比较聪明的，同时在觅食和寻找栖身之所方面领先于其他动物的灵长类的古猿，为了彼此间加强联络、提示风险，它们慢慢学会了发声。那些从喉咙里发出的"咕咕"声，加强了整个组群的联系。

距今 1500 万年前，这些古猿掌握了用两条后腿站立，并保持身体的平衡，用前肢采摘食物。这就是人类的雏形。

南方古猿

大约在距今 300 万年以前，出现了最早的南方古猿（Australopithecus），即人类的始祖，他们生活在非洲，这一结论的得出源于许多化石和考古证据的发掘。距今大约 200 万年前，直立行走并能够制造和利用工具的古代人类出现在坦桑尼亚奥杜瓦伊峡谷，人类学家把他们称为能人，就是从这里早期人类开始迁徙到世界的不同地方。

1974 年，古人类学家在埃塞俄比亚发现了一具成年女性的骨骼，她死的时候大约有 20 岁，身高只有 1.2 米，生活在距今约 300 万年前。人类学家为这一发现兴奋不已，并以披头士乐队的名曲，昵称这位女性为露西。

露西的骨骼保存较为完整，人类学家研究后认为，露西已经是可以直立行走的古猿了，尽管步履蹒跚，且仍然保存着灵长类远祖攀援的特征。既然已经可以直立行走了，露西就有了离开森林的可能，她可以在草原上寻觅食物，大脑也随之有所进化。

除了露西，人类学家还在东非发现了更多的古人类化石，只是生活年代都要晚于露西。这些古人类都是已经完全能够直立行走的了，被解放出来的双手可以更准确地抓握工具，脑容量是露西的两倍。可以制造和使用工具，是这些古人类与露西最大的不同，也是他们比南方古猿进化程度更高的标志。

早期猿人

　　人类学家根据猿向人演变的过程中体质所发生的变化，把人类的早期时代分成早期猿人、晚期猿人、早期智人和晚期智人四个发展阶段。从 20 世纪 60 年代起，人类学家在坦桑尼亚和肯尼亚先后多次发现大批古人类化石和石器并存的遗迹。这些发现表明，大约在 250 万年前东非古人类不仅能熟练使用工具，而且可以很好地制造工具，从而标志着人类进化到一个新的阶段即"能人"阶段，同时这一阶段的人被统称为"能人"。

　　目前的考古证据显示，最早的完全形成的人可能是 1974—1975 年坦桑尼亚北部伽鲁西河流域莱托利地层发现的人类化石，发现包括上、下颌和牙齿，生活年代经测定大约在距今 377 万年 ~ 359 万年之间。在坦桑尼亚的考古发掘中，考古学家还发现了一块长约 2.5 厘米的石片，这被认为是迄今发现的最早的工具，同期还发掘了大量砍砸器、刮削器及各种多边器，经显微观察后发现，这些石片上有多种不同程度的擦痕，可能是割肉、砍树、割草时留下的。1973 年、1974 年在埃塞俄比亚东北部阿法低地的哈达尔地区考古学家又发现一些人类化石，测定生活年代在距今 350 万年前。1968 年在肯尼亚的图尔卡纳湖东部库彼弗拉发现一些砾石打制的石器，测定年代在距今约 261 万年前。1972 年在这一层次之下 35.5 米处，又发现了许多古人类的颅骨碎片，经复原后暂时按登记号称为 KNM—ER1470 号人，同时发现的还有一些腿骨，之后又陆续发现一些人类化石，测定年代在距今 300 万年前 ~ 270 万年前之间。 KNM—ER1470 号人的脑容量大约 700 多毫升，肢骨和现代人十分相似，说明他是直立行走的，与正在形成中的人相比，他们的脑容量明显增大，臼齿与前臼齿则明显缩小，这些考古发掘的早期猿人被公认为是最早的人类。

　　在早期人类的发掘中最具意义的是生产工具的出土，这些工具在从猿到人的进化中意义究竟何在？工具的出土证明古人类具备超出其他动物的认知能力，有人曾对黑猩猩进行试验，发现在教猩猩应用石片时，它"表现出创新的思维"，但是它不能掌握最初工具制造者打制石片的技术。很显然，生活于距今 250 万年前的"能人"已经迈出了进化的关键一步，制造并使用这些石质工具使他们能够更好地保护自己、捕食猎物，更重要的是他们学会了团队合作，从此他们就可以"走出非洲"了。

人类出现之前的历史简表

早期猿人	200万年前~175万年前	能人(坦桑尼亚的奥杜瓦伊峡谷)	脑容量637毫升,直立行走,拇指和其他四指可对握,但动作不精确。可将砾石打制成砍砸器,这种石器文化叫做奥杜瓦伊文化。能人完全依赖自然界生活。
晚期猿人	175万年前至20~30万年前	元谋人(中国云南省元谋上那蚌村)	脑容量1059毫升,能像现代人那样两足直立行走,手比较灵活,可以打造多种石器。能制造多种类型的石器,加工精致,石器文化有较大进步,能够用火,以几十人为一群生活,有一定的应对自然变化的能力。
早期智人	20万年~30万年前至5万年前	尼安德特人(德国尼安德特河谷)	脑容量1350毫升,接近现代人的脑量,体质上保留一些原始特征(嘴部前突,眉脊发达等)。能生产工具,能猎取大型猛兽,掌握了人工取火的技术,征服自然的能力进一步提高。
晚期智人	5万年前~1万年前	克罗马农人(法国克罗马农村)	脑容量基本与现代人的相同,达到1400毫升,体态与现代人相似。能制造复杂的石器、骨器和角器等工具,能制作精致的、别具风格的艺术品和装饰品,能缝制衣服、建造帐篷,能进行大规模的狩猎活动。可能开始过母系氏族社会生活。

晚期猿人

随着人类体质的进一步发展,大约在距今150万年前~50万年前,能人进化为"直立人",即晚期猿人。他们的主要特点是完全用双腿行走,在思维和语言上比能人有很大进步,除了能制造工具外,直立人开始使用火。北京周口店猿人居住的山洞中发现了火的使用痕迹。所以,在直立人形成以后,不仅人类的分布区域扩大到亚非欧各地,而且人类的生活方式也发生了极大的改变,食物的来源更加丰富多样了。虽然如此,进化中的直立人仍然兼有猿和人的两重性,并未完全脱离动物的范畴。

根据目前考古测定,直立人生存的时代是中更新世(距今100万年)的早期。用钾氩法对特里尼尔地层反复测定,可推断其时代大约是距今55万年。人类发展到直立人时脑容量明显增大,早期直立人脑容量为800毫升左右,晚期上升到1200毫升左右。这时的大脑不仅体积增大,结构也变得更加复杂并进行重组,脑的发展显示出直立人开始有了非常复杂的文化行为。这时的大脑左右两半球还出现了不对称性,说明直立人已经有了掌握有声语言的能力。

与能人相比,直立人的牙齿有了变化。由于经常以肉食代替植物性食物,直立人后部牙齿开始减小，使相应的牙床和支持面部及下颌骨的骨结构也减小，前部牙齿却扩大了，显然这是因为经常撕扯肉食导致的。在整体外貌发展上，这时直立人的面部比较扁平，身材明显增大，平均身高达到了 160 厘米，体重也有 60 公斤左右。

直立人的出现标志着人类自身发展进化在距今 200 万年前所经历的一次巨大变化。直立人所具有的一系列进步性特征大大地扩大了人类的生存适应性，这使得直立人不再像之前的那些人类成员那样仅仅在非洲的原野上徘徊，他们在后来的岁月里顽强地走出了非洲，逐渐散布到亚洲的广大区域以及欧洲许多地区。

跌撞前行

从南方古猿到早期猿人以至晚期猿人的进化，是生命发展史上一次富有传奇色彩的飞跃，人类从她的婴儿时期一路跌跌撞撞地走来，发展到智人阶段时，人类自身作为一个生命体较前一个阶段有了更大的进步：智人的头骨比之前有了很大变化，脑容量变大。脑的发展引起生活各方面的进步。走过蒙昧的群居岁月，在这一时期人类开始有意识结成一定的团体，以集体的力量对抗自然界的各种生存挑战。

早期智人

早期智人（early stage H.sapiens）又称古人（Paleoanthropus），他们是生活于距今约20万年前~5万年前的古人类。目前世界上已经发现有早期智人化石的地方有70多处，其中最早发现早期智人化石的地点有两个：一个是1848年在西班牙的直布罗陀发现的智人化石；另一个是1856年考古学家在德国杜塞尔多夫附近的尼安德特河谷的一个山洞中发现的化石，其中包括一个成年男性的颅骨和一些肢骨化石，据测定其生活年代大约是距今7万年前。虽然直布罗陀头骨化石发现较早，但当时并没有引起人们的注意，其考古资料直到1864年才发表出来。最早被人们重视的是尼安德特河谷发现的人类化石，因而古人类学家将早期智人统称为尼安德特人（Homo sapiens neanderthalen–sis），简称尼人。

尼人分布于亚、非、欧三大洲的许多地方。我国的马坝人、丁村人及长阳人也是早期智人的重要代表。尼人的主要特征是脑容量较大（男女平均为1400毫升），但结构比较原始，不像现代人那样近似球形，而是呈现馒头形。他们的头骨最宽处比现代人的低，但比晚期猿人的稍高。在外貌上，智人眉脊发达，前额倾斜，鼻部宽，颌部前突。虽然较猿人有了很大进步，但是仍然保有不少的原始性。

经过长期的劳动，早期智人的智慧和体质都有了很大发展。有的学者分析后认为，尼人可以分两类：以尼安德特人和圣沙拜尔人为代表的典型尼人和以斯虎耳人为代表的非典型尼人。一般认为非典型尼人脑容量小于典型尼人，而形态特征更接近能人即早期猿人，而西欧尼人则被定义为是人类发展过程中一个绝灭的旁支。

在尼人时期打制的石器种类较以前更多也更精细，已经出现了复合工具；人类发展到尼人时不但会用天然火，而且掌握了人工生火技术；服饰多为兽皮。这时还开始形成了埋葬死者的风俗。

石器时代

石器，以岩石为原料制作的工具，它是人类最初主要的生产工具。从人类出现直到青铜器出现前，大约二三百万年的时间，属于原始社会时期。这期间根据不同发展阶段，又可分为旧石器时代和新石器时代，也有人将新、旧石器时代之间再列出一个中石器时代。旧石器时代使用打制石器，这种石器是将石块打击成石核或石片，再加工成一定形状的石器。其种类有砍砸器、刮削器、尖状器等。新石器时代主要是磨制石器，此种石器先将石材打成或琢成适当形状，然后在砺石上研磨加工，种类很多，常见的有斧、凿、刀、镰、犁、矛、镞等。精磨的石器有的还可呈镜面状。值得强调的是，金属器产生后，某些磨制石器又直接因袭了青铜器的形制，如钺、戈、剑、斧等。

晚期智人

晚期智人又称新人，最早是 1868 年在法国的克罗马农洞窟里发现的。他们的分布比早期智人（古人）更加广泛，不仅在亚、非、欧三洲多有分布，而且还分布到大洋洲和美洲。据 20 世纪 70 年代发表的材料表明，在美国的南加利福尼亚曾发现一个近乎完整的新人头骨，在加拿大阿尔勃他的塔勃尔也曾发现了一个距今 4 万多年前的小孩头骨。由此可以推知，人类大约在距今 5 万年前就已越过冰冻的白令海峡来到美洲。在澳大利亚新威尔士的蒙戈湖干枯的河床中曾发现一个女性的头骨，经测定其生活年代约为距今 2.65 万年前 –2.45 万年前之间，这表明人类可能是在距今 3 万年前通过东南亚的一些岛屿来到澳洲的。不仅如此，在我国发现的晚期智人化石分布也很广。在华南有广西柳江人和麒麟山人，西南有四川资阳人、云南丽江人，华北有北京周口店的山顶洞人、内蒙古河套人，东北有吉林榆树人，华东有江苏泗洪的下草湾人、浙江建德人、台湾左镇人，等等。人类分布范围的扩大，是脑力和生产活动能力不断增强的结果。晚期智人的体质和现代人的体质已经大体相同，之前原始人眉脊突出、下颏不明显等原始特征至此已经消失。这时新人的体质特征表现为：额部较垂直，眉脊微弱；颜面广阔，下颏明显；身体较高大，脑容量大。这些特征已经非常接近现代人，他们会制造磨光的石器和骨器，并且已经学会了钻木取火，晚期智人已经可以称为现代人类。

母系氏族

　　原始人群阶段过渡为母系氏族社会，是在生产力水平提高的推动下完成的。生产力的发展势必导致新的社会组织形式产生以与之相对应，于是母权制氏族公社应运而生。母系氏族公社的产生，一方面是因为生产力的发展，要求原来各自孤立的集团与集团之间必须保持一定的联系，而定居生活给这种联系提供了可能；另一方面是因为人们在长期的生活实践中逐渐意识到近亲通婚的危害，由此产生了"普那路亚家庭"，最后当人类发展到一切兄弟姊妹之间，甚至是母方最远的旁系亲族间的婚姻关系都被禁止的时候，一个坚固确定的母系血族集团——氏族出现了。两个互通婚姻的氏族组成了早期的部落。在旧石器时代晚期，母系氏族公社是当时社会的基本细胞。生产资料归氏族公有，氏族成员共同居住，共同劳动，共同消费。在母系氏族社会，由于婚姻是族外群婚，人们只知其母，不知其父，世系只能按母系计算，而且当时妇女在采集经济及照管孩子等家务劳动中发挥着重要作用，因此妇女受到极高尊敬。氏族的族长一般由妇女来担任，但这绝不意味着女尊男卑，在母系氏族公社，男女地位是完全平等的。

　　新石器时代是母系氏族的兴盛时期。在这个时期，婚姻制度由群婚转入了对偶婚。在对偶婚下有一对比较固定的夫妻，但是他们的结合并不牢固，婚姻关系极容易解除。虽然由对偶婚组成了许多对偶家庭，但是这种对偶家庭并不能组成独立的经济单位，当时社会的经济细胞是母系氏族公社。在母系氏族社会，族长一般由氏族议事会选举产生，如果族长不称职，氏族议事会有权将其撤换。一切重要的事都要经过氏族议事会讨论决定。在氏族议事会中，氏族的每一个成年男女都享有平等的投票权，氏族成员有相互援助的义务和血亲复仇的责任，有共同的墓地和共同的宗教节日。氏族还有给本氏族成员命名的权利。有时氏族可以接纳外人作为养子，养子和其他氏族成员拥有同等的权利。在母系氏族阶段，婚姻双方都是母方氏族的成员，一个人死了之后，其财产归其余的同族人所有，丈夫或妻子是不能互相继承的，子女更不可能继承父亲的遗产，因为父亲和子女是分属于两个不同的氏族的。母系氏族在人口增殖之后，分裂为许多小氏族，而原来的氏族则成为胞族，即大氏族。虽然母系氏族这种组织形式曾对生产力的发展起到了促进作用，但是这种原始的共产制度是在生产力水平极其低下的情况下建立起来的，当生产力进一步发展之后，原始公社制度必然走向解体。

父系氏族

从母系氏族公社过渡到父系氏族公社，这是一场家庭的革命。这场革命首先是由经济原因引起的。在由石器时代向金属器时代过渡的过程中，原始的狩猎经济逐渐转变为畜牧经济，原始的锄耕农业逐渐转变为犁耕农业。看管牲畜和驾畜耕田这类十分重要、为社会所必需的公共劳动完全由男子承担，妇女的家务劳动失去了社会意义而转变成"私人的事务"。男女经济地位的变化导致了社会地位的改变。由此可以看出，父权制的确立是男子在经济上跃居统治地位的直接结果。伴随着私有制的产生，男子要求改革继承制度，这成为引起家庭革命的另一个原因。男子拥有牲畜、奴隶等财物，自然希望将来把它们传给自己的子女，但是这个愿望在母系氏族社会是无法实现的。私有制和传统的继承制因为男女经济地位的改变而产生了矛盾。这样一来，扰乱了旧秩序，引起了混乱，而这种混乱只有通过转向父权制的办法才能消除。于是人们规定，子女从父而不再从母；妻从夫而不再是夫从妻，财产由先前的母系亲属继承改为子女继承。父权制确立后，父亲开始支配子女，丈夫开始奴役妻子，主人开始压迫奴隶。换句话说，也就是男子开始"独裁"，妇女地位被大大贬低。虽然历史上出现了父系氏族公社，但这并不表示母系氏族公社立即消失。在世界的不少地区，它们往往是并存的。只是因为它们各自代表不同的文化阶段，所以学者才按照发展顺序划分出顺次更替的不同历史时代。其次，父系氏族公社还保有母系氏族残余的影响。经过漫长的时期，甚至在阶级社会形成以后，这些残余才在一些文明民族中逐渐消亡。

经过漫长的发展，父系家庭公社从父系氏族内部分化出来，这是"男子独裁"的第一个结果。家庭公社又称为家长制家庭或父系大家族，是父权制时期的社会细胞。它是一个自然的经济团体，包括一父所生的几代子孙及其妻子儿女，有的还包括奴隶在内。土地和主要的生产工具公有，人们共同生产、共同消费。这时在氏族内有一个经选举产生按民意行事的族长，他既是生产的组织者，同时也是生产的领导者。在有些地方，他们甚至已经拥有个人权力。家庭公社是从对偶家庭到个体家庭过渡的中间环节，是现代家庭的萌芽。它一直残留到近代，几乎在全世界都留有它的痕迹。

最初的文明

　　寻找食物似乎是远古的人类整天必须奔忙的事情，然而他们的精神生活却并没有因此而枯燥乏味，只要有时间，他们就会用动物的牙骨、捡来的贝壳制作手镯和项链，同时他们还会在居住的洞穴石壁上刻画出美丽的图画，有狩猎的场景，有歌舞的场面。这是一种记录也是一种期望，也许，他们认为把自己心中的愿望画出来，这愿望就有实现的一天。也可能，他们希望神灵看见这些美丽的图画，从而了解他们心中的向往。

　　那时候，人们对自然的了解还不是很多，但他们对大自然的一切都充满了敬畏，相信神灵无所不在，对自然现象、山川日月乃至身边的花花草草都崇拜。原始人认为，把每一种有用的动物或植物作为氏族的图腾，崇拜它们，就能使各种动物大量繁衍，食物来源丰盛，氏族强盛壮大。

　　在漫长的母系社会中，人们迫切需要的是人丁及谷物的繁殖。原始人认为：女人会生孩子，大地会产粮食，女人种地应该比男人在行，所以在几乎所有的原始部落中，都是女人种地，男人都装模作样地去打猎了。当然，后来男人也种地，因为女人实在是忙不过来。

　　每到播种前，氏族、部落都要举行盛大的仪式，力图把女人生育的法力"传染"给地里的庄稼，办法自然就是所有人十分努力地跳舞，十二分努力地群交。人们在墓砖、岩画、绘画、雕刻中常画有表现这种场面的图画。人们对丰产女神的崇拜日益盛行，现今发现的许多故意夸大女性特点——乳房悬垂、大腿粗壮的黏土雕像便可证实这一点，这类雕像遍布世界各地。

　　到了父系氏族的时候，由于女人变成了男人的私有财产，因此全氏族的野合被宣布禁止，与神的交流由巫师来完成。巫师在氏族中不生产，不劳动，专门负责祭祀和通神。当然，这是一个具有危险性的工作，一旦巫师的祈祷没得到神的保佑，这个巫师就要被杀死。

　　这些原始的图腾崇拜，后来慢慢发展成了宗教。随着人们对自然的了解，在天文、地理、医药等方面都有了突出的进步。由于记事的需要，文字也产生了。从最初的结绳记事，逐渐演变为图画文字，进而产生了有读音的文字。世界的文明史，也由此拉开了序幕。

哭泣的奴隶

　　原始社会发展到末期，由于生产力的发展出现了剩余产品，随之产生了私有制，私有制的出现导致了贫富分化，国家应运而生。由此开始了人类历史上第一个人剥削人的社会形式——奴隶社会。早期奴隶制生产方式促进了社会生产力的发展，但是因为奴隶主仅将奴隶视为"会说话的工具"，任意买卖、杀害，奴隶主和奴隶之间矛盾不断升级，奴隶开始反抗奴隶主的压迫，出现了各种消极怠工的现象。在这种矛盾对立中，奴隶反抗的浪潮愈演愈烈，最终埋葬了黑暗的奴隶社会。

神秘的尼罗河畔

埃及是尼罗河的赠礼。

——希罗多德（Herodotus 西方史学之父）

尼罗河的馈赠

尼罗河是世界上最长的河流，绵延 6700 公里，气势宏大的尼罗河由白尼罗河和青尼罗河汇聚而成，经过一个宽阔三角洲地带流入地中海，数千年的冲积沉淀，形成了极其肥沃的一块狭长土地。在这块土地上，勤劳的人们创造了丰富多样的农业文明，这条带状的绿洲也繁衍了非常独特的动植物群。

尼罗河里的粉粒混合沙漠里的沙粒，组成了最佳的土壤——"砂质壤土"，成为了孕育埃及文明的所在。由于流速愈快，所沉积的粉粒愈少，所以接近入海口的地方沉积的粉粒就较多。

埃及位于非洲东北部的尼罗河下游，古代埃及按照尼罗河的走向，被分为上、下两部分，上埃及在南边，下埃及在北面，而尼罗河正是连接上埃及与下埃及的生命源流。

大约在距今 1 万年前，由于气候发生了重大变化，北非的许多地区都变成了沙漠。远古人类的历史就是一部四处觅食、逃避饥饿的历史，哪里有充足的食物，

人们就迁徙到哪里去。就这样，北非的土著居民哈姆族人和一些塞姆族人，渐渐聚集到尼罗河流域，依靠河水泛滥冲积而成的平原和沼泽地，过起了渔猎和采集生活。

尼罗河流域的西面是利比亚沙

漠，东面是阿拉伯沙漠，南面是努比亚沙漠和飞流直泻的大瀑布，北面是三角洲地区没有港湾的海岸，这些自然屏障使它受到特别好的保护，让迁徙至此的人们过上了安定的生活，不会轻易遭到外族的入侵。6 月到 9 月是尼罗河的涨水期，因此每到夏季河水都会泛滥，洪水退去后，留下的淤泥就成为了上好的肥料，使周围的田地和牧场变得肥沃，居住在这里的人们很感谢尼罗河，把它视为神灵。

埃及人的祖先在新石器时代晚期，大约在距今 7000 多年前，就分别在上埃及和下埃及建立了有相当规模的聚落，并且在大约距今 5000 年前，发展成了一个国家。他们种小麦和大麦，牧牛、钓鱼、捉野雁，编织亚麻布，用泥砖盖房子。对古埃及人来说，尼罗河是大地之母，在这世界上没有什么比尼罗河更重要的了。

太阳神之子——法老

国王称呼自己为"法老"是从埃及统一后开始的，法老是古埃及君主的尊称，是埃及语的希伯莱文的音译，其象形文字的意思是大房屋，在古王国时代仅指王宫，并不包括国王本身。从新王国第十八王朝图特摩斯三世起，开始用于国王自身，并开始演变为对国王的一种尊称。第二十二王朝以后，正式成为国王的头衔。另外，法老本身还自称是太阳神阿蒙之子，是神在凡间的代理人与化身，具有绝对权威，掌握着全国的军政、司法、宗教等大权，其意志就是法律。古埃及人对法老的崇拜近乎疯狂，仅其名字就具有不可抗拒的魔力，官员们以能亲吻法老的脚而感到自豪。

当然，要管理这个庞大的国家，光靠法老的权威和名字是不行的。法老下面是宰相，称为"维西尔"，管辖着财政、水利等重要的部门。再往下就是各级官吏和祭司，然后是书记员。书记员的地位高于商人、手艺人和僧侣，奴隶的地位是最低的。占全国人口 85% 的奴隶，除了日夜耕作劳动外，既要给王公贵族修建宫殿、庙宇，还要为法老修建金字塔。

女法老的出现

哈塞普苏是十八王朝的第六位法老，也是埃及历史上第一位女法老。

哈塞普苏是著名的埃及法老杜德摩西一世的女儿，杜德摩西一世有三个儿子，其中两个是妻子所生，一个是妾生的。两个正室所生的儿子都因故去世了，在法老临死时，只能选择庶出的儿子继承王位。根据当时的埃及法例，这个儿子必须娶他同父异母的妹妹哈塞普苏为妻，才能具有"标准王室血统"，这是登上王位的前提。那时，哈塞普苏只有12岁。结婚6年后，哈塞普苏便开始和丈夫共掌政权，这位丈夫体弱多病，不久就去世了。

哈塞普苏一面培养侄子杜德摩西三世，一面乘机夺取政权。由于成为法老需要正当的理由，哈塞普苏便宣称自己是太阳神的女儿，经过7年的努力，终于成为了法老，埃及也进入了最兴旺的发展时期。

在古埃及的壁画上，哈塞普苏作为王后，穿着是非常女性化的。但在哈塞普苏执政7年后，所有关于她的雕像和画像完全没有了女性特征。哈塞普苏知道，只有男性才能成为法老。自己虽然是埃及历史上第一个女性君主，但获得权力的过程并不是正大光明的。于是，哈塞普苏决定重新创造自己，甚至不惜改变性别，让人们把她视为一个男性。

在哈塞普苏统治的20多年中，埃及的政治和经济都非常稳定，社会繁荣，文化艺术也达到高峰。哈塞普苏还组织了一支探险队，为埃及商人找到了不少新市场。

其实，哈塞普苏登上法老的宝座之所以如此困难，最重要的原因，是埃及王室非常重视家族血统的纯洁。为了维持法老家族的血统永远纯洁，埃及王室一直采用血亲的婚姻制度。要想成为法老，最基本的条件就是要娶王室的公主为妻。因此，法老的儿子和他们的姐妹，或同父异母的姐妹结婚，就成为理所当然的事情。有时候，甚至有一位国王和自己的女儿结婚，因为国王没有姐妹。

当然，法老是可以妻妾成群的，那些妾，都是从皇室以外挑选出来的妃嫔，她们大部分是国外的公主。但是，只有国王娶作妻子的姐妹才可以被称作是王后，也只有她和国王生的儿子，才拥有在国王死后的王位合法继承权。

如果王后自己没有儿子作为王位的合法继承人，就由妃嫔的儿子继承王位。如果皇后有女儿的话，这些女儿将是未来王后的候选人。

千古之谜——金字塔

埃及的金字塔是古代埃及的帝王陵墓，世界七大建筑奇迹之一。它的数量众多，分布广泛，其中开罗南部与古城孟斐斯一带最为集中。

作为法老陵墓的金字塔，不但是法老死后的家，还是通往天国的梯子，因此金字塔被修建得十分高大。因为法老都是太阳神的后裔，所以角锥体的金字塔也表示了对太阳神的崇拜，它象征的就是刺破青天的太阳光芒。当你站在金字塔棱线的角度上，向西方看去，就可以看到金字塔仿佛是洒向大地的太阳光芒。《金字塔铭文》中有这样的话："天空把自己的光芒伸向你，以便你可以去到天上，犹如太阳神的眼睛一样。"

通常法老们从登上王位那天开始，就着手为自己修建金字塔。在古埃及的所有金字塔中，最大的一座是距今 2500 年前统治埃及的胡夫法老下令修建的。这座大金字塔原高 146.59 米，经过几千年的风雨侵蚀，它的顶端已剥蚀了约 10 米。但是在巴黎埃菲尔铁塔建成之前，它一直是世界上最高的建筑。这座金字塔的底面为正方形，每边长 230 多米，绕金字塔一周差不多需要走一公里路程。

胡夫金字塔相当于今天的 10 个足球场那么大，花费了 20 多年的漫长时间，动用了 10 余万奴隶才建成。在那个使用铜制工具和石头工具的年代，我们无法想象这项伟大的工程是如何完成的，要把几千吨重的巨石从尼罗河对岸运过来，再一块块地吊装起来，就是依靠今天的技术，也是非常困难的。最令人不可思议的是，塔身的石块之间没有任何水泥之类的黏着物，而是一块石头叠在另一块石头上面。每块石头都打磨得很平，虽然至今已历时数千年，人们也很难用一把锋利的刀刃插入石块之间的缝隙。

金字塔的修建一直延续着，不过到了第四王朝以后，金字塔的规模和质量都不能和胡夫父子时代相媲美了。第六王朝以后，法老的权力逐渐衰落，神庙祭司的势力越来越大。到了第七王朝以至第十王朝时，地方的分裂和起义此起彼伏，古王国已名存实亡。一些盗墓者和愤怒的奴隶常把法老的"木乃伊"从金字塔里拖出来，所以埃及的法老们不敢再建造金字塔，改在深山里开凿秘密陵墓。

神秘的木乃伊

木乃伊即"人工干尸"，此词源自波斯语 mumiai，意为"沥青"。世界上许多地区都有用防腐香料或药料涂尸防腐的方法，其中以古埃及的木乃伊最著名。古埃及人用防腐香料殓藏尸体，尸体年久干瘪，即形成木乃伊。由于古埃及人笃信灵魂不灭，人死后即使在阴间，仍然需要自己的躯体。尸体不是"无用的躯壳"，它是灵魂的载体，只要保住肉体，使灵魂得以栖身，死者就可以转世再生。

从第一王朝开始，埃及人便用麻布包裹遗体，后来又发明了涂抹树脂的包带防腐技术。从第四王朝开始，人们发明了通过切口从遗体内取出内脏的新技术。到了新王国时代，人们又开始用钩子从鼻孔摘除脑髓，并把尸体放在槽中浸泡使之脱水，然后再包裹起来，主要步骤如下：从去世至下葬为期 70 天，第一步是将尸体送至制木乃伊之屋。然后敲碎筛骨，用金属钩将脑部由鼻孔取出。继而将腹部的肝、肺、胃、肠四种器官取出，用椰酒及香料清理体腔，用临时材料填满。将手指脚趾用绳系紧，再用泡碱将尸体干贮。将尸体送至纯净之屋，用尼罗河水洗净。用树脂浸泡过的亚麻布将脑部填满。再将腹部临时充填物取出，用装满木屑的亚麻布或泡过树脂的药填满，缝合，搽上杉树油、蜡、泡碱及树胶的混合物。撒上香料，塞住鼻孔。在眼皮下方放上洋葱或亚麻布的垫子。用熔化的树脂涂满尸体，收敛毛细孔保护皮层。用亚麻布将尸体四肢先包起，再包身体，再套上完整寿衣。每包一个部位都要念一段咒语，不能间断，直到包裹结束下葬。

木乃伊的传说

很久很久以前，地神的儿子奥西里斯很有本事，一度成为埃及国王。但是他有一个弟弟叫塞特，心存不善，阴谋杀害了哥哥，夺取王位。 奥西里斯被害后，他的妻子到处寻找，终于找回了尸体。但是塞特知道后，他又在半夜里偷走尸体，把它分成 14 块，扔在了不同的地方。 不久，奥西里斯的遗腹子荷拉斯出生了，长大后，他打败塞特，替父亲报了仇并继承人间的王位。他又把父亲尸体的碎块从各地挖出来，拼凑在一起，做成了干尸"木乃伊"，并在神的帮助下，使父亲在阴间复活了。 从此，奥西里斯在另一个世界做了主宰，专门负责对死人的审判，并保护人间的法老。

狮身人面像

狮身人面像，又译为"斯芬克斯"，坐落在开罗西南的吉萨大金字塔近旁，是埃及著名的古迹，与金字塔并列为古埃及文明代表性的遗迹。据测算：像高 21 米，长 57 米，耳朵大约有 2 米长。除了前伸的狮爪是用大石块镶砌外，整座雕像是由一块含有贝壳之类杂质的完整巨石雕造而成。根据现代考古学家的推断，它的面部是古埃及第四王朝法老哈夫拉的脸形。相传公元前 2611 年，哈夫拉巡视自己的陵墓建造情况时，认为金字塔旁需要安置一个门卫守护，所以他就吩咐为自己的金字塔雕凿守护石像。由于在古埃及神话里，狮子是各种神秘地区的守护者，也是地下世界大门的守护者，所以工匠们别出心裁地雕凿了一个以狮为身，以这位法老的面相作为狮子头的雕像蹲伏在哈夫拉的陵墓旁。由于它状似希腊神话中的人面怪物斯芬克斯，西方人遂以"斯芬克斯"称呼它。

经过考证，原来的狮身人面像头上戴有皇冠，额上套着圣蛇浮雕，颏下留着长须，脖子上还围着项圈。经过了几千年的风雨侵蚀和沙土掩埋，皇冠、项圈已经不见踪影了，圣蛇浮雕于 1818 年在雕像下被人掘出后，献给了英国大不列颠博物馆。胡子已经脱落得四分五裂，目前在埃及博物馆内存有两块，大不列颠博物馆内存有一块，后来归还给埃及。雕像的鼻子部分已缺损很严重，据说是拿破仑士兵侵略埃及时打掉的，但事实究竟如何仍待考证。历经 4000 多年的狮身人面像，现在已经是剥蚀严重，千疮百孔。1981 年，石像的左后腿塌方，形成了一个 2 米宽、3 米长的大窟窿。1988 年，石像右肩上又掉下了两块巨石，其中一块重达 2000 公斤。

埃赫那吞的新王朝时代

赶走了喜克索斯人，阿赫摩斯在底比斯建立起第十八王朝，从此开始了埃及的新王朝时期（第十八至第二十王朝）。

这一时代的埃及，国王发动了空前规模的对外战争。此时，君主专制的中央集权制度得到加强，法老已成为国王的正式头衔。为了宣扬自己是神的儿子，法老们特别尊重神，神庙和祭司也受到优待。新王朝时期，阿蒙神被尊为众神之首，地位超过了以往的太阳神，阿蒙神庙的祭司们，由此获取了巨大的利益。随着神庙的影响越来越大，法老们渐渐觉得，自己的统治受到了威胁。

埃赫那吞（约公元前 1379 年－公元前 1362 年在位），是古埃及第十八王朝的国王，原名阿蒙霍特普四世，在他成为法老之前，他对阿蒙神庙的僧侣们互相抱团的做法很不满，听说僧侣们在地方上十分骄横后，便决心削减阿蒙神庙的僧侣势力。

阿蒙霍特普四世即位后，起用了一批新的大臣，使他们成为自己政权的支柱。阿蒙霍特普四世下令，在全国范围内恢复对太阳神的崇拜，封闭阿蒙神庙。不仅如此，阿蒙霍特普四世还将自己名字中的"阿蒙"改为"阿吞"，更名为"埃赫那吞"，意为"对阿吞有用的人"。为了扩大声势，埃赫那吞召集了大批文人，创作了许多歌颂太阳神的诗歌，还编写了颂扬阿吞功绩的文章，叫人四处传播。

埃赫那吞在全国推行新神取缔旧神的同时，还命令将千百年来古埃及人崇拜的其他的神一扫而光。这一措施令习惯阿蒙神和地方神的埃及人十分恐慌，都觉得要大难临头了。僧侣们更是像热锅上的蚂蚁，片刻也不得安宁。

已经退位的老法老阿蒙霍特普三世，害怕因此引起国家的混乱，劝埃赫那吞不要走极端，以免触怒神灵。埃赫那吞没有答应，父子不欢而散。

王后涅菲尔提见埃赫那吞闷闷不乐便问他为什么这样不高兴，埃赫那吞便把老法老劝他的事情说了。涅菲尔提王后对埃赫那吞说："如果反对的人这样多，我劝陛下还是暂缓行事吧。"埃赫那吞说："僧侣的反对是意料之中的，但对我的行动如此不满却没想到。一旦收回命令，他们自然满意，但我的权威可在天下人面前丢尽了。到时候这些僧侣未必就此罢休，他们一定会藐视我的权力。我现在得到了阿吞神僧侣的赞同，又有军队，也不怕这帮装神弄鬼的人兴风作浪。既然已经得罪他们了，那索性就得罪到底好了。"涅菲尔提见埃赫那吞决心已定，也就不再劝了。

埃及的神

神　灵	崇　拜　理　由
阿蒙神	底比斯城邦的主神，因底比斯的兴起而成为国家的主神。
阿努比斯	外形幻化成山犬的死神，也是墓地的守护神。
阿吞神	朝日刚露出地平线时的太阳神，外形是一个圆盘。
阿匹斯	孟斐斯城邦的人多崇拜它，象征丰饶及生产力，是一个戴有太阳盘及圣蛇的公牛神。
阿陶姆	落日之太阳神，为众神之首，是创造世界的主神。
艾谢特	保护已死人的肝。
哈碧	保护已死人的肺。
杜米特夫	保护已死人的胃。
奎本汉穆夫	保护已死人的肠。
艾德乔	三角洲的蛇神，下埃及的象征及守护神。
给布	大地之神。
哈波奎特斯	保护上埃及的小孩子。
哈托尔	爱及丰饶的女神。
马特	正义、真理、秩序之神。
迈荷贝特	保护上埃及的女神。

法老的诅咒

图坦卡蒙的木乃伊由三个人形棺与三个外椁层层保护，每一个棺椁的大小恰好放进另一个，手工技艺相当精细，最内一层的人形棺由 22K 金打造，最外一层的外椁大到可以当中型汽车的车库。棺室由两个武士塑像守护，内棺上面写着年轻法老的名言："我看见了昨天；我知道明天。"

法老的黄金面具极为精致，这副面具和他本人的相貌几乎一模一样。经过 X 光检查，只发现面具上一块伤疤和法老本人脸上的伤疤厚度稍微有点不同。这位年轻的法老看上去既悲伤又静穆，他的胸前放着由念珠和花形雕刻串成的领饰，矢车菊、百合、荷花等色彩虽已剥落，但仍依稀可辨。专家们认为这个领饰是法老的年轻王后在盖棺前献上的。墓内还有一幅壁画，年轻而又神气的法老，正被两位天神接往天国。

在出土的文物中，仅图坦卡蒙的鞋就有 100 多双，有用皮做的，有用木头做的，有用柳条编的，甚至还有用黄金做的。在图坦卡蒙墓中大约有 30 多种品牌的酒，其中有一种葡萄酒还标有年份、产地和制造商。

图坦卡蒙墓中还有 30 支回力棒。在古埃及，回力棒是用来打猎的。除此之外，那座皇后给法老身体涂油的王座、两尊如真人大小的木雕哨兵和雪花石膏箱也非常抢眼。雪花石膏箱中有四个石膏罐子，盖子是图坦卡蒙的头像，里面放着这位年轻法老的肝、肺、胃和肠子。

哈瓦德·卡特花了大约 5 年的时间来挖掘图坦卡蒙的坟墓，花了 8 年时间清理，又花了将近十年为坟墓里发现的约 5000 件左右的陪葬品编目。图坦卡蒙墓的发现吸引了世界各国的新闻记者，来此参观的游人更是络绎不绝。直到今天，人们对这座古墓的兴趣依然不减，因为参与发掘的 20 多人在不太长的时间内先后死去，且死因不明。于是人们议论说这是"法老们的诅咒"。

这座墓中发现了几处法老的诅咒铭文，有一处写道："谁要是干扰法老的安宁，死亡就会飞到他的头上。"

"法老们的诅咒"的说法是从卡纳冯勋爵之死开始的。卡纳冯勋爵因被蚊虫叮咬，于图坦卡蒙墓发掘的次年死去。接着，报纸又陆续披露了其他 19 个人的死讯："七十八岁的韦斯特伯里勋爵，今天从他在伦敦住所的七层楼上跳楼自杀身亡。韦斯特伯里勋爵的儿子曾任开掘图坦卡蒙墓的考古学家哈瓦德·卡特的秘书，他在去年十一月在自己的房间里突然死亡，死前健康情况良好。死因无法查明。

不久卡特的伙伴梅斯也因病死了……" 卡特不得不出面辟谣了。他说："就现代的埃及人来说，他们的宗教传统中根本不容许这种诅咒存在。相反，埃及人却很虔诚地希望，他们对死去的人表示善良的祝愿"。

卡叠石大战

赫梯帝国位于小亚细亚，初为小国，在公元前 14 世纪发展成强盛的帝国，常向两河流域侵扰，公元前 16 世纪初，赫梯军队攻陷巴比伦城，灭古巴比伦国，随后的百年间，赫梯人摧毁了由胡里特人建立的米坦尼王国，并趁埃及埃赫那吞改革之机，夺取埃及的领地，与埃及发生正面冲突。

拉美西斯二世（公元前 1304 年 – 公元前 1237 年）成为法老后，赫梯人的攻势越来越猛，于是他决定亲率十万大军与赫梯 5 人展开决战。

埃及的大军分成四个梯队，先锋由法老拉美西斯二世率领，很快就接近了被赫梯人占领的叙利亚的卡叠石城。当埃及军队停下脚步时，他们的右边是一条大道，通向波涛汹涌的大海，左边是悬崖深谷，中间夹着一条水势湍急的河流。前面是一片平原，远处的山冈上，隐约可见雄伟的卡叠石城。这时，埃及人抓到了两个牧人打扮的赫梯探子。据他们交代，赫梯王为了避免冲突，已经命令军队退出卡叠石城了。拉美西斯二世听后大喜，下令全军继续向卡叠石城进发。途中，他嫌大队行进太慢，便带着自己的警卫部队，孤军深入，来到了卡叠石城下。

那两个被埃及军队捕获的赫梯人，其实是赫梯王派来布迷魂阵的。此时，赫梯王已经率领大军沿着东面的河谷，包抄到了埃及军队的后面。见埃及人中了圈套，赫梯王准备第二天一早围歼埃及军队，活捉法老拉美西斯二世。为了慎重起见，赫梯王又派了两个间谍去观察埃及军营的地形。没想到，这两个间谍也被埃及人抓住了。和早上抓来的间谍不同，这两个人无论埃及军官怎样盘问，就是不开口。

拉美西斯二世觉得十分蹊跷，下令严刑逼供，两个间谍被打得皮开肉绽，实在招架不住了，不得不把赫梯人明天要来反攻的计划泄露出来。拉美西斯二世正要追问详情，一个士兵跌跌撞撞地跑进来报告："赫梯人已把我们团团围住了！"拉美西斯二世大吃一惊，马上下令突围。

此时天刚蒙蒙亮，拉美西斯二世全身披挂，跳上战车，率领全军向赫梯人发起了进攻。赫梯人被埃及军队的突然行动弄得措手不及，全军大乱，不少赫梯士兵没命地往河边跑，有的跳到河里被淹死了。

可是，拉美西斯二世的警卫部队毕竟人少，大部队还没有赶过来。赫梯军队很快就冲进了埃及军队的军营。拉美西斯二世一看不好，大叫道："快把我的护狮放出来！"果然，赫梯骑兵一见狮子冲了过来，回头便逃。

赫梯王不甘心失败，再次组织冲锋，把最后剩下的 1000 辆战车和 3000 名士兵的后备部队全部用上，与埃及军队展开了殊死战斗。赫梯军队是背水一战，士兵们十分勇猛。眼看就要胜利了，突然，赫梯士兵开始四散奔逃起来。拉美西斯二世站在高处指挥，看到这个情形吃了一惊，以为是天神来相助了。直到几匹烈马飞驰到他面前，几个骑兵向他举臂欢呼的时候，拉美西斯二世才明白过来，是他的第三梯队从敌人后面杀过来了。赫梯人禁不住前后夹攻，只得败退。

拉美西斯三世

拉美西斯二世死后，埃及的国势日渐衰落，奴隶们频繁起义，伊尔苏领导的奴隶起义和底比斯墓地工人的罢工，直接冲击了帝国的统治。到了第十九王朝的末期，利比亚的土著部落从东面不断侵扰埃及，日益强大的僧侣集团篡夺了部分王权，从而加速了新王朝的崩溃。

到了第二十王朝的第二位统治者拉美西斯三世统治时，情况更糟了。拉美西斯三世妻妾成群，尽管后宫这些美丽的女人给予了拉美西斯三世无尽的欢娱，但也给他带来了灾祸。截至公元前 1153 年，法老的后宫制度已经在埃及奉行了1500 多年，法老们一直妻妾成群，而拉美西斯三世则创下了妃嫔数量的最高纪录，顶峰时约有几百名妻妾。

法老的妻子是他的姐妹，妃嫔有些是异族的公主，而大部分来自社会的底层。这些出身卑微的女子，因美丽的容貌被选进宫中，她们有的当上了法老的宠妾，有的终身都没得到法老的宠幸，还有的被法老作为礼物赏赐给了有功的大臣。那些地位卑微的妃子，必须亲自参加生产活动。除了织布缝衣外，还要抚养和教育王室和宠臣们的后代，以及培养舞者、乐师，不仅要供王室成员日常消遣，还要在宫廷大型礼仪上表演助兴。

在这个庞杂的后宫里，拉美西斯三世连身边的妾叫什么名字都不清楚，更不要说复杂的局势了。他的王后是一位来自异邦的公主，名叫提耶，至于儿子，最少也有十个。不过，许多孩子都早早死去了，提耶王后为了让自己的儿子登上王位，决定发动一场宫廷政变。

提耶联合了其他一些妃子和她们的卫兵，还包括一些大臣乃至御医。但局势的变化脱离了王后的掌控，政变转化成了谋杀，可是没有成功，拉美西斯三世侥幸躲过一劫，但也受到了伤害，他亲自下令对密谋者进行审判。可是在案件审理的过程中，拉美西斯三世却突然撒手人寰，除了王后提耶幸免于难外，所有涉及密谋的嫌疑者都被判处了死刑。

拉美西斯三世被体面地安葬了，他的陵庙至今保存完好，也是法老统治时期的最后一座大型建筑，是埃及最后一段富强时期的纪念物。陵墓原先就是王室居所，第一进院落是举行仪式和娱乐的场所，第二进院落在罗马时代曾被教堂占据，这里有三座多柱厅，第二座大厅的外侧，就是拉美西斯三世的墓室。整座神庙的外墙上，都刻有著名的全景浮雕，表现了拉美西斯三世对外征战的盛大场面。当然，也标志着埃及法老时代的结束。

冈比西斯在埃及

公元前 525 年，波斯皇帝冈比西斯率大军入侵埃及，占领了埃及首都孟斐斯，生擒了埃及法老，第二十六王朝灭亡。冈比西斯在埃及建立起第二十七王朝（公元前 525 年 – 公元前 404 年），为了显示战胜者的威风，在占领孟斐斯后，冈比西斯举行了一个庆祝胜利的仪式。他把俘虏的法老和埃及大臣们集中在城外的一块空地上，让手下的士兵给法老和大臣们的女儿们统统穿上奴隶的服装，让她们拿着水桶去打水。埃及法老和大臣们亲眼见到女儿们受到这样的折磨，心如刀绞，却又无可奈何，不由得大哭起来。一时间，空地上一片撕心裂肺的哀号，而冈比西斯却在一旁看得手舞足蹈，哈哈大笑。冈比西斯在埃及期间，曾率大军向埃塞俄比亚发动了进攻，但损兵折将，大败而归。回到埃及后，冈比西斯的癫痫病发作起来，整天情绪暴躁，不时发狂。

这时正好赶上埃及人的一个宗教节日，埃及人都在欢天喜地地庆祝自己的节日。冈比西斯认为这是埃及人在嘲笑他出征埃塞俄比亚的失败，大发雷霆，亲自率人将正在庆祝的埃及人赶走，并将埃及人最崇拜的圣牛杀掉。

不久，为了防止自己的亲兄弟巴尔迪亚争夺王位，他派人返回波斯将其谋杀。冈比西斯的皇后看不过去了，劝了他几句，结果被冈比西斯拔刀杀死。

一天，冈比西斯问自己的大臣普列克撒斯佩斯："你说波斯人认为我是怎样一个人，都在谈论我什么？"普列克撒斯佩斯小心翼翼地回答："他们都在称颂陛下，不过说您喝酒有点太多了。"冈比西斯脸色立刻阴沉下来："波斯人讲的是真话吗？我要验证一下。"

冈比西斯派人把普列克撒斯佩斯的儿子带到宫中，然后对普列克撒斯佩斯说："你的儿子就在门外，如果我一箭射中他的心脏，那就说明说我不好的波斯人错了。如果我射偏了，那就是他们说对了。"说完这番话，他便让士兵揪住那个孩子，拿起弓箭，一箭射了过去，正中孩子的胸膛。冈比西斯继而狂笑道："是波斯人错了。"

在埃及的三年里，冈比西斯的癫痫病越来越厉害，发狂的时候也越来越多。许多大臣每天都是胆战心惊，生怕他哪一天发起狂来，将他们其中的哪一个杀掉。

波斯人在埃及的残暴统治和无情劫掠，不久激起了伊那路斯和阿米尔泰乌斯领导的埃及人起义。公元前404年，波斯王朝被推翻，埃及获得独立，相继建立了第二十八至第三十王朝。

公元前343年，波斯帝国再次征服埃及，建立第三十一王朝。公元前332年，希腊马其顿王亚历山大大帝侵入埃及，灭亡波斯王朝，结束了延续3000年之久的法老时代。

底比斯古城

古埃及的建筑杰作除了金字塔，新王朝时期的阿蒙神庙和底比斯古城，都是十分伟大的建筑。

底比斯古城始建于中王朝早期，埃及第十一王朝法老在统一埃及后定都底比斯，直到公元前27年的后王朝时期才被一场大地震所摧毁，在2000多年的漫长岁月里，底比斯在古埃及的发展中始终起着重要作用。

埃及古王朝时期的底比斯并不如后来闻名。底比斯的兴盛主要是与阿蒙神相联系的。法老在定都底比斯后，将阿蒙神奉为"诸神之王"，定为全埃及最高的神，从此在底比斯兴起了为阿蒙神大兴土木的浪潮。底比斯在古埃及历史上的重要地位就是这样被建立起来的。

到公元前2000年左右，虽然第十二王朝的开创者门内姆哈特一世曾经把首都从底比斯迁到李斯特，但是仍然没有停止在底比斯为阿蒙神兴建纪念性建筑物。

从公元前 1790 年到公元前 1600 年这段期间，中王朝遭受到外族喜克索斯人的侵袭。在喜克索斯人征服大半个埃及后，他们最后定都于阿瓦利斯，建立起第十五和第十六两个王朝，底比斯因此经历了其发展史上的第一次衰落。

到阿赫摩斯一世时，他又在底比斯建立起第十七王朝，并在公元前 1580 年左右攻占了阿瓦利斯城，把喜克索斯人赶出埃及，由此开创了古埃及的新王朝时代。

到了新王朝时期，法老们再次选定底比斯作为埃及宗教、政治中心。他们曾发动一系列侵略战争，掠取了大量的财富和战俘，并致力于把底比斯建成当时世界上最显赫宏伟的都城。他们在东底比斯为阿蒙神和他们自己建起一座座壮观的神庙和宫殿。在西底比斯一个秘密又盛产石灰岩的山谷里，法老和权贵们又为自己修造了一座座陵墓，这个山谷后来被称为"国王之谷"。

到第十八王朝时，法老阿蒙霍特普四世开始感觉到阿蒙神庙祭司们不断增加的财富对他的王权构成了威胁，决定推行宗教改革，也就是埃赫那吞改革，底比斯因而衰落了 20 年。

自第二十一王朝以后，随着古埃及统治集团内部矛盾的日益升级，另外此时爱琴海和小亚细亚一带的"海上民族"不断入侵，导致新王朝逐渐衰落，底比斯由此开始了自己的厄运。公元前 663 年左右，入侵埃及的亚述军队再次洗劫、火烧了底比斯。公元前 27 年，一场大地震最终使底比斯古城沉睡于地下。

大约在 19 世纪左右，只留下一堆废墟的底比斯，成为古墓盗掘者的天堂。在现今埃及的卢克索和卡纳克一带，人们依稀还能见到底比斯遗址的一些断壁残垣。

巴比伦帝国

公元前 3000 年左右，苏美尔地区出现了 12 个独立的城市国家，各城市国家为了争雄称霸，相互征战不休。

最后塞姆人的著名领袖萨尔贡一世，征服了整个苏美尔地区，建立了一个庞大王国——阿卡德王国。但这个王国寿命不长，不久被从东北山区入侵的古提人打败。苏美尔人的城市国家又一个个重新出现，直到乌尔城邦崛起，建立起一个纯粹的苏美尔人的王国——乌尔王朝。乌尔王朝的统治维持了一个世纪，在这期间，一批塞姆人中的阿摩利人侵入两河流域，经过长期征战，于公元前 1894 年建立起巴比伦帝国。

四方之王

巴比伦城邦位于幼发拉底河中游，扼西亚贸易的要冲，因此其名字的意思是"神之门户"，境内土地肥沃，水源丰足。巴比伦帝国在建立之初只是一个很小的城邦，经过近一个世纪的发展，在第六代王汉谟拉比统治时，成为统一南部美索不达米亚的强大帝国。

汉谟拉比采取灵活多变的策略，利用各城邦之间的矛盾，集中力量，各个击破。首先，他承认亚述帝国对北方的统治，同时与北方的马里、南方的拉尔萨结成联盟，联合马里、拉尔萨的力量，灭掉了南方的近邻伊新。随后联合幼发拉底河流域许多的城邦，征服了一些游牧部落，同时发展与东地中海城邦的贸易和外交。

当时马里国王与汉谟拉比互称"兄弟"，约定互相支援。马里摆脱亚述的控制，击退草原部落的入侵，都受益于汉谟拉比的帮助。公元前 1765 年，汉谟拉比对拉尔萨发起最后的攻击，终于灭掉了这一长期劲敌。拉尔萨的灭亡震惊了马里，马里国王立即召回和巴比伦人一起在拉尔萨作战的部队。但此时，他已无法控制巴比伦的崛起。在灭掉拉尔萨之后，汉谟拉比挥师直逼马里，两年后，将繁荣昌盛的马里夷为平地。

汉谟拉比花了 35 年的时间，创建了一个从波斯湾至地中海沿岸的庞大奴隶帝国。他自称是"强大之王，巴比伦之王，阿穆鲁的全国之王，苏美尔、阿卡德之王，即世界四方之王"。

哈什马战役

汉谟拉比死后，巴比伦不断受到外族的进攻，约在公元前 1600 年左右，两河流域北部的赫梯人入侵巴比伦，灭亡了这个曾经显赫一时的帝国。赫梯人退回北方后，巴比伦又被亚述帝国征服，战乱不断。

历经了 500 多年的混乱，直到公元前七世纪末，新的巴比伦王国才在尼布甲尼撒的领导下重建。在新的巴比伦王国的君主之中，声名最为显赫的要算尼布甲尼撒二世。他在少年时就跟随父亲统兵作战，勇敢机敏，深得将士们的拥护。

公元前 607 年，新巴比伦王国和埃及人的矛盾激化，在幼发拉底河上游不断发生冲突，新巴比伦军队处于下风，被迫放弃了一些重要据点。公元前 605 年的春天，双方再次在幼发拉底河西岸的卡尔赫米什进行决战，尼布甲尼撒二世率军在下游先行渡河，而后沿西岸向敌人发起猛攻。与此同时，将埃及人南逃的退路也切断了。战斗进行得异常惨烈，新巴比伦王国的士兵像潮水一样冲向敌阵，一批倒下后，新的一批又会袭来，埃及军队抵挡不住，遭到了惨败。埃及军队溃逃后，尼布甲尼撒二世下令追击，终于在哈什马全歼了埃及军队。

巴比伦之囚

在击败埃及之后不久，尼布甲尼撒二世对叙利亚、巴勒斯坦地区的众多小国发动了一系列征战。大马士革、西顿、推罗以及犹太的国王都被迫纳贡称臣。

公元前 601 年，尼布甲尼撒二世再度与埃及交战，这一次双方的损失都很惨重。一直臣服于尼布甲尼撒二世的犹太国王约雅敬认为巴比伦的势力不如以往了，转头投向了埃及。

尼布甲尼撒二世在听到犹太国王投降埃及的消息之后，大发雷霆，发誓要踏平耶路撒冷。公元前 598 年，投降埃及的犹太国王约雅敬死去，儿子约雅斤继位。尼布甲尼撒二世认为进攻犹太王国的时机已到，亲自率领大军攻向耶路撒冷。

　　经过两个多月的围攻，犹太王国战败，国王带着所有大臣出城投降。尼布甲尼撒二世废黜了约雅斤，封约雅斤的叔叔为犹太王，让他宣誓效忠巴比伦王国，不得反叛。然后下令将犹太王室的大部分成员和犹太的能工巧匠一齐押往巴比伦做奴隶。临行前，又下令对耶路撒冷的神庙进行洗劫和焚毁。

　　公元前 588 年，埃及向巴勒斯坦地区发动了进攻，犹太国王和这一地区其他臣服于巴比伦的小国，纷纷起来响应埃及，想趁机脱离巴比伦王国的控制。不久，尼布甲尼撒二世又率军队对耶路撒冷发动了第二次围攻，这次围攻历时 18 个月。由于饥荒和内部分裂，耶路撒冷再次陷落。

　　尼布甲尼撒二世对一再反叛的犹太国王无比痛恨，下令杀死王室成员，洗劫耶路撒冷。全城活着的居民，几乎全被掳到巴比伦做了奴隶。这就是历史上有名的"巴比伦之囚"。此后，尼布甲尼撒二世又攻打重要的海港和商业中心——腓尼基城市推罗。推罗人坚决不投降。尼布甲尼撒二世对推罗进行了长达 13 年之久的围攻。最后，由于没有任何的外援，推罗人不得不投降。

空中花园

　　被人们称为"世界七大奇迹"之一的"空中花园"，相传是尼布甲尼撒二世为他的妻子米梯斯公主建造的，用意是为了让她不再想念远方的家乡。

　　千百年来，关于"空中花园"的美丽传说一直为人们津津乐道。新巴比伦国王尼布甲尼撒二世娶了米底人的公主米梯斯为后。公主美丽动人，深得国王的宠爱。不过时间一长，国王发现公主愁容渐生，但却不知何故。公主说："我的家乡山峰层峦叠嶂，花草丛生。而这里都是一望无际的平原，连个小山丘都看不到，我是多么渴望能再见到我家乡的山岭和盘山小道啊！"国王听了公主的倾诉，理解她的思乡之情，于是下令工匠按照公主家乡山区的景色，在他的宫殿里建造起层层叠叠的阶梯形花园，还在上面栽满奇花异草，并在园中开辟了幽静的山间小道，小道旁是潺潺的流水。不仅如此，工匠们还在花园的中央额外修建了一座城楼。由于花园比宫墙修得高，给人感觉好像整个御花园悬挂在空中，因此被称为"空中花园"，又叫"悬苑"。当年到巴比伦城朝拜、经商或是旅

游的人从很远的地方就可以看到空中城楼上的金色屋顶在阳光下熠熠生辉。

令人遗憾的是，"空中花园"和巴比伦文明的其他著名建筑一样，早已经湮没在滚滚黄沙之中。目前我们对"空中花园"的了解只能通过后世的一些历史记载和近代考古发掘。

巴别通天塔

据《圣经·旧约》记载，人类的祖先最初讲的是同一种语言，他们在两河流域的富饶土地上定居下来后，过上了富裕的生活。人们决定，修建一座可以通到天上去的高塔，上天看看，这就是通天塔。人们用砖和泥作为材料，真的将塔建了起来，而且冲入云霄。上帝耶和华一看，又惊又怒，认为这是人类虚荣心的象征。上帝想，人们讲同样的语言，就能建起这样的巨塔，日后还有什么办不成的事呢？于是，上帝决定让人世间的语言发生分歧，使人们言语不通。后来，人们就把巴比伦叫做"冒犯上帝的城市"。

赫赫有名的巴别通天塔耸立在巴比伦的北面，"巴别"的巴比伦文意思是"神的大门"。由于它的读音跟古希伯莱语中的"混乱"一词相似，加上当时巴比伦城里的居民讲的远不止一种语言，因此可能给《圣经·旧约》的作者带来想象，写出了上面那个"语言混乱"与上帝对建塔进行惩罚的故事来。而且，《圣经》是犹太的先知文学，犹太圣城耶路撒冷两次被巴比伦王国攻陷，大批犹太人成为巴比伦的奴隶，他们对尼布甲尼撒二世一定是恨之入骨，把他下令建造的塔说成是受上帝惩罚的导火线，也合乎情理。

尼布甲尼撒二世建造的巴别通天塔有七层，高 90 米，在高耸入云的塔顶上，建有壮观的供奉马都克主神的神殿，塔的四周是仓库和祭司们的住房。遥想当年，祭祀神灵要爬上 90 米高的塔，实在不是一件易事。如果真有神灵在上面享受祭品，当他看到如此伟大的人类奇景，恐怕也不好意思心安理得地享用吧。

尼布甲尼撒二世的巴比伦城，是古代两河流域地区最壮丽、最繁华的都城。不过好景不长，公元前 568 年，新巴比伦王国被波斯人彻底毁灭。随着巴比伦王朝的覆灭，显赫一时的古城巴比伦，也日渐消失在荒草之中了。

亚述帝国

亚述帝国是世界历史上第一个以"军事帝国"著称的国家。在其发展史中，历代诸王几乎都是在不断扩张征伐中度过一生的，而且其完备的军事发展堪称是古代世界之佼佼者。亚述位于两河流域北部，大约在公元前3000年，操塞姆语的亚述人在底格里斯河两岸建立了亚述城邦。当阿卡德帝国的萨尔贡一世、巴比伦帝国的汉谟拉比强盛时亚述一度表示臣服，但也未放弃半独立的地位。当两河流域南部的强大王权衰微之后，亚述逐渐恢复独立，自谋发展。

强征四方

公元前3000年左右，在两河流域的北部，一支叫亚述的部落兴起。到公元前8世纪后期，亚述国发展成了两河流域最强大的国家。

在国王提格拉特帕拉沙尔三世（公元前746年–公元前727年）时代，亚述人建立了一支当时世界上兵种最齐全、装备最精良的常备军。提格拉特帕拉沙尔三世和他的后代，凭借这支强大军队，进行了一系列的侵略战争，先后征服了小亚细亚东部、叙利亚、腓尼基、巴勒斯坦、巴比伦和埃及等地，成为两河流域和北非一带最强大的军事强国。

亚述帝国的军队分为战车兵、骑兵、重装步兵、轻装步兵、攻城兵、工兵等，拥有当时最强大的攻城武器——投石机，就是在一个个巨大的木框里，装上一种特制的转盘，上面绞着用马鬃和橡树皮编成的绳索，用力一拉，可以射出巨大的石弹和燃烧着的油桶。还有一种攻城锤，用青铜铸成，攻城时用来撞击城墙。

"我用敌人的尸体堆满了山谷，直达顶峰；我砍掉他们的首级，用他们的人头装饰城墙；我把他们的房屋付之一炬，在城的大门前建筑了一座墙，包上一层由反叛首领身上剥下来的皮；我把一些人活着砌在墙里，另一些人沿墙活着插进尖木桩，并加以斩首。"这是亚述王那西尔帕二世的铭文中对自己的记载，描述的是亚述帝国时期对被征服地区的野蛮和残暴。

公元前743年，亚述军队攻陷了叙利亚首都大马士革。由于城中军民拼死抵抗，愤怒的亚述人把成千的战俘绑在削尖的木桩上，让他们慢慢地在痛苦中死去。那些在战斗中死去的将士，亚述人把他们的头颅割下，堆成山状。连城里的老人、孩子、妇女，亚述人也不肯饶过，统统杀掉，城中所有的贵重物品，都被运回亚述国内。

后继者的征服

公元前8世纪，亚述王辛赫那里布将都城由萨尔贡迁到底格里斯河左岸的尼尼微。辛赫那里布把大部分时间和精力都用在尼尼微的建设上，他兴建了一座巨大的王宫，王宫里的浮雕就长达3000米。辛赫那里布的继承者阿萨尔哈东在位时，继续扩建尼尼微，使它成为一座有12万居民的大都城。

此时，铁器已在亚述国内使用，人们开垦出了更多的土地，还为军队提供了更为锐利的武器，进一步增强了战斗力，让亚述成为铁器时代的第一个帝国。

阿萨尔哈东的继承者是大名鼎鼎的亚述王巴尼拔。他除了大量收藏亚述人的图书——泥版文书外，还兴建了巨大豪华的巴尼拔王宫和世界上最早的皇家图书馆，藏书内容涉及历史、法律、宗教、文学、天文以及医学等方面的知识。

由于亚述帝国是借助血腥掠夺、残酷镇压建立起来的，它的残暴激起了越来越猛烈的反抗浪潮。庞大的亚述帝国在巴尼拔死后便迅速土崩瓦解了。埃及首先宣布独立，叙利亚和腓尼基也紧跟其后。巴比伦为争取独立，在公元前626年与米底人结成同盟反抗亚述。米底人在公元前614年攻下亚述城，城中的贵族都被杀死，城市被洗劫一空。两年后，巴比伦和米底联军攻陷尼尼微，同样将城市洗劫一空，然后放火焚城。最后一代亚述王为了不被生擒，跳海自尽。一代名城尼尼微和庞大的亚述帝国一起，就这样从地面上消失了。

亚述之王巴尼拔

亚述王辛那赫里布是一位在政治上没什么建树的国王，将都城迁到了底格里斯河左岸的尼尼微后，他把大部分时间和精力都用在了城市建设方面。至于国家大事，全由王后娜吉亚处理。

娜吉亚本是叙利亚的公主，入宫后不久，原来的王后就去世了，娜吉亚得以继任王后。根据宫廷规矩，国王的长子是王位的合法继承人，无论他是不是王后所生。但是事实上，继任者的选拔经常很复杂。因为每个妃嫔都想把自己的儿子推上继承人的宝座。而娜吉亚的儿子就是年纪最小的。

娜吉亚一直处心积虑为儿子阿萨尔哈东谋求王位。终于，辛那赫里布宣布阿萨尔哈东为自己的继承人，同时也宣布了自己的死期。他的另两个儿子因为不服这个决定，密谋杀死了辛那赫里布，阿萨尔哈东在母亲的支持下登上王位，将参加密谋的人全部处死。

为了吸取父亲被刺身亡的教训，阿萨尔哈东决定尽早确立继承人。在娜吉亚的坚持下，最终选择了自己的第三个儿子作为王位继承人，因为娜吉亚认为这个孩子最具有政治才能，他就是亚述帝国伟大的巴尼拔。

阿萨尔哈东是辛赫那里布最小的儿子，如今他的小儿子又被宣布为继承人，违背了亚述的传统。娜吉亚为了巩固儿子的政权，下令执行忠诚誓言。阿萨尔哈东的哥哥们、儿子们、大臣们、地方的各级长官，乃至亚述所有的成年男女公民，都必须执行这一仪式，发誓"从现在起，如果有任何试图谋反和叛乱的言语，或不利于君主的话，都应该报告。如果听到任何刺杀或废黜君王的计划，即使这些话是自己的亲人或朋友所说，不论是在乡村还是在驻军城堡中间传出，都应该抓住密谋者，并把他们带到国王面前"。

就这样巴尼拔成为了新的亚述国王。他是亚述帝国最后一个伟大的君主。在他统治期间，亚述的军国主义发展到了顶峰，他从父亲那里继承了一个巨大的帝国，国家的疆域从埃及北部直抵伊朗高原。然而即位之后他继续实行穷兵黩武的政策，到公元前 652 年，他已经征服了整个埃及，并将安纳托利亚西部也收入帝国版图。另外，巴尼拔还积极鼓励发展文化，亚述统治地区的文学和艺术在他在位时期一度取得了辉煌发展。巴尼拔同时也是古代中东少有的具有较高文化修养的统治者。

女王的征战

这位传说中的亚述女王的名字，如今我们已无从得知，所有人都称呼她做塞米拉米丝。这本是亚述神话中的一位女神，但自从亚述女王顶替了这个名字，女神与女王就合为一体了。

相传，古时幼发拉底河上游洪水暴发，一些鱼被冲上了岸。这时，两条大鱼发现水面上浮着一只白鸟蛋，便将它推到了岸边。一只白鸽飞过将蛋叼走，不久后竟然孵出了一个人面鱼身的少女。这位少女深得众神喜爱，但不久后竟生下一个女婴，遭到众人指责。女婴被抛弃林中，被一群白鸽饲养，后来牧人发现了女婴，将她抱回村庄，取名塞米拉米丝，即小白鸽的意思。

几年后，塞米拉米丝出落得楚楚动人，被国王的军机大臣米努吐斯将军发现并结为了夫妻。塞米拉米丝并不爱将军，虽然表面奉承，心里却琢磨着控制将军的权势，用自己的智慧和勇气博得国王赏识。终于，在亚述进攻敌国的一次战役中，塞米拉米丝女扮男装来到军中，亲自带队从侧面攻克敌人的堡垒，成功引起了国王的注意，被国王纳为后妃，将军闻讯自杀身亡。

做了王妃的塞米拉米丝独得国王恩宠，开始一步步算计国王的政权。不久后，塞米拉米丝故意疏远国王，激起他的欲焚，国王心急如火，向其百般求情，塞米拉米丝看准时机，便要求国王允许她掌权三天，国王答应了。

第一天平安无事，第二天，塞米拉米丝便发布了一道指令，即逮捕国王，然后将其杀死。从此，塞米拉米丝做了亚述的女王，她用美貌征服国民，用勇气征服邻邦。在她统治时期，从埃及到埃塞俄比亚，再到今天的阿富汗北部，到处都是她征战的身影，到处都是亚述帝国的铁骑。

不过外族人并不喜欢这个传说，因为亚述人相继征服了巴比伦、以色列、犹太、腓尼基和叙利亚，极盛时期还打败了埃及。这些被征服民族中，犹太人写下了《圣经》，强烈谴责亚述人的好战，将亚述首都尼尼微称为"血腥的狮穴"。

四方臣服的波斯帝国

波斯帝国的历史就是一部扩张征服的历史，在它的历史上留下过许多伟大的勇士的名字——居鲁士、大流士、薛西斯……

帝国的创建者——居鲁士

公元前 10 世纪左右，有两个说印欧语的部落定居在今天的伊朗高原，一个叫米底（即米提亚），一个叫埃兰。大约在公元前 7 世纪左右，埃兰被亚述帝国消灭，波斯各部落得以进入伊朗高原的西南部。随后米底遭受亚述帝国威胁，迫使整个米底部落逐渐团结，从而形成国家。迪奥塞斯在公元前 700 年左右被推举为国王，成为米底的开国君主。他的儿子弗拉欧尔特斯领导米底人征服同处伊朗高原的波斯各部，随后其子基亚克萨雷斯于公元前 675 年组织了米底军队，将其分为持矛士兵、持弓士兵和骑兵，并一度于公元前 616 年包围亚述首都尼尼微，可惜未将其攻克。到了国王阿斯提亚格斯当政时，米底统治了整个伊朗高原和亚述地区。

有一天夜里，国王阿斯提亚格斯在梦中突然发出一声惊叫，被噩梦惊醒后，浑身冷汗，再也不能入睡。天一亮，他叫来会占梦的僧侣，是昨夜梦见自己的女儿曼丹妮撒尿撒成滚滚洪流，不仅淹没了埃克巴坦那城（米底首都），而且泛滥整个亚洲。僧侣听后大惊失色，说这是不祥之兆，预示着公主将来会危及国家。

从此，国王阿斯提亚格斯对女儿曼丹妮怀了戒心。等到女儿长大后，他下令不准曼丹妮嫁给米底的王公贵族，而把她嫁给了一个温顺老实的波斯贵族冈比西斯。

曼丹妮出嫁不到一年，国王阿斯提亚格斯又做了个怪梦，这回梦见曼丹妮的肚子里长出一根葡萄藤，而且枝叶茂盛得遮住了整个亚洲。占梦的僧侣又预言说，曼丹妮的后裔将会取代阿斯提亚格斯，成为国王。

阿斯提亚格斯立刻派人去波斯探访，果然公主已经怀孕。他急令公主回宫，派人严加监视，准备等孩子一出世，便立即将他弄死，以除后患。

不久，曼丹妮生下一个男孩，取名居鲁士。阿斯提亚格斯听说孩子生下来了，便叫王室总管哈尔帕哥斯把这个孩子带出宫杀死。

哈尔帕哥斯没有亲自动手，而是把这个孩子交给了国王庄园里一个叫米特拉达铁斯的奴隶牧人，让他去办这件事。

米特拉达铁斯的妻子叫斯巴哥，见丈夫抱回一个可爱的孩子，立时放声大哭起来。原来，他们的儿子刚生下就咽了气。

斯巴哥哭着说道："千万别害死这孩子，用我们死去的孩子交差吧。这样，我们的孩子会得到王子般的葬礼待遇，这个孩子也不会丢掉性命。"米特拉达铁斯因为儿子死了也万分伤心，便按妻子的话做了。小居鲁士就这样活了下来，从此成了奴隶牧人的儿子。

小居鲁士10岁的一天，和村里的孩子们做游戏，被孩子们推为国王。他就像真的国王一样发号施令，命令一些孩子为他造小房子，另一些孩子当自己的卫兵，俨然一副国王的派头。

同玩的孩子中，有一个是村里米底破落贵族的孩子，不服气奴隶的儿子做国王，两个人扭打起来。

国王阿斯提亚格斯正好在这里巡视，听说了这件事，便把小居鲁士叫来，问他为何打贵族的儿子。小居鲁士理直气壮地说："陛下，他是罪有应得。我们村的孩子选我做国王，可他不听我的话，不把我放在眼里，所以我让他受到应得的处分。我没有过错。"

阿斯提亚格斯听这孩子说话的口气很大，而且长得和自己有些像，不禁怀疑起来。

在弄清居鲁士的身世后，国王又叫来占梦的僧侣，问他该如何处置小居鲁士。僧侣眉开眼笑地说："如果这孩子做了一次国王，就不会第二次成为国王了。陛下尽可放心。"国王放心了，将小居鲁士送回了曼丹妮家中。

因为国王不再担心居鲁士对自己的威胁，从此居鲁士在一个平静的环境下健康成长。长大后，居鲁士凭着自己的贵族身份，逐渐将波斯十个部落的青壮年贵族团结起来。一天，居鲁士对这些波斯的年轻贵族说："国王让我担任波斯的领导人，现在每人回家取来镰刀跟我做一件事。"大家照他的命令取来镰刀，到一大片长满荆棘的土地上砍伐荆棘。大家如期干完，但每个人都累得要命。

第二天，居鲁士杀掉了家中全部的牲畜，招待昨天和他一起砍伐荆棘的人。居鲁士在宴会上问："今天的感受和昨天的感受相比，你们喜欢哪一种？"大家都表示，当然是喜欢今天。居鲁士又说："如果你们听我的话，就会天天享受这种快乐和幸福，永远不会受昨天的苦头。我们波斯人不比米底人差，不应该由他们统治。"

波斯青年人早就不满米底统治，都愿意跟居鲁士造反。阿斯提亚格斯闻讯后，立即调集军队，命令王室总管哈尔帕哥斯为统帅。哪知哈尔帕哥斯对于国王杀掉他儿子的事一直怀恨在心，在阵前投降了居鲁士。

阿斯提亚格斯怒不可遏，下令将占梦的僧侣处死，然后亲自带兵出城迎战。结果被居鲁士率领的波斯军队打得大败，自己也做了俘虏。波斯军队占领了埃克巴坦那，米底王国灭亡。

公元前550年，居鲁士成为波斯国王。由于他的家族出自波斯的阿契美尼德族，所以他的王朝又被称为阿契美尼德王朝。对于自己的外祖父，居鲁士并未加害，而是奉养在宫中。

不久，居鲁士率领波斯军队再度出征，灭亡了位于小亚细亚的吕底亚王国，征服了小亚细亚沿海各希腊城邦。继而挥师东进，直逼巴比伦城。

巴比伦国王那波尼德听到居鲁士前来进攻的消息时，哈哈大笑："让他在巴比伦城下大哭吧，也许能把城墙哭倒。"要知道，巴比伦城异常坚固，城外还有宽阔的护城河，所有的城门，连门柱都是青铜铸造的。

然而，居鲁士率大军来到巴比伦城下，并没有立刻攻城，而是利用城内反对国王的巴比伦贵族掌握的军队，打开了城门，使巴比伦城很快落入他的手中。进入巴比伦这座当时世界上最繁华的城市后，居鲁士决定把波斯帝国的首都迁到巴比伦城，并且宣布自己是"宇宙四方之王"。

公元前530年，居鲁士领兵向里海进军，准备消灭那里的马萨格泰人，不幸在战斗中身亡。居鲁士死后，他的儿子冈比西斯成了波斯皇帝，继续奉行对外扩张的政策，于公元前525年征服了埃及。至此，波斯成为一个地跨欧、亚、非三大洲的庞大帝国。

铁血大帝大流士

公元前558–公元前486年波斯帝国处于大流士统治下。当时全国各地出现了众多叛乱。由于叛乱的军队之间缺乏联系，被大流士各个击破。当然，这个过程并不容易，大流士先后经过了18次大战役，才得以铲除八大割据势力的首领。公元前520年，大流士看到国内政局平稳，便用波斯、埃兰和巴比伦三种文字，将自己平息叛乱的过程刻在了首府埃克巴坦那城以西的贝希斯敦大石崖上，这就是著名的"贝希斯敦铭文"。

1835年英国学者劳林森发现了"贝希斯敦铭文"。这个铭文的上半部分是浮雕，浮雕上的大流士身罩披肩，气势轩昂，双目圆睁傲视前方。他左脚踏着倒在地上的高墨达（波斯帝国的篡位者），右手指向波斯人崇拜的光明与幸福之神——阿胡拉·马兹达。在浮雕中阿胡拉·马兹达的高度从冠顶到所乘神辇的底部大约为114.3厘米，其两翼的圣光总宽为127厘米，圣光底部距叛王头顶最近处为16.5厘米。雕像中的阿胡拉·马兹达面生美髯，头戴有角高帽，面朝国王，站立于圣光闪耀的太阳圆盘之中。大神双手腕部戴镯，右手举起现出掌心，左手持一环。大神身穿宽袖的白袍，在腰间扎一根腰带——看起来颇像一个穆护僧人。至于那10个不幸的俘虏，他们都是双手被缚于身后，脖子上系着绳索，跪卧在地上。其雕刻形态据考证基本是按照他们受刑之前的模样记录的，俘虏的身高只有117厘米。从被大流士踩在脚底的高墨达算起，从左到右依次为：高墨达、阿辛纳、尼丁图·贝尔、弗拉欧尔铁斯、马尔提亚、特里坦塔伊赫米斯、瓦希亚兹达塔、阿尔哈、弗拉达、思昆卡（增补）。在这些人中，除了思昆卡外，所有的叛王都是依照被处死的时间先后排序的。这些被绳索绑着脖颈的叛乱首领被雕刻得如此矮小，与高大伟岸的大流士形成了鲜明对照。

贝希斯敦铭文上的记载树立了大流士大帝强大、高傲的形象，当然大流士的确有理由骄傲，他的帝国版图庞大，他的陆军所向无敌，而且创造了步兵配合骑兵交替作战的战法，在当时的大陆上是最先进的，而且还有强大的舰队，舰只数量多达1000艘。

为了巩固政权，大流士还进行了一系列的改革。他将波斯帝国分为23个省，设总督管理。建立了一支皇家卫队，称为"不死队"，因为他们的人数永远不变，随时有预备队可以补缺。大流士强化了"国王的意志和命令就是法律"的东方君主制传统，设立最高法院和地方法院，还统一了度量衡，铸造了金币，金币的正面是他本人的头像，反面是一个弓箭手，称为"大流克"。

大流士认为居鲁士和冈比西斯时代的宫廷缺乏规矩，便制定了一整套森严的宫廷规矩，譬如大臣要跪在地上朝见他，中间还要用帷幕隔开，因为大臣的呼吸会亵渎皇帝。

大流士特别喜欢吃爱琴海产的鲜鱼，为了及时把鲜鱼送到宫中，他下令修了一条全长2000多公里的驿道，称为"皇道"。从爱琴海到大流士的宫中，信使仅需三天就可以到达。这条驿道使波斯的交通得到了极大改善，在我国汉代张骞出使西域后，这条道路便成了丝绸之路的东段。此外，大流士还下令挖了一条由尼罗河到红海的运河，这就是现代苏伊士运河的前身。由于交通发达，沿途又有士兵保护，商旅行人不会遭到抢劫，波斯、印度以及地中海各国的贸易很快发展起来。

希波战争

公元前 5 世纪初，波斯帝国消灭了吕底亚，并乘机进攻位于小亚细亚的希腊城邦。其首个目标为依阿尼亚地区的各个希腊城邦，波斯国王便向依阿尼亚地区各希腊城邦提出要其改民主制为君主制的不合理要求，以找借口向其宣战。依阿尼亚诸城邦无法接受，于是便以米利都为首，进行抵抗波斯的运动。米利都自知不能抵挡住波斯，因此便向斯巴达求援，但斯巴达却拒不出兵，反而是雅典及埃维厄两城邦出兵援救，在坚持数年后，仍然不敌波斯大军，在公元前 494 年，波斯完全征服了依阿尼亚地区。

为了惩罚雅典和埃维厄，波斯王决定出兵希腊。公元前 490 年，波斯王大流士一世出动陆海军共 2.5 万人，进攻雅典和埃维厄两国。埃维厄很快便被波斯军队攻陷，并且被血洗及彻底掠夺，所有市民均被贬为奴隶。雅典此时独自面对波斯大军，虽曾求助于斯巴达，但斯巴达再次拒绝了，雅典无奈之下只有孤军作战。雅典派米提阿德斯组编一万重装步兵，前赴波斯军的登陆地点——马拉松平原与之决战，而雅典则由海军负责防守。

交战初期，雅典军中路被波斯军步步进逼，只得向后退却，而波斯军中路则因而突出了。雅典军两侧精锐立即合围中路波斯军，结果波斯陆军被围歼，被完全击败。而由海路偷袭雅典的波斯海军，亦不能打败雅典海军。波斯军只得撤退，第一次希波战争结束。

公元前 480 年，接任的波斯王薛西斯一世亲率陆军 30 万及战舰 1000 艘再度进兵希腊。雅典面对波斯大军再度压境，全城立即进入备战状态，以特米斯托克利为主帅，阿里斯德岱斯为副将迎战。这次波斯号称百万大军压境，使得全希腊各城邦均有着生死存亡已系于一线的感觉，因此结盟，共抗波斯，连斯巴达亦参与了对抗波斯的行动。

斯巴达王李奥尼达以其本国精兵及伯罗奔尼撒半岛其他城邦的 7000 人负责防守希腊的第一道防线——温泉关。李奥尼达及其士兵与百万波斯陆军拼命厮杀，使得波斯军队在头两天不得寸进，并且死伤惨重。但在第三天，一个希腊的叛徒引导波斯军队抄小路进攻李奥尼达的后方，李奥尼达无法抵御，只得下令让伯罗奔尼撒半岛的军队先撤，并以自己的300精兵死守温泉关，在经过一番激烈厮杀后，斯巴达全军覆没，但其英勇的事迹却留传后世，为后人所景仰。

斯巴达王及其士兵的牺牲为雅典军主帅特米斯托克利赢得了宝贵的时间，波斯军虽然在其后迅速占领了希腊三分之二的土地，但在攻至雅典时，却发现雅典只剩下一座空城，全城居民早已撤走，结果波斯军只得焚城以泄愤。

同年9月，雅典300多艘战舰在萨拉米湾集结，并派人假装逃兵，向波斯王谎报雅典舰队内讧，应即刻出兵，结果成功引诱波斯王下令全军600多艘巨型战舰驶进海湾。然而萨拉米湾甚为狭窄，波斯的巨型战舰不能自由行驶，而雅典的舰只小巧迅速，并以船头的撞角来撞击波斯舰只的侧面，波斯舰队乱成一团，最后被雅典海军打败，波斯军队只得撤退。

公元前478年，希波战争以双方签订卡里阿斯和约而告结束，波斯帝国从此承认小亚细亚之希腊城邦的独立地位，并且将其军队撤出爱琴海与黑海地区。

古希腊的神

神	传　说
宙斯	万物的最高统治者
赫拉	宙斯的姐姐与妻子。是女性的代表，掌管婚姻和生育。性格特征是嫉妒。
波塞冬	海神，宙斯的弟弟，手拿三叉戟，坐骑是一头巨大如山鲸鱼。
雅典娜	智慧女神，传授给人类纺织、油漆、雕刻、制陶等技艺。
阿波罗	太阳神，是音乐家、诗人和射手的保护神。他是宙斯的儿子，右手拿七弦琴，左手拿象征太阳的金球。
阿尔忒弥斯	狩猎女神，月亮女神，阿波罗的妹妹。
阿芙洛狄忒	美神
赫尔墨斯	商业和市场之神、传令神。
阿瑞斯	战神，宙斯和赫拉之子。
狄蜜忒	谷物之神，丰收女神。
赫斐斯托斯	火神，西方语言中的"火山"一词来源于他的罗马名字，相传火山是他为众神打造武器的铁匠炉。
哈迪斯	冥王

印度文明

古印度文明可追溯到距今一万年前的新石器时代，人们在恒河流域繁衍生息，在经过一个阶段的哈拉巴繁荣后，即遭到雅利安人的入侵，从此开启了其奴隶史上代表性的种姓时代。正是在种姓制度盛行的土壤中，有的人开始反思，最终悉达多王子创立了佛教——有别于对以往的种姓划分，致力于实现"众生平等"。

哈拉巴城

古代的印度，在地理范围上不同于我们今天的理解，它包括今天的印度、孟加拉、巴基斯坦等国。也就是说，古代的印度，实际上就等同于今天的南亚。

印度的北面是高耸入云的喜马拉雅山，南边是印度洋，东接孟加拉湾，西临阿拉伯海。北面平原肥沃，中部河水充足，南面森林密布，是一个非常适合居住的地方。和其他所有古代文明一样，古代印度文明主要也是农业文明。人们主要种植小麦和大麦，还有紫花豌豆、甜瓜、芝麻、椰枣和棉花等。

古代印度的最早居民是达罗毗荼人，他们在这里建造了一座庞大的城市——哈拉巴。与西亚那些零散建造的城市不同，哈拉巴古城的布局非常严谨，分为卫城和下城两部分。卫城不但城墙又高又厚，城的四周还建有塔楼，所有重要的街道都是平行的南北走向。城市的中心是宫殿，房子设有排水系统，有的甚至还装有浴室和厕所。下城是

母系女神

居民区，街道整齐，布局有序。

哈拉巴城市文明是古代印度的初期文明，虽然人们耕作使用的还是石制工具，但青铜工具已经出现。人们还饲养了大量水牛、绵羊、猪、骆驼和大象，生活比较安逸。

种姓制度的产生

大约在公元前1750年左右，哈拉巴文明突然衰落下去。究其原因，可能是当时人口增多，需要很多木材来盖房子，由于对森林的过度砍伐，导致了灾难性的洪灾，人们被迫逃离哈拉巴城。

不过，最致命的打击还是雅利安人的入侵。雅利安在梵语中是"高贵、有信仰者"的含义，雅利安人的故乡在中亚和高加索一带。到了公元前1400年，他们迁徙到印度北部，并征服了当地的土著民族。

雅利安人在印度河流域定居下来后，渐渐从靠畜牧业为生转向了大力发展农业。随着以河流充当运输粮食的天然交通线的发展，贸易也开展起来，在铸币没有出现之前，雅利安人将母牛作为大笔交易的价值单位。

经济的发展转过来又促进了部落的合并，国家开始出现。在印度河和恒河流域，相继出现了犍陀罗、开卡亚、马德拉、居萨罗等十几个国家。当雅利安人看到这些新建的国家，他们开始意识到，自己应该是永远的统治者，而那些当地的黑土著，肤色的差别决定了他们应该永远是愚笨的奴隶。

由于这种强烈的种族优越感，雅利安人开始极力阻止与受他们鄙视的臣民融合，从而发展起四大世袭种姓的制度。种姓在梵文中叫做"瓦尔纳"，是肤色的意思。最高贵的是祭司和僧侣，他们掌握神权，专管占卜祸福，被称为"婆罗门"；其次是武士贵族，包括国王以下的各级官吏，掌握国家除神权之外的一切权力，被称为"刹帝利"；武士以下是农民、手工业者和商人，统统叫做"吠舍"；第四个种姓是"首陀罗"，留给了印度土著、那些被称作达塞人的奴隶。种姓制度规定了各个等级不同的生活方式，连宴请朋友的礼仪也作了明确限定，各个等级之间的界限始终固定不变，更不允许不同等级的人结婚。达塞人作为最卑贱的人，不得参加宗教仪式，也没有任何社会权利。雅利安人宣称，人将有多重生命，在过去的生命中，甚至可能是一种动物，通过在本等级中的行为，决定来世的身份。因此人在活着的时候要安分守己，多做善事，这样就可以在来生中升级。反之，如果今生有反叛之心或是干了坏事，来世不仅会降级，没准还会变成猪、狗、鸡、鸭。这个信念，让广大印度人不能动摇等级制度，即使他们对自己的生活不满意，也只有在忍耐中期待来生的幸福。

婆罗门教

为了维护种姓制度，婆罗门僧侣还到处宣扬，说把人分为四个种姓完全是神的意志。在婆罗门的经典《吠陀》中，婆罗门把种姓制度的出现用神话来解释。传说原始巨人普鲁沙死后，天神梵天用他的嘴造出了婆罗门，用双手制成了刹帝利，用双腿制成了吠舍，用双脚制成了首陀罗。

婆罗门的《摩奴法典》里还说，摩奴是大神梵天的儿子，为了确定人间各种人在社会上的应有次序，确定婆罗门和其他种姓的义务，才制定了这部法典。《摩奴法典》规定，刹帝利辱骂了婆罗门，要罚款 100 帕那（银钱单位）。如果吠舍骂了婆罗门，就罚款 150~200 帕那。要是首陀罗骂了婆罗门，那可不是罚钱能解决的事了，骂人的首陀罗要被滚烫的油灌入口中和耳中。相反，如果婆罗门侮辱刹帝利，只罚款 50 帕那，侮辱吠舍，罚款 25 帕那；侮辱首陀罗，则只需交纳 12 帕那的罚金。高级种姓的人如果杀死了一个首陀罗，不用偿命，用牲畜抵偿或者简单地净一次身就行了。所谓净身，其实就是洗澡的同义词。《摩奴法典》还对各个种姓的衣食住行都作了烦琐的规定。比如规定不同种姓的人不能待在同一个房间里，不能同桌吃饭，不能同饮一口井里的水，等等。如果有人触犯了《摩奴法典》，轻则处罚，重则会被开除出种姓之外。

被开除出种姓的人成为贱民，只能居住在城外，从事抬死尸、清除粪便等低贱的工作。走在路上，贱民要佩戴特殊的标记，口中还要不断发出特殊的声音，或敲击某种器物，以提示高级种姓的人及时躲避。婆罗门认为，接触了贱民是一件非常倒霉的事，回去之后同样要举行净身仪式。

印度神话中的神

神	传　　说
梵天	创造神，传说天地间早期的众神都是梵天自己生出来的。
毗湿奴	转生神
帝释天	天帝，是古神话中因陀罗的演化。在佛教神话中，帝释天最重要的职责是保护佛祖、佛法和出家人。
吉祥天	毗湿奴的妻子，吉祥和幸福女神，也是财富女神。
地天	坚牢地天，在古印度神话中，地天是抚育万物的母亲。
多闻天	名毗沙门，又称施财天，是佛教中守护北方的天王。
伽楼罗	太阳鸟，毗湿奴的坐骑，众鸟之王。
乾达婆	乾达婆共有6333个，在古神话中是一群美男子。佛教中的乾达婆没有男女之分，是佛门的音乐家。到了中国乾达婆成了女性，演化为敦煌艺术中的飞天。
阿修罗	原为古印度神话中的一种恶神，佛教经籍称阿修罗为"非天"或"劣天"。

悉达多与佛教

悉达多的父亲萨多达那，人称净饭王，属于释迦族，是迦毗罗卫国的国王。母亲玛哈玛亚是邻国的公主，人称摩耶王后。她在少女时代就出嫁了，可多年过去了，一直没有孩子。

当摩耶王后45岁时，一天，忽然在梦中看见一头白象腾空而来，从右肋进入自己的身体，顿时她觉得如服甘露。净饭王立即召集大臣，询问王后之梦是何预兆。一名婆罗门占卜者回答说："此梦甚佳，王后已怀孕，必生王子，王子是个千古圣人，定能光显释迦族。"净饭王听后，不胜欢喜。（《大庄严论经·卷十四》载，释迦牟尼前生曾为六牙白象。）

摩耶王后自从怀孕后，心情非常愉快，再没有忧虑与烦恼。日子就在欢乐中过去，当摩耶王后十月怀胎临盆渐近的时候，按照风俗，必须回娘家去分娩。净饭王为王后准备了由两头大象载的轿子，派了许多宫女、侍臣，护送王后回娘家。

摩耶王后在回娘家的途中，经过迦毗罗卫城郊外的兰毗尼花园时，下轿休息。当摩耶王后走到一棵茂盛的无忧树下时，见这无忧树枝叶茂盛，柔软低垂，树上的花果芬芳可爱，便举手攀摘花果，这时，王子就生了下来。据佛经记载，王子刚生下就能说话，无人扶持即能行走，他身上发出光明，目光注视四方，举足行了7步，每步地上都出现一朵莲花。王子右手指天，左手指地，一时间香风四散，花雨缤纷，仙乐和奏，地上涌出冷暖二泉，香洌清净。

王子被取名为乔达摩·悉达多。七天后，摩耶王后去世，小王子便由他的姨母来抚养。净饭王老来得子，非常疼爱悉达多，希望他能成为一个有作为的国王。悉达多19岁时，同表妹雅苏达拉结婚，在远离人世间所有痛苦磨难的富丽王宫中幸福地生活，安静等待着继承王位的一天。

在悉达多30岁那年，偶然一次出城游玩，他看见一位年老体衰、精力尽失的老人在街上艰难地行走，虚弱的四肢似乎已无法支撑他摇摇欲坠的身体。不远处，还有一具尸体横卧在污泥中，一群鸟在上面啄食。悉达多问自己的车夫查纳，这是怎么一回事。查纳回答说，这个世界上有太多的穷人，多一个或少一个都没关系，所以不必在意。

悉达多王子感到悲伤，同时也十分烦闷和苦恼，可他没再问下去。第二次离开王宫，悉达多看见了一个正受着恶疾折磨的病人，于是又问查纳，为什么这个人会遭受如此的痛苦？马车夫回答说，世界上的病人太多太多了，这样的事情也是无法避免的，所以不必介意。这时，一个穿着破烂衣服，捧着瓦钵的僧人从悉达多面前走过，他那副悠然自得、富足快乐的样子引起了王子的好奇，便问查纳这是什么人。查纳说这是出家修道的人。悉达多赶忙向修道者行礼，问他为什么会这样快乐。修道者对他说："世事无常，只有出家人可以得到解脱。"

当天晚上，悉达多返回王宫，迎接他的是阵阵悦耳的音乐。原来在他出门的时候，妻子为他生下了一个儿子，大家都在欢天喜地地庆祝。

可是，悉达多却没感觉到欣喜，在为生存的谜团找到一个解救之道以前，他再也不可能快乐起来。经过一番思考，悉达多决定远离自己热爱的亲人，去寻找生命和人生的答案。他悄悄来到妻子的卧房，看了一眼熟睡中的妻儿，随后叫醒查纳，让他跟自己一道出走。

两个男人一起走进黑夜之中，一个为了求得灵魂的平静，一个是要忠心侍奉自己热爱的主人。老国王不见了儿子，急得到处寻找，终于在森林里找到了悉达多，但他已拔光了自己的头发，坚决不肯回家。悉达多脱下随身佩戴的珠宝，连同一封诀别信，让一直忠实跟随他的查纳转交给家人。

悉达多开始四处周游，寻访有名的学者学习，又跟随苦行僧学道。不久，悉达多的名声传播开来，有五个年轻人前来拜访他，请求聆听他智慧的言辞。悉达多便领他们到自己修行的山里，将自己领悟到的智慧对学生们倾囊相授。不过，悉达多仍是感觉自己离完美的境界相差甚远，于是，他让学生们离开他，独自一人坐在一棵菩提树的树根旁，禁食49个昼夜，沉思冥想。

悉达多的苦修最终获得了回报，到第50天的黄昏降临时，35岁的悉达多终于想通了解脱人间痛苦的道理，创立了佛教。后来，悉达多就到各地去传教，被弟子们称为释迦牟尼佛，意思是"释迦族的圣人和大彻大悟的人"。

释迦牟尼把佛教解释为"四谛"，"谛"的意思是真理。这四谛是苦谛、集谛、灭谛和道谛。"苦谛"是说人的一生到处都是苦，生老病死、喜怒哀乐其实都是苦。"集谛"指人受苦的原因，那就是因为人有各种各样的欲望，将愿望付诸行动，就会出现相应的结果，那么在来世就要为今世的行为付出代价，即所谓的"善有善报，恶有恶报"。"灭谛"是说如何消灭致苦的原因，唯一的办法就是消灭欲望。"道谛"是说如何消灭苦因，要消灭苦因就得修道。

公元前488年，释迦牟尼给几个弟子讲道后，到一条河里洗澡。弟子们在几棵婆罗树之间架起了一张绳网，释迦牟尼侧身而卧，枕着右手，对弟子们说："我马上就要死了，我死之后，你们不要伤悲，要大力弘扬佛法，拯救世人。"说完，释迦牟尼就逝世了。遗体火化以后，释迦牟尼的骨灰结成许多五光十色的颗粒，佛教称之为"舍利"。

此后，佛教在印度和世界各地广泛传播开来，成为世界三大宗教之一。

繁荣的孔雀帝国

公元前518年，波斯帝国曾入侵印度河流域，将其纳入了自己的版图。公元前327年，亚历山大的马其顿军队东征，从波斯手中抢夺到印度的控制权。

不甘心被外族统治的印度人，在出身于孔雀家族的旃陀罗·笈多率领下，不断发动起义，最终赶走了侵略者，创立了孔雀王朝（公元前322年－公元前185年）。到了旃陀罗·笈多儿子宾头沙罗统治时期，孔雀王朝已控制了印度河平原、恒河平原、孟加拉湾、德干高原以及远达阿拉伯海的广大领域。阿育王就是这强大王朝的继承者之一。

阿育王从小特别崇敬释迦牟尼，他常说，佛教可以教人消灭个人的欲望，使人安分守己，这对治理国家很有用处。18岁时，阿育王便被任命为总督，到各地平叛，立下赫赫战功。不过，阿育王只是宾头沙罗王众多王子中的一个，本来并没有资格继承王位。在公元前273年，宾头沙罗王病逝，阿育王和兄长们展开了激烈的战争，在谋杀兄弟姐妹多达99人后终于夺得王位。

母系女神

阿育王即位后，开始对南印度进行了大举扩张，最大规模的战斗，就是对羯陵伽的远征。羯陵伽是孟加拉湾沿岸的一个强国，拥有步兵6万、骑兵一万，还有上百头的战象。由于海上贸易发达，国家十分富庶。公元前262年，阿育王决心占领这个富有的国家，大举向羯陵伽进犯，俘虏了15万人，并将其中的10万人杀死。

这场残酷的战争让孔雀王朝的版图空前广大，包括了除南端以外的整个印度半岛，它的版图一直到16世纪莫卧儿王朝之前都未被超越。可是，这也让阿育王忐忑不安，因为他信奉佛教，在羯陵伽战争中的杀戮让他感到夜不能寐。不久，阿育王发布敕令，说他对羯陵伽人感到深切的忧虑和悔恨，并向全国宣布，从此以后奉佛教为国教，让宣扬佛法的声音代替战鼓的响声。

为了弘扬佛法，阿育王下令在王宫和印度各地树立石柱，开凿石壁，将他的诏令刊刻在上面。他召集了一大批佛教高僧，编纂、整理佛教经典，在各地修建佛教寺院和佛塔。还派出大批使者和僧侣，到邻近的国家和地区去传教。经过这番宣传，佛教很快传到了埃及、叙利亚、缅甸、中国等世界各地。

除了宣传佛教，阿育王还对国家进行了有益的改革，发展农业和贸易，兴办医院，使孔雀王朝的经济得到了极大发展。不过，孔雀王朝的统治依然是不巩固的，因为各个地区在政治、经济、文化上都有很大的独立性。

阿育王死后，帝国便逐渐分裂。约在公元前187年，末代国王布利哈德罗陀被其部将普士亚密多罗·巽伽所杀，孔雀王朝灭亡。印度陷入了长达500年的混乱和黑暗，巽伽、甘婆、羯陵、贵霜等帝国轮番上台，但都没给印度带来统一。直到4世纪时，笈多帝国建立，才开启了一个新的局面。

古印度的奴隶经济

古代的印度社会，奴隶制作为一种基础性经济形态存在了非常长的时间。从公元前 14 世纪雅利安人入侵，到列国时期（公元前 6 世纪 – 公元前 4 世纪）的小国林立，奴隶数量大幅增长。而孔雀帝国统治下的印度，则是古代印度奴隶制经济的兴盛阶段。

古代印度各地区的奴隶制经济发展极不平衡，北印度的两河（印度河与恒河）平原发展较快，特别是孔雀帝国的中心摩揭陀地区，奴隶制经济已达到很高水平。在其他地区，特别是周边地区则较为落后，有的部落还停留在原始社会的状态。

当时，奴隶来源是很多的。除战俘奴隶外，还有债奴、罪奴、家生的、继承的、赠予的、买来的以及由于饥荒为食物而服役的，数量非常庞大。奴隶有国有的，有属于私人的。国有奴隶大都从事建筑、采矿和兴修水利等劳动。在王室的农庄和手工作坊中也有很多奴隶，主要是耕地和纺织，不过这些奴隶的口粮由国家发给。私人占有的奴隶数量不等，有的"僮仆万千"，有的仅有一两个。这些奴隶除从事生产劳动外，更多的是从事家务劳动或生产辅助劳动，如酿酒、做饭、打水、推磨、捣米、看守仓库和果园、清除垃圾、向田间送饭等。在王室显贵之家，还有大量供享乐的宫女、歌妓、舞女等奴隶。

奴隶被视同牛马，在印度的佛教文献中，常把"仆从奴婢"与"金银珠宝""象马牛羊"并列，甚至还被叫做"两足动物"，没有任何地位。奴隶不仅可以被买卖、赠送，还可以出租，毒打和虐杀他们都不犯法。

欧洲文明的孵化器——希腊

在希腊人那里，世界第一次有了思想自由。

——伊迪丝·汉密尔顿（Edith Hamilton 美国作家、教育家）

爱琴海的传说

在远古时代，有位国王叫米诺斯，他统治着爱琴海的一个岛屿——克里特岛。米诺斯的儿子在雅典被人阴谋杀害了，为了替儿子复仇，米诺斯向雅典人宣战。雅典人打不过米诺斯王，便请求和解。米诺斯要求他们每隔九年，送七对童男童女到克里特岛。

传说米诺斯在克里特岛建造了一座有无数宫殿的迷宫，迷宫中的道路曲折纵横。在迷宫深处，米诺斯养了一头人身牛头的野兽——米诺斯牛。雅典每次送来的七对童男童女，都是供奉给米诺斯牛的祭品。

说到这头米诺斯牛，它的来头可不小，是天上金牛座的原型。传说希腊的宙斯神爱上了腓尼基公主欧罗巴，他便化作一头精壮的牛，混在牛群中。欧罗巴被这牛所吸引，兴奋地跨上牛背。宙斯变的牛驮着美丽的公主逐渐离开了牛群和随从，到了海边，那牛突然腾空而起，跃过爱琴海，把姑娘带到了克里特岛。

宙斯与欧罗巴生下了米诺斯及其兄弟，在争夺克里特王位的时候，米诺斯为了获胜，求海神波塞冬派一头牛来献祭。波塞冬慨然相助，派来了一头牛。这牛非常精壮漂亮，米诺斯竟舍不得杀掉，没有拿来献祭。

波塞冬对此十分恼火，他施展神力，让米诺斯的王后帕希爱上了这头牛，并与其结合，生下了牛头人身的米诺斯牛。

然而雅典一方的人们一想到自己的儿女要成为怪兽米诺斯牛的食物，雅典有童男童女的人家就惶恐不安。雅典国王爱琴的儿子忒修斯，看到人们遭受这样的不幸，决心和童男童女们一起出发，并发誓要杀死米诺斯牛。在一片哭泣声中，雅典人送别了包括忒修斯王子在内的七对童男童女。忒修斯和父亲约定，如果杀死米诺斯牛，他在返航时就把船上的黑帆变成白帆。

忒修斯领着童男童女在克里特上岸了，他的英俊潇洒让米诺斯王的女儿阿里阿德涅公主一见倾心。公主偷偷与忒修斯相会，向他表达了自己的爱慕之情。当她知道忒修斯的使命后，便送给他一把利剑和一个线球，祈祷忒修斯能杀死米诺斯牛，活着走出迷宫。

聪明而勇敢的忒修斯一进入迷宫，就将线球的一端拴在迷宫的入口处，然后放开线团，沿着曲折复杂的通道向迷宫深处走去。最后，他终于找到了怪物米诺斯牛，并用阿里阿德涅公主给的剑，奋力杀死了这头怪兽，然后顺着线路走出了迷宫。在阿里阿德涅公主的帮助下，忒修斯逃出了克里特岛。

经过几天的航行，祖国雅典终于映入眼帘了。忒修斯和伙伴们非常兴奋，又唱又跳，但他忘了和父亲的约定，没有把黑帆改成白帆。翘首等待儿子归来的爱琴国王一直守候在海边，当他看到归来的船挂的仍是黑帆时，以为儿子已被米诺斯牛吃了，悲痛欲绝，跳海自杀了。为了纪念国王，他跳入的那片海，从此就被叫作爱琴海。

克里特迷宫

当人们都以为以上只是神话传说的时候，英国的考古学家阿瑟·伊文思在1900年和他的考古队在克里特岛发现了米诺斯王宫的遗址和大量文物，找到了迷宫。

迷宫坐落在一处缓坡上，有大小宫室1500多间，周围曾经古木参天。迷宫有东宫、西宫，有国宝殿、王后寝宫，有贮藏室、仓库和冷热水管俱全的浴室等。这些华丽的建筑之间，有长廊、门厅、通道和阶梯相连，确实是千门万户，曲径通幽，说它是迷宫当之无愧。在迷宫的墙上，有许多精美的壁画，斗牛戏是最多的表现内容。

在迷宫中，考古队员们还发现了2000多块泥板，上面刻着许多由线条构成的文字，记载着王宫财物的账目，还有国王向各地征收贡赋的情况。

克里特的迷宫是希腊最早的文明，它的鼎盛时期在公元前15世纪。虽然今天的迷宫只是一个残败的遗址，但仍能让人们感受到它昔日的辉煌。克里特人将花、鸟、海贝、种田归来的农夫、与公牛角斗的壮士和翩翩起舞向女神表示敬意的妇女，都画在了墙壁和器皿上。他们建造的屋子布局十分巧妙，尤其是排水系统的设置。天一下雨，雨水便冲洗下水道，使下水道保持干净；下水道的入口很大，可以让工匠进入里面修理。

可是，克里特文明的毁灭，却是在一夕之间，人类历史上最猛烈的一次火山爆发摧毁了它，岛上的城市几乎在一瞬间，就被埋在了厚厚的火山灰下。少数劫后余生的人，渡海到达了希腊伯罗奔尼撒半岛东北部的迈锡尼，将克里特的文字、艺术和先进技术带到了希腊本土。

迈锡尼文明

迈锡尼文明是在 19 世纪末，由德国考古学家海因里希·施里曼于发掘迈锡尼（1874 年）和梯林斯（1886 年）的过程中重见天日的。施里曼相信自己找到了荷马史诗中所描写的世界。

公元前 2000 年前后，在希腊半岛的迈锡尼、梯林斯、派罗斯等地出现了相当发达的青铜器文化，产生了奴隶制国家，其中以迈锡尼最为繁盛，故称之为迈锡尼文明。迈锡尼文明的创造者是希腊人的一支——阿卡亚人。他们大约在公元前 1650 年前后从巴尔干半岛北部南下来到希腊半岛的中部和南部。通过考古挖掘证明在公元前 1500 年左右，迈锡尼出现了奴隶制国家，反映在墓葬上，主要是这时的墓葬由圆顶墓代替了竖井墓，因此此时统治迈锡尼的王朝又称"圆顶墓王朝"。整个圆顶墓王朝时期，迈锡尼文明有了飞速发展，生产力进步，金属冶炼和手工业品制造逐渐超过克里特的技术水平，陶器远销埃及、腓尼基、塞浦路斯和特洛伊等地。到公元前 1450 年前后，迈锡尼人甚至渡海占领了克里特岛的诺萨斯。目前发现的大量迈锡尼文物遗存显示当时的迈锡尼社会是发达的奴隶制社会，统治者修筑了坚固的城堡，在梯林斯还有用巨石砌成的围墙，厚度可达 8 米，在迈锡尼还有高大的城墙和塔楼，其石头城门——"狮子门"的遗迹至今犹存。

迈锡尼国家最高统治者称国王，其下设有指挥军事的将军。政治机构有贵族会议和民众议会。社会的基层组织是公社，长老领导公社，其职责是为国王和政府收税，征集劳役，招募工匠。大约在公元前 12 世纪初，发生了《荷马史诗》中著名的特洛伊战争。当时以迈锡尼为首的希腊人组成联军，东渡爱琴海，远征特洛伊。联军苦战十年，仍不能攻克特洛伊城，后来由于希腊人巧施"木马计"，才将该城攻陷。但此次战争使迈锡尼国力遭受重大损失，逐渐走向衰败。

特洛伊战争

特洛伊战争无论是传说还是现实都是一场值得所有人铭记的战争，它记载在荷马史诗中，同时也见证了希腊人的智慧。关于这场战争，让我们从两个城邦所处的位置说起吧：古希腊地理的定义远远大于今天的希腊，包括希腊半岛，爱琴海、爱奥尼亚海上的诸多岛屿，以及小亚细亚半岛西部的沿海地区；而特洛伊城坐落在小亚细亚半岛的西北部，与希腊仅隔着达达尼尔海峡。

大约在公元前 12 世纪左右，迈锡尼的各个城邦联合起来，对小亚细亚发动了攻势。而特洛伊城正是这场战争中希腊的主要对手，故事还要从一个女人讲起。

此女是斯巴达城邦中一户人家的女儿，名叫海伦，人人都认为她是全希腊最美丽的女子，追求者不计其数。后来，海伦选择了斯巴达王阿特柔斯的儿子墨涅依斯作为终身伴侣。不久，墨涅依斯便做了国王。

一天，墨涅依斯的王宫里来了一位尊贵的客人，他是特洛伊国王的儿子——帕里斯。墨涅依斯对帕里斯盛情款待，王后海伦也亲自出来接待。帕里斯长得风度翩翩，风流潇洒，海伦和他一见钟情。陷入情网不能自拔的海伦，和帕里斯一起逃回了特洛伊城。

墨涅依斯觉得这是一个奇耻大辱，他连夜赶到迈锡尼城，请国王阿伽门农，也就是他的哥哥帮他复仇。阿伽门农马上联合了希腊的许多城邦小国，决定将特洛伊城夷为平地。阿伽门农亲自挂帅，率领十万大军，浩浩荡荡地攻打特洛伊城去了。希腊人和特洛伊人的战争，由此爆发。

希腊人认为，世界上的一切事情都是由神安排的，这场战争也一定不例外。神话中说，英雄阿喀琉斯的父母——国王珀琉斯和海中女神忒提斯举行婚礼，奥林匹斯山上的许多神仙都应邀而来了。忽然，一位怒气冲冲的女神闯了进来，她把一个金苹果扔在桌子上，上面刻着一行字："给最美丽的女神。"

扔苹果的女神是"争吵女神"，珀琉斯国王本来是怕她在宴会上吵闹，因此没有邀请她。没想到这位女神自己来了，终于还是引起了一场争吵。在场的女神们都想得到金苹果，以此证明自己是最美丽的。

于是，众神的首领宙斯命令女神们到特洛伊去，请一个叫帕里斯的牧羊人来评判。为了得到金苹果，女神们都给帕里斯最大的许诺：天后赫拉答应使他成为一个国王；智慧女神雅典娜保证使他成为一个最聪明的人；爱与美的女神阿芙洛狄忒发誓让他娶到全希腊最美丽的女子做妻子。帕里斯于是把金苹果给了阿芙洛狄忒。

　　帕里斯其实并不是真正的牧羊人，他是特洛伊国的王子伪装的。在阿芙洛狄忒的帮助下，帕里斯拐走了当时最美的女子海伦——斯巴达王墨涅依斯的王后，由此引发了战争。

　　由于特洛伊城十分坚固，希腊人攻打了九年，始终没有打下来。第十年，将领奥德修斯想出了一条妙计。

　　一天清晨，希腊联军的战舰突然扬帆离开。特洛伊人以为希腊人认输撤军了，便跑到城外查看，结果发现海滩上留下一只巨大的木马。特洛伊人惊讶地围住木马，不知道这是干什么用的。

　　正当大家议论纷纷的时候，几个牧人捉住了一个希腊人，忙带他去见国王。这个希腊人告诉国王，木马是希腊人用来祭祀雅典娜女神的。希腊人估计特洛伊人会毁掉它，这样就会引起天神的愤怒，让特洛伊人遭遇厄运。但如果特洛伊人把木马拉进城里，就会带来神的赐福，所以希腊人把木马造得这样巨大，让特洛伊人无法把它拉进城去。特洛伊国王信以为真，准备把木马拉进城来。这时，特洛伊的祭司拉奥孔跑到海边，他要求把木马烧掉，并拿长矛刺向木马。木马突然发出可怕的响声，海里窜出两条可怕的蛇，扑向拉奥孔和他的两个儿子，将拉奥孔和他的儿子活活缠死。然后，这两条巨蛇从容地钻到雅典娜女神的雕像下，不见了。

　　被抓住的希腊人说，"这是因为他想毁掉献给女神的礼物，所以得到了惩罚。"特洛伊人不再怀疑，赶紧把木马往城里拉。因为木马实在太大了，比城墙还高，特洛伊人只好把城墙拆开了一段。当天晚上，特洛伊人欢天喜地地庆祝胜利，喝光了王宫里的酒，都大醉着进入了梦乡。

　　深夜一片寂静，只有那个劝说特洛伊人把木马拉进城的希腊人没有睡觉。他见特洛伊人都睡熟了，便走到木马边，轻轻敲了三下。这是约好的暗号，藏在木马中的是全副武装的希腊战士，他们一个接一个跳了出来，杀死了睡梦中的特洛伊人，并将特洛伊城掠夺一空后，放火烧为灰烬。

　　特洛伊城中的男人被杀死了，妇女和儿童被卖为奴隶，特洛伊的财宝都装进了希腊人的战舰，海伦也被墨涅依斯带回了希腊。

希腊英雄——阿喀琉斯

阿喀琉斯是荷马史诗《伊利亚特》中的英雄,是海洋女神忒提斯(Thetis)和凡人英雄珀琉斯(Peleus)所生。他是参加特洛伊战争的唯一一个半人半神。在阿喀琉斯出生后,他母亲忒提斯倒提一只脚把他浸入冥河(一说把他放在天火里锻烧),使他周身刀箭不入,唯有脚后跟由于没有浸到河水,而成为他唯一致命之处。阿喀琉斯在奥德修斯的邀请下参加特洛伊战争,在战斗中杀敌无数,尤其是在一次战斗中杀死了特洛伊国王的儿子赫克托耳,使希腊军反败为胜,后来被庇护特洛伊的太阳神阿波罗用箭射中脚踵而死。

荷马时代

《荷马史诗》记载的是公元前 11 世纪 – 公元前 9 世纪的希腊历史,因为《荷马史诗》是这一时期唯一的文字史料,史称"荷马时代"。荷马时代的开始一直是与多利亚人南下相联系的。多利亚人原居住在希腊半岛北部的伊庇鲁斯,公元前 12 世纪时他们首先侵入狄萨利亚和彼阿提亚,后来又侵入了伯罗奔尼撒半岛,同时毁了迈锡尼文明,将希腊拖回近乎野蛮的状态,使希腊进入黑暗时代。当然也有人认为多利亚人来的时候,迈锡尼文明已毁灭,他们只是到了近于废墟的迈锡尼广大地区,安居下来。在多利亚人的压迫下,原有的希腊居民发生了迁移:希腊北部的伊奥利亚人多迁往列斯堡岛和小亚细亚沿岸北部;希腊中部的爱奥尼亚人多迁往西克拉底斯群岛和小亚细亚沿岸中部;伯罗奔尼撒半岛的阿卡亚人有的被迫迁到山地或边远地区。

在"荷马时代"的希腊半岛、爱琴海诸岛和小亚细亚沿岸各地盛行的氏族部落制度逐渐解体。这与迈锡尼文明时代相比,社会制度有倒退的一面,但在社会经济发展方面,还有进步的表现。公元前 2000 年 – 公元前 1000 年,是希腊由青铜器时代向铁器时代的过渡阶段。铁制工具的出现是社会生产力进步的一个重要标志,当时的铁制农具有犁、鹤嘴锄、镰刀和铲等,这使农业和畜牧业成为主要生产部门,在畜牧业中有饲养马、牛、羊、猪等的专职人员。社会生产力的发展,导致了手工业和农业的分离。同时商业交换也发生了变化,虽然此时盛行物物交换,但也存在以铜、铁、皮革和牲畜等作为交换媒介物的情况。商品经济的发展最终导致了贫富分化,开始出现私有财产和阶级。氏族贵族占有大量金银财产和大批牲畜,而且拥有比普通氏族成员更多更好的土地,他们还会经营田园或牧场。而失掉份地或脱离公社的人，则变为雇工，有的甚至沦为乞丐。他们通常受到氏族贵族的剥削。在荷马时代末期产生国家之前，部落管理实行的是军事民主制，包括三种机构：军事首领、议事会和民众会。军事首领由公众选举，平时负责祭祀管理和争讼裁决，战时统率军队。议事会由氏族长老组成，有广泛的权力，重大问题都要经由议事会讨论。民众会由全体成年男子组成，对作战、媾和、移徙和推举领袖等重大问题，以举手或呼声等方式进行表决，它原则上拥有最高权力。但是随着氏族内部分化的加剧，在荷马时代后期，部落的管理机构开始向国家统治机关过渡，希腊逐渐跨过文明的门槛。

尚武的斯巴达

斯巴达人就是来到伯罗奔尼撒半岛并定居于此的多利亚人，而原有的居民都变成了奴隶，被称作希洛人。公元前8世纪，斯巴达人向邻邦美塞尼亚发动了长达十年的战争，最后征服了美塞尼亚，将多数美塞尼亚人变成奴隶，并为希洛人。

斯巴达人生性好斗，全体过着军事化的生活，孩子们从小受到的教育就是军事训练。为了防止斯巴达人内部的贫富分化，城邦规定斯巴达人不许从事工商业，不用金银做货币，而用价值低廉的铁币。斯巴达人唯一能从事的职业，就是军人。

当斯巴达的婴儿呱呱坠地时，就会被抱到部落长老那里接受检查，如果长老认为这个孩子不健康，就把他扔到荒山野外的弃婴场去。男孩子在7岁前由父母抚养，从小就让他们养成不哭、不挑食、不吵闹、不怕黑暗、不怕孤独的习惯。7岁后，男孩子们被编入团队过集体军事生活，他们被要求对首领绝对服从，被要求增强勇气、体力和残忍性。为了训练孩子的服从性和忍耐性，他们每年在节日敬神时都要被皮鞭狠狠抽打一次，这期间不许求饶，更不许喊叫。

男孩子到12岁时进入少年队，生活更加严酷，整天光头赤脚，无论冬夏都只穿一件外衣。平时孩子们的食物很少，首领鼓励他们到外面偷食物吃。如果被人发现，回来要挨重打，因为他偷窃的本领不高明。

满20岁后，斯巴达男青年成为真正的军人，即便在30岁结婚后，每天仍要参加军事训练。斯巴达女孩虽然一直留在家里，但她们不会织布、做家务，而是每天从事体育锻炼，学习跑步、竞走、掷铁饼、搏斗等。斯巴达人认为，只有身体强健的母亲，才能生下刚强的战士。每个斯巴达母亲送儿子上战场时，不会祈祷儿子平安归来，更不会痛哭流涕，而是给儿子一个盾牌，说："要么拿着，要么躺在上面。"

重视军事的斯巴达人非常轻视文化，他们觉得文字的用处就是传达命令，所以只要会写命令和便条就可以了。斯巴达城里没有一座宏伟的建筑，也没有美观的器物，他们对此都没有兴趣。斯巴达人唯一感兴趣的，就是打仗，为此经常对外发动战争。可想而知，身为奴隶的希洛人除了劳作以外，还要充当炮灰，为斯巴达人去打头阵，用自己的生命探明敌方的虚实，消耗敌方的兵力。

希洛人忍受不了斯巴达人的残酷和野蛮，经常举行武装起义。由于希洛人在数量上比斯巴达人多得多，所以斯巴达人就用一种叫"克里普提"的方法来消灭希洛人。"克里普提"是秘密行动的意思，斯巴达的长官们时常派遣大批谨慎的青年战士下乡，白天分散隐蔽在偏僻的地方，杀死他们所能捉到的每一个希洛人。有时，他们会来到希洛人正在劳动的田地里，杀死其中最强壮的人。

马拉松战役

克利斯提尼的改革，让雅典逐步强盛起来，成为了一个真正意义上的国家。与此同时，波斯帝国开始强大，成为世界历史上第一个横跨亚、欧、非的庞大帝国。

公元前 492 年的春天，波斯将矛头对准了美丽富饶、欣欣向荣的希腊城邦，派出大批战舰入侵这个与他们隔海相望的国家，开始了历史上著名的希波战争。

第一次入侵无功而返，因为波斯海军刚出海就遇上了飓风袭击，300 艘战舰和舰上官兵全部葬身海底。波斯陆军失去了海军的呼应，又遭到色雷斯土著人的袭击，只能灰溜溜地撤退。

随后的公元前 490 年，波斯帝国的舰队渡过爱琴海，在雅典东部的马拉松平原登陆，对希腊展开了第二次进攻。

雅典全城紧急动员，派当时的长跑能手斐里庇第斯日夜兼程，去 200 多公里远的斯巴达城邦求助。这位长跑健将只用了一天多的时间便跑到斯巴达，但斯巴达人却以月不圆不能出兵为理由，拒绝出兵援助。斐里庇第斯无奈，只好赶回雅典复命。

雅典人听到斯巴达人不出兵的消息后，立即把全体公民组织起来，连奴隶也编入军队，赶往马拉松平原占据有利地形。

当时雅典军队组织了 1 万重装步兵，而波斯军队有 10 万人，而且装备精良。在敌强我弱的情况下，将军米提阿德斯决定，不与敌人硬拼，而是把战线拉长，将精锐步兵安排在两侧，正面战线上用比较薄弱的兵力诱敌深入。

激战开始了，希腊士兵从中路发起进攻，波斯军队立即反攻，一步步进入到平原中心。这时，埋伏在两侧的士兵以迅雷不及掩耳之势冲出，夹击波斯军。波斯军队由于追击希腊人，战线拉得过长，这时陷入希腊军队的包围，首尾不能相顾，溃不成军。这场战役中，波斯人丢下了 6000 多具尸体和 7 艘战船，而雅典人只牺牲了不到 200 人。

米提阿德斯急于把胜利的消息告诉雅典城内焦急的人们，他让斐里庇第斯去传送消息。这位长跑能手当时已受了伤，可还是愉快地接受了使命。斐里庇第斯只用了 3 个小时，就从马拉松平原跑到了雅典城的中央广场。此时，他已是上气不接下气，只激动地喊了一句："我们……胜利啦！"喊声刚落，斐里庇第斯便一头栽倒在地，再也没有醒来。

马拉松战役后，波斯帝国在公元前 480 年第三次攻入希腊。在经过温泉关一役后，雅典陷落，全城被焚毁。由于波斯大军在萨拉米海战中大败，希腊人掌握了战争的主动权，转而主动攻击波斯在小亚细亚的城邦。战争最终以希腊的胜利告终，曾经不可一世的波斯帝国，自此衰落下去。

伯里克利的黄金时代

希腊在取得希波战争的胜利后，又逐步取得了东部地中海的霸权，奴隶数量急剧增多，城邦间的贸易变得繁荣起来，而繁荣城邦中的典范非雅典莫属。

雅典当时之所以能居于令人炫目的卓越地位，是因为它在打败庞大的波斯帝国这场重大战争中起了最主要的作用。此外，雅典人在希波战争前不久还发现了劳里昂银矿，他们得到这笔财富后建立了海军，建造了 200 余艘最新式的三层划桨战舰。

希腊的胜利，特别是雅典海军在战争中的胜利，促进了民主政治的发展。因为划船投入战斗的划手，都是没有财力将自己装备成重甲步兵的公民。城市贫民在军事上所起的作用，比有财产的重甲步兵还要大，这在很大程度上提高了他们的地位。而雅典一向就有民主的传统，到了伯里克利执政时期（公元前 461 年 – 公元前 429 年），民主风潮更是达到最高潮。

说到伯里克利，他的名字一直和雅典的繁荣相连，人们甚至将希腊的"黄金时代"称为"伯里克利时代"。

伯里克利（约公元前 495 年 – 公元前 429 年），出身贵族，在公元前 444 年以后历任首席将军，成为雅典的实际统治者。

据说，为了广泛接近民众，伯里克利经常和普通百姓交谈，听取他们的意见。

一天晚上，在伯里克利回家的路上，一个贵族跟在身后骂他："你这个疯子！无耻！出身贵族却忘掉了自己的朋友，竟然去结交那些下贱的百姓！"这个人就这样一路尖声叫骂着，尾随伯里克利到了家门口。可伯里克利没有动怒，看看天已经黑了，还让仆人打起火把，把骂他的人送回家去。

在雅典，军人、法官、议员和其他政府工作人员起初都是没有薪金的，士兵还要自己掏钱买武器和马匹。伯里克利执政后规定：军人和一切公职人员都由国家支付薪金，让普通公民的子弟一样能够当兵。伯里克利还给生活困难的人发"看戏津贴"，使他们也能有文化娱乐的机会。

伯里克利当权时，还做了一件意义非同寻常的大事：重建被波斯军队放火烧毁的雅典城。在他的主持下，一批出色的雕塑家、建筑师、工艺家云集雅典，把这座古城装饰得十分雄伟壮丽。在可容纳 1.4 万名观众的露天剧场里，经常上演一些著名剧作家的悲喜剧；专门用于诗歌演唱和比赛的音乐堂，设计精巧；位于雅典中心的卫城，建在 150 米高的陡峭山巅上，全部用大理石修建而成，城中有雅典最著名的帕提侬神殿和智慧女神雅典娜的铜像。美丽的雅典娜身穿黄金战袍，头戴黄金盔，胸前的护身甲上嵌着女妖美杜莎的头像。她左手持长矛，右手托着胜利女神尼刻的小雕像，身边还放着一个有一条巨蛇盘在上边的圆形女神盾。这尊美丽的雕塑，后来被罗马帝国的皇帝安敦尼·庇乌搬走，至今下落不明。

伯罗奔尼撒战争

随着雅典势力的增强，斯巴达日益感到威胁临近，尤其是他们在伯罗奔尼撒半岛的霸权岌岌可危。

伯罗奔尼撒半岛上的众多小城邦，在斯巴达的统治下结成联盟。公元前 432 年，雅典借口伯罗奔尼撒同盟成员科林斯的殖民地波提狄亚隶属于雅典麾下的提洛同盟，要求波提狄亚与科林斯断绝关系。在科林斯的鼓动下，伯罗奔尼撒同盟要求雅典放弃对提洛同盟的领导权，遭到拒绝，一场持续十年的战争由此爆发。

公元前 431 年，伯罗奔尼撒同盟成员底比斯首先袭击了雅典盟邦普拉提亚，随后斯巴达军队侵入阿提卡半岛，伯罗奔尼撒战争全面爆发。

斯巴达在陆军上占有优势，而雅典则称雄于海上，因此斯巴达力图从陆路攻占阿提卡，进而包围雅典。雅典执政官伯里克利则希望用海军袭击伯罗奔尼撒沿海地区，逼斯巴达求和。双方一直僵持不下。此后一年，雅典城中突然暴发了鼠疫，许多人发烧、呕吐、腹泻、抽筋、身上长满脓疮、皮肤严重溃烂。患病的人接二连三地死去，伯里克利和他的两个儿子也先后死于这场瘟疫。没过几日，雅典城中便随处可见来不及掩埋的尸首。

伯里克利死后，雅典城邦内部出现了主和派和主战派的激烈争论。最后，主战派占了上风，将军克里昂指挥军队继续作战。公元前 423 年，雅典在色雷斯的安菲波里城与斯巴达军队决战，克里昂战死。经过十年的战争，双方都已疲惫不堪，无力再战。于是，在公元前 421 年签订了"尼西亚和约"，双方宣布停战，一切都恢复到战前状态。

西西里之战

就在伯罗奔尼撒战争结束 6 年后，雅典人集结了一支庞大的军队——134 艘战船、130 艘运输船和 5100 名重装步兵、1300 名弓弩手，徐徐向地中海上的西西里岛进发。组织此次远征的是亚西比德，他是当时最著名的哲学家苏格拉底的学生，他认为雅典和斯巴达只有一个能称霸整个希腊，而西西里岛富饶美丽，占领它意味着财富和资源，这会助他们打败斯巴达人。他那极具煽动性的演说征服了公民大会，也批准了他的远征计划，并任命他和尼西亚为统帅，一同率军远征西西里岛。

雅典远征军在科西拉与盟国的支援部队会合，然后驶抵南意大利。远征军在与塞盖斯塔联络后，发现塞盖斯塔很穷，根本无力支付远征军费用，原来大捞一把的希望落空，出征时的亢奋骤然消失。

最让士兵们气愤的是，当时坚决主战的亚西比德竟然逃跑了。原来，在远征军出发的前夜，有人将雅典城内各街口用来指路的赫尔墨斯神像的面部毁坏了。赫尔墨斯是天神宙斯之子，雅典人相信它能庇护道路并维护社会秩序。神像被破坏在雅典城中引起了严重的不安，为追查肇事者，国家鼓励告密，亚西比德被指控参与了此事，于是雅典公民大会决议，把亚西比德召回受审。亚西比德深知回国后凶多吉少，便在远征中途逃跑了，但是公民大会仍对他作了缺席判决，判处他死刑，并没收他的全部财产。亚西比德获悉后非常愤恨，便投奔了斯巴达。

亚西比德叛逃后，尼西亚仍率舰队西进，一到西西里就与斯巴达支持的叙拉古人展开了激战。由于长途跋涉和尼西亚的优柔寡断，雅典远征军有几次胜机都没把握住，战争很快陷入僵持状态。

公元前414年，尼西亚和拉马卡斯指挥远征军发动强大攻势，先拿下叙拉古城外的制高点埃庇坡莱，然后修筑从陆地包围叙拉古的城墙。在筑墙和反筑墙的激战中，将军拉马卡斯战死。尼西亚随后指挥海军进入叙拉古港，基本完成对敌人的水陆合围，只剩下正北部距海边长约一公里多的一个缺口还在施工。

当叙拉古人见城市几乎被完全围住而惊惶失措时，斯巴达军队抵达西西里，冲过缺口进入叙拉古，与叙拉古守军会合，并很快展开了反攻。通过激战，他们不但粉碎了雅典人彻底包围叙拉古的计划，而且重新夺回了制高点埃庇坡莱，并攻克了要塞普利密昂。

尼西亚见形势逆转，士兵们更是情绪低落，便下令撤军。在向内陆退却的时候，雅典军队遭遇了斯巴达人的猛烈进攻。陆战可是斯巴达人的拿手好戏，在叙、斯联军的围追堵截下，雅典士兵一批批倒下。在激战了6天后，尼西亚被俘身亡，雅典军全军覆灭。西西里之战，雅典一下子丧失了近5万人，国力大损。从此以后，雅典称霸希腊的梦想灰飞烟灭，也使历时27年的雅典和斯巴达两大城邦联盟之间的战争以斯巴达胜利而宣告结束。

亚历山大大帝

马其顿是希腊北部一个贫瘠落后、默默无闻的城邦，在腓力二世时开始走向强盛。公元前338年，腓力二世击败反对他的希腊联邦，真正确立起他在希腊的霸主地位。公元前336年，腓力二世被波斯派来的刺客杀死在他女儿的婚礼上，他的儿子，年仅20岁的亚历山大登上了王位。

亚历山大出生在马其顿首都派拉，阿蒙神谕显示，亚历山大是天神宙斯之子。公元前334年，亚历山大率领大军开始远征东方。临行前，他把自己所有的地产收入、奴隶和畜群都赠给了自己的属下。一位大将迷惑地问道："陛下，您把财产分光，给自己留下什么？""希望，"亚历山大如此回答。"我把希望留给自己，它将给我无穷的财富！"这个希望也激励着所有的远征将士，他们决心到东方去掠夺更多的财富。

亚历山大率领部队首先占领了小亚细亚，然后挥师北上向叙利亚进军，他打败波斯王大流士三世，俘获了大流士三世的母亲、妻子和两个女儿。接着，亚历山大向南进军腓尼基，并攻占了大马士革，从大流士三世的军械库里获得大量战利品。

经过七个月的艰苦战斗，亚历山大王攻下了推罗城，将城中的 3 万居民沦为奴隶。这时大流士三世派来使者，表示愿意出巨款赎回他的母亲、妻子和女儿，还要割让半个波斯帝国给亚历山大。马其顿帝国的将领都认为这是天大的财富了，但亚历山大王却不动心，他要的是整个波斯帝国。亚历山大王赶走了使者，向埃及长驱直入，自称是"太阳神阿蒙"之子。他亲自勘察设计，在尼罗河三角洲的西部，建立起一座亚历山大城。

公元前 331 年，亚历山大率军穿过美索不达米亚北部，在高加米拉平原与波斯帝国进行生死决战。大流士三世兵败被杀，亚历山大在第二年就彻底击败了大流士三世的继位人，征服了整个波斯帝国。将波斯帝国收于囊中并没有完结马其顿王国的扩张脚步，公元前 327 年，亚历山大南下侵入印度，在印度河谷建立了两座亚历山大城，并迅速占领了西北印度的广大地区。在亚历山大想进一步向恒河流域进发时，士兵们已厌倦了长期的紧张战争，再加上印度的炎热、暴雨和疾病，他们拒绝前进，发生了哗变。亚历山大在万般无奈的情况下，只得撤军。

公元前 324 年，亚历山大结束远征，将巴比伦作为首都，建立了一个庞大的帝国。它的版图西起希腊、马其顿，东到印度河流域，南临尼罗河第一瀑布，北至药杀水（今中亚咸海附近的锡尔河）。

在远征以前，亚历山大认为希腊民族是世界独一无二的民族，其他民族都是野蛮人。随着东征，亚历山大逐渐认识到波斯人和希腊人一样，都具有杰出的智慧和才能，因而改变了观念。亚历山大和大夏贵族罗克珊娜结婚，并鼓励马其顿人和东方女子结婚，宣布如果马其顿人和东方女子结婚，可以享受免税权利。

然而好景不常，当亚历山大在巴比伦整编军队，准备再次入侵印度，征服罗马、地中海的时候，突然患上了恶性疟疾，从发病到死亡仅仅 10 天。由于死亡的突然降临，亚历山大没来得及宣布王位继承人，他的母亲、妻子与儿女都被争夺王位的人杀死，将领们纷纷拥兵自立为王，横跨欧、亚、非三洲的马其顿王国从此分裂。

权力的荣耀——罗马

千百年来，罗马对于西方始终是一个震撼人心的名字。它既指一座名城、一段古史，也代表着一个文明、一种传统，而且也是可作楷模的、第一流的文明和传统。其实，罗马最初只是拉丁姆平原上的一个城邦，经过700多年的吞并四邻及海外远征，终于在公元前27年建立了地跨欧、亚、非三大洲，以地中海为内湖的大帝国，在政治、经济和文化等诸方面，创造出后人难以比肩的成就，谱写出人类历史发展长河中的华彩乐章。

——朱龙华

母狼的传说

罗马早期建立于意大利半岛的拉丁姆平原，传说，罗马人的始祖是特洛伊战争时期特洛伊城的王子伊尼阿斯。特洛伊陷落后，伊尼阿斯背父出逃，最后渡海到意大利，并娶当地国王拉丁努斯之女拉维尼来为妻。此后王位代代相传，当传到努米托尔的时候，王位被其弟阿穆利乌斯篡夺，并将哥哥囚禁，杀死了侄子，强迫侄女去做不许结婚的女祭司。阿穆利乌斯认为，这样一来哥哥就没有了后代，不会再有人来争夺他的王位了。

可是，天上的神灵不允许这种篡位的人心想事成，战神玛尔斯使阿穆利乌斯的侄女怀孕，并且生下一对孪生子。听到这个消息，阿穆利乌斯又惊又怒，他下令处死侄女，并让奴隶将那对双胞胎扔到河里去淹死。

人算不如天算，汹涌的河水没有吞噬装着双胞胎的篮子，反而把篮子冲到了岸边。孩子的哭声吸引了正在河边喝水的一头母狼，它奔到孩子们身边，不仅没有伤害他们，反而慈爱地舔干双生子的身体，把他们带回山洞，用自己的奶喂养他们。不久，一位牧羊人发现了这对孩子，就把他们带回家中抚养，起名为"罗慕洛斯”和“勒莫斯”。

兄弟俩从小苦练武艺，长大后都变成了健壮勇敢、武艺出众的青年。后来当他们从牧羊人口中得知了自己的身世后，决心除掉阴险狡诈的阿穆利乌斯，为母亲一家报仇。

阿穆利乌斯的统治非常残暴，两兄弟一起发动起义，很快就聚集了大批人。他们最终杀死了阿穆利乌斯，把政权交还给了自己的外公。兄弟二人不想依靠外公，决定带领自己的人马建立一座新城市，而新城市的地点就是他们出生时被抛弃的地方——帕拉丁山冈。

不幸的是，在新城建立之后，兄弟俩为了争夺统治权发生了激烈争执，哥哥杀死了弟弟，他用自己的名字命名这座城市为罗马。这件事据说发生在公元前753 年的 4 月 21 日，古罗马人把这一天作为开国的纪念日。

高卢人的入侵

到公元前 4 世纪末，罗马已是一个势力强大的国家了，周围的许多部落都臣服于它，只有西北部的高卢人不肯向罗马低头。公元前 390 年，瓦克鲁率领高卢大军横扫伊特鲁里亚，围攻罗马城长达 7 个月之久，最后攻占并焚毁该城。

传说战争开始时高卢人全部光着头，挥着长矛、板斧，砍下罗马士兵的胳膊后居然津津有味地啃着。罗马军队从没见过这种边打边吃的作战方式，结果很快就溃不成军。

罗马人败走后被迫退守卡匹托山。骄傲的罗马人第一次遭遇失败，一些年长的元老不愿意到山上避难，他们身穿华丽的节日盛装，来到罗马的中心广场，准备以身殉城。他们手持圣杖，坐在椅子上岿然不动，像一尊尊雕像。瓦克鲁带兵来到他们面前，这些长老既不站起来，也不改变脸色。一个高卢人误以为他们是雕塑，轻轻拉了拉一位元老的花白胡子，这位元老突然站起，愤怒地用圣杖打了他的头。高卢人吓了一跳，举起斧子一阵乱砍，长老们都死在了血泊中。

此时的罗马城空空如也，高卢人开始大肆抢劫放火。很快探子报告瓦克鲁，说在卡匹托山上发现了罗马人，瓦克鲁率领军队立即扑向山冈。可卡匹托山易守难攻，高卢人的多次进攻都失败了。瓦克鲁决定改变策略，实行长期围困，用饥饿、缺水逼罗马人投降。

很快，瓦克鲁发现了一条上山的小路，当即挑选出身手敏捷的高卢人，准备趁黑夜上山，偷袭罗马人。当晚，高卢人趁着夜色的掩护悄悄往山上攀登，眼看就要到达山顶了，突然，"嘎、嘎"的鹅叫声刺破万籁俱寂的夜空，罗马人立时从睡梦中惊醒，纷纷冲向悬崖，用盾牌、石块、长矛、投枪，将那些上山的黑影全部砸了下去。

罗马人就这样被鹅救了。山冈上的鹅本来是罗马人奉献给山上神庙的，大家上山避难后，虽然食物缺乏，但还是省下些口粮喂它们。可这些省下的口粮填不饱鹅的肚子，饥饿的鹅特别容易受惊，它们最早听到高卢人上山的动静，因此就惊叫起来，拯救了罗马人。

高卢人不肯罢休，对卡匹托山的围困持续了7个月，但顽强的罗马人宁可饿死、渴死，誓死不降。高卢人可耗不起了，他们要求和罗马人谈判，在得到巨额赎金后撤兵了。

罗马人和高卢人的战争终于结束了，但罗马开始了加强军事的改革，高傲的罗马人发誓，再也不能让这样的耻辱重现。

萨莫奈战争

萨莫奈战争是公元前343年－公元前290年古代罗马在征服意大利的过程中与萨莫奈人及其同盟者进行的三次战争。萨莫奈人多居于意大利的中部山区，其社会发展比较落后，基本处于部落联盟阶段。但是萨莫奈人骁勇善战，经常袭击平原城镇，这对罗马以及意大利中部、南部很多城市都构成了极大的威胁。公元前4世纪中叶以后，罗马相继控制了中部拉丁城市，并且企图继续南侵从而主宰整个中意大利，萨莫奈人于是成为罗马的劲敌。

为了争夺卡普阿城，罗马和萨莫奈之间爆发了第一次战争（公元前343年－公元前341年）。卡普阿城因为受到萨莫奈人的骚扰，请求罗马援助。罗马于是背弃了和萨莫奈的结盟关系，派兵支援卡普阿。公元前342年，罗马人在芒特高鲁斯打败了萨莫奈人，但是损失惨重，第二年双方议和。公元前327年，罗马占领了萨莫奈人所属的那不勒斯，引起第二次战争。初期在平原地区作战时，罗马军处于优势，但进入山区后罗马的进攻受挫。公元前321年，萨莫奈人在山谷地区伏击了罗马军主力，致使其损失惨重，罗马被迫投降。大约5万罗马军队放下武器，身着短装，排成单行，在两名执政官的带领下从萨莫奈人用长矛架成的轭门下通过，因此，"考地轭门"成为罗马国耻的象征。为报仇雪耻，罗马人重组军队，积极备战，他们在萨莫奈人控制区的东西两侧逐步建立起据点并修筑道路，形成了对萨莫奈人的包围圈，经过10余年的艰苦努力，罗马人终于在公元前305年取得决定性胜利。第二年，双方签订和约，罗马拥有了整个坎帕尼亚地区。第三次战争是双方最重要的一次决战。为抵抗罗马人向北方扩张的态势，萨莫奈人和翁布里亚人、高卢人等结成了联盟，企图南北夹击罗马军队。公元前295年在森提努姆一战中，罗马军击败联军，萨莫奈及其盟友部落纷纷求和。公元前293年，萨莫奈人再次败北，遂于公元前290年被迫求和，成为罗马的同盟者。至此，罗马统治了整个中部意大利，为其以后的发展夯实了根基。

登塔图斯的胜利

在萨莫奈战争中起到重要作用的，当属古罗马伟大的军事家马尼乌斯·库里乌斯·登塔图斯，正是他领导罗马军队取得了第三次萨莫奈战争的决定性胜利。

库里乌斯·登塔图斯出身于平民氏族，据说他生下来就有牙，因此得到"登塔图斯"（意为"有牙的"）这个绰号。

库里乌斯·登塔图斯可谓常胜将军。据史载,他曾在公元前290年第一次执政，并且在当年的决定性战役中打败了反抗罗马的萨莫奈人及其盟友发动的战争，从而光荣地结束了第三次萨莫奈战争。这次战争在罗马统一全意大利过程中可谓里程碑意义的事件。经过这次战役，罗马人掌控了从波河到卢卡尼亚之间的势力范围。根据有些史料记载，库里乌斯·登塔图斯因为这次战役的胜利获得了两次凯旋式（一次是因为战胜萨莫奈人，另一次是因为战胜萨宾人）。公元前284年执政官卢基乌斯·卡埃基利乌斯·梅特鲁斯·登特尔在与高卢人的战斗中阵亡，库里乌斯·登塔图斯再次补任执政官，他领导罗马军队迅速打败了高卢人。公元前275年他第三次任执政官，在贝内文托战役中领导大军挫败了前来支援南意大利的希腊城邦的伊庇鲁斯国王皮洛士，迫使后者撤离意大利。此役之后，他更赢得了广大罗马人民的拥护。公元前274年在其最后一个执政官任内，他又打败了卢卡尼人的侵犯。

当然,库里乌斯·登塔图斯不光会打仗,在内政方面,他素以廉洁和简朴著称。库里乌斯·登塔图斯曾经负责部分排干维利努斯湖的工作，还领导修建了罗马的第二条水道。

乌鸦嘴的胜利

罗马征服意大利后，并没有收敛扩张的野心，这一次，它将目光投向了西部地中海，然而迦太基在公元前3世纪已发展为一个富庶的强大国家，人口主要是腓尼基移民，占有北非大部沿海、西班牙南部沿海、西西里岛的大部、科西嘉、撒丁、巴利阿里群岛等地，成为罗马向海外扩张的劲敌。因为罗马人称呼迦太基为"布匿"，所以他们之间的战争也被称做布匿战争。

公元前264年，地处意大利、西西里海峡要地的麦散那城邦由于雇佣兵起义，城邦领袖同时向迦太基和罗马两方求救，迦太基和罗马先后派兵前来干预，双方为各自利益互不相让，终于导致了第一次布匿战争的爆发。战争初期由于罗马人不擅海战，接连多次被迦太基人击败。

罗马人不甘心失败，他们以一艘搁浅的迦太基战舰为样板，在希腊人帮助下，建立了一支庞大的舰队。战舰经过了罗马人的改装，把每一艘战舰的船头装上一只像乌鸦嘴巴一样的挂钩，当作小桥。这样，两船相遇时，乌鸦嘴就会深深探出，士兵们可以通过这座桥，杀到迦太基的战舰上去。

公元前260年，新式的罗马"乌鸦嘴"舰队渡海南下，大举向西西里岛进军。

迦太基海军指挥官得知罗马战舰向他们驶来时，一点儿也没有惊慌，想在海上打败迦太基，罗马人简直就是做梦！两支舰队距离越来越近，迦太基舰的瞭望员发现罗马战舰变得怪异了，急忙向长官报告。指挥官眯起眼睛看了半天，搞不明白那是干什么用的。出于对罗马战舰的蔑视，他大大咧咧地把手一挥，"别管它，命令舰队全速冲撞！"

迦太基战舰不顾一切地向罗马战舰冲去，与以往不同，这回罗马战舰没有闪躲，而是迎头赶上，就在两舰相撞的瞬间，罗马舰头那长长的乌鸦嘴向前一伸，"咔嚓"一声咬住了迦太基的舰舷。

乌鸦嘴变成了一座带铁钩的小桥，罗马将士成批从"桥上"冲上敌舰甲板，横砍竖劈，海战变成了陆战，迦太基舰队的甲板变成了战场。没有陆战经验的迦太基划桨手毫无还手之力，迦太基舰队被打得七零八落。最后迦太基不得不求和，赔款3200塔兰特，罗马取得了西西里及其他一些岛屿；嗣后又乘迦太基雇佣兵起义之机，出兵占领了科西嘉和撒丁尼亚两个岛屿。罗马取得第一次布匿战争的胜利，并掌握了地中海西部的制海权。

汉尼拔的复仇

迦太基人决心复仇，经过多年的准备，在公元前216年发动突然进攻，在英勇善战的统帅汉尼拔的指挥下，翻越阿尔卑斯山一举占领了罗马的重要粮仓康奈城。

罗马人立即调集人马，开到康奈城附近的平原上，布成战斗阵形，准备和迦太基一决雌雄。罗马士兵人数众多，骑兵护在步兵的左右两翼，想以步兵的强力冲击突破敌人的阵线。此时，汉尼拔的兵力处于劣势，但他选择了一个背风的阵地，并在高处的山谷中埋伏了一支队伍，占有了顺风顺势的主动权。

当罗马人吹响刺耳的军号时，双方士兵一起发出了震耳欲聋的呐喊，一场血腥残杀开始了。汉尼拔的军队边打边退，将罗马人引入了埋伏圈。等到罗马军队发现自己已经成了瓮中之鳖时，为时已晚，四面八方都是迦太基战士，罗马人变成了活靶子。经过12个小时的激战，残酷的厮杀结束了，罗马人几乎全军覆灭。

为了牵制汉尼拔，罗马人暂时放弃攻打迦太基，利用小部队消耗敌人实力的战术，与汉尼拔在整个意大利展开了周旋。

公元前210年，罗马人卷土重来，在著名将领西庇阿的率领下进攻西班牙，占领了迦太基在西班牙的主要城市新迦太基。公元前205年，罗马33岁的年轻将领西庇阿率军渡海到北非迦太基本土，迦太基急忙召汉尼拔回军救援。公元前202年秋，双方在扎玛城附近进行最后的决战。交战开始以后，当汉尼拔军的战舰冲到西庇阿军前沿时，西庇阿的一线部队突然鼓角齐鸣，喊声大作，汉尼拔军的战舰受到惊吓，有的停滞不前，有的转身向自己的战阵冲去，西庇阿抓住这一有利时机，命令骑兵迂回包抄，同时将三线兵力集中起来，向汉尼拔军正面猛攻，一鼓作气，终于取得了胜利。迦太基被迫求和，接受了十分苛刻的条件，失去一切海外属土，赔款1万塔兰特，战舰除留10艘外全被凿毁。从此，迦太基的海上霸主地位彻底破产，罗马成了西地中海的霸主。

火烧迦太基

其后的半个世纪迦太基在商业发展迅速，物质财富迅速增加，引起了罗马的妒忌。公元前149年，罗马进犯迦太基，第三次布匿战争爆发。罗马派执政官孟尼留斯率8万步兵、4000骑兵、600艘战舰，从西西里渡海直达迦太基的重镇乌提卡。对这突如其来的侵略，迦太基措手不及，只得向罗马求和。罗马提出，要迦太基交出全部武器和 300 名儿童做人质。当迦太基满足罗马这一条件后，罗马无理要求迦太基毁掉城市，移居离海 15 公里以外的内地。迦太基人民愤怒至极，他们铸造武器，加固城墙，充实粮库，妇女们剪掉自己的头发，搓成绳子，供绑扎枪炮之用。公元前 149 年－公元前 147 年，罗马在军事上接连失利，直到公元前 146 年，罗马以饥饿围困迦太基，才突破城外防线。残酷的巷战进行了 6 天 6 夜，最后许多迦太基人与庙宇同归于尽，战死者达 8.5 万。罗马元老院下令焚烧迦太基城，大火燃烧 16 天之久，残存的 5 万迦太基人被卖为奴隶，迦太基城被彻底毁灭。西庇阿在作战上有自己的战争指挥艺术，他善于夺取战略主动权，对敌作战攻其必救，在骑兵使用上见长，这对他选择战机极为有利，其用兵的艺术受到后代很多名将的重视。

格拉古改革

迦太基陷落后，所有的战俘和城中的女子、孩子都被当成奴隶卖掉了。罗马军队凯旋，受到了盛大的欢迎。

可是，罗马的农民并不高兴，他们为战争负担了太多劳役，导致田地荒芜。那些从战场上回来的人掠夺了许多财富，无论是金银财宝、女人、奴隶还是权力，足以让他们过上好日子。而可怜的农民，不但没从中获益，生活反而变得更加困苦。一些濒临破产的农民想通过当兵改变状况，可他们突然发现，这条路也走不通了。因为罗马的兵役法规定，服兵役的人必须自备服装和武器。由于破产，农民无力再去当兵，只能沦为乞丐。

著名将领西庇阿的两个外孙，一个叫做提比略·格拉古，另一个叫做盖约·格拉古，他们此时都已进入罗马政界。看到罗马的贫富差距越来越大，人们的不满情绪日益提升，心中非常焦急。由于破产农民无力负担兵役，罗马的兵源逐渐短缺，格拉古兄弟认为不能放任局面日益恶化下去，必须进行改革。

公元前 134 年，提比略制定了一个土地改革方案，规定每户公民占有的国有土地不能超过 1000 犹格（约合 250 公顷），超过的部分由国家偿付地价后收归国有，然后分成每份 30 犹格的小块土地分给无地平民。

这个方案一经颁布，立即遭到拥有大量土地的贵族们的反对，他们开始千方百计地转移地产。罗马的暴发户们对提比略尤其痛恨，骂他是强盗、国家的敌人。这些暴发户见提比略的土地改革开始有条不紊地展开了，决心先下手为强，雇了一些地痞流氓准备杀死提比略。就在提比略参加一个集会的时候，惨剧发生了，流氓们手持棍棒冲进会场，将提比略活活打死。这场暴行激起了人们的愤慨，人们纷纷要求惩办凶手。元老院慑于众怒，驱逐了元凶，也没敢轻易废除土地改革法。在提比略死后六年中，先后有 8 万平民分到了土地。

公元前 124 年，提比略的弟弟盖约•格拉古当选为保民官，提出粮食法案和土地法案，规定由国家供应城市平民以廉价粮食，并且继续进行提比略的土地改革。但盖约没有意识到，此时罗马可供分派的国有土地已经不多了，要想让无地农民得到土地，必须向外移民。

盖约于是又提议，可以在意大利和非洲建立三个移民城市，在另一个保民官李维•德鲁斯的建议下，最终确定为在意大利本土上建立 12 个移民城市。可实际上，意大利根本没有可供建立 12 处移民地的地方。这蛊惑人心的一纸空文让许多平民产生了不切实际的幻想，他们在移民过程中没有得到土地，而是变成了乞丐。盖约在失去民心后，遭到反对派的追杀，在绝望中自杀了。

共和制的掘墓者——苏拉

格拉古兄弟的改革失败后，罗马又出现了两个改革派人士，他们就是马略和苏拉。

马略和苏拉的第一次合作是在公元前 111 年，当时罗马在北非的属国努米底亚发生变故，国王朱古达杀死了都城里所有的罗马人，宣布脱离罗马统治。为维护帝国尊严，罗马对朱古达宣战，马略全权指挥这场战争，苏拉是财务官。

由于国家兵源不足，战争一直僵持不下，马略于是放弃早已无法实行的兵役财产资格规定，改征兵制为募兵制，招募自由民中的志愿者入伍，由国家供养并提供武器。这样，罗马诞生了第一支职业军队，很快就使朱古达陷入困境。

苏拉随军队到达北非，结识了毛里塔尼亚国王波库斯。波库斯对兵败避难于本国的朱古达的女婿素有嫉恨，故而便将他出卖给了苏拉。战争因此戏剧性地结束，苏拉由此获得殊荣。

公元前 88 年，黑海沿岸的本都王国国王米特拉达特斯发动战争，占领了小亚细亚。元老院授权苏拉领兵远征，可公民大会却推选马略担任统帅，双方争执不下。马略派的信众干脆动武，杀了许多苏拉的支持者。苏拉见势不妙，赶往自己的军营，煽动士兵哗变，然后打着"拯救祖国，使她不受暴君统治"的旗号，杀气腾腾开向罗马。

经过一番激战，马略败逃。苏拉进城后，立即召开元老院会议，规定今后不经元老院批准，公民大会不得通过任何法案，平民的权利因此丧失。

苏拉大权在握后，率军奔赴小亚细亚战场，想用战功确立自己的统治。不料后院起火，马略在北非收罗了旧部，乘苏拉出征之际，举兵攻破了罗马。苏拉远在小亚细亚，无法从战场脱身，便耐住性子，一直坚持进行战争。经过三年苦战，终于迫使米特拉达特斯求和。

战争结束后，苏拉迅速返回罗马，他以征服者的姿态进入罗马，开始了著称于史的"公敌宣告"："我将对我的敌人一个也不宽恕，将以最残忍的手段对付他们。"于是，罗马城内每天都有"黑名单"公布，上了名单的都是"公敌"，捕杀者有赏，告发者有奖，隐匿者有罪。

在四年的白色恐怖中，苏拉的权势达到顶点，不但大权独掌，还在罗马广场上竖起自己的镀金像。公元前79年，苏拉突然宣布要放弃一切官职，退隐山林。没有一个罗马人相信这番话，因为苏拉曾为攫取最高权力含辛茹苦、履险赴艰、杀人如麻。这样的枭雄人物，怎么可能甘心做一个普通百姓呢？

但出乎所有人的意料，苏拉真的离开了罗马，躲到海滨别墅钓鱼去了。公元前78年，苏拉丢下新婚的妻子，在别墅安静地死去，终年60岁。据说苏拉临终前，给自己留下了这样的墓志铭："没有一个朋友曾给我多大好处，也没有一个敌人曾给我多大危害，但我都加倍地回敬了他们。"

斯巴达克反抗

斯巴达克是色雷斯人，在一次反抗罗马征服的战争中负伤被俘，沦为角斗士。公元前73年，不甘心在角斗场上喂狮子的斯巴达克决定拼死一搏，他对同伴说："宁为自由战死在沙场，不为贵族老爷们取乐而死于角斗场。"角斗士们在斯巴达克的鼓动下，拿了厨房里的刀和铁叉冲出牢笼。

罗马政府派出军队进攻斯巴达克的起义军，将他们围困在了火山上。不料半夜时分，起义军顺着野葡萄藤编成的梯子滑下悬崖，绕到罗马军营寨的侧后方发起了突然袭击，一举击溃罗马军，从而名声大震。斯巴达克看到了希望，他把起义军编成步兵、投枪兵、骑兵、侦察兵、通信兵和辎重队，开始进行严格训练。

罗马政府本来没将这些角斗士和奴隶放在眼里，经过这场大败，他们也认为斯巴达克确有军事才能，不敢怠慢，派了执政官瓦利尼乌斯率两个军团前去围剿。斯巴达克采取避强击弱、各个击破的战法，首先击溃了瓦利尼乌斯副将傅利乌斯率领的 2000 人，继而又击败了另一副将科辛纽斯率领的援军。瓦利尼乌斯调整部署，挖壕筑垒，把起义军压缩在一个崎岖的山区里。没想到斯巴达克竟然率领军队沿着狭窄的山路撤出了包围圈，转移到意大利半岛南部去了，让瓦利尼乌斯白忙一场。

就在起义军成功摆脱包围，声势壮大的时候，内部却出现了分裂。斯巴达克主张退回色雷斯去，可他的副手克拉克苏却坚持留在意大利，继续和罗马人打仗。两人越说越气，最后克拉克苏率领一支人马脱离了主力，独自作战，不久就在阿普利亚北部的加尔加诺山麓被歼，克拉克苏阵亡。

斯巴达克则率军向北推进，计划翻越阿尔卑斯山，离开意大利。起义军在打开了渡过波河通向阿尔卑斯山的道路后，不知出于怎样的考虑，斯巴达克突然改变了主意，没按原计划翻越阿尔卑斯山，而是挥师南下，直逼罗马。

罗马元老院惊恐万分，感觉好似汉尼拔的鬼魂带兵打过来了，马上宣布国家处于紧急状态，授予克拉苏相当于独裁官的权力，令其统率八个军团出击。几场恶战后，克拉苏没击败起义军，斯巴达克也没能进入罗马。于是，起义军绕过罗马城，继续南下开赴意大利半岛南端，准备渡海去西西里，聚拢更多的起义者。不料，本来说好给起义军提供船只的海盗毁约了，待起义军到达海边，连一条木板也没见到。这时，克拉苏率领近十个军团追来，在起义军背后挖了一条横贯半岛的大壕沟，将起义军围困在海边。

突围未果后，斯巴达克率军与罗马人展开激战，后来终因寡不敌众，起义失败，斯巴达克壮烈牺牲，6000 名被俘的起义军，全被钉死在海边到罗马大道两边的十字架上。

角斗士

罗马史料中对角斗士的最早记载，可以追溯到公元前 264 年，在贵族朱尼厄斯·布鲁特斯·贝拉的葬礼上，有角斗士拼死搏杀的表演。

角斗士都是奴隶、战俘，但从一般意义上来说，他们的社会地位要比奴隶略高些。在罗马帝国后期，有些角斗士因其所向披靡的高超搏杀技巧，还成为明星，被一些贵族妇女崇拜爱慕。

角斗士们在类似于军事训练营的地方一起训练，还要到帝国的各个地方进行巡回表演。最初，角斗士团都是贵族的私有物，因为害怕他们会转变成对帝国统治造成威胁的私人军队，国家最终接管了这些角斗士团。

在一些重大的庆典上都要有角斗士表演，有时出场的角斗士达 5000 对之多。失败的角斗士通常是被胜者杀死，是一种非常血腥、残忍的娱乐！一场角斗下来，角斗场上留下的是一具具尸体。

角斗士还分为不同的种类，他们的武器和铠甲有很大差别。一些常见的角斗士分类有：

持盾剑角斗士：左腿、双肘和双腕穿皮制盔甲，手持大盾牌和剑。这类角斗士还戴着头盔和面盔。

色雷斯角斗士：手持仅可遮住躯干部分的小型方盾牌，手中的武器也只是匕首而已，斯巴达克就是色雷斯角斗士。

莫米罗角斗士：有厚重的矩形盾牌保护，全身从肩膀到小腿都在盾牌的掩护之下。这类角斗士还戴着有巨大顶饰的头盔，手持短匕首。

持网和三叉戟的角斗士：在所有角斗士中，这类角斗士最易受攻击，因为他们几乎赤身裸体地参加格斗。仅有的保护是皮制护肩、网和三叉戟。

色雷斯角斗士是最受欢迎的一种角斗士，他们身上几乎没有什么防护的铠甲，而且兵器又是短而轻的匕首，因此角斗双方的攻击速度非常快，完全依靠自身的体力、速度和技巧来周旋。进攻的同时还要兼顾防守，一旦失手将难以挽回。

三巨头时期

平息了斯巴达克的起义后，罗马政权落入庞培之手，罗马的局势日益混乱。

庞培是苏拉的得力助手和女婿，具有非凡的军事才华，曾在非洲同努米底亚人多米提乌斯作战，仅用了 40 天就征服了非洲。

公元前 66 年，庞培率军东征，在幼发拉底河上游击溃了米特拉达特斯六世的军队，把叙利亚变成罗马行省，并在小亚细亚、巴勒斯坦各处活动，使东方一些国家成为罗马的附属国。

公元前 62 年，庞培返回罗马，带回了满载 12 艘船的战利品。由于元老院不满意他在东方擅自将行省包税权给予骑士，更害怕他实行独裁，拖延了近一年时间，才为庞培举行了凯旋式。庞培请求元老院批准他在东方实行的各项措施，并把土地分配给他的老兵，遭到拒绝。庞培大为恼怒，与恺撒、克拉苏秘密结成"三人同盟"，开始同元老院对抗。

所谓的"三人同盟"，实际上就是三人"独裁"政治，但却穿上了"民主"的外衣。按照三人的预谋，公元前59年恺撒当选为执政官，他在任内提出了土地法，即分给多子公民和庞培老兵以土地；而且为了笼络骑士，他还免掉骑士拖欠国库包税金的三分之一；他还致力使庞培在东方的各项措施得以通过。后来随着恺撒在政治上权力的增大，元老们特别是庞培和克拉苏，对恺撒势力的膨胀逐渐心存戒惧。公元前56年，为了修补"三头"间出现的裂痕，"三头"偕大批元老、高官在路卡举行会议，会议的主要目的就是要平衡三人之间的权势，以避免恺撒一人专权。这种"三头"分权的决定随后在公民大会通过。不久克拉苏谋求战功心切，执政官任期未满之时，在入侵安息帝国的战斗中，不幸被击毙，于是"三头"剩下了"两头"。后来庞培为了拉拢恺撒，年近50的他娶了恺撒14岁的女儿尤里娅。但不久年轻的尤里娅便死去了，庞培和恺撒的关系也宣告破裂。至此，庞培和元老院因彼此需要，逐渐靠拢。

恺撒追到埃及，埃及国王把庞培的首级和戒指献给了他。埃及国王之所以讨好恺撒，是因为当时的埃及不是一人执政。根据前国王的遗命，托勒密十三世必须和他的姐姐克利奥帕特拉共同执政，而朝廷重臣波希纽斯和奥克奇维安与克利奥帕特拉为敌，使政权置于托勒密十三世一人名下。公元前49年，克利奥帕特拉被赶到叙利亚，她组建起一支军队，开始反攻埃及以求复辟。

托勒密十三世本希望恺撒能帮助他稳固政权，却不料被他美丽的姐姐抢了先机。按照传统，第一次见罗马大帝时，要带去一条毛毯献给他。趁着黄昏，21岁的女王克利奥帕特拉悄悄进了恺撒驻扎的亚历山大城，让人把她用毛毯裹起来，送到了恺撒的住处。她这明智的举措，一是为了躲避弟弟派来的刺客，二是为了给恺撒留下一个深刻的印象。

克利奥帕特拉的勇气和美貌果然打动了恺撒，恺撒下令，恢复她父亲在遗嘱中的安排，由姐弟俩共掌政权。波希纽斯见状，发动了反对恺撒的叛乱，结果失败被杀，托勒密十三世也被赶进尼罗河，淹死了。恺撒征服了埃及，但他没有令埃及从属于罗马，而是将克利奥帕特拉扶上了王位。

稳定埃及局势后，恺撒率军进入小亚细亚，只用了5天时间，就平定了庞培部下本都王子的叛乱。他用最简洁的拉丁文字写了捷报送回元老院："我来了，我看见了，我胜利了（veni，vidi，vici）。"这就是历史上著名的"三V文书"。

恺撒之死

元老院为了表彰恺撒的不朽战绩,授予他终身荣誉头衔——"大将军"和"祖国之父"。恺撒于是对罗马的共和制度进行改革:元老院增补了 300 名成员,他们多数来自为人轻视的商业和一般职业阶层,甚至有被征服国的代表,他们宣誓绝不反对恺撒的任何命令。恺撒还给自由奴隶的子女和高卢人以公民权,给受迫害的犹太教徒以宗教信仰的自由,还为罗马招募了数千名的清洁工和市容美化工人。恺撒说,他希望带给人们一个最公平、最仁慈、最开明的罗马,让他的人民永远生活在自由的世界里。

由于恺撒允许那些被征服国家的人们对政府提意见,还对一些边远省份进行改革,触动了一些罗马贵族的利益,引起了他们严重的不满。

公元前 44 年 3 月 15 日,恺撒只身一人到元老院开会。虽然有人事先警告他,说可能有人要暗杀他,但恺撒连一个护卫都没带,他认为那是胆小鬼干的事。一个刺客假装恳求他办某件事,抓住他的紫袍,这是行动的暗号。所有阴谋者一拥而上,刀剑像雨点般落下。恺撒身中 23 刀,其中有三刀是致命的。当他看到布鲁图——他的义子向他扑来,给了他致命的一刀时,用尽最后的一点力气,说道:"你也在内吗?我的孩子?"随后便倒在他的旧敌庞培的雕像底座前,死了。

罗马一帝——奥古斯都·屋大维

安东尼破坏罗马领土完整的行为激起了罗马人强烈的不满,留在罗马执政的屋大维利用这个机会,宣布剥夺安东尼的权力,并且讨伐他和埃及女王。

公元前 31 年,罗马讨伐军的舰队和安东尼、克利奥帕特拉的舰队在希腊西北部的海面会战。双方势均力敌,不分胜负。在战斗进行得最激烈的时候,克利奥帕特拉突然率领埃及舰队撤出了战场。安东尼见了,立刻丢下他的舰队和官兵,登上一只轻便快船随后紧追。部队失去主帅,很快就被屋大维消灭了。第二年,屋大维进军埃及首府,安东尼在败局已定的时候,提出要同屋大维单独决斗,但屋大维回答说:"没有必要,你想死的话,办法多得很。"安东尼无奈,拔剑自杀。

克利奥帕特拉回到亚历山大城之后,派人去求见屋大维,想为她的孩子们争取埃及王位的继承权,屋大维于是派人去同克利奥帕特拉进行谈判。屋大维进占

亚历山大城，亲自去拜访克利奥帕特拉并且安慰她。克利奥帕特拉伏在屋大维脚下，献上一张珍宝清单，希望能够得到他的仁慈，屋大维非常高兴。

但在随后的几天里，屋大维开始举棋不定了，他不知道是否应该答应克利奥帕特拉的请求。他怕无法抵挡克利奥帕特拉的魅力，害怕一旦被爱情之箭射中，自己也会落得与安东尼一样的下场。经过一番深思熟虑，屋大维最终下了狠心，谋杀了克利奥帕特拉。

关于埃及艳后的死因，传说很多，流传最广的是克利奥帕特拉用毒蛇自杀。但想想这样一个聪明美丽的女子，21 岁时就有过人的计谋和强烈的权力欲望，怎么可能轻易放弃自己的生命呢？

埃及女王死后，屋大维回到罗马，这时，他已经成为同恺撒一样伟大的人物了。他的帝国北起多瑙河，南到非洲（包括埃及在内的北非一带），西起比利牛斯半岛，东到两河流域和小亚细亚半岛，就是地中海，也成了罗马帝国的内湖。

屋大维决定，把和平还给久经战乱的罗马人。他统治罗马 43 年，这期间和以后将近 200 年的时间里，罗马政局稳定，经济、文化都有了很大发展，被称为"罗马的和平时期"。四通八达的道路把罗马大帝国的各个部分联结为一个整体，罗马城是罗马帝国的中心，号称"条条道路通罗马"。

公元前 27 年，屋大维接受人们的请求，接受元老院赠予他的"奥古斯都"的称号。"奥古斯都"是"神圣""至尊"的意思，这是比皇帝更光荣的称号，它后来成为西方帝王的一种头衔。公元前 14 年 8 月，屋大维逝世，罗马元老院决定将他列入"神"的行列，并且将八月称为"奥古斯都"。

耶稣的传说

就在罗马日益走向衰落的时候，产生于中东的耶稣基督的学说，在地中海地区广泛而迅速地传播，在罗马更是赢得了越来越多的信徒。信奉耶稣的多是罗马普通贫民，这个新的信仰为他们的此生带来慰藉，为来生预示了美好的前景。

耶稣不但是基督教的创始人，更是基督教徒信奉的救世主。关于他的出生，有这样的传说：

耶稣的母亲玛丽亚年轻时和一个叫约瑟的年轻人订了婚，但还没结婚就怀孕了。这让约瑟既迷惑又苦恼，他想解除这个婚约。一天晚上，约瑟在梦中看见一位天神，天神对他说："约瑟，你放心娶玛丽亚吧，她怀的是上帝的儿子，叫耶稣，他会把人类从罪恶的痛苦中解脱出来。"约瑟醒来后，遵照天神的嘱咐，娶了玛丽亚。

一天，约瑟和玛丽亚来到耶路撒冷，当时夜幕降临，非常寒冷，他们找不到合适的住宿地，只好借住在一个马棚里，玛丽亚就在马棚的马槽里生下一个男孩，约瑟按照神的指示，给他取名耶稣。

传说耶稣 12 岁时，随母亲到神殿去。他进了神殿后就不愿离开，母亲来找他，他反问道："为什么找我？你不知道我应在我父亲的家里吗？"年轻的耶稣已经意识到自己是上帝的儿子。30 岁时，他开始出外任教，讲天国的道理，还免费为人们治病，得到了许多人的崇拜，耶稣便从他的信仰者中收了 12 位门徒。

一天，耶稣和他的门徒来到一座城里，城里的人都在生病挨饿。耶稣给他们看病后，让门徒把东西分给他们吃。但门徒手里只有"五个饼、两条鱼"，而要吃饭的人有 5000 人。耶稣把饼和鱼掰开分给众人，他不停地掰，结果不但 5000 人都吃饱了，剩下的饼和鱼还装了 12 个大篮子。

耶稣传教时总劝导人们信仰上帝。一次，一个盲人在路旁要饭，耶稣问他："你要我帮助你什么呢？"盲人说："我想见到东西！"耶稣于是摸了一下他的眼睛，说："好了，你的信仰使你得救，可以看见东西了。"盲人的眼睛果然亮了。他感激不尽，从此跟着耶稣。

耶稣的传教活动让官吏和祭司们十分嫉恨，罗马的信仰是多神的，并不承认单一神的存在，所以基督教在罗马被视为异端，是不被允许的。痛恨耶稣的人用 30 块银币买通了耶稣的门徒犹大，抓住了耶稣。罗马总督彼拉多下令将他钉死在十字架上，耶稣还被定以"谋叛罗马"、"自称犹太王"的罪名。

据说，耶稣在死后的第三天复活了，显灵在门徒的面前；第 40 天，耶稣升入天堂。耶稣升天后，他的信徒们前仆后继，继续传播基督教。

君士坦丁大帝

君士坦丁约于公元 280 年出生在南斯拉夫的内苏斯镇（今日的尼什），他父亲就是罗马帝国西半部的君主君士坦提乌斯一世。君士坦提乌斯一世去世后，他的军队要求君士坦丁当皇帝，但是另一些将领反对这一要求，因而爆发了一系列的国内战争。战争一直到公元312年君士坦丁在罗马附近的米尔维安大桥战役中击败他的最后一个劲敌马克森提乌斯时才告结束。君士坦丁成了罗马帝国西半部名正言顺的统治者，但是东半部却是由另一位将军李锡尼统治着。公元323年君士坦丁主动出击，次年在亚德里雅那堡和克里索普利斯打败了李锡尼，成为罗马唯一君主。

君士坦丁大帝在宗教方面极其宽容，他认为基督教"爱护仇敌，反对同邪恶做斗争"的说法有利于稳定国家局势，于是在公元313年宣布"宗教自由不受干涉"，即著名的"米兰赦令"，允许基督徒自由行使其宗教权利。基督教在他的保护下，很快就成为罗马帝国的第一大教。随后，君士坦丁大帝又作出了另一个影响深远的决定：公元324年，他把拜占庭定为罗马的首都，更名为君士坦丁堡。

君士坦丁堡位于战略要塞博斯普鲁斯海峡旁，形成了对东西方的钳制。君士坦丁大帝让人在首都修建豪华的建筑和设施，使其成为罗马帝国最重要的城市，东部很快就在经济和文化上超过了西部。

帝国统一的纽带是基督教，皇帝自然成了基督教会的监护人，不久，君士坦丁大帝就正式宣布基督教为"国教"。

在君士坦丁堡，基督教的最高主教是"牧首"，处于皇帝政令之下。这引起了罗马主教的不满，他要求对教会和自己有终决权，不受"牧首"的管辖。原因是耶稣基督的代表——圣徒彼得建立了罗马教会，并把罗马的基督教领导权赋予了他的接班人，和君士坦丁堡的基督教会不是一回事儿。

远在君士坦丁堡的皇帝同意了他的请求，随着时间的推移，罗马的主教后来获得了"教皇"的称号，从此被承认是西方教会的最高领袖。罗马不再是帝国的首都，其作用也随之消失，直接走上了基督教会首府的道路。

帝国的东部继而发展了自己的教会，即"希腊东正教"。它的领袖是皇帝，作为上帝的代表，在肖像上始终带有光环。就像年轻的基督教被分裂一样，罗马帝国也于公元395年再次分裂。它的西部一再受到日尔曼部族的袭击，力量日益削弱，崩溃的趋势已经不可阻挡。公元476年，最后一个皇帝宣布退位，西罗马帝国从此消亡。东罗马即拜占庭帝国，尽管不断遭到外来的袭击和削弱，却仍然继续存在了一千年。

君士坦丁大帝后来的一系列改革措施，为欧洲从奴隶社会向封建社会的过渡起到了重要作用，他被称为西方的"千古一帝"。

黑暗中世纪

　　美国历史学家沃伦·霍利斯特曾认为这时期的欧洲发生了翻天覆地的变化，他认为其中有不少还是非常大的进步。"农民从田地里收获了更多的庄稼，人口快速增长，商贸迅速扩张，城市一个接一个兴起，容纳越来越多的货物和商人。贵族们更好地掌握着自己的军事力量，发展出一种骑士文化，混杂着基督教道德与传统的暴力价值。"

《阿拉伯帝国》

阿拉伯人迅速地创立了一种与以往的许多文化有着很大差异的新兴文明。由于他们良好的政策，使许多民族接受了他们的宗教、语言和文化，连具有古老文明的埃及人、印度人也不例外，他们情愿地接受了阿拉伯人的宗教信仰、传统习惯和建筑艺术……"

——居斯塔夫·勒朋（Gustav Lebon，法国历史学家）

最初的阿拉伯世界

阿拉伯半岛位于波斯湾和红海之间，南为印度洋，半岛内多是沙漠和荒原，间有小块绿洲。半岛的西南部有"阿拉伯福地"的美称，这里土壤肥沃，雨水也很充足。古代的许多游牧部落，如迦勒底人、迦南人、希伯莱人等，都来自阿拉伯沙漠，主要靠放骆驼等游牧活动为生，有时也掠夺过境商队，并且时常彼此互相掠夺、仇杀。

在阿拉伯半岛的商路上，有麦加和雅特里布两座大城，城中定居的阿拉伯人主要经营商业、服务业和手工业。雅特里布有两个阿拉伯人部落和三个犹太人部落，麦加城则由阿拉伯人的古莱西部落控制。

麦加城位于整个阿拉伯地区南北交通的中枢，那些长途跋涉的商人通常都要在这里歇脚。麦加城中有一口诱人的清泉井，这在视水如油的阿拉伯人眼中是很不寻常的，甘甜清凉的泉水让每一位途经此地的商人消除了疲劳。这里还有一块巨大的不知什么时候从天上落下来的黑色陨石，阿拉伯人将它看成是一个圣物。为了供奉这块圣石，人们建了克尔白神庙。那时的阿拉伯人信奉多神，每个部落都有自己的神，所以崇拜一块石头也不是什么稀奇事。

阿拉伯北边的邻居，是拜占庭帝国和波斯帝国，这两个国家无论是在经济上还是文化上，都比当时的阿拉伯部落要先进。波斯与拜占庭为争夺阿拉伯半岛商路的控制权，发动了长期的战争，阿拉伯人深受其害。外族的战争和统治让水坝倒塌，农业荒芜，尤其是波斯统治时，商路改走波斯湾，阿拉伯半岛内陆的商路衰败，使商路上靠过境贸易维持生计的部落陷于更加贫困的境地。

自然条件的恶劣，生活的穷困，商路的改变，部落的矛盾，让阿拉伯人经常为争夺牧场和水草而展开血腥的厮杀。这种恶劣的情形发展下去，其结果或者是阿拉伯人自相残杀，走向灭亡；或者是各部落团结起来，形成统一民族，一致对外。穆罕默德适时而出，创立了伊斯兰教，把阿拉伯人引向了后一条道路。

穆罕默德创立伊斯兰教

频繁的战争让阿拉伯人非常痛苦，但是没有人给他们指出一条出路。绝望的人们把希望寄托于神，希望神能解救他们出苦海。穆罕默德就在这时创立了伊斯兰教，让所有阿拉伯人看到了希望。

穆罕默德（公元 570 年 -632 年）出身于麦加的古莱西部落一个没落的贵族家庭，他出生前父亲就去世了，6 岁时又失去了母亲，从此跟随祖父和伯父生活。穆罕默德先是放牧，后来跟随伯父经商，到过巴勒斯坦、叙利亚和其他许多地区，增长了不少见识。在巴勒斯坦经商的时候，穆罕默德开始研究基督教和犹太教教义，还学会了观测天气、预测风沙和治病，成为了一个博学并且很有能力的人。可是，贫穷让他的抱负没有办法施展。

25 岁时，穆罕默德和一个比他大许多的麦加富商的遗孀结了婚。从此，他在经济上一下子有了保障，开始进入上层社会，才干也逐渐得以显露。

一次，克尔白神庙由于年久失修倒塌了。古庙修复后，麦加的一些大贵族发生了争吵，他们都要由自己把陨石放回原处，借以提高自己的地位。就在大家谁也不肯谦让，大吵大闹的时候，穆罕默德走了出来，他脱下自己的上衣铺在地上，然后把陨石放在上面，请争执的人各派一个代表，分别提起上衣的一角，一起把陨石放回原处。争执就这样平息了，大家纷纷夸奖穆罕默德的聪明和识大体，此后，穆罕默德的声望和地位也得到了提高。

麦加城外有一座幽静的小山，当地人称它希拉山。穆罕默德经常独自一人到山里，坐在一个小山洞里冥思苦想。公元 610 年的某一天，穆罕默德突然说他得到了天使的启示，让他以真主的名义传教。新教的宣传由此开始，并被定名为伊斯兰教。

"伊斯兰"一词在阿拉伯语中原意为"顺从"。穆罕默德宣称,世界上只有一个神——安拉。安拉是世界的创造者和人的创造者,世界万物都是按照安拉的意志安排的,人的一切也都是安拉赐予的,只有生前服从安拉,死后才能进入天堂,否则死后就会被打入地狱。

穆罕默德自称为安拉的使者,更是安拉的第一个信徒,所以他就是信徒们的先知,是安拉派到人间的使者,专门传达安拉的意旨。信仰安拉的人则被称为穆斯林,意为"信仰安拉和服从先知"。

不难看出,伊斯兰教的教义就是服从安拉,服从先知,而且非常严格。穆罕默德之所以强调教徒绝对服从教义,主要还是为了统一人们的信仰和思想,用这种办法来解决社会中存在着的各种矛盾。穆罕默德教谕教徒,顺从是必须的,无论身处何种处境,都要安分守己,因为一切都是安拉的安排,自己无法改变。

除了要求人们对安拉和先知绝对服从外,伊斯兰教还给教徒们提出了做人的基本准则,如为人行善、买卖公平、救济贫困、照顾孤寡老人等。对于偷盗和欺诈等行为,伊斯兰教义是坚决不能容忍的。

圣城麦加

麦加,全称是麦加·穆卡拉玛,意为"荣誉的麦加",位于沙特阿拉伯西边,拥有克尔白和禁寺,是伊斯兰教的圣地,也是公元 570 年,伊斯兰教先知穆罕默德的出生地。

麦加是伊斯兰教石造圣堂的所在地,传统认为是亚伯拉罕所建造的。部分伊斯兰学者认为麦加是地球的中心,7 世纪时伊斯兰教先知穆罕默德在麦加宣扬伊斯兰教,当时该地是一个重要的商业中心,在伊斯兰早期历史上扮演着重要的角色。公元 966 年后,麦加一直都由当地的谢里夫所统治,直到 1924 年统治权归沙特家族所有。麦加进入现代后土地面积和基础建设都大大扩增。现代麦加是沙特阿拉伯麦加省的省会,绝大部分的麦加居民都是逊尼派穆斯林,少部分是什叶派。

政教合一

公元 622 年 7 月 16 日深夜,由于麦加贵族的反对,穆罕默德率领他的信徒离开了麦加,移居到雅特里布,这就是伊斯兰教的"徒志",伊斯兰教把这一年定为伊斯兰历法的元年。雅特里布在后来被改为"麦地那",意为先知之城。

雅特里布的经济不如麦加繁荣,贫民很多,伊斯兰教在这里很快便被人们接受。穆罕默德于是正式颁布了伊斯兰教章程，建立了神权国家。章程详细规范了信徒们的生活准则，直至日常行为细节。确定了祈祷词的内容、诵读的次数以及祈祷的方法，制定了饮食和禁食的规范，规定了禁止的行为和罪孽以及详尽的惩罚方式。

麦加贵族怎能容忍这种事情发生，他们向雅特里布发动了进攻，企图消灭穆罕默德的势力。穆罕默德将雅特里布的教徒组织起来，建立了一支只有300人的军队，奇迹般地打败了麦加贵族的进攻。对当时的穆斯林来说，这更加证明了安拉站在穆罕默德一边。公元627年，麦加人再次来征伐，被穆罕默德挫败。

公元630年，穆罕默德率领大军进攻麦加。在大军压境的情况下，麦加贵族被迫接受了伊斯兰教，承认了穆罕默德的权威和最高地位。穆罕默德进入麦加后，清除了克尔白神庙中的所有的部落神，只保留了那块陨石，作为全体穆斯林的圣物，又把克尔白神庙改为清真寺，并规定每一个穆斯林一生中必须到这里朝圣一次。

阿拉伯半岛上的一些部落见麦加城如此强大，纷纷派来使节，表示愿意皈依伊斯兰教，承认穆罕默德的领袖地位。

公元632年，穆罕默德做了最后一次布道，他提醒信徒们说："你们必须到你们的主面前去，他将要求你们报告你们的全部行为。要知道所有的穆斯林皆是兄弟。你们是一个兄弟会，任何人不得从兄弟那里捞取什么，除非得到他自愿的同意。你们不要干非正义的事。请在场的人把这一点转告不在场的人。也许，后来得知这一点的人可能比现在听到的人记得更牢。"

这次布道后不久，穆罕默德就在麦地那病逝了。这时，阿拉伯半岛的大部分地区都皈依了伊斯兰教。此后，伊斯兰教又传到北非和中亚，到16世纪时，伊斯兰教徒已经遍布世界各地了。众多的伊斯兰教徒们在新月旗帜下，挥舞着阿拉伯弯刀，建立起了庞大的阿拉伯帝国。勇猛的穆斯林们坚信，在为传播信仰的斗争中死亡，会使他们直接进入天堂。

四大哈里发

因为穆罕默德生前没有指定继承人，他死后各派势力不断争夺，因此四大哈里发都是推选产生，他们都来自古莱西部落。哈里发是"先知"的代理人或继承人，是集宗教、行政、军事于一身的国家首脑。

第一任哈里发艾卜·伯克尔是穆罕默德的密友兼岳父。第二任哈里发欧麦尔是穆罕默德最早的信徒之一。第三任哈里发叫奥斯曼，第四任哈里发是阿里，他是穆罕默德的堂弟兼女婿。

艾卜·伯克尔在位时期，派军队进攻叙利亚，以夺取伊斯兰圣地之一的耶路撒冷，但他当时的主要任务是镇压穆罕默德死后各部落的叛乱。第二任哈里发欧麦尔在位时期，阿拉伯人开始大规模扩张，号称"安拉之剑"的大将哈立德在约旦河支流雅穆克河畔与拜占庭皇帝希拉克略派遣的军队决战，结果拜占庭军大败。到公元640年,包括恺撒里亚、耶路撒冷,整个叙利亚从南到北全被阿拉伯人征服。

公元643年，波斯被阿拉伯军队打败，波斯皇帝逃奔波斯东部呼罗珊。在进攻波斯的同时，阿拉伯名将阿穆尔率大军攻入埃及。经过短短的十年，阿拉伯人就占领了巴勒斯坦、叙利亚、埃及、伊拉克和伊朗的大部分地区。

公元644年，欧麦尔遇刺身亡，奥斯曼被推选为哈里发。奥斯曼虽是穆罕默德的早期信徒，但他本人优柔寡断，懦弱无能，引起人们的不满。其中一些阿拉伯战士，包括第一任哈里发艾卜·伯克尔的儿子回到麦地那，杀死了80岁的奥斯曼。于是，穆罕默德的堂弟兼女婿阿里被推选为第四任哈里发。

奥斯曼的旧部在大马士革的清真寺里展出了奥斯曼的血衣，提出阿里不配当哈里发，于是两军对垒。当阿里的队伍快要打胜时，好几部《古兰经》被拴在对方的长矛上，高高举在空中，意思是不要用武力而要用《古兰经》来决定，阿里表示同意，由大家公断。

阿里的不坚决引起了双重后果，一是拥护阿里的这一派发生分裂，出现哈瓦利吉派（意为"出走"），他们认为除真主的调解外，绝无调解，结果遭到阿里的镇压。二是公断的结果不利于阿里，阿里又拒绝退位，但其权威已落地，后来被哈瓦利吉派刺杀。

阿拉伯帝国奠基人——欧麦尔

欧麦尔来自穆罕默德所在的古莱西部落哈希姆族，是早期追随穆罕默德的重要人物之一，也是穆罕默德最忠实的信徒。他拥有铁一般的意志，常在战役的关键时刻扭转局势。

欧麦尔成为哈里发后，发动了阿拉伯历史上空前未有的大征服运动，不但灭亡了波斯帝国、打垮了拜占庭帝国，还让伊斯兰教广泛传播，拥有了众多信徒。

当然，作为哈里发，欧麦尔不但在武功上成就斐然，在政绩上也有过人之处。欧麦尔给予新征服地区的人民以相对的宗教宽容，这使得阿拉伯人比较能得到征服地区的接受，他还规定改信伊斯兰教者可以免除人头税，新月就这样升起在广阔的土地上。

应该说，欧麦尔是阿拉伯帝国内政体系的真正奠基人。在新占领的土地上，凡是波斯和拜占庭两国王公贵族的土地，逃亡者、阵亡者的土地，欧麦尔宣布一律收归国有，成为穆斯林大众的土地，当地居民则仍操旧业，耕种土地者缴纳土地贡税，不奉伊斯兰教者，还要征收人头税。欧麦尔禁止阿拉伯人在阿拉伯半岛外夺取或购买土地。为了保持阿拉伯人的战斗力，规定官兵必须远离城市，驻扎在郊外的兵营。

以圣战的名义，欧麦尔凝聚了阿拉伯的民心，在对外扩张的同时，让更多人皈依真主，他的土地、税收、司法制度符合民意，让阿拉伯帝国真正确立。

逊尼派的倭马亚王朝

阿里死后，叙利亚总督穆阿维叶称哈里发，宣布从今往后哈里发世袭，建立起倭马亚王朝（公元 661 年 –750 年），定都大马士革。因为倭马亚王朝尊奉与阿里对立的逊尼派，崇尚白色，因此中国的史书称其为白衣大食。

倭马亚王朝在严厉镇压了什叶派的反抗后，巩固了统治，开始号召穆斯林们进行圣战，向外扩张。从公元 632 年到 公元 750 年的 100 多年间，阿拉伯从一个游牧人组成的小邦，发展成一个东到中国边境，西到西班牙的横跨欧、亚、非三洲的大帝国，其扩张速度之快和疆域之广，都是世界历史上少见的。

在这个庞大的阿拉伯帝国里，信奉伊斯兰教的阿拉伯人是主人，无论是先知、历任哈里发、各地总督还是一般阿拉伯人，都占有巨大地产、财富和奴隶。那些改宗伊斯兰教的非阿拉伯血统的穆斯林们，多为叙利亚人和伊朗人，阿拉伯人称他们为"麦瓦利"，虽然免缴人头税，但要缴纳土地税等赋税，当兵也只能当步兵。第三个等级是不信伊斯兰教的居民，他们多为犹太教徒和基督教徒，被称为"迪米人"，不仅要缴纳人头税和土地税等各种赋税，还不能任公职。而处于阿拉伯社会最底层的是奴隶。和别的地方的奴隶不同，阿拉伯人的奴隶不去耕田做苦工，而是充当家奴、姬妾或是歌女。

倭马亚王朝时期，虽然什叶派的势力遭到重创，但他们和逊尼派的争斗却一直在延续。伊朗人的大部分，伊拉克人的一半都是什叶派，他们只承认四大哈里发中的阿里，认为穆罕默德之后的继承次序应是阿里以及阿里与穆罕默德的女儿法蒂玛的后代。而伊斯兰教的多数派是逊尼派，也是正统派，现占全部穆斯林的85％，承认四大哈里发及其以后的哈里发。

公元 7 世纪末 8 世纪初，什叶派在伊拉克起事，帝国东部各地纷纷响应，哈里发派的伊拉克总督经过多年镇压，据说 20 年间屠杀了 12 万人，才把这次起事平定。这时，在东方的呼罗珊出现了一个阿拔斯派，他们是穆罕默德叔父阿拔斯的后裔，强调哈希姆家族对哈里发职位有继承权。因为阿里也属哈希姆家族，因此阿拔斯派联合什叶派，共同反对倭马亚王朝。

公元 747 年，一个波斯释奴艾卜发动起义，阿拔斯利用这个机会，攻陷了伊拉克的首府库法。随后，阿拔斯被拥戴为哈里发，倭马亚人在阿拔斯人进逼下节节败退。公元 750 年，大马士革被阿拔斯攻下，倭马亚王朝灭亡。

穆康那起义

穆康那起义就是中亚河中地区爆发的反对阿拔斯王朝和当地大封建主的农民起义（公元 776 年–783 年）。其起义领袖为哈希姆·伊本·哈金，因其经常用绿布蒙面，据说这是因凡人不能直视他脸上的圣光，所以当时称"穆盖奈尔"（即蒙面先知），其领导的起义也因此而得名，又译为穆康那起义。

哈希姆生于波斯呼罗珊首府木鹿附近，原为漂布工人。公元 747 年，他参加了艾卜·穆斯林领导的起义，并担任书记。公元 756 年他又参加了呼罗珊辛德巴德领导的起义，被逮捕后监禁于巴格达长达 15 年。后来哈希姆从监狱逃出，来到阿姆河和锡尔河之间的河中地区，以胡拉米派教义为号召，宣传和组织起义。他宣称，艾卜·穆斯林死后，他便是神的化身，其使命是铲除一切暴虐和压迫，平分土地，实现人间平等、正义。公元 776 年，哈希姆以赛纳木堡为基地，领导数千农民和手工业者发动起义。起义者身穿白衣，扯白旗为帜，以示与黑衣黑旗的阿拔斯王朝（有黑衣大食之称）的对抗，故又称"白衣人起义"。起义者采取游击战术，多次打败哈里发军队，先后占领许多城镇和堡寨，并占领撒马尔罕城。后来在突厥游牧部落的支持下，起义队伍不断壮大。公元 782 年哈里发马赫迪下令兵分多路围剿起义军，各地封建主也纷纷组织武装配合王朝军队作战。公元 783 年，哈里发军队攻破起义军据守的赛纳木堡，哈希姆服毒自杀，起义军均遭残杀，至此起义以失败落幕。

布耶王朝

公元 945 年，波斯人艾哈迈德攻入巴格达，虽然哈里发封他为大元帅，但艾哈迈德实际上建立了一个新的王朝——白益王朝。原来在各方面都有绝对权力的哈里发，只保留了他的宗教职能，并且被随意废立，哈里发从此成为傀儡，只是装扮成国家元首的样子。

布耶王朝又称为白益王朝，是统治伊朗西南部和伊拉克的封建王朝。王朝的建立者阿里之父名为布耶（Buya），因而以此命名王朝。布耶是生活在里海西南岸山地德莱木人的酋长，他有三个儿子：阿里、哈桑和艾哈迈德。大约在公元934 年，阿里占领了法尔斯，并将设拉子作为都城。以后数年间，该家族先后占领伊斯法罕、胡齐斯坦和克尔曼等地。公元 945 年艾哈迈德率军侵入巴格达，哈里发于是成为布耶家族的傀儡，这时王朝权力实际上是掌握在长兄阿里手里的。公元 949 年阿里死后，遗命以哈桑之子继位，即阿杜德·道莱。

阿杜德·道莱采用萨珊王朝"诸王之王"称号。在他统治期间（公元 949 年 –983 年），布耶王朝领土广阔，其统治达于极盛。阿杜德在设拉子附近的库尔河上修筑了有名的埃米尔拦河坝；在巴格达和设拉子设立图书馆、学校和医院，奖励诗人和学者，一系列的举措使设拉子成为当时的文化中心；在宗教政策上，他一方面以哈里发的名义统治国土，从而获得逊尼派的支持，另一方面他又举行纪念什叶派殉道者的公开仪式，以团结什叶派。布耶王朝在阿杜德·道莱死后，急剧衰落。由于塞尔柱突厥和德莱木军人之间的矛盾，以及布耶家族的内讧，使国土陷于分裂。1055 年塞尔柱人进入巴格达，布耶王朝灭亡。

阿拉伯数字

除了《一千零一夜》，阿拉伯人在数学方面的贡献也不容小觑。我们现在使用的阿拉伯数字，就是阿拉伯人在数学方面对世界的重大贡献之一，正是他们把阿拉伯数字介绍到了欧洲。

在公元 9 世纪的前半叶，印度的数字和零号传入阿拉伯，花剌子密第一个使用印度数字和零号，代替阿拉伯原来的字母记数法。12 世纪，印度数字和零号通过花剌子密的著作传入欧洲，欧洲人便把它叫做"阿拉伯数字"，后来为全世界所采用。

大约在公元 700 年前后，阿拉伯人征服了旁遮普地区，他们吃惊地发现：被征服地区的数学科学的发展非常迅速，于是他们考虑设法将这些先进的数学成就带到阿拉伯。

公元 771 年，阿拉伯将印度北部的数学家抓到巴格达，强迫他们教会当地人新的数学符号和体系，以及印度式的计算方法。由于印度数字和印度计数法既简单又方便，其优点远远超过了其他的计算法，因而阿拉伯的学者们很愿意学习这些先进知识，商人们也乐于采用这种方法去做生意。

后来，阿拉伯人又把这种数字传入了西班牙。在公元 10 世纪前后，阿拉伯数字经由教皇热尔贝·奥里亚克传到欧洲其他国家。公元 1200 年左右，欧洲的学者开始正式采用了这些符号和体系。至公元 13 世纪时，在意大利比萨的数学家费婆拿契的倡导下，普通欧洲人也开始使用阿拉伯数字。公元 15 世纪时，阿拉伯数字的使用已经非常普遍。但是那时的阿拉伯数字的形状和现代的阿拉伯数字并不完全相同，只是比较接近而已，由最初的阿拉伯数字发展成今天世界各地所使用的 1、2、3、4、5、6、7、8、9、0，这一过程又有许多数学家倾注了不少心血。

在阿拉伯数字传入欧洲以前，欧洲人使用罗马数字和算盘，计算笨拙费时。有了阿拉伯数字，特别是以零号填补个位、十位、百位……的空白，进位法简明准确，大大促进了计算科学的发展。

腥风血雨的西欧

这时期的欧洲发生了翻天覆地的变化，其中有不少是非常大的进步。农民从田地里收获了更多的庄稼，人口快速增长，商贸迅速扩张，城市一个接一个兴起，容纳越来越多的货物和商人。贵族们更好地掌握着自己的军事力量，发展出一种骑士文化，混杂着基督教道德与传统的暴力价值。

——沃伦·霍利斯特（美国历史学家）

野蛮匈奴

就在罗马帝国风雨飘摇的时候，匈奴人开始从东方大规模向欧洲扩张，一直打到波斯和叙利亚。匈奴人以凶残闻名于世，所过之处往往留下一片废墟、一地白骨。公元433年，匈奴大单于阿提拉成为各部首领，建立了东起伏尔加河，西至莱茵河，南抵多瑙河的庞大帝国。

公元449年，西罗马帝国皇帝的妹妹奥诺莉亚和侍卫长私通被发现，皇帝瓦伦提尼安将她送进修道院软禁起来。奥诺莉亚暗中写信向阿提拉求救，表示愿意以身相许。阿提拉立刻向西罗马皇帝索要奥诺莉亚，并要求西罗马帝国拿一半的国土作为嫁妆。西罗马皇帝怎么可能答应如此过分和羞辱的要求，一口回绝。于是，阿提拉便以此为借口，发动了对西罗马的战争。

阿提拉的匈奴大军开向西罗马，随着一个接一个城市的陷落，阿提拉的兵锋直指名城奥尔良。匈奴大军对高卢北部的蹂躏，震惊了西罗马帝国以及周边的所有蛮族，大家意识到，单凭自己的力量根本无法与匈奴对抗。此时一位终将声震罗马历史的人物适时出现，他就是阿契斯。阿契斯生于高卢的名门望族，他的父亲高登裘斯在西罗马军队中屡立战功，最后做到西罗马帝国的骑兵统帅，被封为伯爵。阿契斯的青少年时期是在哥特人和匈奴人那里度过的。在匈奴做人质期间，他结识了很多匈奴贵族。借助匈奴人的支持，阿契斯迅速在罗马政坛上崭露头角，成为西罗马帝国的高卢总督。面对匈奴人的大兵压境，阿契斯毫不犹豫地抓住了这个同仇敌忾的良机，终于联合各蛮族建立起一个抗击匈奴的统一战线。

公元 451 年 9 月 20 日，两军在沙隆展开决战。双方在这次会战中投入的兵力超过 100 万。匈奴大军首先发动进攻，在遮天蔽日的箭雨掩护下，匈奴精骑风驰电掣般冲向西罗马联军的中央，双方展开混战。战斗虽然只持续了 5 个小时，但尸横遍野，血流成河，16 万人命丧黄泉。这种混战显然不适合罗马的兵团作战，就在罗马军队节节败退之际，强悍的西哥特人挽救了西罗马联军。西哥特骑兵凌厉的反击将匈奴人压了回去，而慌不择路的匈奴骑兵迎头撞上了左翼西罗马军团的盾牌防线，纷纷倒在镖枪的攒射之下。沙隆会战到此分出胜负。

勇猛的匈奴人第一次尝到了失败的滋味，阿提拉被迫率领匈奴残军撤回马恩河畔的营地，用匈奴人的大篷车首尾相连，将弓箭手密布其间，组成了一道相当坚固的防线。阿提拉用马鞍堆起一座小山，将他所有的金银珠宝和妃嫔都置于其上，他自己端坐在中间，打算一旦西罗马军队攻破他的营垒，就引火自焚。

阿契斯在这个关键的时刻放了阿提拉一马，他认为西罗马帝国的心腹大患不是匈奴，而是高卢蛮族。那些在战场上比匈奴人还凶狠的西哥特人，让阿契斯印象深刻，他决定保留匈奴这个外患，以便让以西哥特人为首的蛮族有所忌惮。

侥幸生还的阿提拉仅仅活了两年就死于一次意外。为了挽回匈奴帝国的颓势，阿提拉迎娶了一位日耳曼族的新娘伊尔迪科，希望两个部落结成坚固联盟。结婚当晚，阿提拉在婚宴上喝得酩酊大醉，当人们第二天走进新房时，吃惊地发现阿提拉血管爆裂，倒在血泊中气绝身亡了，而他的新娘缩在床角，瑟瑟发抖。阿提拉死后，他的儿子们为争夺大单于之位打起了内战，匈奴帝国遂土崩瓦解。公元461 年，阿提拉的一个儿子妄图重建匈奴帝国，发动了对多瑙河流域的东哥特人的战争，遭到失败。公元 468 年，他又发动了对东罗马帝国的战争，结果自己战死沙场。从此，匈奴人彻底沉寂，直至消失在历史中。

西哥特人攻入罗马

哥特人 (Goths)，日耳曼民族的一支，公元 1 世纪时定居在多瑙河流域。在公元 4 世纪时，哥特民族从内部分裂了。一部分成为了后来的西哥特，他们居住在现今的罗马尼亚境内。另一部落则成为东哥特，在临近黑海处建立了城镇。当匈奴人出现后，这两个部落遭受了巨大的侵害，在无力抵御的情况下，西哥特人被迫开始向西迁移，进入罗马帝国境内；而东哥特人则被异族所吞并，成为匈奴帝国的一部分。随后，西哥特人逐渐强大，他们以不可阻挡之势扫平了整个意大利和希腊地区。

公元 405 年冬，西哥特首领阿拉里克率领蛮族军队开始对昔日帝国的王都——罗马进行声势浩大的围攻。这次进攻使阿拉里克突破了罗马帝国的莱茵河防线，获得了高卢大部分地区。公元 407 年，驻守不列颠的将领君士坦丁三世造反，西罗马帝国企图使阿拉里克去攻击君士坦丁三世，阿拉里克要求 4000 磅黄金为代价。罗马拒绝支付，阿拉里克遂借口入侵意大利，在拉韦纳的皇帝霍诺里乌斯龟缩不出。阿拉里克包围罗马，罗马城内暴发了饥荒和瘟疫，元老院和阿拉里克媾和，交出了 5000 磅黄金、3 万磅白银以及其他许多贵重物品和财宝。公元 409 年，阿拉里克第二次包围罗马，扶立了一个傀儡皇帝，而霍诺里乌斯在东罗马帝国的支持下才保住皇位。公元 410 年，阿拉里克第三次包围罗马，他向士兵们宣布：攻进罗马，可以任意抢劫三天。穿着兽皮的西哥特人吹着牛角号冲进了罗马城，开始了连续三天三夜的大肆洗劫，西哥特人在入城的第六天放弃了罗马，向意大利南部推进。不久，阿拉里克突然死去。

此后十年内，霍诺里乌斯的共治皇帝君士坦提乌斯三世成为帝国的军事首脑，帝国稳定了一段时间。公元 418 年，西哥特王国建立，首都图卢兹，这是在罗马帝国境内第一个建立起来的蛮族王国。公元 423 年，霍诺里乌斯死后，瓦伦蒂尼安三世继位。

在此之后，西罗马帝国已经无法维持，苟延残喘。西罗马帝国又出现过 8 个皇帝，但都是傀儡，实权掌握在蛮族出身的军事首领手中。公元 476 年，奥多亚克废黜罗慕路·奥古斯都路斯，将西罗马帝国的国徽转让给东罗马帝国，西罗马帝国灭亡。

此后，西罗马的土地上相继建立起一系列国家，有法兰克王国、哥特王国、伦巴德王国等。其中，法兰克王国的版图最大，存在时间也最长。

墨洛温王朝的建立

法兰克人是日耳曼族的一支，一直居住在莱茵河的中下游，西罗马帝国灭亡的时候，法兰克的军事首领克洛维带领部族向南推进，夺取了塞纳河与卢瓦尔河之间的土地，于公元481年建立起墨洛温王朝。公元486年，克洛维与西罗马大将西阿格留斯打了一仗——苏瓦松之战，克洛维击败西阿格留斯，夺占了罗马人在高卢的最后一块领地。西阿格留斯逃往西哥特王国，克洛维遣使去见西哥特国王，让他交出逃亡者。西哥特国王害怕激怒法兰克人，于是交出西阿格留斯，克洛维秘密把他处死了。

随后克洛维相继征服了阿雷曼尼人和西哥特王国，又迫使高卢东南部的勃艮第王国臣服。在普瓦提埃之役后，西哥特国王阿拉里克二世战死，克洛维趁机将亚奎丹地区并入法兰克王国版图。当克洛维凯旋之时，他接到东罗马帝国皇帝阿纳斯塔西乌斯的敕书，任命他为执政官。不久克洛维在都尔圣马丁教堂里，穿上紫色袍服，披上披肩，头戴王冠，接受人们对他的朝拜，此后克洛维被公认为全法兰克的国王。

克洛维在执政的30年间主要做了四件大事：

第一，在征服罗马帝国的过程中，他没收了三分之二的土地，并分封给自己的亲兵、廷臣和主教。但克洛维仍保留了高卢地区的许多罗马大土地所有者，他们在政治上支持法兰克贵族，这对克洛维的统一是有帮助的。

第二，皈依基督教。罗马帝国末期，教会拥有庞大地产，形成一股特殊的政治力量。罗马帝国灭亡之后，教会极力向"蛮族"统治者靠拢，而"蛮族"国王也需要获得教会支持。在这种合作中最先采取行动的便是克洛维，公元496年他率领3000亲兵在兰斯地区接受神圣主教雷米吉乌斯的洗礼，从此在教会的支持下，克洛维不断地取得胜利。公元511年克洛维还下令在奥尔良召开宗教会议，重申古代罗马法所规定的神庙特权，同时还规定教会法与国家法规具有同等的性质，这样教会成为政权机构的一部分，新的封建上层建筑逐步建立和完善起来。

第三，剪除政敌。为了实现统一，克洛维采用各种政治手段，消灭政敌，排除异己。为了铲除对手西吉贝尔特，他曾暗中唆使西吉贝尔特的儿子，允诺如果他把自己的父亲除掉，权力和财富都属于他。于是西吉贝尔特的儿子派人刺杀了自己的父亲，西吉贝尔特被害之后，克洛维又找借口将他的儿子克洛德里克处死。不久，同族军事首领卡拉里克和拉格纳卡尔，也被克洛维阴谋杀害。

第四，编纂著名的《萨利克法典》，其目的是加强统治。在整部法典的418条条文中，其中有343条是禁止犯罪的。偷盗、杀人放火和侵犯地界，都要受到制裁。由此可见这些都是为维护封建秩序服务的。

克洛维于公元511年11月27日逝世，葬于法国巴黎圣德尼基督教堂。克洛维一世身后的领土被他的四个儿子——克洛塔尔一世、希尔德贝一世、克洛多梅尔和提奥多里克一世继承，分别建立起苏瓦松、巴黎、奥尔良和兰斯王国。这种不统一的局面一直持续到 751 年墨洛温王朝结束。

懒王时代

公元 511 年克洛维去世，王国遗留给他的子孙去统治，这其间有 28 位国王当政，平均每人任期只有 8 年零 7 个月。按法兰克人的继承制度，每代国王死后，都由其儿子平分国土，因而在 28 位国王中，仅有 5 位国王取得过国家的表面统一，而真有实权的只有三人，总共统一的时间不到 30 年。而墨洛温王朝的最后 12 位国王因为不事政事，被史家称为"懒王"。

法兰克墨洛温王朝到了 7 世纪时逐渐衰微，原因之一就是王室土地被不断外赠，用来笼络人心。结果，7 世纪末的墨洛温皇族贫困不堪，实权都落入了大贵族手中。加上历代王室宗嗣不断分割王权与王室土地，结果法兰克王国分裂为好几个独立王国，主要有东北部的奥斯特拉西亚、西北部的纽斯特里亚和东南部的勃艮第。

王权旁落后，法兰克王国的权力主要掌握在"宫相"，也就是一些权贵大臣手中。各"宫相"为了争权夺利，彼此间进行了长期的斗争，加上周边外族的不断入侵，国内农民的大批破产，法兰克王国的形势很不乐观。

就在王国的生存面临生死抉择的关头，查理来了，他改变了一切。

开启加洛林王朝

随着法兰克王国王权的衰落，以前只是王室财产总管的宫相，开始插手国家政务，成为实际上的政府首脑。查理大帝的祖父——查理·马特，人称铁锤查理，就是法兰克王国的宫相。他是在父亲死后，由奥斯特拉西亚的贵族支持，打败其他竞争者的军队后，于 715 年继任为宫相的。

查理·马特上台后，各地贵族的叛乱仍然不断，当时东方的阿拉伯帝国势力日益壮大，对法兰克王国形成了严重威胁。面对内忧外患的形势，查理·马特依靠奥斯特拉西亚自由农民组成的军队，平定了各地的叛乱，重新统一了纽斯特里亚、勃艮第和阿奎丹等地。在此期间，查理·马特建立了一支强大的骑兵，公元

732 年,依靠这支骑兵,查理•马特打败了入侵的阿拉伯人,收复了被占领土。从此,查理声名大振,被称为铁锤查理。

查理•马特不仅是一位杰出的军事家,还是卓越的政治家,为了改变法兰克王国的面貌,他采取了大刀阔斧的改革措施。他废除了无条件分赠土地的制度,推行采邑制。把从叛乱贵族那里没收来的土地和一些教会的土地分赠给贵族,条件是他们必须为国王服兵役。同时,采邑的赐予者也有义务保护忠心效力的受领者,使其不受他人的侵害。他还规定采邑不得世袭,只限终身,而且如果受封者不履行义务或者死亡,赐予者有权收回采邑,终止封授关系,要是继续以前的关系,则必须重新分封。这次改革,对法兰克王国的发展和西欧历史的发展都有着极其重要的影响,它确立了以土地和服役为基本条件的臣属关系,削弱了贵族势力,加强了王权,有利于社会的稳定和统一。采邑制推行之后,中小封建主都要服兵役,他们自备马匹,装备精良,构成了新型的骑兵,奠定了西欧中世纪骑士制度的基础,法兰克王国以后正是依靠这支骑兵,建立起强大的查理曼帝国。

查理的父亲"矮子"丕平(因身材矮小得名),最初是法兰克王国的大臣,在教皇和教会的支持下篡夺了王位,开始了加洛林王朝的统治。为了报答教皇,丕平进军意大利,把抢到的罗马附近的一大片土地都献给了教皇,几乎让罗马变成了一个"教皇国"。

身材魁梧、精力过人的查理继承父位统治法兰克王国后,南征北战,开拓疆土,对外发动了 50 余次战争,他亲自参加的征伐更是多达 30 余次。

公元 778 年,查理率大军翻越高峻的比利牛斯山,南侵西班牙。当时,那里是由一个从北非来的阿拉伯人建立的摩尔多瓦王国。

双方的军队交火后,都先后遭到重创,摩尔多瓦的国王于是提议讲和,查理军中的一些将领也主张和解。唯一表示反对的,是查理的侄子罗兰侯爵,他尤其不能接受派主和派人物盖内隆去进行和谈。但是,查理最终没有接受罗兰的意见,还是委派了盖内隆去同摩尔多瓦人议和。心怀怨恨的盖内隆在谈妥了议和条件后,也和敌方订下密谋,准备暗害罗兰。

查理看到议和成功,就率大军回国,由罗兰担任后卫。盖内隆将法兰克大军撤退的详细状况偷偷告诉了敌人,摩尔多瓦国王马上集结起一支强大的部队,埋伏在险要的比利牛斯山朗塞瓦尔峡谷两侧。当罗兰的后卫部队排成长列通过隘口时,摩尔多瓦人借着夜色的掩护,从山上一冲而下,包围了罗兰的部队。

在震天的喊杀声中,罗兰一再用骑士的尚武精神号召全军决战到底,并且一再拒绝同伴要他吹起求救号角,以便查理回师救援的劝告。最后,法兰克人寡不敌众,全军覆没,只剩下罗兰和两个同伴,他这才拿起号角,吹响求援的信号。

查理听到号角声，准备回师救援，但盖内隆故意阻挠、拖延。直到听到罗兰临死前的最后一声微弱的号音，相信罗兰确已遇难，查理才得以甩开叛徒，赶回峡谷。

这次战事后来被创作为法兰克王国最著名的史诗——《罗兰之歌》，以悲壮的情节感动了中世纪无数的欧洲人。23年后，查理又一次越过比利牛斯山远征西班牙，终于吞并了这片广大的地域，并任命他的一个儿子为该地总督。

查理大帝

在几十年的征战后，查理的王国已经扩大到了相当于今天的法国、瑞士、荷兰、比利时、奥地利以及德国、意大利的大部分地区，成为当时西欧空前强大的国家。查理统治时期的法兰克王国日益走向极盛。在法兰克的历史上，他被称为查理曼，即查理大帝之意。

查理一生最重要的战役是同萨克森人的战争，他先后用30多年的时间（公元772年–804年）经过18次战役，才最终使萨克森臣服。其中在公元782年的凡尔登之役中，查理一天之内便处死了4500名萨克森人质，后来又将1万名萨克森青年分居各地，以避免叛乱。公元780年前后，查理曾在萨克森地区发布敕令，强迫萨克森人接受基督教，并对违抗者处以死刑，后来查理又进一步将所征服的萨克森人的土地，划分为若干伯爵领地，归入帝国版图。公元785年，曾领导萨克森人起义的萨克森贵族威都金也投降查理，并接受了洗礼。与此同时，查理向南征服了巴伐利亚，在法兰克贵族支持下，他废除了原巴伐利亚公爵的权力，并由他任命伯爵来治理那里。法兰克的势力从此向东蔓延，公元796年查理派军摧毁了多瑙河下游的阿瓦尔人。

查理一系列的征服战争，形成东起易北河、多瑙河流域，西至大西洋，南起比利牛斯山和意大利，北至北海的庞大帝国。这时国王的称号已无法使查理感到满足，他等待着加冕称帝时机的到来。公元799年罗马贵族残酷迫害罗马教皇利奥三世，要挖出他的眼睛，割掉他的舌头，这迫使教皇仓皇逃出罗马，查理于是亲自带兵护送，而且整个冬天都住在那里。为了报答国王的支助，公元800年圣诞节，查理来到罗马圣彼得大教堂做祈祷时，突然，利奥三世把一项金冠戴在了他的头上，然后高呼道："上帝为查理皇帝加冕，敬祝他万寿无疆和永远胜利！"其他教士也跟着欢呼起来。查理对这个"突然袭击"喜出望外，欣然接受。就这样，查理正式称为皇帝。从此，法兰克王国成为"查理帝国"，查理国王成了"查理大帝"。他把自己的帝国当作了古代罗马帝国的继续。接下来，查理把他的广大帝国分成了 98 个郡，首都位于德国西北部的亚琛。查理对基督教极为热诚和虔信，他在亚琛修建了许多金碧辉煌的宫殿和教堂，下令教会和寺院办学，并在宫中成立学院，广泛招聘僧侣、学者来讲学。

混乱的德意志和意大利

从查理帝国分裂出的东法兰克王国，大致包括今天的德国西部、荷兰、瑞士和奥地利，这些地区在当时的地理上称为日耳曼，中文将其译为德意志，所以德意志王国就是日耳曼王国。

公元 919 年，萨克森公爵被选为王，开始了德国的萨克森王朝。奥托一世（公元 936 年 -973 年）时，德意志强盛起来，由于他帮助教皇平定内乱，被加冕为"神圣罗马皇帝"。从此，德国在中世纪被称为神圣罗马帝国，其地域包括了意大利北部。

可是，这个光荣的称号给国家带来许多麻烦，而麻烦的来源，则是皇帝和教皇的争执，国家和教会的争执，还有帝国内外王公诸侯的争执。

教会认为，基督教和罗马帝国都具有世界性，两者是重合的。罗马教皇作为上帝的代理人，管理世人的灵魂，罗马皇帝作为上帝的代理人，管理尘世事务，其主要职责就是保卫教会。皇帝对这一理论自然不能接受，矛盾就这样产生了。

从奥托一世起的三个世纪中，几乎每一位皇帝都亲自统兵直驱罗马，干预教皇的选举，这让后者十分愤恨。皇帝长期出征，无暇顾及国内，诸侯乘机扩充实力，日益坐大。到了红胡子腓特烈的孙子腓特烈二世（公元 1212 年 -1250 年）时，德国的分裂割据状态基本确立。腓特烈二世一生的大部分时间都住在意大利南部，连德国话都不会说，甚至把关税权、开办集市权、铸币权都划入地方诸侯贵族的权力之内，使各邦诸侯成了合法的独立国家。

到了腓特烈三世（公元 1452 年 -1493 年）时，干脆把国号改为"德意志的神圣罗马帝国"，表明帝国疆域日缩，只限于德意志一地了。此时的德国有七大选帝侯，十几个大诸侯，两百多个小诸侯，上千个独立的骑士领地。所以后世的伏尔泰评价说："神圣罗马帝国，其实既非神圣，又非罗马，更非帝国。"

意大利自从西罗马最后一个皇帝退位后，统一的局面就没出现过，而且逐渐被纳入德意志的领土范围。随着德意志皇帝势力的减弱，教会发生分裂，法国在意大利的势力大增，法国人在这里建起那不勒斯王国、教皇国、威尼斯共和国、佛罗伦萨共和国和米兰公国。虽然这些著名的城市都是法国人建的，但城市普遍由市议会掌握，而市议会又渐渐被意大利的大商人、银行家等贵族取代。这些贵族彼此竞争，始终没有将意大利统一起来。

十字军东征

城市的发展带来商品经济的繁荣，同时也加剧了社会的矛盾。贵族们在四方商品云集的城市中，生活愈加奢侈享受。由于西方实行的是长子继承制，次子除了去当教士就是做骑士，不但分不到土地，连生活都成问题，很多人只能靠打家劫舍过日子，他们无不希望向外扩张，夺得土地和财富。

和贵族骑士们持有相同愿望的，还有罗马教廷和欧洲各大教会，他们不但希望扩大领地，还想把东正教控制在罗马教会的手中，甚至，从伊斯兰教徒手中夺得一些土地。

公元 1095 年，教皇乌尔班二世在法国克莱芒宗教会议上发表演说，他举着《圣经》，用铜钟般洪亮的声音说："上帝的孩子们，现在的东方，有一批叫做'伊斯兰教'的异教教徒们，正在迫害我们的东正教兄弟。耶稣圣墓的所在地——圣地耶路撒冷，已被那些异教徒们占领。这是何等的奇耻大辱啊！那些异教徒是一群恶棍、魔鬼。主已经在召唤我们，去投入战斗，到耶路撒冷去，去消灭那些恶魔，去解放'圣地'！为解放'圣地'而战的人，将来他的灵魂都可以升入天国！"

听众狂热的宗教情绪被煽动起来，"拯救东方兄弟"、"消灭异教徒"、"解放圣地"的喊声此起彼伏。乌尔班二世接着说道："教民们，那东方的国家，遍地是牛乳和蜂蜜，黄金宝石随手可拾。去吧，把十字架染红，作为你们的徽号，主会保佑你们无往不胜！"

渴望获得土地的骑士、农民和商人们，被这股疯狂的宗教狂热感染，他们联合罗马天主教会，奉了"主的旨意"，在"上帝的引导下"，打着从"异教徒"手中夺回"圣地"耶路撒冷的旗号，对东部地中海沿岸各国进行了持续近 200 年的侵略性远征。十字军远征的参加者，衣服上都缝有用红布制成的十字，由此被称为"十字军"。

第一次十字军远征（公元 1096 年 –1099 年），参加者约有 10 万人，分为农民和骑士两支队伍。农民队伍由于缺少武器，到达小亚细亚不久就被突厥人消灭了。骑士队伍分四路进军，在君士坦丁堡会师后，渡海进入小亚细亚，占领了耶路撒冷，在城内烧杀抢掠，杀了7万余人，将士们人人都发了大财，一夜之间变成了富翁。

十字军在他们占领的地区建立起了几十个十字军国家，然而这些国家并不稳固。到1187年时，东方人在能征善战的领袖萨拉丁领导下，消灭了十字军主力，收复了耶路撒冷。第二次和第三次十字军东侵企图夺回耶路撒冷，但都以失败告终。

第四次十字军远征，原计划是乘坐威尼斯船只去进攻埃及，但在威尼斯商人的怂恿利诱下，十字军的进攻矛头转向了东罗马帝国。这批欧洲骑士毫不留情地进攻和抢劫了信奉同一个"十字"的国家，早已忘记了收复"圣地"的圣谕，他们心中只有财宝，早就把上帝扔到脑后了，拜占庭帝国近千年的文化艺术珍品，在这次侵略中遭到了彻底的抢劫和破坏。

十字军远征共进行了八次，到1291年，十字军占领的最后一个陆上据点阿克城被穆斯林攻克，至此，十字军东征告终。

黑死病的恐慌

公元14世纪中期，欧洲遭受到了一场具有毁灭性影响的瘟疫侵袭，即通称的黑死病，俗称鼠疫。

黑死病最初于公元1338年在中亚一个小城出现，两年后开始向南传到印度，随后向西蔓延到俄罗斯东部，随即俄罗斯大草原笼罩在黑死病的阴影下。公元1345年冬，鞑靼人在进攻热那亚领地法卡未遂后，恼羞成怒，竟将黑死病患者的尸体抛入城中，结果城中瘟疫流行，大多数法卡居民病死，只有极少数逃到地中海地区，然而他们并未逃过疫病的魔掌。

公元1347年，黑死病侵袭了君士坦丁堡——拜占庭最大的贸易城市。一年后，西班牙、希腊、意大利、法国、德国、奥地利腹地、叙利亚、埃及和巴勒斯坦相继暴发黑死病。公元1352年，黑死病又袭击了莫斯科，甚至连莫斯科大公和东正教的主教都未逃过此劫。

没过多久，疫病的灾难开始充斥于欧洲大陆。法国马赛有5.6万人死于鼠疫的传染；在佩皮尼昂，全城仅有的8名医生只有一位幸免于难；阿维尼翁的情况更糟，城中7000所住宅被疫病弄得人死屋空；巴黎的一座教堂在9个月中办理了 419 份遗嘱，比鼠疫暴发之前增加了 40 倍；在比利时，主教大人成了鼠疫的第一个受害者。

不仅如此，鼠疫还通过搭乘帆船的老鼠身上的跳蚤跨过英吉利海峡，蔓延到了英国全境，直至最小的村落。医生们用尽各种药物，也尝试各种治疗手段，企图遏制这种病症的蔓延，他们尝试用通便剂、催吐剂、放血疗法、烟熏房间、烧灼淋巴肿块或者把干蛤蟆放在上面，甚至用尿洗澡，但是死亡仍然没有停止。一些深受宗教束缚的人们还认为是人类的堕落引来神明的惩罚，于是他们开始游行，用镶有铁尖的鞭子彼此鞭打，口里还哼唱着："我最有罪。"在德国的梅因兹，甚至有 1.2 万犹太人被认为是瘟疫的传播者而被判死刑。

黑死病夺走了当时每 4 个欧洲人中的一个。当可怕的瘟疫穿过英吉利海峡，在南安普敦登陆时，这座海边城市几乎所有居民都在这场瘟疫中丧命，而且染病后很少有人能在床上躺上两三天，很多人从发病到死亡仅有半天时间。

瘟疫的最初起因至今仍是个谜，当时有人指责是犹太人向水里投毒，但更多的人认为这是上帝对罪孽深重的人类的惩罚，是世界末日来临的先兆。有趣的考证是，黑死病的大暴发也与中世纪欧洲大量地屠杀所谓女巫有关，因为当时的普遍信仰宗教的欧洲人认为猫是女巫的宠物和助手，所以猫被大量地消灭，以至于在当时相当长的一段时间内猫在欧洲绝迹。黑死病重要的传播媒介老鼠则在这条断裂的生物链中以几倍数量增长，为黑死病的暴发创造了最重要的条件。

这场鼠疫夺去了 2500 万人的生命，欧洲人口大幅度减少，经济随之走向衰退。在这场自然浩劫中，人类也没有放下武器，英国和法国依然刀枪相向。

玫瑰战争

在整个 15 世纪，英国和法国断断续续进行了长达百年的战争。在这百年战争之后，英国内部的贵族们，利用自己手中握有的武装蠢蠢欲动，企图掌握国家的最高统治权。经过一番分化组合，贵族分为了两个集团，分别参加到金雀花王朝后裔的两个王室家族中。其中，以兰开斯特家族为一方，以红玫瑰为标志；以约克家族为另一方，以白玫瑰为标志。这两个集团为争夺王位继承权，又进行了长达 30 多年的自相残杀，史称"红白玫瑰战争"。

事件开始于一次武装会议，金雀花王朝的亨利六世继位后，下令在莱斯特召开咨议会。约克公爵以自己赴会安全无保证为理由，率领他的数千人军队随同前往。亨利六世见状，在王后玛格利特和执掌朝廷大权的萨姆塞特公爵的支持下，也率领一小股武装赴会。

仇人相见分外眼红,两支军队便打了起来,结果亨利六世中箭负伤,被俘虏了。约克公爵大喜过望,要求亨利六世宣布他摄政并为王位继承人,王后玛格利特闻讯大怒,她从苏格兰借到一支人马,集合了追随兰开斯特家族的军队,在约克公爵的领地发动骚乱。约克公爵匆忙凑合一支几百人的队伍前去征剿,由于轻敌冒进,约克公爵及其次子都被杀死。约克公爵的长子爱德华见父亲被杀,马上自立为王,称爱德华四世,并召集部队去攻打玛格利特。玛格利特猝不及防,带着亨利六世和少数随从仓皇逃往苏格兰。哪知爱德华四世穷追猛打,亨利六世再次被俘,被囚禁在伦敦塔中,玛格利特只好携幼子逃往法国。

赶走了兰开斯特家族,约克派内部矛盾激化起来,爱德华四世开始镇压北部的沃里克伯爵。沃里克在爱德华的大军面前不得不逃亡,投靠法王路易十一。不久,沃里克在路易十一的支持下卷土重来,这回轮到爱德华逃亡了,他逃到尼德兰,依附于妹夫勃艮第公爵查理。

沃里克成功恢复了亨利六世的统治。10月,亨利六世在伦敦的街上举行复位的国王游行,而爱德华被宣布为叛国者。但沃里克的过度扩张使他追随法兰西国王侵入勃艮第。这导致勃艮第的统治者查理更加支持爱德华。公元1471年他提供资金和军队使爱德华四世发动了对英格兰的入侵。爱德华四世与沃里克在伦敦以北的巴恩特决战。由于力量悬殊,爱德华四世决定先发制人,率军在清晨的浓雾中发起攻击,大获全胜。

很快,兰开斯特的其余部队也被消灭,兰开斯特的王位继承人威斯敏斯特的爱德华王子被杀。亨利六世很快(于公元1471年5月14日)被谋杀,至此,兰开斯特家族被诛杀殆尽,实现了约克家族对王位的占有,爱德华四世复位。然而在公元1483年,爱德华四世突然死去,英国再次陷入混乱,来自约克家族的英格兰摄政王理查德取得了王位,史称理查德三世。

另一方面,兰开斯特家族将希望集中于亨利·都铎,其父亲里奇蒙伯爵埃德蒙·都铎是亨利六世的同母异父兄弟。公元1485年,亨利·都铎的军队在博斯沃斯战役中击败了理查德的军队,结束了玫瑰战争,亨利成了国王亨利七世。为缓和政治紧张局势,他同爱德华四世的长女伊丽莎白结婚后,将原两大家族合为一个家族,英格兰进入都铎王朝。

圈地运动

从 15 世纪开始，随着新航路的发现，国际间贸易更趋活跃，在欧洲大陆西北角的佛兰得尔地区，毛纺织业繁盛起来，在它附近的英国也被带动起来。

毛纺织业的迅猛发展，使得羊毛的需求量增大，市场上的羊毛价格也开始猛涨。英国本来就是一个传统的养羊大国，和传统的农业相比，养羊开始变得越来越有利可图。

养羊需要大片的土地用以放牧，在英国，虽然土地早已有主，但森林、草地、沼泽和荒地属于公共用地，没有固定的主人。贵族们利用自己的势力，首先在这里扩大羊群，强行占有这些公共用地。当这些土地无法满足贵族们日益扩大的羊群需要时，他们又把那些世代租种他们土地的农民赶出家园，甚至把他们的房屋拆掉，用木栅栏、篱笆和围墙把土地圈成一块块的草地，用来放羊。

当时的英国，遍地都是肥胖的绵羊和流浪的农民。这种圈地牧羊的运动，从 15 世纪 70 年代一直延续到 18 世纪末，全英国一半以上的土地都变成了牧场。为了安置被驱逐的农民，英国国王颁布了限制圈地的法令，但收效甚微。于是，英王开始限制流浪者，农民们不得不去接受工资低廉的工作。凡是有劳动能力的游民，如果不在规定时间内找到工作，一律鞭打后送回原籍。如果再次发现流浪，就要割掉他的半只耳朵。第三次发现他仍在流浪，就处以死刑。在亨利八世和伊丽莎白两代国王统治时期，曾经处死了大批流浪的农民。

英国的农民数量就这样越来越少，失去土地的农民进入城市，成为生产羊毛制品的工人，拿着微薄的工钱，勉强糊口。

亨利八世

都铎王朝的第二位君主英王亨利八世在位的 38 年是英格兰发生重大变化的时期，其中最重要的是 16 世纪宗教改革。这次改革的基本意义在国家政治方面，而不在宗教方面，核心问题是亨利八世与罗马教廷决裂，导致英国形成完全的民族国家。然而这次改革却是由亨利八世的婚外恋引起的。

亨利八世 18 岁即位并娶了寡嫂西班牙的凯瑟琳公主，但凯瑟琳只为他生了一个女儿玛丽，此时亨利八世已和女侍官安妮·博林产生了婚外情，并深深爱上了她。为此，亨利八世以王后没有男嗣为理由，要求离婚。罗马大主教自然不同意这桩不光彩的婚姻，亨利八世为此采取了多次措施，先把宰相撤职拘禁，再下令停止向教廷交纳教税，最后直至没收教会财产，迫使教皇开除他的教籍。最后，亨利八世决定进行宗教改革，他宣布英国教会脱离罗马教廷，建立独立的英国圣公会，摆脱教皇的控制。公元 1533 年，坎特伯雷大主教克兰默开庭审理亨利八世的离婚案，由于凯瑟琳拒绝出庭，他判决亨利八世与凯瑟琳的婚姻无效。判决下达两天后，亨利就与已经怀孕的安妮举行了秘密婚礼。然而，安妮也只为他生了一个女儿，取名伊丽莎白。亨利八世一怒将安妮以通奸罪砍头处死，就这样亨利八世先后娶了 6 位妻子，处死了其中两位。

改变英国的女人——伊丽莎白

1547 年，亨利八世死了，他唯一的儿子爱德华六世继位，这个小国王只有 10 岁，过了 6 年也病死了。继承王位的是亨利八世与凯瑟琳的女儿——玛丽一世，一个虔诚的天主教徒，她试图将英格兰带回天主教的世界，对新教徒进行了残酷镇压。短短三年间，伦敦等地的新教徒就被她烧死 300 多人，史称"血腥玛丽"。

新教徒不堪压迫，他们拥护信奉新教的伊丽莎白，于是愤恨的玛丽一世将妹妹投进了伦敦塔。但是"血腥玛丽"不到 40 岁就死了，这时，伊丽莎白成了王位唯一的继承人。

伊丽莎白一登上王位，就成了欧洲未婚女人中最有价值的一位。女王一生的求婚者络绎不绝，到伊丽莎白 52 岁时，重要的求婚活动有近 30 次，但这些求婚终未成功。有人说，女王一生只爱过一个男人，但最终因为政治关系，二人无法结婚，那就是英俊潇洒的莱塞斯特伯爵。

这种说法似乎是有道理的，但还有一个更重要的原因。不要忘记，伊丽莎白女王是一位杰出的政治家，她把自己的婚姻作为一种获取最大利益的手段。登基后的 20 多年中，她始终吸引着一个个求婚者，婚姻成为讨价还价的筹码，从中获取许多政治利益和丰厚礼品。当英国需要某个国家的支持或缓和关系时，就会建议对方向女王求婚，那些王公贵族谁也无法抵御这个巨大诱惑。但是他们忙活了半天，耗费了许多钱财，最后发现又是一场空欢喜。女王却取得了力量的平衡，赢得了时间。

　　伊丽莎白女王在登基后不久，就正式宣布新教为英国国教，罗马教廷恨透了她，教皇格里高利八世甚至宣布，暗杀伊丽莎白不算犯罪。但是女王没有报复天主教徒，而是采取了宽容的政策，她的名言是："只有一个耶稣基督，这是唯一的信仰，其余的一切争论都是小事。"因此在女王统治期间，新教徒和天主教徒基本相安无事。

　　伊丽莎白女王统治英国达45年之久，在她的统治下，腥风血雨之中的英格兰在经济上大体稳定，工商业和海外贸易迅速发展，国力日益强盛，还击溃了不可一世的西班牙"无敌舰队"，成为海上霸主，从偏安一隅的岛国成为欧洲先进国家，为未来"日不落"的大不列颠王国奠定了基础。也是在这时，英格兰进入文艺复兴盛期，即以莎士比亚、斯宾塞、培根等一批巨人为代表的辉煌时代。

击败"无敌舰队"

　　新大陆的发现使西班牙迅速从一个偏安小国发展成统领世界的帝国，他们占领了中美洲的阿兹特克帝国、南美洲的印加帝国，从中赚取了大量的财富，为保障其海上交通线及其在海外的利益，西班牙建立了一支拥有100多艘战舰、3000余门大炮，并配有几万名士兵的强大海上舰队，最盛时舰船可达千余。这支舰队横行于地中海和大西洋海域，骄傲地自称为"无敌舰队"。

　　于此同时，英国轻工业的发展，迫使它急欲寻找海外市场；舰船制造和航海技术的革新，更膨胀了英国夺取殖民地的野心。对于西班牙来说，自然不允许其他国家分享其来自殖民地的利益，于是英西海上争夺逐渐明朗化。

　　1588年双方终于在英吉利海峡爆发了激烈冲突，最终导致战争。此时，英国海军的实力已经大大加强了，霍华德勋爵出任舰队司令，他虽不是一个内行的海员，但能知人善任，从善如流。海盗出身的将领德雷克被伊丽莎白封为副帅，霍金斯任一支分舰队的司令。最重要的是，英国的海军将士多是海盗出身，极其善战，这与只惯于在良好天气中航行的西班牙海员相比，是很大的作战优势。另外负责航行的西班牙海员总是人手不够，而英国水手虽然也是被迫服役，但每天尚有四便士报酬，其作战积极性也比西班牙水手高。

　　战争开始后，双方的第一次交战基本打成平手，英国人的长炮由于射程过远，虽然击中了西班牙船，但炮弹穿不透船体；西班牙人则由于火炮的射程近，炮弹根本打不到英国船。尽管如此，弹药还是成吨地消耗下去了。

为了防备西班牙对英国南部海岸维特岛的占领，英军计划在夜间突袭西班牙军舰，但是由于海盗出身的德雷克贼性发作，他听说有一艘载有大量珍宝的西班牙船已经损坏，就偷偷地前去将其捕获，还把它护送回了托尔拜港，所以耽误了作战计划，尽管这令西班牙获得了喘息机会，但后来由于荷兰舰队封锁了港口，西班牙的接应船只无法到达，连补给也发生了困难。此时，英国舰队却在不断增兵。

英国人休整完毕，趁午夜突袭西班牙舰队，西军大乱，西多尼亚公爵不知所措，发出了一个致命的错误命令，叫各船砍断锚索。他的原意是等到火攻船过去之后，再来重占这个投锚地。谁知匆忙中多数的船砍断了两个锚，仅靠剩下的一个锚根本系不住船只，这样他们便随波逐流向东北方漂走了。

拂晓之后，德雷克和霍金斯等人扬帆追击。西班牙人的炮弹早已打光了，所以英军放心大胆地接近，弹无虚发。西班牙 130 艘战船中，有 63 艘永沉海底，英军却连一艘船都没有损失。没有失事的西班牙船只情况也很糟糕，由于创伤、疾病、饥饿和缺水，死亡者数以千计。

英国和西班牙之间的海上争夺一直延续到 1604 年。直至伊丽莎白一世逝世，玛丽·斯图亚特的儿子、苏格兰的国王继位，称詹姆士一世。他同西班牙结盟，战争终于结束。

英国击败西班牙的无敌舰队后，开始扩大对外贸易，积极向印度和美洲渗透和扩张，先后在苏拉特、冈比亚、马德拉斯建立了商站。英国探险家沃尔特·雷利爵士曾说："谁控制了海洋，即控制了贸易；谁控制了世界贸易，即控制了世界财富，因而控制了世界。"这句话成为英国的座右铭。

英国 16–17 世纪国王拼图

王 朝	国 王	在位时间	继位大事
都铎王朝	亨利七世	1485 年 –1509 年	约克和兰开斯特两大家族合并后，结束了红白玫瑰战争。
	亨利八世	1509 年 –1547 年	由于离婚问题而使英国教会脱离罗马教廷。
	玛丽一世	1553 年 –1558 年	由于镇压新教徒被称做"血腥玛丽"。
	伊丽莎白一世	1558 年 –1603 年	终生未婚。
斯图亚特王朝	查理一世	1625 年 –1649 年	英格兰国王，资产阶级革命中被砍头。
共和政体	奥利弗·克伦威尔	1653 年 –1658 年	称护国公，不再使用国王称号。
斯图亚特王朝复辟	詹姆士二世	1685 年 –1688 年	英格兰国王、苏格兰国王，光荣革命中被推翻，流亡并死于法国。
	玛丽二世	1689 年 –1694 年	光荣革命后与丈夫威廉亲王共同回国执政，为英格兰国王、苏格兰国王。
	威廉三世	1694 年 –1702 年	尼德兰联合省总督，奥兰治亲王，英格兰国王。
	安妮	1702 年 –1714 年	在位期间宣布英格兰和苏格兰合并，死后无嗣，斯图亚特王朝结束。

文艺复兴让希腊再现

中世纪的欧洲，国家多且分裂，战争频繁，人们大多信耶稣，基督教于是成为人们的精神支柱。久而久之，基督教教会的势力越来越大，大到皇帝的任命，小到贫民的琐事，基督教会都有权过问。如果有人胆敢违背基督教的教义，那他将受到最严厉的制裁。

《圣经》里说，人类的祖先亚当和夏娃，就是因为违背了上帝的禁令，偷吃了禁果，因而犯下大罪，作为他们后代的人类，就要世世代代赎罪，以求来世进入天堂。

在教会的管制下，以前古希腊、古罗马时期的民主风潮不复存在，一切文化、建筑、雕塑都是一个主题：歌颂耶稣，赞美天国。

当欧洲被基督教压抑得快窒息的时候，信奉伊斯兰教的阿拉伯帝国大举侵入。穆斯林们对天文和数学精通，他们开设的医院能让人摆脱病魔的侵扰，这些都让西欧人感到惊讶。还有他们常常朗诵的诗歌，虽然听上去韵律单调，但它具有一种令人陶醉的力量，似乎也很容易接近人的心灵。

此时，一些欧洲学者开始重新审视自身，他们突然间发现，古希腊留下的诗歌、雕塑，一切都是那样美好，丝毫不逊色于穆斯林的文化。而且很多用阿拉伯文撰写的巨著，原来就是古希腊时期的欧洲作品，在欧洲人已将它们遗忘的时候，阿拉伯人却如获至宝，争相翻译宣讲。再看看身边的教会，所有的事物都变得丑陋不堪起来。于是，许多西欧学者要求恢复古希腊和罗马的文化艺术，他们的要求就像春风一样，慢慢吹遍整个西欧，掀起了一股汹涌澎湃的"希腊热"，这就是历史上所称的"文艺复兴"。

文艺复兴首先发生在意大利，原因不难理解，罗马人的文化在某种意义上来说，就是意大利的文化，拉丁语也是意大利祖先的语言。

和许多人的理解不同，文艺复兴并不是反对基督教，因为信仰是不容易改变的。人们依然相信基督教，顺从教会，对待教皇像对待自己的父亲一样。只是，人们的生活变得不同了，大家开始讲述历史，努力学习古希腊文化，试着发表自己的观点。人们发现，那些古老的希腊文化让他们的生活丰富起来，创造这些文明的人类真是伟大，它带来的艺术享受让生活变得多姿多彩起来。人生的确有许多快乐，享受自己的个性自由就是一种快乐，不必把所有精力和思想都放在等待永生幸福的期待中。

就这样，人们的思想渐渐从教会的精神枷锁中解放出来，开始充分自由地发挥了！在学习古希腊文化的基础上，人们注入自己的思想感情，创造出许多辉煌的艺术精品。

文艺复兴时期代表人物一览表

国　家	人　物	代表作或成就
意大利	但丁	《神曲》
	彼特拉克	《歌集》《阿非利加》
	康帕内拉	《太阳城》
	薄伽丘	《十日谈》
	马基雅维利	《君主论》《佛罗伦萨史》
	乔托	《最后的审判》
	波提切利	《维纳斯的诞生》
	达·芬奇	《最后的晚餐》《蒙娜丽莎》
	拉斐尔	《西斯廷圣母》《雅典学院》
	米开朗基罗	《大卫像》《摩西像》
	伯鲁涅列斯基	佛罗伦萨主教堂的穹顶
西班牙	塞万提斯	《堂吉诃德》
	洛卜·德·维加	《羊泉村》
德　国	伊拉斯莫	《愚人颂》
	勒克林	《愚人书信集》
法　国	蒙田	《蒙田随笔全集》
	拉伯雷	《巨人传》
英　国	莎士比亚	《亨利四世》《罗密欧与朱丽叶》《哈姆雷特》等
	托马斯·莫尔	《乌托邦》
	培根	《新工具》《学术的进展》

东欧风云

中世纪的东欧并不安静，在经历了西罗马的覆灭后，东罗马曾出现查士丁尼大帝的强盛时期，但是由于新航路的开辟，奴隶制度在资本主义的冲击下灭亡了，东罗马帝国最终在历史的舞台上谢幕。

基辅罗斯的盛衰

从公元 4 世纪 –8 世纪，一支名为东斯拉夫的游牧民族迁徙到伏尔加河上游，在这片广袤而寒冷的平原上繁衍生息，这些高大威猛的人素以吃苦耐劳而著称于世。9 世纪开始，东斯拉夫人以基辅为中心，建立了罗斯邦国。到 9 世纪末，奥列格王公率诺夫哥罗德大军南下，一举征服了基辅，以它为中心建立了"基辅罗斯"。奥列格王公理所当然地成为第一位"罗斯大公"。此公崇尚武力，喜欢扩张掠夺，在他的努力下，基辅罗斯逐步发展成为欧洲强国。

奥列格王公没有完成他统治全欧洲的梦想就死了，继之而起的是伊戈尔大公，更加穷兵黩武。945 年的一个冬日，伊戈尔去德列夫安人居住区巡行。他喜欢这种巡视，又能打猎，又能显示自己的权威，还能得到许多贡品。这一次的巡视和以往一样，毛皮、蜂蜜、蜂蜡、腊肉堆满了伊戈尔的船舱。但伊戈尔却不知为什么还是心情不好，又带着少数亲兵返回了村庄，想看看能不能弄点儿新鲜玩意儿。

去而复返的伊戈尔让村民们愤怒了，忍耐到了崩溃的边缘，一次又一次的勒索让人看不到希望。"打狼去！"不知是谁喊了一声，村民们立刻附和起来："打狼去！杀掉这些披着人皮的狼！"

愤怒的村民手拿棍棒蜂拥而来，伊戈尔大公还没来得及喊完："你们要造反啊？"就被乱棍打成了肉酱。侥幸逃回的亲兵把大公的死信带回了城堡，贵族们顿时大乱。这时，只有大公的老婆还镇定地坐在椅子上，她联合了亲信大臣，立幼子斯维雅托斯拉夫为继承人，自己做了摄政女王，并派出大批军队剿灭"刁民"。经过一场残酷的厮杀，德列夫利安人一批又一批倒下了，手拿木棍的他们毕竟不是训练有素、装备精良的军士之敌。

这件事给年幼的斯维雅托斯拉夫大公以极大的刺激，他发誓决不要落到父亲的悲惨下场，因此更加崇尚武力。他剃了光头，只在脑瓜顶留一撮额发，戴一只耳环，马刀从不离身。可惜，天不从人愿。

东罗马帝国一直窥觎着基辅罗斯，害怕它过于强大影响自己的势力。趁着罗斯大公不备，东罗马帝国突出奇兵，大肆砍杀，罗斯军队本来是和东罗马帝国结盟的友好邻邦，根本没想到会被盟国袭击，损失惨重。

东罗马帝国一心想把罗斯军队彻底消灭，所以派出使者请突厥人帮忙。本已伤亡惨重的罗斯军队再也招架不住这突如其来的打击，几乎全军覆没，斯维雅托斯拉夫大公力战阵亡。

经过这一次大变故，基辅罗斯元气大伤，尽管以后的几位大公励精图治，想重振国威，结果都不是很理想。后来基辅罗斯发生了内乱，分裂成了三个小国，开始你来我往的争权夺利，国力更加衰微，终于在外劫内耗中走向了灭亡。

查士丁尼大帝

公元 476 年，西罗马帝国经历了前所未有的内忧外患，本已危如累卵的帝国大厦，受到了强悍野蛮的日尔曼人的冲击，至此西罗马帝国终于退出了历史舞台。

尽管西罗马帝国覆灭了，但是东罗马帝国依然健在，而且当时正处于其发展繁庶阶段，这主要是得利于东罗马有利的地理位置。东罗马帝国的首都君士坦丁堡（拜占庭）地处欧亚两洲交界，扼黑海咽喉。其海上贸易非常发达，经济因而得到迅速发展，特别是 6 世纪查士丁尼在位之时，其国势日盛。

西罗马帝国的覆灭使查士丁尼大为震惊，为了稳定统治，他对外疯狂掠夺，对内残酷镇压。查士丁尼从小接受奴隶主阶级的教育，青年时，查士丁尼亲眼目睹了他的叔父镇压奴隶起义，从中他学到了很多"励精图治"的诀窍。后来查士丁尼接替他的叔父登上了皇帝宝座。早年的权术积累使他自有一套治国之道。查士丁尼上台后的首件大事就是编纂了一部奴隶制法典。此部统称《民法大权》的法典对以后欧洲各国的法律都有着不可估量的影响。法典强调向奴隶们灌输"顺从"意识，奴隶、隶农只能无条件"服从自己的命运"，甘心于自己受压迫受剥削的处境。法典的颁布实施，在一定程度上稳固了查士丁尼的统治，使他有时间向外扩张。

533 年，东罗马的军队开向北非的汪达尔王国。在品尝到侵略带来的甜蜜后，535 年，查士丁尼又授权贝利撒留挥师意大利，矛头直指东哥特王国。软弱的东哥特军队令贝利撒留的军队初战告捷，很快东罗马占领了西西里岛和意大利南部。

555 年，东哥特王国最终在侵略者铁蹄之下灭亡了。在进攻意大利的同时，查士丁尼还分兵进攻西班牙的西哥特王国，虽然遭到当地人民的强烈反抗，但是仍然未能阻止查士丁尼对地中海上的科西嘉岛、撒丁岛及巴利阿里群岛的占领。

多年的穷兵黩武使奴隶的生活日益困顿，他们徘徊在死亡线上。与之形成强烈对比的是奴隶主阶级的花天酒地，挥霍无度。在收获了战争的喜悦后，查士丁尼开始大兴土木，建造各种宫殿、教堂，极尽奢侈之能事。他甚至为建筑君士坦丁堡的圣索非亚大教堂，花费五年时光，征用民工一万多人，其全部费用折合黄金约 18 吨。奴隶主的压迫终于激起了人民的反抗，532 年，君士坦丁堡爆发了一场声势浩大的"尼卡"（胜利之意）起义。

这一天，罗马帝国的都城内到处是熊熊烈火，圣索非亚大教堂、宙克西普浴场，以及一部分皇宫都笼罩在浓烟和大火之中。人们高呼要求绞死皇帝两个最得力的爪牙——约翰和特里波尼安。皇帝和皇后连同几个元老被起义群众困在宫中，一筹莫展。起义群众还簇拥着希伯第（皇帝的外甥）登上王位，发起了反皇权斗争。但是人民的起义最终在当权者的血腥镇压下而告终，

"尼卡"起义虽然以失败收场，但从此全国各地的起义此起彼伏，叙利亚、巴勒斯坦和埃及等地也不断发生暴动。与此同时，意大利和北非等地的人民都开展了反侵略的英勇斗争，查士丁尼的统治开始受到不断冲击，使得查士丁尼不得不宣布停止一切侵略战争。

565 年，查士丁尼结束了自己罪恶而充满血腥的一生。

《查士丁尼法典》

526 年 2 月 13 日，查士丁尼大帝颁布了一项敕令，任命特里布尼厄斯组织一个由 10 名法学家组成的委员会，前司法长官约翰担任委员会主席。委员会有权力使用现存的所有资料，还可加以增删、修订，之后要把这些敕令分别标上发布皇帝的名号，及施行的对象与日期，再按内容分类，以时间先后排列。这部在 529 年颁布施行的《敕法汇集》，就是著名的《查士丁尼法典》。534 年，《查士丁尼法典》修改后再度颁布。

《查士丁尼法典》共十二卷，卷下分目，每目按年代排序，上面标出颁布敕令的皇帝的名字及接受人姓名，敕令末尾注明日期。

《查士丁尼法典》颁布后，《查士丁尼法学总论》《查士丁尼学说汇编》和《查士丁尼新律》也陆续颁布，作为《查士丁尼法典》的续编。

此外，查士丁尼在法典编完后又陆续颁布的168条新敕令，后来经法学家汇编成集，称为《查士丁尼新律》。其主要内容是关于行政法规，其中也有遗产继承制度方面的规范。

以上4部分，在12世纪统称《查士丁尼民法大全》。由于《查士丁尼法典》最早编成，并为此部《民法大全》的核心，所以一般以《查士丁尼法典》作为代称。

《查士丁尼法典》明确皇权无限，维护教会利益，巩固奴隶主的统治地位，法典还突出"人人都应安分守法"；此外，法典特别强调奴隶必须听命主人的安排，不许有任何反抗。由此可见，查士丁尼编纂法典，是试图通过法律规范的系统化，达到巩固皇权的目的，其终极目标是服务奴隶制的。

这部法典虽然保留了奴隶法，但取消了父母可以把子女卖为奴隶以补偿自己对他人冒犯这一部分，另外法典肯定了妇女遗产继承权，有一定的进步意义。法典还强调基督教的思想统治，确立了君权神授原则，并详细规定了基督教生活的各个方面，强调了对异教徒的镇压政策，甚至规定了教堂和修道院的规模和生活规则，强化了对隶农的统治，对不服从者要处以重罚乃至死刑，后来由于隶农的反抗斗争最终增加了释放奴隶的条文。

《查士丁尼法典》是世界上第一部完备的奴隶制成文法，它系统地搜集和整理了自罗马共和时代至查士丁尼为止所有的法律和法学著作，卷帙浩繁，内容丰富。它不仅标志着罗马法发展的完备，而且对以后欧洲各国的法学和法律的发展也产生了较大的影响。

攻陷君士坦丁堡

当新航路的开辟成为世界性话题之时，古老的东罗马帝国还塞着耳朵，忙着对付奥斯曼土耳其帝国的进攻。

东罗马帝国的首都君士坦丁堡，雄踞在欧亚两洲交界的博斯普鲁斯海峡的南口，三面环水，背靠大陆，是重要的交通枢纽。但是闭塞的罗马帝国依旧延续原来的古老传统，当传统不再适合实际时，势必引起改变，奥斯曼帝国的穆罕默德二世信誓旦旦，他要让这座信奉基督教的城市改宗伊斯兰教。

战争终于在 1453 年 4 月 6 日这天爆发了。但是在战争初期，土耳其人屡屡受挫。就在人们一片哗然，纷纷劝说年轻的国王收回命令之时，穆罕默德二世仍坚持没有回头，他马上派人到热那亚商人据守的加拉太镇去，用优裕丰厚的报酬收买了那里的商人，使商人们允许他在加拉太北面铺设一条陆上船槽。船槽是用坚厚的木板铺成的，由高往低的滑行面，槽底又涂上很厚的一层牛羊油脂。靠着这条船槽，土耳其人经过一夜的努力，奇迹般地将 80 艘战船拖运到了金角湾的侧面，在那里架起了浮桥，筑起了炮台，向君士坦丁堡发动了新的攻势。

当轰轰的炮声在北城墙外震响时，城中的官兵惊呆了，他们做梦也没料到金角湾这边会出现土耳其兵。于是，他们手忙脚乱地从两线撤兵增援，将西面的防守交给了赶来"支援"的热那亚士兵。这样一来，西城墙终于被打开了一个缺口。

穆罕默德二世抑制不住内心的狂喜，向手下的士兵们大喊道："勇敢的将士们，虔诚的穆斯林们！城墙已被打开了缺口，我将给你们一座宏伟而富庶的名城，古罗马的首都，世界的中心，任你们抢劫，你们将成为腰缠万贯的大富翁，勇敢地冲进去吧！"

不等话音落地，土耳其人便发疯般地向城里冲去。罗马人仍然拼死抵抗，与土耳其人展开激烈的巷战。土耳其人连攻了两次都败下阵来，最后穆罕默德二世亲自上阵，君士坦丁堡终于陷落。

土耳其士兵在城里连续三天三夜大肆烧杀抢掠，许多居民被掳为奴隶，壮丽豪华的王宫被付之一炬，许多珍贵文物被抢被烧，丧失殆尽，所有的基督教偶像都从教堂搬出，换上了伊斯兰教的壁龛，全城最大的圣索非亚教堂也改建成了清真寺。不久，奥斯曼土耳其帝国迁都君士坦丁堡，改名为伊斯坦布尔（意即伊斯兰之城）。

穆罕默德二世意气风发，继而向巴尔干半岛扩张，先后征服了塞尔维亚、波斯尼亚、阿尔巴尼亚、黑塞哥维那和摩里亚（伯罗奔尼撒半岛），创建了庞大的奥斯曼帝国，以"征服者"著称。1481 年，默罕默德二世在准备出征罗得岛时，被长子毒死。

❮印　度❯

　　印度在中古时期仍旧像在上古时期一样，还没有形成一个统一的国家，它仍旧是一个地理概念，相当于现在的南亚次大陆。中古时期的印度曾多次遭信仰伊斯兰教的外族入侵，民族关系和宗教关系十分复杂，构成了当时印度重要的社会问题。而在这段历史发展中，巴布尔建立的莫卧儿帝国成就了印度曾经的辉煌。

笈多王朝

　　公元 3 世纪以后，贵霜帝国逐渐衰落，南亚次大陆的西北部和北部地区分裂成许多小国。

　　摩揭陀国君主旃陀罗·笈多一世（约公元 320–380 年）乘机兴起，夺取华氏城，在恒河流域东、中部建立了笈多王朝。到沙摩陀罗·笈多（公元 335–380 年）统治时代，笈多王朝大规模向外扩张，在征服恒河上游及印度河流域东部后，又挥师南下，征服奥里萨和德干东部，势力一度扩张到南印度马德拉斯西南地区。海上的势力扩大到马来半岛、苏门达腊和爪哇等地的印度人侨居地区，为印度历史上另一个辉煌的大帝国——笈多帝国的出现奠定了基础。沙摩陀罗·笈多被称为印度历史上的拿破仑·波拿巴。他的事业由他的儿子旃陀罗·笈多二世（超日王）继承。后者在位时间大体是公元 380 年 –413 年。超日王继续实行对外征战政策。他一方面用联姻的办法，加强与北印度和德干地区酋长们的关系，以稳固自己的统治地位，同时向统治西北印度的几个塞种人小王国进攻，继续扩大帝国的版图。到公元 409 年前后，除了克什米尔以及印度南端的一些小王国外，几乎统一了全印度，其版图与孔雀王朝相当。

　　笈多王朝统治下的印度，经历了约 100 余年的政治统一和社会安定时期。王朝实行中央集权制，由中央政府控制着下面众多的小王公，王公下属的官吏管理着行政。在这个时期内，以经济富庶、人口稠密的恒河流域为中心，经济获得了空前的发展。旃陀罗·笈多二世重视水利灌溉工程的建设，修复了许多被破坏了的大型灌溉设施以发展农业。笈多王朝控制着孟加拉和西印度沿海港口，同当时的拜占庭帝国、希腊、埃及和阿拉伯世界进行广泛的贸易。对东南亚及中国的贸易主要是通过恒河三角洲以及羯陵伽港口，即沿"海上丝绸之路"进行的。印度商人经马六甲海峡到达过中国的广州进行贸易。当时帝国使用统一的货币地那拉。由于工商业的发边，城市里出现了一个富裕的工商阶层，这些人成为高雅文化的消费者。

除此之外，不同的宗教也在印度传播，大乘佛教盛行，印度教兴起。信仰毗湿奴、湿婆和梵天等三大主神的三大教派广泛流行。笈多诸王虽都信奉印度教，但为缓和民族及教派之间的矛盾，采取宗教兼容政策，放任各派宗教自由发展。大乘佛教中心那烂陀寺，成为印度中世纪前期的宗教和学术文化中心。

印度教的产生

印度教，即印度婆罗门教。佛陀在未出家以前，曾经是婆罗门教的遵行者，因此对婆罗门教有深入的学习和领会。然而佛陀并非全盘接受，他以批评的态度，吸收了婆罗门教的主张，同时形成许多自己的看法。尽管在学说上彼此各成体系，但2500多年来，佛教与印度教在印度本土相互交融，也丰富了印度的哲学思想。

印度教形成时得到了当时上层人物和王公贵族的支持。阿育王时期，佛教曾为印度的主要宗教，婆罗门教当时在社会上并不突出，到公元4世纪时，婆罗门教开始得到笈多王朝的大力支持，同时它自身又进一步杂糅了佛教及其他学派的思想，于是发生较大转变，这时以"新婆罗门教"自居，也就是今天所说的"印度教"企图恢复旧有地位。在印度教的许多流派中，其中又以毗湿奴派、湿婆派及性力派为主。8世纪以后，印度教的主要思想家商羯罗，依据婆罗门教的根本教义，同时吸取耆那教及佛教的优点，加大了印度教宗教实践的成分，使原有烦琐的理论淡化，印度教遂一跃成为当时思想界主流。直到伊斯兰教入侵印度以后，佛教受到严重打压，印度教因为与伊斯兰教的思想有所交融，因而在某些区域保持了很大的势力。

印度教要崇敬三神：梵天（主管创造世界之神）、毗湿奴（主管维持世界之神）、湿婆（主管破坏世界之神）。在印度教里，各种宗教的主神都是毗湿奴或湿婆的化身，连佛教的创始人释迦牟尼也成为毗湿奴神的一个化身。印度教吸收了佛教的禁欲、不抵抗等内容,其基本教义又是从婆罗门教和佛教那里吸取来的"法"和业力轮回学说。所谓"法",即指人们生活的行为规范,每个种姓都应遵照自己的"法"生活,对于劳动人民,"遵法"则意味着永远安分守己。印度教的业力轮回说宣称:若人们在现世能按照给自己规定的"法"生活,死后灵魂便可转生为高级种姓,反之则转生为低级种姓,现世的不平等是前生注定的,是不可更改的。这种欺人的说教,无非是让劳动人民安于压迫,甘心做牛马。由于这种"法"的观念。印度教得到封建统治阶级的保护和支持,9 世纪以后,印度教成为在全国占统治地位的宗教,佛教遂衰。

莫卧儿帝国

1526 年,中亚封建主突厥族后裔巴布尔侵入印度。在第一次帕尼巴特战役中巴布尔战胜了洛迪苏丹,自称印度斯坦皇帝,从此印度开始了莫卧儿王朝的统治。之后,经过 1527 年的坎努战役和 1529 年的戈格拉战役,巴布尔最终统一了北印度。1530 年,胡马雍继位(公元 1530 年 –1556 年)。1540 年,在曲女城战役中胡马雍被比哈尔阿富汗酋长舍尔沙击败,随后流亡波斯和阿富汗,至此莫卧儿王朝在印度的统治暂告中断。1555 年,胡马雍再次出征印度平原,相继占领了德里和亚格拉,于是恢复了莫卧儿王朝在印度的统治。1556 年,阿克巴继位,开始在印度实行内政改革,他采取宗教宽容政策,稳定了莫卧儿王朝统治的社会、政治基础。他还建立中央集权制,开疆拓土,实现了对次大陆广大地区的统一,这对印度社会经济的发展具有极大促进作用。

莫卧儿王朝在查罕杰(1605 年 –1627 年在位)和沙·贾汗(1628 年 –1658 年在位)时代,国势日盛。其文化艺术发展也进入了一个新的发展高峰。奥朗则布统治时期,开始向南印度进行军事扩张,王朝版图几乎囊括了整个南亚次大陆。但由于他强制推行政教合一,并恢复了对印度教臣民迫害的政策,因而引起拉杰普特封建主、锡克教徒及马拉特人的强烈反抗。奥朗则布死后,各省总督纷纷割据独立,莫卧儿帝国的统治开始出现裂痕。1740 年 –1761 年期间,波斯人、阿富汗人及马拉特封建王公相继入侵印度,这时的莫卧儿皇帝实际成为了入侵者的傀儡,莫卧儿王朝名存实亡。1764 年,在布克萨尔战役中,莫卧儿皇帝阿拉姆沙投降了英国东印度公司,自此莫卧儿王朝沦为英国殖民者的附庸,名义上存在到 1858 年。

朝 鲜

封建制度在朝鲜的成长也并非一蹴而就，这种制度的建立也经历过曲折反复的发展，在这一阶段朝鲜更多的是受到其邻国中国的影响，直至李成桂建立李朝，开启了其历史上最后一个封建王朝时代。

"三国时代"

朝鲜半岛在数万年前就有人类居住，据考古学家和人类学家论证这部分定居的原始人类是由中国东北迁移过去的。朝鲜神话认为公元前2333年，天神桓雄和"熊女"（本意是熊变成的女子，可能是以熊为图腾的部落女子）所生的后代檀君王俭在现在的平壤建立王俭城，创立古朝鲜国——檀君朝鲜，意思就是"宁静晨曦之国"。檀君统治朝鲜1500年之后退位成为山神。

西周灭商之后，商朝遗臣箕子到朝鲜半岛与当地土著建立了"箕氏侯国"。史称"箕子朝鲜"。箕子朝鲜在朝鲜半岛统治了近1000年，一共经历了41代君主，直到公元前2世纪才被燕人卫满取代。卫满曾为箕子朝鲜的宫相。于公元前194年在平壤一带建立卫氏政权，推翻了箕子朝鲜的政权。这是朝鲜历史上第二个王朝，称"卫氏朝鲜"。公元4世纪，朝鲜半岛形成高句丽、新罗、百济三国鼎立的"朝鲜三国时期"。

这时的朝鲜贵族、官僚、寺院不仅通过食邑以各种方式剥削农民，而且土地兼并严重，建立和扩大私人田庄之风盛行，致使大量贫民无立锥之地。丧失土地的农民纷纷破产逃亡，他们或者沦为贵族官僚的私人依附农民，或者变为奴婢或家兵，其处境明显恶化。封建土地私有制的发展，不仅引起了社会经济的萧条，而且削弱了中央集权统治的基础，贵族官僚的族党势力得以坐大。自8世纪中叶起，新罗朝政日趋腐败，统治阶级内部因王位争夺不断流血斗争，因此动摇了稳定的政局。由于农民的逃亡，各州郡输往中央政府的贡赋日趋减少。新罗政府为充实国库，加紧搜刮农民。889 年，新罗政府派人到各州郡催征贡赋，激起反抗，从而爆发了全国性的农民大起义。元宗、哀奴率领起义农民占据沙伐州（今庆尚北道尚州），诛杀官吏地主。竹州（今京畿道竹山）、北原（今江原道原州）、完山州（今全罗北道全州）等地农民也纷纷起义，其中以梁吉领导的北原起义声势尤为浩大，占据近十几个郡县。896 年，西南地区发生赤裤军起义，到处打击州县封建势力，起义军更向东进攻，直至首都庆州附近的牟梁里。农民大起义打击了新罗封建统治阶级，使其对全国的统治权出现裂痕。897 年，真圣女王被迫退位，与此同时，一些贵族、官僚、武将利用农民起义图谋政变，全国各地出现了割据地方的大小群雄，到公元 10 世纪初年朝鲜仍未实现统一。

李氏王朝

1356 年，高丽趁元朝衰弱之机，分别从西北、东北两面遣军夹击元朝，占领了元朝开元路双城总管府管辖下的旧铁岭以北、咸州以南的八州五镇。明朝建立以后，着手进行了收复被高丽夺取的旧铁岭以北之地的战争，遂于 1388 年派兵到铁岭东北部，并在那里设三万卫于斡朵里，在铁岭西部设铁岭卫于江界。高丽国王辛隅和宰相崔莹派大将曹敏修、李成桂率军抵抗，进攻明朝辽东之地。明朝政府为了集中兵力防守辽东，不得不将三万卫后撤到今辽宁开原，将铁岭卫后撤到今辽宁铁岭，于是鸭绿江和图们江成了中朝两国之间的界江。由于李成桂早有归附明朝的决心，因而在高丽国王派都统使李成桂进攻辽东之时，他于同年从鸭绿江边回兵占领首都开城并发动了政变。1392 年，李成桂废黜高丽国王，自立为王，向明朝遣使称臣，并遵照明太祖朱元璋的旨意，改国号为朝鲜，定都汉阳。

李氏朝鲜大力推崇儒学、排斥佛教。1591 年日本的丰臣秀吉派兵 20 万侵入朝鲜，一度占领平壤，明政府派军援朝；1598 年中朝联军击溃日军，在战争中朝鲜将领李舜臣和中国将领邓子龙互相支援，最后都壮烈牺牲。此事在朝鲜史称"壬辰倭乱"，中国称"万历援朝战争"。

1618 年，明朝和后金作战，朝鲜又派军援助明朝；1636 年，清军攻占朝鲜，朝鲜国王投降，改向清朝纳贡，至此朝鲜又成为清朝的册封国。

明成皇后

明成皇后1851年10月19日出生于朝鲜京畿道骊州郡的闵氏贵族。明成皇后8岁时父母双亡。高宗15岁时，其父兴宣大院君决定为其订婚。由于明成皇后出身贵族又是孤儿，没有复杂的政治背景，正合兴宣大院君的心意，而被选入宫中。明成皇后为人严谨很少奢华。和其他皇后很不同，她入宫之后极少娱乐消遣。高宗与明成皇后起初很合不来，终日花天酒地。而明成皇后则终日在书房内读书学习。虽然明成皇后没有父母做靠山，但她却能发展自己的势力。20岁时，明成皇后就开始经常出宫，积极参加政治活动。兴宣大院君对她很不满。当明成皇后为高宗生的第一个儿子夭折时，兴宣大院君与明成皇后的矛盾公开化，指责明成皇后不能给高宗生育健康的继承人。他要求高宗与另一个皇妃生子，并得一健康男婴。兴宣大院君定其为高宗继承人。对此，明成皇后利用自己的势力奋力反击，逼兴宣大院君将大权交给22岁的高宗。明成皇后随后将高宗的妃子和儿子逐出宫外，贬为庶民。不久后，那孩子就死了。一些人指责是明成皇后策划。

由于高宗从没接受过正规的教育。因此接管大权后，经常需要明成皇后帮忙打理国内外事务。高宗开始仰慕明成皇后的聪明与智慧，两人感情也有了长足发展。渐渐地，明成皇后成为了高宗的靠山。在朝鲜王朝内忧外患时期，两人感情发展甚深，同甘共苦，成为名副其实的夫妻。

1882年，大院君谋划"壬午军乱"，明成皇后事先有所风闻，逃出皇宫，借助当时驻在朝鲜的袁世凯清军的力量成功脱离险境，而大院君则被带到中国的天津幽禁3年。1884年，朝鲜发生甲申政变，亲日开化派金玉均等夺权，袁世凯率清军平乱，闵妃重掌政权。

1894年，朝鲜发生东学党之乱，清军和日本军队介入，随后中日甲午战争爆发。战争之后，胜方日本所支持的大院君派得势。明成皇后失势后转而推行亲俄路线，试图借助沙俄的力量重建势力，因而引来了日本人的报复。

1895年10月8日清晨，日本人把大院君挟持到皇宫，挥舞着日本刀在宫中一边杀人一边找高宗夫妻，后来在玉壶楼搜出闵妃并杀害了她。

明成皇后被害之后，高宗非常伤心，将自己锁在屋内，拒绝处理与日本人的事情。兴宣大院君提议将明成皇后贬为庶民，高宗反驳说自己宁愿去死也不会玷污这个拯救了朝鲜的女人。出于反抗，高宗一直拒绝签署其父和日本人提出的一系列条令和条约。

中世纪的日本

日本的封建时代由圣德太子的改革开篇，在经过不断发展后，日本确立了幕府统治，武士则是在当时特定的历史条件下所形成的军事贵族阶级。

圣德太子改革

早在距今 10 万年前，日本还与亚洲大陆相连时群岛上已有人类居住，历史上称为旧石器时代。当时的人以狩猎拾荒为生，到了大约距今一万年前的新石器时代，人们开始制造较精细的石器和陶器，开始学用弓箭狩猎、煮食物和储藏食物。

约公元 1 世纪，日本各地有 100 多个小国。到了公元 4 世纪，在关西地方的邪马台国势力强盛，建立了大和政权，最终统一了各国。当时，日本国的范围包括本州西部、九州北部及四国。这个时期中国的许多知识和技术传入日本，日本开始使用汉字。

6 世纪末期，大贵族苏我氏与物部氏两大政治集团之间因争夺皇位和是否崇奉佛教而展开了长期斗争，最后引起了 587 年的内战，战争的结果是苏我氏联合皇族厩户皇子消灭了物部守屋一族，他们拥立推古为女皇，由厩户皇子（谥称圣德太子）摄政（公元 593 年 –621 年）。

圣德太子在执政期间，采取了一系列的改革措施，其目的是缓和阶级矛盾，削弱氏姓贵族势力，从而建立以天皇为中心的中央集权统治。具体表现为：首先，在大和朝廷新扩建的东国等地的屯仓上，逐步推行在白猪屯仓采取过的以户为单位的征收租税的剥削方式。同时政府加强整顿地方行政组织的力度，设稻置（相当于隋唐时的里长）这种基层门，管辖数十户，之上设国造，由他们代替政府向以户为单位的耕种者征收租税。其次，在公元 603 年圣德太子颁行了"冠位十二阶"，实行新的官爵等级制度。冠位是官吏身份高低的标志，需要按才能授予贵族，但不世袭。紧接着，604 年，政府又颁布《十七条宪法》，并以之作为统治国家的根本纲领，它以儒家思想为指导，对加强中央集权具有指导意义。为了更进一步推进社会改革及中央集权国家的完善，圣德太子认真吸取中国封建典章制度，恢复了自 5 世纪末叶以来曾中断的与当时隋朝的交往，并于 607 年、608 年两次派小野妹子出使隋朝。据《隋书·倭国传》记载，小野妹子第一次出使曾携带的致隋炀帝的国书中有 "日出处天子致书日没处天子" 一句，第二次出使时，国书开头写有 "东天皇敬白西皇帝"，这都是关于日本国号起源及其统治者称天皇的最早文字记录。小野妹子第二次出使隋朝时，带领一批僧侣、学生到中国留学，有些留学生后来长期留居中国，对隋唐的政治、经济、文化进行了比较深入、系统的学习、研究，回国后这批人在日后的大化革新中发挥了积极作用。除此之外，圣德太子的改革，还抑制了氏姓贵族，削弱了部民奴隶制，扩大了封建生产关系的萌芽，为不久以后的大化革新奠定了基础。但是，由于圣德太子自身的阶级局限性，在这次改革中，对氏姓贵族和部民奴隶制的打击不够深入，致使改革不够彻底，因此改革不仅未能缓和阶级矛盾和减轻危机，在他死后，因为大贵族苏我虾夷、入鹿父子的擅专朝政，任意弑立，反而进一步加深了奴隶制的危机。据《日本书纪》记载，当时各地贵族 "各置己民，恣情驱使，又割国县山海林野池田，以为己财，争战不已"，致使人民大众的处境更加恶化，社会经济衰落，被压迫阶级的逃亡和起义不断发生。苏我氏的专横不仅引起民众的反抗浪潮，在朝廷中许多皇室和多数朝臣对此也极为不满，反对派贵族为了继续推行社会改革，积极进行政治斗争，密谋发动政变。

武士登台

公元 10 世纪 -11 世纪，藤原氏以庄园经济为基础获得强大势力，最终垄断政权。然而藤原氏的摄关政治极端腐败，导致封建剥削严重，人民穷困破产，流徙逃亡的现象屡见不鲜，全国各地起义的呼声此起彼伏，甚至有时袭击京都。当时大化革新建立的地方军团已经开始因为班田制的瓦解而废弛，各地庄园主为了镇压人民起义，保护庄园，纷纷扩充势力武装家兵，家兵由主人供应装备、给养，这就是日本历史上 "武士" 和 "武士团" 的起源。武士与首领一般结成封建的主从关系，无论平时或战时都对其首领有绝对效忠的义务。武士团的首领有一些是地方庄园主和郡司土豪，有一些则是在中央政权失势而流落到地方的贵族子弟。武士则是在日本封建制度的确立过程中形成的军事贵族阶级。

11世纪时，皇室与摄关家族藤原氏争夺政权的斗争趋于白热化，斗争中双方都竭力争取武士的支持。皇室为了摆脱藤原氏的控制，从白河天皇时（公元1073年–1086年）就停止从藤原氏家族中选立皇后，并于1086年11月末让皇位给崛河天皇，自己则称上皇，在宫中设立院厅监理国政。此后各代天皇逐渐沿袭此惯例，一般天皇都是到年长时让给年幼的太子即天皇位，自己当上皇，在院厅中掌握实际权力，史称"院政"。此时地方武士团中实力较大的为关东源氏与关西平氏，两家都是出身于宗室贵族。摄关家族为了同院政斗争，于是争取到关东源氏的支持，而院政方面则通过对关西平氏力量的依靠，与之较量，最终导致著名的源平合战。

镰仓幕府的建立

源氏的源赖朝在同平氏进行战争的过程中逐步形成了自己的政权机构。1180年，进驻镰仓城不久源赖朝设立"侍所"，主要是用以统率自己下属武士，其后又发展成为掌管军事的机构。1184年又设立"公文所"，负责管理领地与年贡，并掌管公文、财政、庶务等工作。1191年以后"公文所"改称"政所"，成为行政机构。1184年，设立了司法机构"问注所"，其职责是审理有关御家人即下属武士领地的诉讼案件。这些机构总称为"幕府"。1185年，源赖朝打败平氏后控制了京都朝廷，他在镰仓设立的幕府实际上成了当时掌握实权的中央政府。同年11月他又向各国（省）派出"守护"（军政长官），帮助国司掌管军务，并向各地庄园派出"地头"（监管人），替幕府征收租税"兵粮米"，于是源赖朝全面控制了全国的地方政权。

1192年，源赖朝迫使京都朝廷授予他"征夷大将军"的最高称号，通常从这一年开始标志镰仓幕府正式建立，此后直到明治维新前近700年的漫长时期里，日本先后经历了镰仓、室町、江户（德川）三个幕府的军事贵族阶级的封建统治。在天皇朝廷以外另设一个平行的武士政权，这是日本封建社会在政治制度方面的一个重要特征。在当时的社会经济条件下，镰仓幕府赖以建立的经济基础是遍布各地的庄园，其阶级基础是新兴的军事贵族阶级——武士，其中对幕府实行的封建统治起重要支柱作用的则是将军的直属武士"御家人"。幕府承认并保护御家人祖传土地的所有权，对其中有功者还会赐予官职和土地。幕府中的重要官职以及各国的守护和各地庄园的地头通常由御家人充任。1199年源赖朝死后，幕府上层统治者中发生争夺权力的流血内讧，结果是源氏外戚北条氏掌握了幕府统治权。1221年发生"承久之乱"，因为响应者很少，不久便兵败而终。北条氏有鉴于此，为巩固幕府统治，于 1232 年 8 月，制定武家法典《御成败式目》51 条，其目的就是借以巩固幕府和御家人之间的主从关系。

南北朝时代

1274 年和 1281 年，蒙古两次侵入日本，经过农民和武士的奋力抗战，日本最终取得了反侵略战争的胜利。但是，因为当权者把反抗蒙古的作战经费都分摊到农民身上，因而激起了农民的强烈反抗。不少御家人也因此战争而告破产，从而对幕府产生了极大不满。有些地方大封建主曾支持后醍醐天皇讨伐幕府，从而恢复天皇政治，后醍醐天皇虽然结束了镰仓幕府，但是"中兴"时间不长。1336 年，原幕府部将足利尊氏占领了京都，重建新的幕府，因这时幕府位于京都市内室町，故而称为"室町幕府"（公元 1336 年–1573 年）。不甘心失败的后醍醐天皇，逃到南方吉野（在大和地方）后另立朝廷，从而形成了和足利尊氏在京都拥立的光明天皇相抗衡的局面。两个朝廷对峙的局面，持续了 50 余年，在日本历史上称为"南北朝时代"（公元 1336 年–1392 年）。在南北朝长时期的动乱下，尊氏之孙足利义满（公元 1358 年–1408 年）多次出兵将混乱的局势控制下来，幕府终于迎来了久违的安定局面。义满又于 1392 年以和平统一的口号对南朝提出呼吁，希望达成南北朝合体的理想。在成功地结束长达 60 年的内乱后，鉴于因战乱而导致公家的经济实力与社会地位衰退的现状，幕府乘机将公家的资源吸收过去。义满于是接收了京都的市政权与对诸国赋课的征收权，进一步确立幕府成为统一全国的政权。义满还于 1387 年在京都的室町建造了一个豪华邸宅，称为"花御所"，此后在这里处理政务。

值得强调的是室町幕府的支柱与镰仓幕府不同，它不是依靠御家人，而主要是以"守护大名"（诸侯）为支柱。在长期战乱中，守护大名后来发展成为拥有许多封建家臣的地方大封建主，有的甚至往往兼领数国。

战国纷争

公元 1467 年，应仁之乱爆发，日本各地大名纷纷崛起，群雄割据的局面持续近百年。大名的长期割据混战不仅破坏了农业生产，加重了农民负担，而且妨碍了各地的商品流通，影响了经济的发展。因此，这时消除割据、实现统一的要求得到了广大农民和商人的大力支持。在封建主方面来讲，面对农民起义的强烈势头以及新兴市民的斗争方兴未艾的情况，实现全国统一，建立一个强大的中央政权，成为当务之急。

16 世纪中叶，由于经济上得到商人的支持，尾张国的大名织田信长（公元 1534 年 –1583 年），依靠由武士组成的骑兵队和由招募的农民组成的步兵队，使用从葡萄牙输入的枪炮，自 1558 年起，陆续打败了邻近的大名，开始了统一日本的事业。1558 年 9 月，他攻占京都，1573 年，他结束了室町幕府的统治。织田取得政权初期，表面上以天皇为尊，避而不用将军称号。为了巩固封建主政权，织田信长在 1574 年 7 月 –1580 年 8 月又残酷地镇压了各地的农民起义。与此同时，织田信长继续同各地大名进行了长达 7 年之久的战争。在统一过程中，他实行了一系列巩固封建统治的政策，后来织田信长因突遭部下叛军袭击，于 1582 年 6 月被迫切腹自杀。虽然他未完成日本统一，但此时他的势力范围已经达到 66 国中的 28 国。

继织田之后他的亲信丰臣秀吉（公元 1536 年 –1598 年）继续进行统一事业。丰臣秀吉以大阪作为根据地，进行多次战争，至 1590 年，终于结束了持续百年的分裂局面，并于 1593 年在日本历史上首次把北海道置于日本中央政权统辖之下，完成了日本的统一。

第六日魔王织田信长

织田信长自称第六日魔王，他蔑视传统的佛法礼教，立志以武力统一天下，创建中央集权的封建王朝。在即将成功之时，因部下谋反而于本能寺自杀。

织田家本是尾张守护斯波家的家臣，到了织田信长的父亲织田信秀时，已经压倒斯波家成为拥有尾张下四郡的大名。尽管织田信长是家族的长子，但是由于他举止奇怪，例如喜欢扮成女孩去参加村庄的聚会，去沼泽抓蛇，半裸着身体到处跑，因此被称为"尾张大傻瓜"。家臣们对他很没有好感，主张让其弟织田信行继任。

织田信秀死后，织田信长仍然胡作非为。为此，他的老师平手政秀以死相谏，织田信长大受打击，这才有所收敛，开始确立自己的统治地位，并开始四处征伐。1562 年，织田信长与德川家康在清州会盟，携手夺取天下。

攻克美浓后，织田信长势力大增，他将美浓的稻叶山城改名为"岐阜"，取"周文王起于岐山"之意，准备统一天下，并开始使用"天下布武"的印鉴。

1568 年，织田信长在美浓政德寺拜见了足利义昭，决定拥立足利义昭为幕府将军。经过了一系列的征战，确立了足利义昭的地位。

可惜，织田信长和足利义昭的蜜月并没有持续多久。足利义昭对织田信长处处限制自己的权力很是不满，秘密联合各地大名抵抗织田。很快，织田军陷于浅井与朝仓的夹击中，被迫撤退。织田信长对浅井长政的背叛非常恼火，联合德川家康首先讨伐浅井，在姊川会战中击败浅井、朝仓联军。

虽然取得了姊川会战的胜利，但是织田信长的困境却越来越严重：本愿寺和延历寺先后和织田信长对立，各地的大名们也纷纷响应足利义昭的号召，形成了一张巨大的包围网，围攻织田信长。

为了打破这个包围网，织田信长首先对延历寺下手，于1571年9月焚毁延历寺。次月，武田信玄在三方原大败织田和德川的联合军。得知这一消息，足利义昭正式起兵。可是足利义昭实在是没运气，两个月后，武田信玄病死，武田军退了回去。足利义昭很快兵败，室町幕府灭亡。

武田军的退缩使得整个包围网开始崩溃。在流放足利义昭后，织田信长成功地攻下了朝仓和浅井的居城，然后击败了武田军，包围网彻底被打破。

织田信长这时可谓春风得意，于1575年底让位给长子织田信忠，并送给他美浓、尾张两国，自己做了"太上皇"。

这一时期，因为部下不断有人反叛，织田信长总是在平叛的战争中忙碌着。1582年，羽柴秀吉（后来的丰臣秀吉）水淹高松，与足利家大军对峙。织田信长让明智光秀增援羽柴秀吉，自己入住京都本能寺，准备随时支援。

不料明智光秀却掉转了矛头，突然下令说："我们的敌人在本能寺！"出兵包围了本能寺。面对明智光秀的大军，织田信长身边只有数百卫兵，眼看脱逃无望，织田信长放火焚毁了本能寺，自己也死在了本能寺中，时年49岁。同时，在京都的织田信忠得知父亲死于本能寺后，率军死守二条城，城破战死。这就是日本历史上有名的本能寺之变。

本能寺之变

天正10年（公元1582年），织田信长几乎夺取了以京都为中心的近畿全境，而武田胜赖的势力也在这一年被织田和德川的联军所灭。此时，织田信长眼中的大敌，仅剩下中国（日本地名）地区的毛利氏、关东地区的北条氏以及北陆地区的上杉氏而已。同年，49岁的织田信长，以安土城为据点，统率柴田胜家、羽柴秀吉、明智光秀、泷川一益等家臣，开启统一全国的道路。

天正10年5月15日，羽柴秀吉攻击足利氏不利，请求支援。织田信长为了支援秀吉，带领了百余人的年轻侍卫从安土城出发，进驻京都的本能寺，计划在这里集结部队。同时明智光秀率领 1.3 万余士兵从丹波龟山城出发，号称"接受信长的阅兵"，向京都移动。次日凌晨，在渡桂川的时候，光秀向全军大喊："敌人就在本能寺！"起兵谋反，讨伐信长。战斗首先从马厩展开，信长的小姓 24 人全部战死。而后织田退入内室，不久以后，内室燃起熊熊的火光，一代霸主就在烈火中灰飞烟灭，时年 49 岁。

统一日本的丰臣秀吉

一代枭雄丰臣秀吉，从出生时就充满了传奇色彩。1536 年是丙申猴年，据说一月一日元旦这天，农民木下弥右卫门的家中诞生了一个男孩。弥右卫门的妻子说，她曾梦见太阳进入她身体，随后就发现怀孕了，孩子直到 13 个月后才降生，是日吉权现（太阳神）所赐之子，因此命名为日吉丸。至于丰臣秀吉，是后来改的名字。

根据比较可靠的史料《太阁素生记》记载，丰臣秀吉长得像只猴子，因此绰号就叫猴子，这一点倒并不是谣传。丰臣秀吉 8 岁时父亲死了，继父很讨厌这个长得像猴子的孩子，因此就叫他出去当帮佣。可丰臣秀吉不管到哪里帮佣，都不受欢迎，最后，16 岁的丰臣秀吉只得离家出走，来到了松下嘉兵卫家中帮佣，他得到的第一件工作就是帮主人拿拖鞋。

由于到武士家庭工作是他的最大愿望，因此丰臣秀吉工作得很勤奋，受到嘉兵卫的重视，将他提拔为出纳员。然而好景不长，丰臣秀吉的能干与勤奋受到同事的忌妒，一大群人经常在嘉兵卫的面前中伤秀吉，尽管嘉兵卫再三保护他，但阻止不了众人的诽谤，只好解雇他。

丰臣秀吉于是想尽种种办法接近织田信长，终于得到替织田信长拿拖鞋的工作。虽然是同样的工作，但丰臣秀吉比从前更用心。在寒冬的清晨，他会将织田信长的拖鞋放进怀里焐热，在后来担任采购官一职时更是恪尽职守。织田信长对于这种用心当然会有所回报，他把手下的养女许配给了丰臣秀吉。

1566 年，当织田信长攻打斋藤氏时，丰臣秀吉借用当地土豪的野武士力量，夜袭敌阵，获得大胜。这次大捷，让丰臣秀吉成为信长麾下的一

员大将。

1582 年，明智光秀举兵叛变，织田信长在本能寺自杀身亡，丰臣秀吉平定了叛乱，声望扶摇直上。在以后一系列的征伐中，丰臣秀吉的军队都势如破竹，确立了自己的继承人地位。此后经过四国征伐、九州征伐、小田原之战，逐步统一了日本。被天皇赐姓"丰臣"。

丰臣秀吉死后，丰臣家分裂分为近江（西军）和尾张（东军）两派。身为丰臣政权五家老之一的德川家康发动关原合战，大败石田三成的西军，建立了德川政权，结束了日本的战国时代。

德川幕府

丰臣秀吉死后，织田信长另一部将德川家康（公元 1542 年–1616 年）掌握了政权。1603 年，德川家康在江户（今东京）建立幕府，即"德川幕府"，由此开始了德川幕府的统治时期（公元 1603 年–1867 年）。

德川幕府时期，为巩固中央集权，极力强化幕府统治。德川家康把全国四分之一的土地划为幕府直辖领地，称"天领"，其中包括江户、大阪、长崎以及其他商业、交通中心和军事要地，分布在 66 国中的 47 国。天领以外的 73.7% 的土地被称为"藩领"，交由 260 多个大名支配。至于天皇和寺、社总共只拥有全国 1.3% 的土地。幕府为防止大名叛乱，还于 1615 年公布了"武家诸法度"，其中规定大名以下武士必须遵守的法则，违者严惩。"武家诸法度"后来经过屡次修改，定为德川幕府的基本法。

同时，统治者为了将农民终年束缚在土地上，规定不准农民自由迁徙、变更职业、买卖土地等。同时还在农村推行"五人组"连环保制度，以实现对农民的监视。不仅农民，"五人组"制度同样适用于手工业者和商人。德川幕府还实行严格的封建等级制度，全国划分为武士（士）、"百姓"（农民）、"町人"（手工业者、商人）等各个等级，各等级一般世袭不变，互不通婚，甚至连衣食住都有区别。除以上等级外，当时社会中还有一部分从奈良时期就始终存在的贱民，他们一般居住在郊区，是日本社会最下层的居民。德川幕府为了从思想意识方面控制武士，大力宣扬忠、义、勇的"武士道"精神。武士道是幕府统治者驱使武士为自己效劳的一种精神武器。

欢迎工业化

　　19 世纪，英国工业革命开启了人类蒸汽时代的序幕。机器生产开始取代人力操作，生产方式的改进引起了生产力的极大提高，这时欧洲大陆普遍建立了资本主义制度。英国也率先成为资本主义发展道路上的领路人。继英国之后，法国、俄国、德国资本主义紧跟其后。在资本主义发展的初期，由于资本原始积累的需要，各资本主义强国在发展本国经济的同时，纷纷出现了向国外寻求殖民的倾向。美洲在遭受了殖民者的残酷剥削后，逐渐出现民族解放的革命潮流。在此潮流中，一个新的民族——美利坚民族诞生了。

《革命的英国》

革命解决有一个伟大的优点，那就是几乎没有一个人是完全不能接受它的。

——米勒（J.Miller，英国学者）

查理一世

17世纪以来，英国国内的毛纺织业迅速发展，采煤、冶铁以及锡、铜等冶金方面也建立了手工工场，有的工场规模很大，拥有几千名工人，肥皂、火药和玻璃等新兴产业也相继兴起。对外贸易和海外殖民地的发展也很快。但是，英国王室把肥皂、纸张、玻璃、毛纺织品等几百种商品都划为王室专利，实行专卖，大大损害了新兴工商业者的利益。

1639年，苏格兰率先爆发起义，起义军迅速攻入了英国北部。为筹措军饷，国王查理一世被迫召开已经解散了11年的议会，但议员们只是争论不休，根本解决不了实际问题，恼怒的查理一世又宣布解散议会。

1640年，查理一世见起义军的声势越来越大，不得不重新召开议会。这回，议员们终于达成了一致意见，宣布否决国王征收军费的诏令，决定处决国王的两个宠臣斯特拉福和大主教洛德，查理一世在与议会争论未果后，于当晚派人秘密去北方送信，命令约克城的驻军司令马上进军伦敦，用武力解散议会，救出自己的两个宠臣。

可是，信使没能走出伦敦，就被市民们抓住了。人们看了国王的信，整个伦敦都沸腾了，上万人包围了王宫，举行示威，要求处死斯特拉福，查理一世不得不在死刑书上签了字。

但查理一世不甘心今后被议会摆布，几天后，他亲自带领400名武装卫队冲入议会，企图逮捕正在开会的议员。但因为议员们提早获知消息，查理的计划落空。

正在这时，伦敦城内响起警钟，市民们拿起武器，冲到议会门口，当面向国王表示抗议。在一片打倒特权的呼喊声中，查理一世灰溜溜地离开了，跑到北方去寻找支持者。

1642 年 8 月，查理一世在诺丁昂城扯起国王的军旗，正式向议会宣战。战争刚开始时，训练有素的国王军长驱南下，一直打到离伦敦只有 50 英里的牛津，议会军节节败退，议会内部一片混乱，大家争吵不休，不知是该继续打还是议和。

这时，克伦威尔带着自己招募的 60 名农民骑兵加入了议会军队，而他统率的这支队伍被称为"铁骑军"。1644 年 7 月的一个傍晚，在约克城西的马其顿草原上，议会军和国王军遭遇。在克伦威尔的指挥下，不到两个小时，议会军就击溃了国王军，取得了开战以来的第一次胜利，不久后克伦威尔就成为议会军统帅。第二年，两军在英格兰中部的纳斯比村附近展开决战，"铁骑军"以迅雷不及掩耳之势冲破了敌军阵地。查理一世化装出逃，跑到了苏格兰，国王军全军覆没。

1647 年，英格兰议会以 40 万英镑的高价把查理一世买了回来，囚禁在荷思比城堡中。但查理一世很快越狱成功，勾结苏格兰人发动叛乱，挑起了第二次内战。又是克伦威尔率军出击，占领了苏格兰首都爱丁堡，将查理一世再次抓获。

这回，议会组成了一个高等法庭，对查理一世进行审判，宣布他是"暴君、叛徒、杀人犯和人民公敌"，判处死刑，将他押上了断头台。处死国王查理一世后，英格兰宣布为共和国。

英国的女王们

国 家	人 物
玛丽一世	亨利八世和阿拉贡的凯瑟琳之女，信奉天主教，残酷迫害清教徒，人称"血腥玛丽"。
伊莉莎白一世	都铎王朝的第五位也是最后一位君主，终身未嫁，被称为"童贞女王"。她的统治期在英国历史上被称为"伊莉莎白时期"或"黄金时代"。
安妮女王	安妮是詹姆斯二世与王后安妮·海德的次女。1707，英格兰议会与苏格兰议会合并，实现两个国家真正的联合。1714 年，安妮女王在驾崩前任命施鲁斯伯里公爵为政府中至关重要的财政大臣，确保了王位由信仰新教的汉诺威选帝侯乔治继承。
维多利亚女王	英国在位时间最长的君主，也是第一个以"大不列颠和爱尔兰联合王国女王"和"印度女皇"名号称呼的英国君主。到第一次世界大战开始的 1914 年，英国都称为"维多利亚时代"。
伊莉莎白二世	英国君主，是英国、英联邦以及 15 个成员国的国家元首，同时也是英国国教会的最高首领。

无冕之王——克伦威尔

断送这个帝国和查理一世的正是克伦威尔。克伦威尔出身于亨廷登郡一个没落的新贵族家庭。青年时期他曾就学于剑桥一个清教学院，在那里接受到了清教思想的熏陶。1628 年他被选入议会，从那时起开始了自己的政治生涯。17 世纪

30 年代时他迁居剑桥郡，由于当地贵族地主经常排干沼泽致使农民利益受损，他曾领导当地农民反对贵族地主，因而在东部各郡颇孚众望。1640 年克伦威尔作为剑桥郡的代表先后被选入"短期议会"和"长期议会"。在长期议会中，他与坚决反对王党的议员站在一起，并参加制定《大抗议书》等文件。1642 年，英国内战开始，他又站在国会革命阵营方面，以自己组织的"铁骑军"屡建战功。1645 年，议会授权克伦威尔改组军队，他以"铁骑军"为基础组建"新模范军"。

当查理一世被处决后，苏格兰议会宣布拥立查理一世的儿子查理二世为国王，并且加紧备战，准备讨伐英格兰。面对这种情况，克伦威尔决定先发制人，迅速向苏格兰进军，不久就攻占了爱丁堡。1651 年，克伦威尔全歼苏格兰军队，查理二世逃到法国，克伦威尔占领了整个苏格兰。

1653 年，英国议会宣布，由克伦威尔将军就任英格兰、苏格兰、爱尔兰的护国主，终身任职。成为英国最高统治者的克伦威尔，不希望议会成员都属于一个派别，想通过谈判来进行新的选举，但是谈判破裂。于是克伦威尔用武力解散了议会。从那时起直到克伦威尔去世，他曾先后成立和解散了三个不同的议会，采用了两部不同的宪法。在此期间，克伦威尔靠军队的支持来维系统治，他坚持拒绝别人给他加冕，以表明他不想实行独裁统治，是迫不得已才成为无冕之王的。克伦威尔始终使用护国主的头衔统治着英格兰、苏格兰和爱尔兰，他改革了粗暴的法律，扶持文化教育，并提倡宗教信仰自由，允许犹太人来英格兰定居。

1658 年，克伦威尔因患疟疾逝世。

海上马车夫易主

步入共和政体的英国逐渐走向强大，在击垮西班牙后，英国并没有停下扩张的脚步，因为海上还有一个强大的敌手，那就是有"海上马车夫"之称的荷兰。

荷兰原是西班牙属地，以造船业闻名。那时，世界各国间的贸易交往主要依靠海上交通，荷兰的商船占世界运输船只的 1/3，因此被称为"海上马车夫"。

当英国成为海上霸主后，荷兰人还是仗着船多触角广，到处排挤英国商人。最令英国人不能容忍的是，荷兰竟然在英国水域肆意捕捞鱼虾，甚至还把这些水产品拿到英国市场上高价出售。

1652 年，英国海军将领布莱克在多佛尔海峡巡逻，迎面碰上荷兰海军上将特朗普率领的为商船护航的军舰。英国海军要求荷兰海军向英国国旗致敬，遭到拒绝，于是双方展开了四个小时的激烈炮战。结果，荷兰人损失了两艘战舰，而布莱克的旗舰"詹姆斯"号被射穿了 70 多个弹孔，战争正式爆发。

英国海军统帅罗伯特•布莱克，生于一个富商兼船主的家庭，曾就读于牛津大学。就任海军统帅后，他潜心研究海军战略。布莱克深知，海上贸易和渔业生产是荷兰人的"命根子"，于是率领战舰大肆洗劫荷兰商船，甚至远离军港到北海袭击荷兰的捕鱼船队，去苏格兰北方拦截荷兰东印度公司的运宝船，入波罗的海破坏荷兰与北欧的海上贸易。

半年后，荷兰海军统帅特朗普率 78 艘战舰护送 300 余艘商船前往大西洋时，在邓杰尼斯附近与布莱克展开激战。结果，荷兰的 300 艘商船安然通过海峡，英国却有三艘战舰被击沉，两艘被俘，六艘被打得遍体鳞伤。

布莱克认为纪律涣散是导致失败的主要原因，他把六名临阵逃脱者，包括他的弟弟，全部撤职查办，并制定了英国海军的第一个纪律条令。整顿了纪律的英国海军，很快就在战争中显示了威力。1654 年，荷兰被迫缔结《威斯敏斯特和约》，将海上霸权让位于英国。

海盗的时代

"感谢上帝，所有的人都愿意结为一体，站在亲爱的女王陛下和国家一边去反对天主教和其他敌人……你已看到舰队扬帆起航，你知道人们是多么坚定地投入此次活动。因此，任何力量都不足以分裂他们。"这是海盗弗兰西斯·德雷克的名言。

在 16 世纪的英国，海盗书写了历史上最华丽最波澜壮阔的篇章，他们时而勇敢，时而凶残；他们为开拓新航路作出了贡献，也打败过傲慢的西班牙舰队。他们的种种品行和事迹流传甚广。

由于都铎王朝对待海盗采取的是宽容的招抚政策，所以 16 世纪的英国海盗带有浓厚的政治依附性，当时的英国，海盗被捕的情况是很少的，一般只有当被劫者是国内某些非常重要的人物时才有可能。至于那些抢劫外国人，特别是西班牙人的海盗，政府不但不会予以惩罚，反而会给予暗中支持。有些海盗甚至采用近代早期商业公司所采用的合股经营方式，包括贵族、资本家甚至女王都是他们的投资人，这也使得英国海盗对皇室的依附性更强。

英国海盗以英国王室的守护者自居，他们自豪于自己的身份，并毫不犹豫地在国家最危急的时候挺身而出。他们的全球航海活动给西班牙带来了沉重的打击，为英国航海事业的发展作出了巨大的贡献，更为强大的英帝国的最终形成奠定了坚实的基础。

著名的英国海盗有弗兰西斯·德雷克爵士，他曾三次出航到西印度群岛，靠贩卖奴隶大发横财。还曾在 1586 年率领他庞大的舰队打败了西班牙军队，占领了圣多明戈，在此待了一个月。这其间，他们烧杀抢掠，向当地居民勒索赎金，尽情掠夺财宝。

除了男性，英国还出过两位令人闻风丧胆的女海盗，她们就是安妮·波尼和玛丽·里德。

据说安妮天生丽质、家境殷实，就是因为爱上了大海盗"印花布杰克船长"并成了他的妻子，才开始海盗生涯的。其实安妮·波尼是爱尔兰人，儿时就因为打架被人刺中过腹部。后来她与一名水手私奔到了海盗避难所。在那里，她设法干掉了自己的丈夫，然后另起炉灶，抢占了一条荷兰船开始单干。也是在那里，她遇到了玛丽·里德。

玛丽·里德出生在英国伦敦，从小便女扮男装，一直到当水手，就像花木兰那样。玛丽·里德曾经和骑兵团里的战友相爱结婚，但丈夫不久后就死了，于是玛丽重新装扮成男子到处漂泊，在随船前往加勒比海的途中被海盗掳获，入伙成了其中一员。玛丽做海盗时，长期与西班牙人作战，据说在杀死对手之前，常常会裸胸相向，以此向其证明他们是被一名妇人所杀。

1720 年，这两个女海盗被捕，安妮因为谎称怀孕而被免于绞刑。而玛丽确实身怀六甲，可没等到孩子出生，她就死在了牢房里。

光荣革命

克伦威尔死后，他的长子理查德继承了父位，但是他统治的时间极为短暂。1660 年，查理二世恢复王位，遂将克伦威尔的遗体挖掘出来吊在绞刑架上。

但是，这种报复行径并不能掩盖君主专制已然失败的事实，查理二世也充分认识到了这一点，并不想同议会至高无上的权力去抗衡。他的继承人詹姆斯二世企图恢复君主专制，顷刻间就被一场不流血的革命给废除了王位。革命的结果与克伦威尔 1640 年的期望恰好相同——建立君主立宪制，明确国王服从议会，实行宗教信仰自由。

詹姆斯二世是查理二世的弟弟，狂热的天主教徒。他登上王位后，任命天主教僧侣担任国家职务，并想解散议会，恢复国王的一人统治。

已经习惯并认同议会制的人们，不但拒绝参加天主教仪式的礼拜，而且只要一听到美化和吹捧国王的宣传时，都马上走开。这让詹姆斯二世非常不满，对不听从他命令的主教实行残酷迫害，把他们交给法庭审判。但法官也不愿意听命于国王，宣布遭国王迫害的主教无罪。于是，国王和民众的冲突日益激烈。

新兴的资产阶级和新贵族决定发动政变，结束詹姆斯二世的统治。他们开始同荷兰国王威廉，即詹姆斯二世的女婿谈判，要求他对英国进行武装干涉。

1688 年，威廉率 600 艘军舰在英国西南部的托匀基海港登陆，随即向伦敦进军。威廉进入英国后，受到了贵族和乡绅们的支持，许多高级军官还亲自到威廉的驻地表示支持，甚至詹姆斯二世的其他女儿和女婿都投向了威廉。詹姆斯二世知道大势已去，逃往了法国。

1689 年，英国议会宣布威廉为英国国王，随后通过了《权利法案》和《王位继承法》，规定未经议会同意，国王不得下令废止法律，不得任意征税，不得任意招募军队及维持常备军。王位继承问题也不能由国王个人决定，而是由议会讨论通过。

这次没有流血的政变被称为"光荣革命"，彻底开始了英国的君主立宪制。

《权利法案》

《权利法案》，全称《国民权利与自由和王位继承宣言》，是英国宪法中重要的一部法律，由威廉三世于 1689 年签署，这是威廉三世在"光荣革命"之后成为英国国王的前提。之后在 1701 年英国议会又通过了一部《王位继承法》，它被看作是《权利法案》的补充，这两个法案确立了英国"议会至上"原则，是朝向虚位君主制度的重要一步，议会逐渐成为国家的最高权力机关。《权利法案》是英国历史上自《大宪章》以来最重要的一部法案之一，英国的《权利法案》可以被认为是美国宪法的前身。

其内容并不多，只有简短的十三条：

1. 凡未经国会同意，以国王权威停止法律或停止法律实施之僭越权力，为非法权力。

2. 近来以国王权威擅自废除法律或法律实施之僭越权力，为非法权力。

3. 设立审理宗教事务之钦差法庭之指令，以及一切其他同类指令与法庭，皆为非法而有害。

4. 凡未经国会准许，借口国王特权，为国王而征收，或供国王使用而征收金钱，超出国会准许之时限或方式者，皆为非法。

5. 向国王请愿，乃臣民之权利，一切对此项请愿之判罪或控告，皆为非法。

6. 除经国会同意外，平时在本王国内征募或维持常备军，皆属违法。

7. 凡臣民系新教徒者，为防卫起见，得酌量情形，并在法律许可范围内，置备武器。

8. 国会议员之选举应是自由的。

9. 国会内之演说自由、辩论或议事之自由，不应在国会以外之任何法院或任何地方，受到弹劾或讯问。

10. 不应要求过多的保释金，亦不应强课过分之罚款，更不应滥施残酷非常之刑罚。

11. 陪审官应予正式记名列表并陈报之，凡审理叛国犯案件之陪审官应为自由世袭地领有人。

12. 定罪前，特定人的一切让与及对罚金与没收财产所做的一切承诺，皆属非法而无效。

13. 为申雪一切诉冤，并为修正、加强与维护法律起见，国会应时常集会。

东印度公司

英国之所以被称为"日不落帝国"，很大的原因就是它的殖民地遍及世界各地，也就是说，在英国统治的地区，一天二十四小时都可以见到太阳，而这个庞大殖民地的建立多数功劳要归于臭名昭著的东印度公司。

东印度公司始建于 1600 年。最初，英国人主要是利用东印度公司做生意，慢慢地，东印度公司就成了英国殖民者侵略的工具了。

1698 年，东印度公司向印度莫卧儿政府买下了位于孟加拉湾恒河口岸的加尔各答。加尔各答村庄虽小，作用却非常大，周围盛产大米、黄麻，河流纵横交错，平原一望无际。东印度公司在这里设立贸易总部，把印度的粮食和工业原料源源不断地运回英国，从中获得了丰厚的利润。

随着东印度公司的实力越来越强，他们逐渐占领了马德拉斯和孟买。为了更顺利地入侵其他地区，英国还在加尔各答修筑了一个巨大的堡垒，里面是荷枪实弹、全副武装的英国军人，这些英军还积极训练印度人帮助他们打仗。

本来是做生意的东印度公司，光是经济掠夺就已经让印度人非常不满了，这时又建立了军队，孟加拉的纳瓦布（职位相当于总督）非常气愤，向东印度公司提出抗议，但英国人根本不理睬，好似没听见一样。纳瓦布非常气愤，发兵赶走了英国人，收回了加尔各答。

此时的东印度公司被英国赋予了各种各样的权力，如垄断贸易权、训练军队权、宣战媾和权等，东印度公司的总司令官克莱武当然不会对印度人的反抗视而不见，他马上召集官员到马德拉斯商讨对策。

1757 年，克莱武率军在恒河口登陆，经过短时间激战便重新占领了加尔各答。纳瓦布很快调遣 7 万大军，与克莱武的 900 名英军在普拉赛地区作战。英国士兵面对强大的印度军队，早已吓破了胆，于是他们用大量金钱珠宝收买了印度的军官，使印度军队向后撤退，这时英军迅速追击，将纳瓦布杀死。

英国军队乘势向孟加拉国库进军，当他们打开国库大门时，看到了满库的金银珠宝。"抢啊！"不知是谁喊了一声，英军顿时像开了闸的水一样冲向国库的各个角落，将国库洗劫一空。几年后，克莱武曾向议会陈述这次抢劫，他非常遗憾地说："当时我真傻，周围满是金银珠宝，整箱整箱的金条，整袋整袋的宝石，可我却只拿走了 20 万镑！"

1767 年，英国议会通过《东印度公司管理法》，开始由英国政府直接统治印度。这以后，英国一步步蚕食印度的领土，20 余年后，印度全国都沦为了英国殖民地。

工业革命

从 1780 年到 1850 年，在不到三代人的时间里，一场史无前例的、意义深远的革命改变了英格兰的面貌。从那时起，世界不再是以前的世界了。

——意大利经济史学家奇波拉

改革前奏曲

历史自从迈入 19 世纪，人类的生活就有了一个根本性的改变——节奏变快了。从人类出现的那天起，虽然我们不断制造新的工具，掌握新的科技，但是出行和信息交流一直处于缓慢的前行状态，然而工业革命的到来使我们发现了全新的生活方式，发明了所有能想到的东西。

在 20 世纪初，一位美国专利局的局长向总统请示，建议取消专利局，理由是"可能发明的一切都被人类发明出来了"。这句话在当时听来确实不为过。人类从用石头砸坚果取食，到运用轮子代步，经历了差不多十万年。但自从瓦特的蒸汽机问世以来，几乎所有人类当时能想到的东西，在一个世纪内都被发明出来了。

人们在上千年的时间里，一直使用马作为最大的动力，马可以拉车、运煤，帮助人们干许多工作。在此期间，人们无时无刻不在思考，有没有一种机器，可以产生和马一样的动力，完成那些马也无法完成的工作。

从 15 世纪开始，几乎所有欧洲人都对蒸汽机着了迷，他们反反复复地实验，希望能造出一台机器，用蒸汽产生无穷的动力。直到 1789 年，瓦特将这个梦想变成了现实，第一台可供实用的蒸汽机问世了。这种机器开始被运用到社会的各个领域：蒸汽驱动的纺纱机和织布机发明了出来，对棉花的加工更加方便和快速；矿山和冶炼业运用了蒸汽机，钢铁的生产有了革命性的变化；蒸汽机车诞生了，道路变得前所未有的畅快。

人们发现，自己需要的不再是更多的帮工、棉花和矿石，而是更多的机器。蒸汽机的出现引发了人们对机器的更大渴求，发明成为 19 世纪的主流，而这些发明的接踵而来，让人类彻底进入了一个机器时代，再也无法摆脱。

接下来，就让我们一项项审视这些发明，它们直到今天还主导着我们的生活。

为世界开灯

19 世纪初，英国一位化学家用 2000 节电池和两根碳棒，制成了世界上第一盏弧光灯。但这种灯光线太强，造价过高，而且经常坏，只能安装在街道或广场上，在节庆的夜晚点亮，普通家庭是无法使用的。

1879 年，一位美国发明家通过长期的反复试验，终于点燃了世界上第一盏有实用价值的电灯，他就是被后人赞誉为"发明大王"的爱迪生。

爱迪生首先从白热灯着手试验，把一小截耐热的东西装在玻璃泡里，当电流把它烧到白热化的程度时，便由热而发光。炭，成为第一个实验品。当一小截炭丝被装进玻璃泡里后，刚一通电，马上就断裂了。爱迪生想了许久，认为是玻璃泡里的空气帮助炭丝燃烧，于是他发明了手制抽气机。

当玻璃泡里的空气被抽掉后，炭丝亮了 8 分钟，但还是灭了。爱迪生得出结论：真空状态对白热灯显得非常重要，但最关键的是选对耐热材料。

耐热性较强的当然是白金了，但是白金的价格非常昂贵，谁愿意花这么多钱去买只能用两个小时的电灯呢？实验陷入了低谷，爱迪生非常苦恼，他终日在炉火旁呆呆地坐着，看见炽烈的炭火，口中就无意识地喃喃自语："炭……"

炭已经试过了！爱迪生回过神来，感到浑身燥热，顺手把脖子上的围巾扯下。看到围巾，爱迪生突然想到：棉纱的纤维比木材……

他急忙从围巾上扯下一根棉纱，在炉火上烤了好长时间，让棉纱变成焦焦的炭，再把这根炭丝装进玻璃泡里，效果竟然出奇地好。

爱迪生非常高兴，又制造很多棉纱做成的炭丝，连续进行了多次试验。灯泡的寿命一下子延长到 13 个小时。经过不断改良，最后达到了 45 个小时。

爱迪生于是根据棉纱的特性，开始从植物纤维方面寻找新的材料，马拉松式的实验再次展开。凡是植物方面的材料，只要能找到，爱迪生都做了实验，甚至连马鬃、人的头发和胡子都拿来当灯丝实验。

最后，爱迪生选择了竹子，炭化后的竹丝装进玻璃泡，通上电后，竟连续不断地亮了 1200 个小时！助手们纷纷向他表示祝贺，可爱迪生却说："世界各地有很多竹子，结构不尽相同，我们应认真挑选一下！"经过比较，在日本出产的一种竹子最为合适，便大量从日本进口这种竹子。与此同时，爱迪生开设电厂，架设电线。不久，美国人便用上了这种价廉物美、经久耐用的竹丝灯泡。

竹丝灯用了好多年，直到 1906 年，爱迪生找到了更好的替代品——钨丝，使灯泡的质量进一步得到提高，一直沿用到今天。

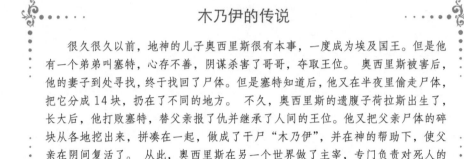

木乃伊的传说

很久很久以前，地神的儿子奥西里斯很有本事，一度成为埃及国王。但是他有一个弟弟叫塞特，心存不善，阴谋杀害了哥哥，夺取王位。奥西里斯被害后，他的妻子到处寻找，终于找回了尸体。但是塞特知道后，他又在半夜里偷走尸体，把它分成 14 块，扔在了不同的地方。不久，奥西里斯的遗腹子荷拉斯出生了，长大后，他打败塞特，替父亲报了仇并继承了人间的王位。他又把父亲尸体的碎块从各地挖出来，拼凑在一起，做成了干尸"木乃伊"，并在神的帮助下，使父亲在阴间复活了。从此，奥西里斯在另一个世界做了主宰，专门负责对死人的审判，并保护人间的法老。

病菌和病毒的发现者——巴斯德

1865 年，欧洲蔓延着一种可怕的蚕病，蚕大批大批地死掉，许多以养蚕为生的农民纷纷破产。

路易斯·巴斯德当时是巴黎高等师范大学的生物学教授，通过显微镜，他发现蚕和桑叶上都有一种椭圆形的微粒，而且这些微粒还能游动，能迅速繁殖后代。再看看没染病的蚕和桑叶，并没有这种微粒。

巴斯德断定，这种微粒就是致病的罪魁祸首，并给它取了个名字——"病菌"。

蚕农按照巴斯德的办法，将染病的蚕全部烧死，阻止了蚕病的蔓延。可怎样防止蚕病传染呢？巴斯德带了病蚕回实验室进行研究。两年后，他成功了，方法也很简单：把产完卵的雌蛾钉死，加水把它磨成糨糊，放在显微镜下观察，蚕有病菌，就把它产的卵烧掉；蚕没病菌，就把它产的卵留下，用没有病菌的蚕卵繁殖，就不会传染蚕病了。

从这以后，巴斯德开始研究人类致病的原因，结果发现了多种病菌。他发现在高温下，病菌很快就会失去生命力，于是向医生宣传高温杀菌法。现在医院里使用的医疗器械，都要用高温水蒸气蒸煮，就是采用了巴斯德发明的消毒方法，后人称为"巴氏消毒法"。

1880 年，法国鸡霍乱流行，巴斯德把导致鸡霍乱流行的病菌浓缩液注射到鸡身上，当天鸡就死了。病菌浓缩液放了几个星期之后，巴斯德又给鸡注射，鸡却没有死。经过多次实验，巴斯德认识到，病菌放一段时间后，不仅毒性大为减小，还有了抗病的效力。这样，他制成了鸡霍乱疫苗，增强了鸡的抵抗力。

掌握了制造疫苗的方法后，巴斯德同样将它运用到了人的身上。他组织助手们进行了无数次实验，制成了伤寒、霍乱、白喉、鼠疫等多种疫苗。现在打防疫针的免疫方法，就是巴斯德发明的。

除了细菌，巴斯德还发现了病毒。当时的欧洲，很多人在被疯狗咬后会得"狂犬病"，先是恐水，然后全身抽搐而死，非常痛苦。巴斯德在显微镜下观察狂犬的脑髓液，并没发现病菌。可是当他把狂犬髓液注射进正常犬的体内后，正常犬马上就得病死了。"这是一种比细菌还要小的病源！"巴斯德宣布，"叫作病毒。"

找到了根源，巴斯德开始着手治狂犬病。他把刚死的狂犬脑髓取出，悬挂在一个干净瓶子里晾干，两星期后，把它加水磨成糨糊，注射进正常犬的体中，结果犬没有发病。又过了两个星期，他再次向这只犬体内注射进刚死的狂犬的脑髓液，结果这只正常犬也没有任何反应。就这样，一种治疗狂犬病的疫苗诞生了。巴斯德拿这种狂犬疫苗用来给人治病，再一次取得了成功。

用电波沟通

电话的发明者叫贝尔，苏格兰人，24 岁时移居美国，不久便加入了美国籍。

1873 年，贝尔成为波士顿大学语言生理学的教授，从事聋哑人的教学工作。贝尔的妻子梅布尔是他的学生，也是一位聋人，贝尔很想制造一种让聋哑人用眼睛看到声音的机器，于是开始研究电报。

不久，贝尔萌发了利用电流把人的说话声传向远方的念头，想使远隔千山万水的人能直接交谈。于是，他将工作重心转向了对电话的研究。

一天，贝尔和他的助手分别在两个房间里试验电报机，助手房间里的电报机上有一个弹簧粘到磁铁上了，在拉开弹簧时，弹簧发生了振动。与此同时，贝尔惊奇地发现自己房间里电报机上的弹簧颤动起来，还发出了声音。

是电流把振动从一个房间传到另一个房间。贝尔的思路顿时大开，他由此想到：如果人对着一块铁片说话，声音将引起铁片的振动。如果在铁片后面放上一块电磁铁，那铁片的振动势必在电磁铁线圈中产生时大时小的电流。这个电流沿着电线传向远处，远处再装一个类似的装置，这不就是梦寐以求的电话吗？

贝尔马上开始实验，在一次工作中，一滴硫酸溅到了贝尔腿上，疼得他大叫助手："我需要你，请到我这里来！"

在隔壁实验室里的助手听到了召唤，这声音可是由电话机经电线传到他的耳朵里的，助手像发疯一样，跃出实验室，奔向贝尔喊话的寝室。他一路大叫着："我听到了贝尔在叫我！我听到了贝尔在叫我！"

就这样，人类有了最初的电话，历史从此拉开了崭新的一幕。

X 射线

1895 年一个寒冷的傍晚，在德国沃兹堡大学的校园里，一位年过半百的教授回到他的物理实验室，准备继续工作。

他就是该校的校长、著名的物理学家伦琴教授。最近一段时间，他一直在试验一个经过改良的阴极射线管，但一直无法取得进展。

伦琴教授走到实验室，换上工作服后，小心翼翼地用黑纸把一个梨形的真空放电管严严实实地包起来，以防止任何可见光线从管内透露出来。然后，他关闭了所有的门窗，又拉上窗帘，接通电源，弯腰检验黑纸是否漏光。

突然，他发现在离放电管不到几米的小工作台上，射出一道绿色的荧光！

"这光是从哪儿来的？"伦琴很奇怪，他向四周看看，没什么异常。于是切断电源，光电管熄灭了，再看那道绿光时，绿光也不见了。

伦琴教授连续试了好多次，只要电源一通，光电管一亮，绿光就出现。于是他划了一根火柴，想看看小工作台上到底有什么东西。

原来是一块硬纸板，上面镀着一层氰亚铂酸钡的晶体材料，神秘的光线就是它发出来的。可这块纸板怎么会发光呢？伦琴教授还是想不通，"难道是光电管中有某种未知的射线，射到纸板上引起它发光的？"

想到这儿，伦琴教授随手拿起一本书来，把它挡在光电管和纸板之间，想证实一下自己的推断。可使他惊奇的是，这种光线不仅是光电管内放射出来的，而且还能穿透固体物质！

伦琴欣喜若狂，开始用木头、硬橡胶来做障碍物。结果发现，这些物体都不能挡住这种射线通过。妻子发现他一夜未归，派人叫他吃早饭，但伦琴教授还在不停地找材料做实验。

接连几天，伦琴教授都把自己关在实验室里，一门儿心思研究这种无名的射线。他反复地用各种金属做实验，结果发现，除了铜和铂以外，其他材料都能被射线穿透。

一天，伦琴教授无意之中把手挡在了光电管和纸板之间，他顿时吓了一跳，自己每个手指的轮廓，里面骨骼的阴影，都显示得一清二楚！"这恐怕是人类第一次看到活人身体内部的骨骼！"伦琴惊惧地想道。

伦琴教授的发现轰动了全世界，他也因此获得了第一届诺贝尔物理学奖，后来人们把这种射线命名为"伦琴射线"。

诺贝尔的炸药

说到诺贝尔奖，那是瑞典著名科学家阿尔弗列德·伯里哈德·诺贝尔的遗产，每年以奖金的形式，授予在发明上有巨大贡献的人。

诺贝尔生于瑞典斯德哥尔摩，17岁时，到美国学习造船工程学。在美国游玩的时候，诺贝尔经常会看到工人为了开路，在荒山野岭里用铁锤砸石头。回国后，诺贝尔与父兄合作，希望能发明出一种东西，一下子就能把大山劈开。

他们先后在瑞典和俄国进行硝化甘油和其他烈性炸药的实验和制造。1866年，诺贝尔终于制造成功了一种液体炸药，爆炸力极强，人们把它称为"诺贝尔炸油"，被全世界普遍使用。

但是，这种炸药特别容易引起爆炸，尤其是受到震动和摩擦时，经常自动引爆。一次，开往美国旧金山的一列火车，在运送这种炸药时受到震动，整列火车车毁人亡。还有一次，一艘满载液体炸药的巨轮"欧罗巴"号驶进大西洋，因为风浪颠簸引起了炸药爆炸，整条船沉没在大西洋中。

这种事件不断发生，让人们非常紧张，一谈到这种"诺贝尔炸油"便退避三舍，运输公司更是坚决拒绝运送这种可怕的东西。诺贝尔于是开始研制一种安全的炸药。

炸药的研制要经过无数次实验，每一次都是非常危险的，在一次实验中，实验物发生爆炸，整个实验室坍塌，诺贝尔的弟弟和五名工作人员当场死亡，他父亲也成了终身残废。诺贝尔那天因为偶然外出办事，才躲过一劫。

为了不再伤及无辜，诺贝尔租了一条大船把实验室设在了瑞典首都附近的马拉伦湖上。一旦再发生爆炸，不会引起其他人的伤亡。

诺贝尔在船上冒着生命危险，进行几百次的实验。四年后，他终于成功了。液体炸药被吸入一种硅土里，这样，即使遇到一定的温度或摩擦、震动，这种固体炸药也不容易爆炸，这样就能保证安全运输了。

黄色炸药就此问世，因为它必须经过引爆才能爆炸，诺贝尔又发明了人类历史上第一个引爆装置——雷管。从此以后，人们开山劈路，钻隧打井，节省了很多力气。要是中国人的火药不只用于鞭炮，也往这方面多动动脑筋，愚公移山的神话就要改写了。

1875 年的一天，诺贝尔终于成功发明了威力强大的胶质炸药。1887 年，无烟炸药在诺贝尔的手中诞生，这也是我们现在使用的炸药。

1896 年，诺贝尔在他意大利的工厂里突然去世。临死前，诺贝尔曾立下遗嘱，把自己一生的积蓄捐献出来当作基金，将其利息作为奖金，每年奖给世界上对物理、化学、医药学、文学和促进世界和平有特殊贡献的人。后来，又增加了经济学奖，这就是现在很多科学家为之神经的"诺贝尔奖"。

为了纪念这位伟大的科学家，在诺贝尔金质奖章的正面雕有诺贝尔的浮雕像。基金会决定，每年的诺贝尔奖颁发时间，根据诺贝尔逝世的时间，每年的 12 月 10 日，在瑞典首都斯德哥尔摩和挪威首都奥斯陆举行颁奖仪式。

诺贝尔奖

在一年一度举世瞩目的诺贝尔奖颁奖大会上，获奖者在得到近百万美元奖金与获奖证书的同时，还会得到一枚诺贝尔金质奖章。

诺贝尔奖章由著名艺术家设计，其制作十分精致考究。第一枚诺贝尔奖章于 1902 年问世，其直径 6.6 厘米，用约 200 克黄金制成，是瑞典雕刻家李得柏亲自设计。诺贝尔奖共设六项，但奖章只有五种，因为物理学与化学奖奖章是一样的。尽管诺贝尔奖章每届设计略有不同，但均镌刻有诺贝尔浮雕像，并用罗马数字铸有其生卒日期，同时还刻有获奖者姓名、奖项、获奖年月，以及赞词"多么仁慈而伟大的人物，人们仰赖他的贡献和发现，使人们的生活更见充实"。

"镭的母亲"居里夫人

在伦琴教授发现 X 射线后，法国的居里夫妇又发现了一种极其珍贵的放射性元素——镭。

居里夫人出生在波兰，原名叫玛丽·斯可罗多夫斯卡。当玛丽从巴黎大学理学院获得数学硕士学位毕业后，认识了法国物理学家皮埃尔·居里，二人志趣相投，很快便结婚了。这以后，人们就称玛丽为居里夫人。二人结婚的这年，德国科学家伦琴发现了 X 射线。第二年，法国物理学家贝克勒又发现铀矿物能放射出一种与 X 光线相似的奇妙射线。

这种奇妙的射线对居里夫人产生了强烈的吸引力，她认为这太神奇了，就同丈夫商量一同研究射线。在研究过程中，居里夫人发现能放射出那奇怪光线的不只有铀，还有钍。因此她作出大胆判断：还有一种物质能够放射光线，这种新的物质，也就是还未发现的新元素，只是极少量地存在于矿物之中。居里夫人把它定名为"镭"。在拉丁文中，"镭"的原意就是"放射"。

假设是无法令人信服的，很多人对居里夫妇说："如果真有那种元素，就提取出来让我们见识见识！"经过三年多的艰苦工作，居里夫妇终于提炼出 0.1 克镭盐，接着又初步测定了镭的原子量，发现这种元素的放射性比铀强 200 万倍，因而它不用借助任何外力，会自然发光发热。

镭的发现引起科学乃至哲学的巨大变革，为人类探索原子世界的奥秘打开了大门。居里夫妇凭借这个巨大贡献，获得了诺贝尔物理学奖。

不久后，人们又发现镭在医学方面很有价值，给癌症患者带来了福音，这使本来就昂贵的镭变得更加珍贵。有人劝说居里夫妇去申请专利，这样就能成为百万富翁！但居里夫妇拒绝了，"镭是一种元素，它应属于全世界！"

1906 年，皮埃尔·居里在一次车祸中丧生，悲伤万分的居里夫人没有停下研究的脚步，继续进行自己的科学研究。四年后，居里夫人成功地分离出纯镭，并分析出镭元素的各种性质，精确地测定了它的原子量。在同年的国际放射学理事会上，人们制定了以居里名字命名的放射性单位，同时采用了居里夫人提出的镭的国际标准。

让梦想起飞

1900 年，美国的莱特兄弟制成了他们的第一架滑翔机，并把它带到一个偏僻的海边，这里没有树木也没有房屋，而且海风很大，非常适宜放飞滑翔机。这架滑翔机果然飞了起来，像风筝那样，但只有一米多高。

第二年，兄弟俩在上次制作的基础上进行了改进，但他们还不满足，希望制造一种不用风力也能飞行的机器。

飞行是莱特兄弟从小的梦想，从看到父亲给他们带来的圣诞礼物飞螺旋开始，兄弟二人就在心中萌发飞翔的梦想。这个愿望一直影响着他们。1896 年，德国的李林塔尔因驾驶滑翔机失事身亡。这个消息对他们震动很大，弟兄俩决定研究空中飞行。他们开着一家自行车商店，一边干活挣钱，一边研究飞行资料。

兄弟俩思考了很久，但始终想不到用什么动力能替代风，把庞大的滑翔机和人运到空中。一天，车行门前停了一辆汽车，司机向他们借一把工具。兄弟俩顿时灵光闪现：用汽车的发动机来推动滑翔机飞行。

当时最轻的发动机重190公斤，飞机要装上这么个庞然大物，那就只能当汽车用了。一位制造发动机的工程师知道这件事后，帮助莱特兄弟造出了一部12马力、重量只有70公斤的发动机。

兄弟俩非常高兴，经过无数次的试验，终于把发动机安装在了滑翔机上，即在滑翔机上安上螺旋桨，由发动机来推动螺旋桨旋转，带动滑翔机飞行。

经过不断改进，1903年12月17日，随着发动机的轰鸣，莱特兄弟的飞机滑动起来，一下子升到3米多高，随即水平地向前飞去。在飞行了30米后，稳稳地着陆了。兄弟俩兴奋地拥抱在一起，热泪盈眶。

这是人类历史上第一次驾驶飞机飞行成功，莱特兄弟把这个消息告诉报社，可报社根本不信。莱特兄弟于是继续改进他们的飞机。不久，他们制造出能乘坐两个人的飞机，并且在空中飞了一个多小时。消息传开后，人们奔走相告，美国政府非常重视，决定让莱特兄弟做一次试飞表演。

1908年9月10日这天，弟弟奥维尔驾驶着他们的飞机，在一片欢呼声中，自由自在地飞向天空。飞机在76米的高空飞行了1小时14分，并且运载了一名勇敢的乘客。人们惊呆了，继而欢呼起来，持续了几个世纪的飞行梦想，终于成为了现实。

相对论的诞生

19世纪最伟大的一位科学家，便是1879年出生在德国一个犹太人家庭的爱因斯坦。

爱因斯坦15岁时，父亲因企业倒闭，带着全家来到意大利谋生，爱因斯坦也到了瑞士联邦高等工业学校就读。不过他除了数学课以外，对其他课程都不感兴趣。

从学校毕业后，爱因斯坦加入了瑞士国籍，1905年，爱因斯坦创立了狭义相对论，这时他刚刚 26 岁。

在此之前，物理学的时空观是静止的、机械的、绝对的，空间、时间、物质和物质运动相互独立，彼此没什么联系。也就是说，物质只不过是孤立地处于空间的某一个位置，物质运动只是在虚无的、绝对的空间做位置移动，时间也是绝对的，这也是牛顿古典力学的时空观。

爱因斯坦以极大的毅力和胆识，突破了传统物理学的束缚，他认为空间、时间、物质和物质运动，彼此不可分割，它们之间紧密相联。狭义相对论最重要的结论之一，就是关于质量和能量的关系（$E = mc^2$）。它告诉人们物质的质量是不固定的，运动速度增加，质量也随着增加。而且一定质量的转化必定伴随着一定能量的转化，反之亦然。

这个著名的公式后来成为原子弹、氢弹以及各种原子能应用的理论基础，由此打开了原子时代的大门。

狭义相对论震动了物理学界，爱因斯坦这个名字马上传遍了欧洲，人们纷纷说："哥白尼复活了。"

1911 年，年仅 32 岁的爱因斯坦被布拉格大学聘为教授。两年后，爱因斯坦回到德国，任柏林大学教授，并当选为普鲁士皇家科学院的正式院士。

在研究中，爱因斯坦发现狭义相对论的理论体系还不完善，它只解释了等速直线运动，而不能解释加速运动和万有引力的问题。因此，爱因斯坦又花了整整十年的时间，创立了广义相对论。

广义相对论的重要结论是，加速运动与引力场的运动是等价的，要区别是由惯性力或者引力所产生的运动是不可能的。爱因斯坦认为，光在引力场中不是沿着直线，而是沿着曲线传播。并指出，当从一个遥远的星球上发出的光在到达地球的途中经过太阳的时候，应当由于太阳的引力而弯曲，因此使这个星球看起来的位置与实际不符。其偏斜的弧度，据爱因斯坦计算，应当是 1.75 秒。

1919 年 5 月，英国一位天体物理学家率领两个天文考察队，拟定在日全食时分别在巴西和西非摄影，以验证从广义相对论推出的这一重要结论。同年 11 月，伦敦皇家学会和天文学会联席会议正式公布观测结果：测得的光线偏转度和爱因斯坦计算的结果一致。

爱因斯坦由此成为继牛顿之后最伟大的科学家。但是德国法西斯头子希特勒上台后，开始了对犹太人的残酷迫害，爱因斯坦被迫迁居美国，并取得美国国籍。

19世纪主要发明

时间（年）	国 家	发明者	发 明	影 响
1800	意大利	伏打	伏打电池	
1827	英国	沃克	白磷火柴	
1845	德国	施罗脱	红磷火柴	这种火柴无毒，必须在涂有红磷的特制火柴盒上摩擦才会着火，这就是沿用至今的安全火柴。
		冯•马腾斯	可摇摄150°的转机	
1849	德国	戴维•布鲁司特	立体照相机和双镜头的立体观片镜	
1859	比利时	艾蒂安•勒努瓦	内燃机	
1861	德国	马克斯威	彩色照片	
1866	德国	西门子	发电机	
1876	苏格兰	贝尔	电话	爱迪生等人在贝尔发明的基础上作了重要改进，使电话通信很快风行全球的许多国家。1877年，美国建成第一座电话交换台。
1879	美国	爱迪生	电灯	
1886	英国	斯塔利	自行车	为自行车的大量生产和推广应用开辟了宽阔的道路，他因此被后人称为"自行车之父"。
1888	爱尔兰	邓洛普	充气轮胎	不但从根本上改变了自行车的骑行性能，还完善了自行车的使用功能。
1896	美国	亨利•福特	四轮汽车	
1899	意大利	马可尼	电报	为快速传递信息提供了方便，从此世界各地的经济、政治和文化联系进一步加强。
	德国	霍夫曼	阿司匹林	

拿破仑帝国

法国的统治是进步的，但事实仍然是一种外来的统治，在必要的地方，是凭武力强加的。拿破仑所"冒犯"的人民，先是因"自由、平等、博爱"的口号而觉醒并充满热情，然后又在其导师背叛自己的原则时转而反对其导师。

——斯塔夫里阿诺斯（Stavrianos，美国历史学家）

波旁王朝

多年的宗教战争一直让法国人苦不堪言，直到亨利四世成为法国国王。

亨利四世虽然是瓦卢瓦王室的远亲，但他只是法国南部一个又小又穷的纳瓦拉王国的国王，很不起眼。当时，马丁·路德新教教义早已传入法国，加尔文在法国倡导宗教改革运动，法国的信徒们都自称胡格诺派，教徒多达百万人。1562年，由于天主教派的吉斯公爵在瓦西镇屠杀新教徒，胡格诺宗教战争爆发了，亨利四世加入其中，逐渐成为了胡格诺派的领袖，拥有了很高的声望。

1572年，天主教派在巴黎制造了圣巴托罗缪惨案，屠杀新教徒2000多人，战争立时激化。胡格诺派在法国南部建立联邦，北方的天主教徒也建立了天主教同盟，内战日趋激烈。后来两大派发现，自己都没有力量打败对方，这才寻求妥协。

恰在此时，法国国王和王储相继死亡，亨利四世成了法国王位的合法继承人，波旁王朝从此开始。考虑到法国是一个以天主教徒为多数的国家，亨利四世上台后便宣布改宗天主教，不久后颁布了"南特敕令"，宣布天主教为国教，但同时给予新教徒充分的信仰自由，敕令保证不追究胡格诺战争中的一切行为，胡格诺派不但获得信仰自由，还有权建造教堂和召集教务会议。在政治上也与天主教徒一样，有权担任各种官职和向国王进谏。在军事上，允许胡格诺教徒保留100多座城堡，拥有军队和武器。这是欧洲历史上第一个保证宗教宽容的文献。但天主教会和高等法院立即提出抗议，因此这份敕令并未得到认真执行，尤其是在亨利四世死后。但是，长达30多年的胡格诺战争总算结束了。

亨利四世之所以能继位，和他的婚姻是分不开的。他娶了瓦卢瓦—昂古莱姆王室的小女儿玛格里特为后，即著名的美女"玛戈皇后"。不过，他们钟情的对象都不是对方，婚姻也因为没有子嗣更显苍白。最后，两人友好分手，亨利四世娶了来自佛罗伦萨王族的玛丽·德·梅迪奇，后者为他生了一个孩子，就是路易十三。

自从成为法国国王后，亨利四世倒是励精图治，他的名言是"要使每个法国农民的锅里都有一只鸡"，当然，他也确实在经济恢复上取得了不错的政绩。1610年，亨利四世被一个据说有弑君狂的人弗朗索瓦·拉瓦莱克刺杀。路易十三继承王位，当时他年纪尚幼。人近中年的玛丽王后带着王子在圣丹尼尔大教堂加冕。在玛丽和红衣主教黎塞留的斗争中，法国开始了称霸欧洲的步伐。

红衣主教黎塞留

黎塞留的父亲是法王亨利四世时皇家大教堂的主持人，因此他具有了世袭的权利，在22岁时就获得主教头衔。按照主教任用的制度，他的年龄还差两岁，但是黎塞留自有妙计，他匆匆赶到罗马，谎报岁数，并在教皇面前发表了一篇声情并茂的拉丁文演说，教皇遂赐予职位。事后，黎塞留坦承谎言，并要求赦免，教皇无奈，只能答应，并批示说："该年轻人日后必将成为一大无赖。"

1624年，红衣主教黎塞留担任了路易十三的首相，他虽然体弱多病，但性情刚烈，尤其是政治上的铁手腕让世人为之震惊。黎塞留是国家至上主义者，他提出了"国家主义"的理论来支持自己的政策："为促进国家的福祉，用任何手段均是合法的；国家利益取代了中世纪的世界道德观，均势则取代对大一统王国的向往，并假定一国在追求本身的私利之际，无形中对其余各国的安全与进步也会有所贡献。"这一观点后来为欧洲各国所奉行，黎塞留也被称为"现代国家制度之父"。

黎塞留在掌握了法国政权后，果然实现了他的追求，通过解除兵权、加大中央集权等方法，维护了法国的统一。不仅如此，黎塞留还大力扶植工商业、扩大海外贸易和进行殖民活动，加强了海军的建设。

凭借军事力量和黎塞留的狡诈头脑，法国在自己的周边扩大了疆土，并且从仰西班牙鼻息的状态下摆脱出来，破除了哈布斯堡王朝的包围。

不过，黎塞留只注重国家的富强，却无视百姓疾苦，各种捐税成倍增长，但黎塞留不以为然。他说："如果人民太舒适了，就不可能安守本分。应当把他们当作骡子，加以重负，安逸会把他们宠坏。"

1642 年，这位红衣大主教终于虚弱得只剩下一口气了，听他进行临终告解的神父问他是否已饶恕了自己的敌人，黎塞留回答道："我一生中从未曾有过敌人，除非是国家公敌。"

波旁王朝世系

皇 帝	在位时间	大　　　　事
亨利四世	1589—1610	结束了宗教战争。1609 年，与英国、荷兰、意大利结盟。
路易十三	1610—1643	亲政后与其母发生矛盾，放逐其母，引起了内战。1630 年，黎塞留挫败了玛丽企图推翻他的阴谋，迫使太后及反对派首领逃往国外，法国加入欧洲的"三十年战争"。
路易十四	1643—1715	法兰西国王，纳瓦拉国王，路易十三与安娜长子，号"太阳王"。继位之初发生了两次投石党运动。
路易十五	1715—1774	人称"锁匠国王"。亲政后，先后参加了波兰王位继承战争、奥地利王位继承战争、七年战争，但均遭失败，造成国库空虚，法国在海外的殖民地也全部被英国夺走。
路易十六	1774—1792	1778 年加入美国独立战争，耗费大量经费。1789 年，被迫召开三级会议，遭到失败。巴黎人民随即发动起义，建立了共和国。不久被推上断头台。

太阳王——路易十四

在欧洲的"三十年战争"接近尾声的时候，年方五岁的路易十四登上了法兰西的王位，其母安娜摄政，实权则掌握在首相马扎然手中。

路易十四亲政时，英国的议会制得到法国权贵的认同，因此国王的权威被削弱了不少。当时，欧洲各国的君主大多让首相或亲信大臣代理执政，但路易十四不然，事无巨细都亲自过问，他称之为"国王的职业"。

路易十四不愿意只做一个受人尊重的君主，他认为只有君主才有权考虑和决策，其他人的职责不过是执行君主的命令而已。为了树立权威，路易十四首先拿不可一世的财政总监福凯下手，不但将其终身监禁，还没收了他的巨额财产。

1661 年，马扎然去世，路易十四随即召见大臣，声明从今以后国家的事务都由他自己处理，如果需要，他会让大臣们提出建议。这时，一位神职人员站出来问，因为马扎然还是红衣主教，现在他死了，以后该向谁请示宗教事务呢？路易十四回答说："当然向我！记住，朕即国家！"

在路易十四时期，欧洲的形势对法国极为有利。"三十年战争"后，德意志和西班牙已精疲力竭，其他欧洲国家则与法国有同盟关系，似乎只有荷兰这个贸易强国可与法国匹敌。路易十四就趁着这个有利形势，进行了一系列大规模的征服战争。

强大的军事力量和侵略扩张政策，使法国在17世纪跻身于欧洲强国的前列。但是路易十四在位55年，有32年都是在打仗。加上宫廷生活的奢侈无度，耗费了大量财物，初期的繁荣日趋枯竭，对异教徒的迫害更是让几十万新教徒——其中不乏能工巧匠、富有商人和工场场主——逃亡国外。为了补充兵员，路易十四还想出了抽签的办法，导致人口大量流失。

不过，路易十四对文学艺术和科学研究都给予了资助，凡尔赛宫也是他的杰作。1682年，路易十四把宫廷迁往他在巴黎附近大兴土木建造的凡尔赛宫，并且一反法国宫廷的放任传统，采用西班牙宫廷的庄严仪式，让一切朝臣和伺候他的人都对君主的威严表示崇拜。当时，宫廷里把路易十四称为"太阳王"，凡尔赛宫的庄严礼节也成了欧洲各国君主模仿的榜样。

路易十四统治的后半期，法国起义频发，对外战争遭到失败，国库日渐空虚，农业凋敝，工商业破产，民心尽失……辉煌的外表下，国家财政已濒临崩溃。1715年，曾称雄一时的路易十四在人们的一片怨声中死去。他所留下的国家，已风光不再。

攻陷巴士底狱

巴士底狱是一座非常坚固的要塞，建造于12世纪，是一座军事城堡，当时是为了防御英国人的进攻而修建的。18世纪末，巴士底城堡成了控制巴黎的制高点，法国国王在那里驻扎了大量军队，专门关押政治犯。

1789年5月，国王路易十六为了筹款吃喝玩乐，召开已经停止了一百多年的"三级会议"。参加"三级会议"的代表多是第二等级和第三等级的代表，他们大多是工商业者、银行家、律师等，他们趁开会的机会，提出要限制国王的权力，希望把三级会议变成国家的最高立法机关。这和路易十六的初衷大相径庭，他本想让议会想办法筹钱的，谁知变成了限制自己权力的障碍。路易十六震怒了，他马上出动军警，封闭会场，禁止议会开会。

国王的行为不仅没压住第三等级代表的反抗，反而把他们积压在胸中很久的怒火点燃了。议员们表示一定要制成一部代表全体法国民众利益的宪法，否则决不罢休。国民议会于是改名为"制宪会议"，公开反抗国王。

这一来惹得路易十六暴跳如雷，他偷偷向巴黎调集了大量军队，准备逮捕第三等级代表，用

母系女神

武力解散国民议会。消息传出后，巴黎民众非常愤慨，纷纷上街游行。

第二天清早，巴黎全城的警钟一起敲响，血腥搏斗的一天又开始了。市民们首先冲向军火库，抢得了武器，随即与近卫军打起了巷战。到了 14 日早晨，巴黎市民就夺取了整个巴黎，只剩下巴士底狱还在国王军队手中。

"到巴士底去！"人群中响起了呼喊声，人们从四面八方涌向巴士底狱。经过激烈奋战，人们终于找到一门威力巨大的火炮，当这门大炮发出怒吼，一颗颗炮弹射向巴士底狱时，围墙轰然倒塌。

巴士底狱被完全拆毁了，为了纪念巴黎人英勇攻占巴士底狱的伟大功绩，法国后来把 7 月 14 日作为自己的国庆节。

八月法令

巴黎革命胜利后，制宪议会成为实际的革命领导机关和国家立法机关。这时领导制宪议会的主要是三级会议期间带头进行反抗王权斗争的那些活动家，他们多为君主立宪派。制宪议会在君主立宪派领导下，运用各种立法手段，对法国进行了根本性的改造。

在此期间制宪议会通过的第一个立法文件就是八月法令。制宪议会本来是在起草《人权和公民权宣言》，但是人们斗争的风起云涌迫使制宪议会不得不首先将研究废除封建制度的问题提上日程。于是经过仔细的研究协商，8 月 4 日 –11 日法国通过了这个著名的法令。8 月 4 日晚，法学家塔尔热动议，要求制定强硬

的恢复农村秩序的法律。但贵族代表诺阿伊子爵表示反对，他认为，要使农民放下武器，就应该无偿废除残存的农奴制和人身劳役，所有人都应按收入纳税，与土地相关的封建义务可以允许赎买。埃吉永公爵当即支持这一提案，代表们纷纷表示赞同。随后，很多贵族代表和教士代表陆续走上讲坛发言，提出废除各类不合理的特权和赋税的主张，其中包括教会什一税、贵族狩猎特权、养鸽特权、领主裁判权等等。会场上情绪高昂，会议开了一夜，史称"八月四日之夜"。八月法令便是根据这一夜的动议制定的。

法令宣布"将封建制度全部予以废除"。按规定无偿废除的主要有：人身义务、狩猎、鸽舍特权、领主法庭、教会什一税、特权等级免税权、买卖官职制度等，法令还进一步规定任何公民，不论出身如何，均有出任教会或国家的文武官职的机会。法令宣布要制定"全国性宪法"。此外，对源于土地的封建义务，法令准许以赎买的方式予以废除。

八月法令在根本原则上废除了封建制度，在法律上否定了封建土地所有制，是改造国家的重要一步。八月法令是革命者运用法律手段进行社会改造的第一步，具有重大的进步意义。

热月政变

1792 年 8 月，国王路易十六被逮捕，全国上下一致要求审判国王。当时执掌法国政权的是吉伦特派，他们认为国王是神圣不可侵犯的，国民公会无权审判国王。就在大家为如何处置国王争论不休的时候，路易十六藏在王宫后面墙壁里的秘密文件被发现，里面全是路易十六写给逃亡在外国的法国贵族的信，命令他

们想法"邀请"外国军队进攻法国，消灭议会力量。

这样一来，要求审判国王的呼声越发高涨，吉伦特派也只能宣布召开国民公会，表决对国王路易十六的判刑问题。表决的方法为"唱名表决"，由议长对 700 多名议员进行点名，被点到的议员逐个上台发表意见。当点到罗伯斯庇尔时，他以充满哲理的语言发表了自己的

意见："我不能蹂躏真理和正义，而把暴君的生命看得比普通公民还重要。我不能玷辱智慧，而把这罪大恶极的人从本该灭亡的命运中拯救出来。我投票赞成死刑。"

这番话引起了一阵热烈的掌声。在两天三夜的表决后，大多数议员赞成判处死刑。国王路易十六终于被送上了断头台。

路易十六被处决后，欧洲各国的君主表示极端愤慨，他们以此为借口，进攻法国。1793年，普鲁士、奥地利、英国和西班牙等国组成"反法同盟"入侵，大有一举瓜分法国之势。法军在敌人的大举进攻下节节败退，国内那些忠于国王的保王党也趁机发动叛乱。吉伦特派的懦弱和犹豫让人们非常不满，因此，巴黎警钟再一次敲响，以罗伯斯庇尔为首的雅各宾派掌握了政权。罗伯斯庇尔马上采取了一系列果断措施，很快扭转了战局，赶走了外国侵略者，平定了国内的叛乱。

但是，这时雅各宾派内部发生了危机，三位领袖人物中，马拉被反对者暗杀，丹东变成了暴发户，因为反对罗伯斯庇尔的政策而被处决。为了镇压反对派，罗伯斯庇尔采用了恐怖政策，规定可以随意处死反对派。这样做的结果，使雅各宾派陷入孤立的处境，给了反对派可乘之机。

1794年7月27日，是法国的共和历热月9日，罗伯斯庇尔等人在国民公会的会场上被反对派逮捕，第二天清晨，未经审判便被送上了断头台。这个事件后来被称为"热月政变"。

雾月政变

热月政变后，法国政权落入推翻雅各宾派的热月党人手中，他们成立了督政府管理国家。由于热月党人的统治也同样高压残酷，因此人们都不满意。这时，一个青年引起了人们的注意，他卓越的指挥才能和辉煌的战绩，得到了越来越多民众的信任，他就是拿破仑。

1797年，拿破仑被任命为"意大利方面军"总司令，率领军队横扫欧洲，把那些保王党统统扫除。这之后，拿破仑越过阿尔卑斯山，铲除了意大利北部的保王党势力。接着，他提出了一连串的进攻计划：远征埃及，打击英国，然后对俄、奥等反法国家逐个打击，以建立一个强大的、以法国为中心的欧洲秩序。

这个计划得到批准，拿破仑于是率军远征埃及。当时埃及为英国占领，在英国的支持下，受到入侵的埃及人、叙利亚人对法国入侵者给予了有力打击。拿破仑进退维谷，难以立即作出决断。正当他陷入困境之时，沙皇俄国军队在沙皇本人的带领下，组织欧洲其他反法国家，再一次向法国发起进攻。

国内政局动荡不安，甚至国民政府内部也对政府的统治不满，头脑清醒的拿破仑立刻意识到将要发生什么了。

于是，拿破仑抛下法国远征军，偷偷离开埃及赶回了巴黎。刚一进入巴黎，他的支持者便奔走相告，巴黎人欢呼雀跃，高呼着拿破仑的名字，激动异常。拿破仑没想到他能得到这么多人的狂热支持，立刻把周围的人召集起来，商量下一步计划。

11月9日，行动开始了。拿破仑首先派军队控制了督政府，接管了革命政府的一切事务。这一天是法国共和历雾月18日，史称"雾月政变"。第二天，拿破仑把法国议会全部解散，宣布成立执政府，由他担任第一执政，大权独揽。

掌握了法国军政大权的拿破仑，很快击溃了奥地利军队，并进逼奥地利南部地区，迫使奥皇签订和约。1802年，以沙俄为首的第二次反法联盟又被拿破仑击溃，俄国对法国的威胁也解除了。

拿破仑其人

拿破仑·波拿巴生于法国科西嘉岛阿雅克修城的一个贵族家庭，拿破仑的意思是"荒野雄狮"。在八个兄弟姐妹中，拿破仑排行老二，他性格孤僻，不甚合群，偶尔同小伙伴在一起的时候，多半也是与他们争吵和打架。

1779年，10岁的拿破仑被送到法国东部一所公费军事学校学习。五年后以

优异的成绩毕业，被推荐进了巴黎军官学校。但是，拿破仑未能在军校久留，因为他的上司恼怒他那傲气、锋芒毕露的性格，提前了他的毕业考试时间。被授予少尉军衔的拿破仑主动要求到南方的瓦朗斯城的一个炮兵团服务，因为这里离科西嘉较近，便于他照料家庭。由于父亲患胃癌去世，家境变得更加困难起来。拿破仑节衣缩食，把大部分薪金都寄给了母亲，自己只留下很少一部分，勉强维持生活。当他的同伴把很多时间浪费在喝咖啡、游玩和谈情说爱上时，拿破仑却在读书，丝毫不允许自

己寻欢作乐。

1793 年，24 岁的拿破仑迎来了机会。这一年，法国保王党人在英国人的大力支持下发动叛乱，攻占了法国南部位于地中海沿岸的重镇土伦。拿破仑奉命夺回土伦，击溃保王党。

经过激烈的交锋，土伦被攻克，这一捷报立即传遍了整个法国，许多人不相信土伦这个曾被看做是无法攻克的堡垒，竟会被一个初出茅庐、默默无闻的毛头小子攻陷。这次胜利使法国军官们对拿破仑这个年轻的下级军官另眼相看，他被破格提升为炮兵准将。

正当拿破仑准备凭着雅各宾政府对他的赏识及自己卓越的军事才能去施展更宏大的抱负时，热月政变发生，热月党人在全国追捕雅各宾政府的亲信，拿破仑也因此被捕。在被监禁了 14 天后，拿破仑获得释放，因为在他的档案中没有发现任何监禁他的理由。

虽未被送上断头台，但顺利的前程却因此中断。拿破仑出狱后，当权者仍以不信任的眼光看待他。拿破仑被新政府任命为步兵指挥，在他看来这是一种侮辱，因为自己的专长是炮兵。拿破仑同负责军事的人大吵了一场，鉴于他拒不接受对他的任命，政府从现役将官名册上勾销了他的名字。

拿破仑非常消沉，天天穿着一件破大衣在巴黎游荡。这时，热月党内部发生了分裂，巴黎的情形十分危急，大部分地区都失去了控制，陷于叛乱队伍的包围之中。叛乱方面的武装队伍在人数上远远超过国民公会的武装力量。热月党人巴拉斯突然想到拿破仑——这个几次找他帮忙的消瘦的年轻人。于是，拿破仑再一次受命于危难之际，他以异乎寻常的精力迅速重新部署了国民公会的防卫。作为一个出色的炮兵，拿破仑首先想到的是如何使用大炮。

装备良好的叛军已经控制了巴黎的主要街道，开始向杜伊勒里宫进军，准备占领国民公会，但拿破仑用炮火迎接了他们。叛军完全没有料到拿破仑会使用大炮，他们被炮火轰得措手不及，战斗只持续了一个多小时便结束了。第二天早上，叛军总部宣布投降。

巴拉斯非常钦佩拿破仑的勇敢果断，任命他为巴黎卫戍司令。拿破仑的社会地位迅速上升，锦绣前程在他面前展开了。他搬进了旺多姆广场旁的高级旅馆，个人生活也变得绚丽多彩起来，开始追求美丽高雅的约瑟芬——一位比他大六岁的寡妇，沉浸在爱情的甜蜜之中。

当然，拿破仑的性格使他并不满足于巴黎的豪华生活，更不习惯在巴拉斯手下做个驯服的助手，他的心中炽烈地燃烧着施展军事才能的欲望——追求成为伟大统帅的欲望，这个欲望驱使着他去干一番轰轰烈烈的事业。

加冕皇帝

通过雾月政变上台的拿破仑，开始不满足只做法兰西共和国的第一执政。当对外战争取得了巨大胜利后，拿破仑的威望空前提高，他决定称帝。

1804 年，拿破仑宣布法兰西共和国为法兰西第一帝国，同时在法国最大的教堂巴黎圣母院隆重举行自己的加冕典礼。

加冕仪式举行这天，帝国的大臣、欧洲的友人以及巴黎平民百姓都聚集在巴黎圣母院内外，等候仪式的开始。当巴黎圣母院的钟声敲响后，仪式开始的时间到了，但却迟迟不见动静，人们都在窃窃私语，不知道是什么原因推迟了仪式进行的时间。

最着急的人不是拥在外面的民众，也不是窃窃私语的官员，而是主持仪式的教皇。按以往惯例，教皇无论主持什么仪式，也无论是为谁主持，都是别人先到教堂，然后教皇才姗姗而来。等到教皇一到，仪式就会马上进行。

这一次，教皇本想给拿破仑一个很大的面子，毕竟这是加冕典礼，让皇帝等得不耐烦总是不好，因此提前到了教堂。可当教皇走到举行仪式的地方时，前找后找，左找右找，就是找不到皇帝拿破仑本人。这样一来，教皇像一头即将发怒的狮子一样，昂首怒目站立在前面，等着皇帝，寻思要给他点颜色看看。

终于，人群中出现了骚动。教皇以为皇帝来了，抬头一看，是一个瘦小的人，个子不高，手里牵着一只猎狗，身上穿着猎人的服装，大摇大摆地走进了教堂。原来人群骚动是因为这只猎狗，教皇心想，谁这么无礼把猎狗都带进来了，正想让侍从把这人和这狗赶出去，突然听到有人惊呼了一声："皇上！"

不知是哪位大臣先认出了拿破仑，喊了出来，其他大臣连忙扭过头去看。这个身着猎装、手牵猎狗的人，竟然是皇帝。教皇也不敢相信自己的眼睛，但等他证实确实无误后，拿破仑已大步走了过来。

"谢谢你，远道而来的客人！"拿破仑把一只手伸向教皇。教皇听到称呼自己为"客人"，很感奇怪，但他还是下意识地把手伸向了拿破仑。拿破仑接着说："进行仪式吧。"教皇此时已有点不知所措了，发火也找不到机会，只好把皇冠拿来，小心翼翼地捧在手里，口中念念有词。当他把皇冠慢慢举起，准备给拿破仑戴到头上时，拿破仑竟然一把把皇冠夺过来，很随便地戴到自己头上，说道："请你快点，我还等着打猎去呢！"

教皇满脸怒气，真想怒斥他一顿，但还没等教皇反应过来，拿破仑便转身高声宣布道：“从今以后，教皇必须对我宣誓，必须效忠于我！”说完，便宣布加冕典礼结束，径自打猎去了。

教皇被晾在原地，半天没反应过来。以前，无论哪个国家的国王，都要向教皇宣誓，宣誓时还要手按《圣经》，以示虔诚，而拿破仑却把这些规矩翻了个个儿。

乌耳姆战役

拿破仑称帝后，他决定开始实行他庞大的战争计划，争取更大的荣耀。

拿破仑首先准备的是进攻英国，一切就绪以后，拿破仑在1805年8月26日下令部队向东挺进，法国17万大军只用了20余天，便赶到了目的地——莱茵河畔。在大军飞速东进之时，拿破仑在巴黎频频露面，参加各种活动，让敌人误以为他没有率军远征。另外，他还把大军集结在英吉利海峡沿岸，佯装准备进攻英国。

奥军统帅麦克果然上当，认为拿破仑短时间内不会赶往莱茵河，所以进驻乌耳姆，准备迎击法军的先头部队。拿破仑以迅雷不及掩耳之势迅速攻占了多瑙河，消息传来时，麦克简直不相信自己的耳朵，他认为法军至少还需要走20天的路才能到达这里！这时，同行的斐迪南大公感到事情不妙，劝麦克迅速撤军，回到安全地方，以免被法军吃掉。但麦克不以为然，他相信法军抵达的只是先头部队，大部队还离自己很远，何况俄军很快就到了。

俄军确实赶到了莱茵河边，但被法军拦住了去路。拿破仑派大将缪拉率军拿掉乌耳姆，但缪拉有勇无谋，在实施对乌耳姆的进攻时，命令部队在多瑙河北岸进攻，然后再进至南岸，这样在防守上出现了漏洞，一旦奥军从北面突围，就能够溜之大吉。

麦克当然不会放过这个漏洞，他立即组织部队由北面突围，但一个突然的事件使他犹豫起来。就在他商议突围方案时，舒尔曼斯特进来了，在听了他的陈述后，麦克这下抛弃了疑虑，认为拿破仑已经众叛亲离，盖世之功唾手可得。他放弃了突围，决定迎头出击，击败法军。可惜麦克打错了算盘，舒尔曼斯特是拿破仑派来的间谍，以弥补缪拉的失误。

当17万法军兵临城下时，麦克才恍然大悟，但为时已晚。乌耳姆在炮火下变成一片火海，奥军只能升起白旗。

乌耳姆一战，奥军损失5万余人，丢失大炮200门，多瑙河地区的奥军几乎全被歼灭，将军都成了俘虏，通向维也纳的大门被打开了。这时，拿破仑接到了一个悲惨的消息：维尔纳夫指挥的法国、西班牙联合舰队在直布罗陀西口的特拉法加海角，同纳尔逊海军上将率领的英国舰队进行了海战，全军覆没，维尔纳夫本人被俘，而英国舰队完好无损。但此时的拿破仑已顾不上海上的失败了，他要向维也纳进军。

进攻维也纳

乌耳姆战役之后，库图佐夫率领俄军与溃败的奥军会合，力量很是可观，这使拿破仑很是担心，而且中立的普鲁士背叛了法国，无异于雪上加霜。

拿破仑给了缪拉一个将功补过的机会，命他率骑兵攻占维也纳，但缪拉再次犯下错误，他急功近利地想一举占领维也纳，结果与大部队失去联系，不但没有完成任务，还损失了一个师，整整使法军耽误了两天的时间。

为了弥补损失，拿破仑下令强渡多瑙河追赶俄军。但大桥全被俄军炸掉了，只剩维也纳北面的一座被奥军严加防守的桥梁——阿尔柯桥。拿破仑这回给缪拉下了死命令：必须强占这座桥！

缪拉硬着头皮接受了任务。这时他想出了一个智取的办法。

缪拉挑选了一个营的掷弹兵，命令他们悄悄埋伏在桥边的灌木丛中。他自己则只带领了三个将领，大摇大摆地上了桥，向敌人走过去。当他看到守桥奥军急欲点火炸桥时，便高声喊道："法奥已经停战了，停战协定马上要签订了，你们还炸桥干什么？"

奥军士兵不知真假，但看到他们只有四个人，又听说是来谈判的，就把他们带到了桥头军营里。缪拉一见到守桥军官，立刻要求见奥厄斯伯公爵，商谈双方停火的事。军官听明原委马上派人去请，公爵来到后，缪拉又立刻与他握手，并热情洋溢地对公爵大加夸赞。正当缪拉与公爵谈兴正浓时，埋伏在桥边灌木丛中的法军士兵迅速冲上桥头，把奥军准备炸桥用的燃烧袋子全部抛入河中。

一名奥军下级军官发现了他们，急忙向公爵报告，但是在缪拉的激将法下，奥厄斯公爵感到受到了侮辱，立即下令："将这个目无军纪的人带下去！"

这时，法军已基本完成了对大桥的占领，所以缪拉笑着对公爵说："公爵，您应该和他一道出去，不然我们的将士们会埋怨我的。您看，他们来了！"说完，指了指似乎是从天而降的法军士兵。直到这时公爵才恍然大悟。

就这样，法军不费吹灰之力夺取了大桥，大部队迅速追上了库图佐夫。经过几次血战，俄军以1.2万人的代价，到达阿罗木次，与沙皇和奥地利皇帝会师。

拿破仑紧追不舍，双方再次对峙。

为了让敌人相信法军想拖延战机，军无斗志，坚定敌人迅速决战的信心，拿破仑派使者到联军中去，谎称要与沙皇亚历山大一世会面，沙皇不愿见这个"科西嘉小子"，便派了一个军官跟随法军使者去面见拿破仑。拿破仑在这个军官到来时，故意让军队将士们做出衣衫不整、懒散松懈的样子。果然，俄军中计。

1805 年 12 月 2 日凌晨，奥斯特里茨大战开始了。联军首先发射密集的炮火，拿破仑却让部队后撤，将联军吸引过来后，拿破仑迅速抓住战机，利用精锐部队攻占制高点，切断了联军的联系，联军全部处于法军的炮口之下。在这关键时刻，拿破仑果断下令：总攻开始。在隆隆的炮声中，联军彻底失去了作战能力。第二天，奥地利皇帝请求停战，割让了占全国人口总数 1/6 的国土，并宣布每年支付 4000 万法郎的战争赔款。

战争的胜利使法国得到了莫大的好处，拿破仑再次受到至高无上的崇敬。

短暂统治西班牙

在经过一系列战争之后，拿破仑沉醉在了巨大的成功之中，把一切都不放在眼里，他深信自己在战略和谋略方面都是无懈可击的，是欧洲最伟大的军人。如果还有什么瑕疵或遗憾，就是法军曾在与英军的海战中全军覆没。英国，是他称霸欧洲的唯一障碍。

自从海战中失利后，拿破仑制服英国的唯一希望就是依靠大陆封锁，从经济上窒息英国。在伊比利亚半岛漫长的海岸线上，英国舰队几乎完全控制了比斯开湾，进而控制了整个大西洋和地中海。岛上的西班牙虽是法国的同盟国，但貌合神离。在没有占领伊比利亚半岛前，要想让岛上的国家严格执行大陆封锁政策是不可能的。他们虽然接受了这个法令，但暗地里却对走私采取默许和宽容的态度。为了将英国完全封锁，拿破仑决心征服伊比利亚半岛。

其实拿破仑这个军事奇才心里很清楚，把战争扩展到伊比利亚半岛是犯了兵家大忌——两面作战，而且正在享受和平快乐的人们也不愿再去打仗，但自信让他犯了一生中第一个重大的错误。

拿破仑决定先解决葡萄牙，再征服西班牙。他与西班牙国王签订和约，共同瓜分葡萄牙的领土和殖民地。当拿破仑轻而易举地占领了葡萄牙后，马上就将矛头转向了西班牙。当缪拉率军进入了西班牙首都后，拿破仑任命自己的哥哥约瑟夫为西班牙国王，缪拉则接替约瑟夫，成为那不勒斯国王。

一切都进行得太顺利了，顺利得出乎想象。正当拿破仑为自己的胜利自鸣得意时，一场风起云涌的反抗法国侵略者的武装斗争迅猛地在西班牙掀起，人们到处袭杀法军士兵。但拿破仑并不把起义放在眼里，在他眼里，这些手拿生锈猎枪和铁棍的人根本不足为惧。

但拿破仑错了，法军几乎每天都受到西班牙人的疯狂报复。一次，法军进入一个村庄寻找食物，在一位年轻女子家中找出了一些食品，饥饿难忍的士兵很想将这些食品立即吞下，可又怕被人下了毒，就让这位年轻妇女先吃一些。这个女子毫不犹豫地吃了，法军还不放心，又命她将这些食品喂她的孩子，她也立即照办。士兵们见状，开始放心地狼吞虎咽起来。结果，年轻的妇女、孩子和进食的法国士兵全都痛苦地死去。

面对如火如荼的西班牙抵抗斗争，法军陷入了困境，新国王约瑟夫很快就在马德里坐不住了，收拾行装逃到了维多利亚。拿破仑大为愤怒，此时与英国的战争已经开始，但西班牙牢牢拴住了他 30 万的精锐部队。

撤离莫斯科

1812 年，60 万法军浩浩荡荡地开赴俄国。一开始，形势对法军十分有利，庞大的军队进入敌境，竟未遇到一兵一卒的抵抗，顺利地占领了立陶宛。

安静的立陶宛连个人影也没有，这让拿破仑心里发虚。原来，沙皇早在法军来以前就下了命令，让所有人都躲藏起来，使拿破仑的几十万大军处于寂寞清冷的荒野里，得不到补给，处境艰难。

疲惫不堪的法国将领们立刻组织军队进攻斯摩棱斯克，这次他们遇到了顽强的抵抗，伤亡惨重。看到硬拼不行，拿破仑命令用大炮射击。这次拿破仑达到了目的，一阵猛射之后，对方便毫无动静了，法军争先恐后奔入城市。可进城之后，法军发现这里也是一座空城，俄国人又跑了！

拿破仑气炸了肺，决心孤注一掷，命令部队继续东进，终于在波罗金诺地区发现了俄军的踪迹。拿破仑了解这个小村是莫斯科的钥匙，决心不惜一切代价占领它。当法军用 600 门大炮的强大威力占领了这个村庄后，俄军位于村南箭头堡阵地的大炮终于咆哮起来，双方的炮战正式开始。

俄军的主帅是巴格拉基昂，也是少有的能让拿破仑竖大拇指的将军。双方在一阵大炮对轰后，展开了惨烈的争夺战。由于法军在数量上远远超过了俄军，最终冲进箭头堡，俄军守堡士兵全部阵亡。巴格拉基昂不甘失败，迅速调集后援部队增援，自己则身先士卒，亲自冲锋陷阵。俄军在法军炮火的轰击下，一批又一批死去，但终于夺回了箭头堡。

9月14日，法国军队在拿破仑的率领下，浩浩荡荡进入莫斯科，但得到的依然是一座空城。恼羞成怒的法军一把火点着了整个城市，这场莫斯科大火燃烧了三天三夜。

这时，西伯利亚的刺骨寒风夹带着雪花到达了莫斯科，法军以生命换来的成果，却因为缺衣少食而难以维持。10月18日，俄军袭击了法军，打死打伤3000余人。面对这种情况，拿破仑决定撤军。在回国途中，法军不断遭到俄军伏击，加上天寒地冻，风雪交加，士兵大批大批地死去。但此时的拿破仑仍没有死心，他派使者找沙皇商议停战，得到的是亚历山大斩钉截铁的回答："只要俄国疆土上还存在一名法国士兵，就不议和！"很快，亚历山大联合了奥、普军队追杀过来，与法军会战于德国莱比锡，法军又遭重创。当拿破仑终于离开俄国时，原来的60万大军只剩下两万瘦弱的士卒了。

1814年，亚历山大与各国反法联军进入巴黎，拿破仑被迫退位。

兵败滑铁卢

正在维也纳开会的反法联盟各国首脑在得知拿破仑重新集结军队，准备东山再起之后，大惊失色，他们立刻拟定临时宣言，称拿破仑是世界和平的扰乱者和敌人，迅速集结兵力进攻巴黎。

70万联军很快集结完毕，而此时的拿破仑只有18万人，他希望战争开始前能有50万人上阵，但元气大伤的法军已无法满足拿破仑的愿望了。面对强大的联军，拿破仑决定以攻为守，只要率先击溃英普联军，打败威灵顿和布吕歇耳这两个老将，其他联军便好应付了。

拿破仑派了12万法军悄悄出发，埋伏在比利时边境，驻扎到离普军只隔一片密林的地方。战斗打响时，法军主力7万人同普军主力8万人交战，另外的5万法军用以牵制英军。战斗进行得异常激烈，又加上天公不作美，下起了大雨，枪炮声、雷雨声相互交杂。傍晚雷雨过后，布吕歇耳发现自己已被法军包围了，败局已定。

击溃了普军的拿破仑，亲率大军转攻英军，威灵顿听到布吕歇耳战败，害怕孤军作战，迅速向滑铁卢方向撤退。法军将领内伊受命拦截英军，但内伊优柔寡断，错失了战机。拿破仑气愤异常，也尾随英军到了滑铁卢。

这时，被拿破仑击溃的普军重新集结，一路增援滑铁卢附近的英军，一路直接围攻法军。威灵顿也在滑铁卢南面布下阵势，等待决战时刻的来临。

6月18日上午，法军抢先开炮，向英军右翼兵力薄弱的堡垒射击。当拿破仑准备进攻英军中部时，情况突然发生变化，布吕歇尔率普军赶到增援，迫使拿破仑不得不从预备队中抽出两个骑兵师迎击布吕歇尔。

战争进行到下午，拿破仑令内伊元帅不惜一切代价攻克英军中部，内伊不愧为"勇士中的勇士"，不负拿破仑的嘱托。此时，英军无力支持，法军也疲惫不堪，双方都焦急等待援军的到来。

黄昏时分，普鲁士援军赶到，顿时，英军士气高涨，拿破仑见状，自觉已无回天之力，法军全军溃败，拿破仑乘马仓皇逃出了战场。

拿破仑败归巴黎，百万反法联军也长驱直入进入巴黎，拿破仑第二次宣布退位，被流放到位于大西洋南部、远离欧洲大陆的圣赫勒拿岛。

这位天才的军事家，曾经策马扬鞭的一代君主，兵败身陷囹圄后，每天在英国人的看管下度日。为了打发孤寂无聊的时光，拿破仑只能和小女孩一起做游戏，和园丁一起修剪花木。心理上的毁灭加上胃部的病变，使拿破仑的健康每况愈下，但他拒绝服用英国医生给他开的药，直至死去。

19年后，拿破仑的遗骨被接到巴黎，无数人冒着严寒、迎着风雪，护送灵柩前往塞纳河畔的荣军院。拿破仑的遗愿此时得到实现，他以一个老兵的身份安息在了塞纳河畔，安息在他热爱的法国。

维也纳会议

拿破仑帝国覆灭后，各战胜国在维也纳召开了一次大规模的国际会议，史称"维也纳会议"，这次会议从1814年10月1日一直开到1815年6月9日，欧洲所有的国家都派代表参加，但实际操纵会议的只是四大战胜国——俄、英、普、奥。他们的目的都很明确：瓜分赃物，满足自己的领土野心；以"正统主义"的招牌，恢复法国大革命前的旧秩序，复辟封建王朝；防止法国东山再起。在四大国中，尤以沙皇俄国野心最大，它极力想扩张领土，从而确立俄国在欧洲的霸权。奥地利试图在中欧称霸，特别是强调在德意志的优势。英国希望在保持欧洲大陆诸国均势的前提下，扩大其海外殖民地以加强海上霸权地位。普鲁士要求扩充领土，从而同奥国争夺德意志的领导权。因此，会议斗争非常激烈，其焦点是波兰和萨克森问题。俄国为了独占"华沙大公国"，提议把萨克森让给普鲁士由此争得了普鲁士的支持。奥地利反对沙俄的提议，转而和英国联合。法国害怕东邻普鲁士的强大，也站在英、奥一边。1815 年 1 月 3 日，英、奥、法三国签订了秘密同盟条约，规定三国若遇他国进攻，则互相援助，法、奥各出兵 15 万，由英国供应军火。结果双方斗争愈演愈烈，几乎达到决裂的地步。后来由于拿破仑重返法国，各战胜国只得暂时妥协，组成新的反法联盟，于 1815 年 6 月 9 日匆忙签署了《最后总决议》。根据《最后总决议》，欧洲许多国家恢复了封建旧王朝的统治；欧洲领土及海外殖民地被允许任意瓜分；条约还协商建立德意志邦联，由德意志 34 个邦和四个自由市（汉堡、不来梅、卢卑克和美因河上的法兰克福）组成，奥地利代表负责主持邦联会议；按决议规定将法国限制在 1790 年的疆界，东北边境的 17 个城堡和要塞由联军占领 3-5 年，法国负担占领军的费用。法国须赔款 7 亿法郎，并交出军舰。北部比利时被并入荷兰，成立尼德兰王国，卢森堡公国也归尼德兰国王兼治。瑞士确定为永久中立国。会议维持了意大利的四分五裂的局面，并把它的大部分领土置于奥地利控制之下。这样，维也纳会议违背各国人民的愿望，恢复了旧的封建君主的王位，把从拿破仑统治下获得解放的民族，又置于诸战胜国的民族压迫之下。

神圣同盟

神圣同盟是拿破仑帝国瓦解后欧洲各国君主组成的反动同盟。为了巩固维也纳会议确立的反动秩序，同时也为了镇压革命运动，在沙皇亚历山大的倡议下，得到了奥地利皇帝弗兰茨一世和普鲁士国王腓特烈·威廉三世的大力赞同，三国于 1815 年 9 月 26 日在巴黎签署《神圣同盟宣言》，成立"神圣同盟"。该同盟标榜根据基督教教义处理相互关系，郑重宣布：三国属于上帝统治下的同一个家庭的三个分支国，三国君主要以手足之情互相救援。同时负责引导臣民和士兵保卫宗教、和平与正义，并要求人民遵守教义，恪尽职守。同时还对承认盟约原则的其他国家发出邀请。

同年 11 月 19 日，法国国王路易十八加入。最后除英国摄政王、奥斯曼帝国苏丹及教皇外，欧洲各国君主纷纷加盟（英国也表示赞同、支持）。在神圣同盟中起决定作用的则是俄国，它实际上扮演了"欧洲宪兵"的角色。神圣同盟声称维护耶稣的公正、慈爱及和平，反对在任何地方发生革命，并在其存在时期一直坚持绞杀欧洲革命。这正如恩格斯所说，它是"所有欧洲的君主在俄国沙皇领导下反对本国人民的一个阴谋"。神圣同盟先后镇压了意大利革命和西班牙革命，甚至妄图干涉拉丁美洲独立运动。后来因为欧洲革命蓬勃发展，1822 年以后同盟实际上名存实亡了。1830 年法国爆发七月革命，之后在 1848 年欧洲又发生了资产阶级民主革命，在这样的冲击下，同盟最终瓦解。

拿破仑三世

路易·拿破仑·波拿巴（公元 1808-1873 年），法兰西第二共和国总统（公元 1848-1851 年），第二帝国皇帝（公元 1852-1870 年），即拿破仑三世，他是拿破仑一世的侄子。

1808 年 4 月 20 日路易生于巴黎，第一帝国瓦解后，他随母亲定居瑞士，就学于该国军校，后来成为炮兵军官。1831 年支持意大利烧炭党运动，并参加罗马地区起义。自 1832 年拿破仑一世的儿子夭折后，他成为波拿巴家族夺取王位的觊觎者。1836 年他曾发动军队暴动，反对七月王朝，兵败后被流放巴西、美国。不久辗转回到欧洲，1839 年留居英国。1840 年路易再次冒险发起暴动，结果被判终身监禁。1846 年路易越狱成功，出逃英国。

1848 年革命爆发后，他回到法国，9 月当选制宪议会的议员。12 月 10 日依靠农民选票终于当选为共和国总统。1851 年 12 月 2 日他发动了政变，解散议会，并通过公民投票使政变合法化。1852 年 12 月 2 日元老院宣布恢复帝国，路易·拿破仑·波拿巴正式成为法兰西人的皇帝，称拿破仑三世。他曾利用民众对拿破仑一世的迷信，依靠工商业与金融资产者的支持，大力推动法国工业革命的发展。路易执政期间法国参加了克里木革命，后来又与奥地利开战，并发动了侵略中国、越南、叙利亚和墨西哥的殖民战争。1870 年普法战争中路易·波拿巴亲临前线，9 月 2 日在色当战败投降，被俘于威廉堡大牢，时年 62 岁。1871 年 5 月 10 日《法兰克福条约》签订后获释出狱。1873 年，病故于英国肯特郡的奇泽尔斯特，享年 65 岁。

巴黎公社

1870 年 9 月 2 日拿破仑三世在普法战争中战败投降。巴黎人民掀起 9 月 4 日革命，推翻第二帝国，但是胜利的果实却落入资产阶级共和派右翼和帝制派奥尔良党人之手，他们组成"国防政府"。1871年2月17日，梯也尔出任法国政府首脑，28日法国与德国签订和约，法国割让阿尔萨斯、洛林等大片领土给德国，赔款50亿法郎。这种丧权辱国的行为激起了人民群众的极大愤慨。巴黎民众纷纷要求成立公社，以监督政府。3月15日，国民自卫军选出中央委员会。3月18日晨，梯也尔政府出动军队袭击了蒙马特尔和梭蒙高地，企图夺取国民自卫军417门大炮，并逮捕了国民自卫军中央委员会成员，从而引发了武装起义。当晚国民自卫军控制了巴黎所有的政府机关和塞纳河上的桥梁。梯也尔政府因局势失控，其成员及军队、警察和官吏仓皇出逃凡尔赛。3月26日巴黎进行选举，3月28日巴黎公社正式成立。

自4月2日起，公社战士与凡尔赛政府军在巴黎近郊展开激战。由于德国在4月间曾释放了10万余战俘补充法国军队，到5月中旬，凡尔赛政府已经可以调集13万兵力进攻巴黎。这时与之相抗衡战的公社第一线作战部队，其全部兵力仅有1.8万人。5月8日，凡尔赛军开始炮击巴黎城防工事，10日，法、德正式签署《法兰克福条约》，由此达成秘密协议，德国允许凡尔赛军越过德军防线进攻巴黎，德军对巴黎实行封锁，切断粮食供应。5月17日–20日，凡尔赛军集中火力猛攻巴黎西区各城门。21日，凡尔赛军攻入巴黎城区。23日，凡尔赛军经德军防线前面"中立"地带包抄蒙马特尔，并占领该地。公社战士逐区进行街垒战，但是由于各种原因最终归于失败。战后，凡尔赛军对巴黎人民实行血腥屠杀，据统计当时大约有29804人遭残杀，72941人在作战中牺牲，60971人被投入监狱或流放。

巴黎公社革命是法国无产阶级进行的一场自发的革命，虽然公社斗争只坚持了72天，但它为无产阶级革命运动提供了极其宝贵的经验和教训。这是无产阶级为推翻资产阶级统治、建立无产阶级专政的首次伟大尝试。公社的英雄儿女们用生命和鲜血捍卫新生政权的大无畏革命精神，将永远激励人民为争取自由解放而斗争。

永久中立的瑞士

现今瑞士的地域，是早在公元前1000年时凯尔特族人的居住地。公元前1世纪，原来住在莱茵河一带的凯尔特人的一支海尔维第人，因受日尔曼人的侵扰，迁至瑞士中部，建立了12个城市和400多个村落，瑞士的另一名称"海尔维第"即来源于此。

公元 15 年，瑞士被罗马帝国占领，在长达 200 多年的罗马统治时期里，罗马对瑞士大力开发，修筑道路、运河，建立城市，使得瑞士的经济迅速发展。

罗马帝国衰落后，随着匈奴人的西征，一场空前规模的民族大迁徙展开了，在迁徙过程中逐渐形成了后来的法语区、德语区和意大利语区。

751 年，居住在莱茵河流域的日尔曼族的分支法兰克人建立了法兰克帝国，后来法兰克王国分裂，瑞士东、西、北部均隶属德意志帝国。

德意志帝国只是一个松散的邦联，瑞士主要由扎林根、沙维斯、基布斯、哈布斯堡四个显贵家族统治。直到 1648 年，瑞士终于摆脱了神圣罗马帝国的统治，宣布独立并执行中立政策。

1798 年，拿破仑一世侵吞瑞士，将其改为"海尔维第共和国"。由于瑞士人的反抗，拿破仑作出让步，放弃统一集权国家的设想，决定成立邦联，瑞士又恢复联邦制。所谓联邦，这个词的拉丁文原意就是盟约或契约，指人与神之间神圣持久的盟约。《圣经》中记载，公元前 13 世纪，以色列人最早使用"联邦主义"原则构建其政体，借由盟约联合各部落，维持民主团结。所以联邦的制度奠基于各小国签署的盟约基础之上，各盟国仍维持其独立自主的地位。

在维也纳会议中，各国都承认瑞士联邦的领土完整，并承认瑞士永久中立。于是，瑞士联邦在 1848 年公布了第三部宪法，设立最高执行机构联邦委员会，定都伯尔尼，从此瑞士成为统一的联邦制国家，并决定无论何时都保持中立。

应该说，这项决策非常英明，因为瑞士国境虽大多数位于高耸的阿尔卑斯山脉上，但身处欧陆心脏地带，是欧洲陆、空交通转运点的关键性位置，为了在周边大国的激烈斗争中存活下来，采取中立政策是最聪明的。当然，中立并不代表软弱，瑞士能在日后两次世界大战时一直维持中立政策，成功的关键就在于它一方面实施全民皆兵的强势武装中立政策，提升自身的防卫能力，以吓阻可能的侵略；一方面成立红十字会加强对国际的贡献，赢得了国际社会对其中立的需要与尊重。

俄国初长成

18 世纪是一个充满创造的世纪，它为俄国的上层奠定了向西方学习、向西方开放的基础，为他们在各个领域向西方学习创造了前提和条件。他们不仅从西方获得技术、艺术信息，而且还仿效西方政治模式来健全和完善国家建构。西方因素也越来越多地渗透进人们的社会交往中。

——弗拉基米尔·别列洛维奇（俄裔法国学者）

彼得大帝

蒙古人东扩后，基辅罗斯沦为蒙古统治的地区，一直到 1480 年，才在莫斯科大公的领导下摆脱蒙古人的控制。

莫斯科大公是莫斯科邦国的领袖，莫斯科建于 1147 年，由弗拉基米尔大公尤里·多尔戈鲁基兴建，这位创建人头戴战盔、身披铁甲、左手持盾、双腿跨马的纪念像，一直矗立在莫斯科的广场上。14 世纪 –15 世纪，莫斯科公国逐渐强大起来，领导其他公国摆脱了蒙古统治，使罗斯成为了一个独立的国家——俄国。

由于蒙古人长期统治俄罗斯各国，导致游牧经济发达，相对于西欧各国，俄罗斯的文化相对落后。直到彼得大帝掌管俄国，才让一切发生了改变。

1682 年，刚满 10 岁的小沙皇彼得·阿列克塞耶维奇·罗曼诺夫登基了，他是俄国罗曼诺夫王朝的第四代沙皇。彼得是沙皇亚历克西斯和他的第二个妻子所生的独子。彼得不到 4 岁父亲就去世了，而亚历克西斯的第一任妻子还为他生了 13 个孩子，所以他们就王位的继承人问题展开了一场漫长的殊死斗争。不久，彼得的同父异母姐姐索菲娅借助射击军发动兵变，彼得被迫和母亲移居到莫斯科郊外。

7 年后，彼得拥有了两支训练有素的近卫军。索菲娅意识到这个弟弟是个危险对手，她发动兵变企图废掉彼得，但没有成功。索菲娅被送进了修道院，彼得开始亲自执政。这时的俄国还是个内陆国家，经济很落后，贸易十分闭塞。彼得认为要改变这种状况，俄国首先要有个出海口，这样商贸才能顺利往来。

1695 年，彼得亲率三万大军进攻土耳其，企图占领亚速海。由于没有海军，彼得不能从海上包围亚速城，而土耳其舰队却可以经常接受援助，远征宣告失败。但彼得并不甘心，他用一年多时间建立了一支舰队，再次围攻亚速城堡。土耳其人没想到俄国建海军会如此迅速，吃了败仗，亚速海落到了俄国人手中。

彼得虽然占领了亚速海，但却没有急于打通南方的出海口，因为这位年轻的沙皇看到，土耳其不仅占领着亚速海，还拥有一支强大的海军统治着黑海，这次失败只是大意轻敌，要想让以后的胜利不再靠运气得来，必须向西欧学习。

罗曼诺夫王朝世系简表

沙　皇	大　　事
彼得一世	1682 年与其兄伊凡五世同时继位，由其姐索菲娅公主摄政。1689 年亲政。1696 年伊凡五世病死后，成为唯一君主，开始实行改革。
彼得二世	彼得一世之孙，他死后，罗曼诺夫王朝男嗣绝。
伊凡六世	安娜的外甥女所生不满三个月的婴儿，后被囚 18 年，1764 年被杀。
彼得三世	彼得一世之外孙，即位不久被废黜，后被杀害。
女皇叶卡捷琳娜二世	彼得三世之妻，参与废黜和杀害彼得三世后执政，其执政时期是俄国农奴制的鼎盛时期。
保罗一世	叶卡捷琳娜二世所生，名义上是彼得三世之子，被谋杀。
亚历山大一世	保罗之子，杀父夺权。
尼古拉一世	保罗之幼子，曾镇压波兰起义（1830-1831 年）和匈牙利革命（1848-1849 年）。
亚历山大二世	1861 年实行改革。
尼古拉二世	绰号"血腥的尼古拉"，曾镇压 1905 年俄国革命。1917 年二月革命后尼古拉二世退位，罗曼诺夫王朝被推翻。尼古拉二世在 1918 年被枪决。

学习西欧

1697 年，俄国派出了一个 250 人的庞大考察团，彼得也以下士身份随同前往，看到了许多新鲜的事物。在这次旅行中，彼得为荷兰的东印度公司当了一个时期的船长,在普鲁士学习射击,甚至还在英国造船厂当了几个月的学徒。他走访工厂、学校、博物馆、军火库,甚至参加了英国议会举行的会议。总之,彼得尽了最大的努力学习西方的文化、科学、工业及管理方法。

一年后,俄国国内射击军再次发动兵变,要求立索菲娅为沙皇。彼得急忙回国,迅速镇压了叛乱,处死了1000多人,并把其中195名叛军的尸体吊在索菲娅的窗前。

叛乱平息后,彼得开始在俄国进行全面改革,先后开办冶金、纺织、造船等工厂,又征召大批农奴开凿运河,建设通商口岸,创办非宗教学校,还创办了第一家报纸。

不仅如此,彼得要求一切向西方看齐,包括生活方式。规定人人都不得蓄长胡子,宫廷人员必须穿西装,鼓励吸烟、喝咖啡。虽然这些政策有许多在当时遭到了强烈反对,但还是被坚定不移地执行了下去,让俄国在很多方面都实行了西方的风俗和文化。

彼得按西方的形式,对海军进行了改编,配备军服和现代火器,实行西方式的军事训练法。彼得也使俄国的民政发生了很多变化,其中包括一项明智的改革,即提升公务员要根据其工作表现,而不是其世袭地位。这一改革,使一些出身低微的人在政府中升任要职。彼得时期的第一位总检察长雅古任斯基,小时候放过猪;他的亲信大臣、陆军元帅缅西科夫则曾经在莫斯科街头卖过肉包子。

经过这番改革,俄国很快富强起来,彼得再次把目光投向俄国的出海口,这次他的眼光瞄向了瑞典。

夺取出海口

瑞典是当时北欧最强大的国家,拥有强大的军队。应该说,和瑞典争夺波罗的海是一个非常大胆的决定,更是对俄国的一次严峻考验。

1700年秋天,彼得率三万大军包围了瑞典城堡纳尔瓦。队伍刚集结完毕,彼得即下令攻城。一连猛攻了两个星期,但瑞典军队顽强抵抗,纳尔瓦城堡又非常坚固,始终分不出胜负。这时,瑞典18岁的国王查理十二世亲率一万多精兵向俄军发动猛攻,俄军全线崩溃,几乎全军覆没,彼得只身逃回了莫斯科。

惨重的失败没使彼得丧失信心,当瑞典人欢庆胜利时,彼得则在皇宫里考虑如何重建俄国军队。当查理十二世率军袭击波兰时,彼得已经开始实施他报仇雪耻的计划了。

为了向国外购买先进的武器装备，彼得把赋税提高了 4 倍，还增加了各种新的税收。差不多所有东西都要缴税，包括洗衣盆、棺材、烟囱、脸上的胡子，更有甚者，如果人的眼珠不是蓝色而是黑色或灰色，那就要缴税。彼得从全国各地征集新兵，加紧训练。他命令每三个教堂交出一口铜钟来铸炮。

1703 年，俄国带着用大钟铸出来的 300 门大炮，再次进攻瑞典。彼得在纳尔瓦城下笑着对部下说："我要在这里开一桌炮火宴席。"说完，就下令大炮开始轰击。整整轰了一天，俄军终于炸开了坚固的城堡，占领了纳尔瓦。彼得在涅瓦河口附近的科特林岛上修建要塞卡朗施塔特，在叶尼萨利岛上建立彼得·保罗要塞。彼得·保罗要塞地处大涅瓦河、小涅瓦河的汇合点，控制着通向波罗的海的水路。彼得选中这块地方作为未来的首都，使它成为真正的通向欧洲的窗口。

很快，俄国和瑞典又在波尔塔瓦展开规模空前的激战。彼得亲临前线指挥，他的帽子和马鞍都中了枪弹。最后，瑞典溃败，查理十二世逃到土耳其，俄国从瑞典手中夺得了芬兰湾、里加湾沿岸的土地，解决了北方出海口的问题。

1712 年，彼得在涅瓦河两岸的荒岛上建立了一座新城市，取名为圣彼得堡，把首都从莫斯科迁了过来。1721 年，俄国枢密院尊称彼得为"大帝"和"祖国之父"，俄国也正式改称"俄罗斯帝国"。

俄国通过战争吞并的领土大体上包括爱沙尼亚、拉脱维亚和芬兰附近的一片重要土地。虽然征服的领土并不很大，但位置都很重要，因为它给俄国提供了巴尔干海上的一个出口，提供了一个"瞭望欧洲的窗口"。自此，俄国以崭新的面目屹立于世界各国之林，成为欧洲的强国之一。

野心勃勃的女沙皇

叶卡捷琳娜出生于德国公爵家庭，但当时家境已经破落。在她 14 岁那年，幸运之神降临了。因为从小生活在德国的彼得三世，是普鲁士军事制度和德国文化的狂热崇拜者，对俄国的蔑视，对德国的崇拜，使彼得在皇后人选上偏向了德国。当得知自己被选定为俄国未来皇位继承人的未婚妻后，叶卡捷琳娜非常激动，立即在母亲的陪同下，来到了俄国。

为了当一个称职的皇后，叶卡捷琳娜开始拼命学习俄语，还改信东正教。但叶卡捷琳娜的夫君却和她是两种人，彼得三世不但才能平庸，而且狂妄自大。对俄国毫无感情的彼得三世继位后，经常以自己一时的好恶，随意改动俄国的制度和法令，引起了人们的强烈反对。此时，心计颇深的叶卡捷琳娜皇后却在开始营建私党，拉拢近卫军。

1762 年，彼得三世离开圣彼得堡到奥拉宁堡，准备发动对丹麦的军事进攻。皇后看准时机，发动了宫廷政变。在秘密处死彼得三世后，叶卡捷琳娜踏着丈夫的尸体登上了皇帝的宝座。

叶卡捷琳娜即位后，马上剥夺了教会的财产，因为彼得三世已将国库挥霍一空。随即，她宣布与普鲁士、法国和奥地利保持友好关系，并把昔日情人，帮助她发动政变的奥尔洛夫扶上了波兰的王位。

成为沙皇的叶卡捷琳娜，开始频频发动对外战争，疯狂地扩张领土。俄国击败了土耳其，兼并了土耳其的属地克里米亚，取得了黑海北岸地区，侵入中亚北部的哈萨克草原，进而完全占领西伯利亚北部。不仅如此，俄国还从亚洲东北部越过太平洋，占领了阿拉斯加，在加利福尼亚建立起一块俄国殖民地，实现了彼得大帝都没能实现的梦想。

长期的战争和沉重的赋税，使俄国发生了起义，其中普加乔夫的农民起义声势最为壮大。叶卡捷琳娜费了很大力气，终于把这场起义镇压下去了，为了泄愤，她把普加乔夫戴上脚镣手铐，装在木笼里运到莫斯科，然后对他实行了砍头、肢解、焚尸的残酷报复。完成了这个残忍的举动后，叶卡捷琳娜突然认为应该维持自己的形象，树立一个开明君主的样子，她于是亲自给伏尔泰写信，说俄国现在非常富裕，农民们每天都能吃上鸡，自己准备把伏尔泰的主张作为俄国的对外政策。当然，这一切都是谎言，叶卡捷琳娜对伏尔泰的学说一向嗤之以鼻，而且俄国农民连黑面包都快没的吃了。

1796 年，统治俄国 34 年之久的叶卡捷琳娜二世死于中风。临死前，她还念念不忘地大叫："假如我能活到二百岁，欧洲就会全部落到俄国脚下！把我的孙子取名为亚历山大吧，让他实现我的梦想，像古希腊马其顿的亚历山大大帝一样，建立一个横跨欧亚的大帝国——大俄罗斯帝国。"

叶卡捷琳娜的遗言确实成真了，亚历山大一世登上了欧洲大陆霸主的宝座，他的后人尼古拉一世则自称为全欧洲的主人，尼古拉二世更是妄图将整个亚洲并入俄国版图。

十二月党人起义

叶卡捷琳娜死了，她活着的时候曾装模作样地请伏尔泰到俄国来，让叶卡捷琳娜想不到的是，在她死后不到 20 年的时间里，伏尔泰的思想便传遍了整个俄国。

1818 年 9 月的一天，在圣彼得堡皇家近卫军营地，近卫军官恰达耶夫从法国旅行归来，带来了大批伏尔泰、孟德斯鸠和卢梭的著作，立时被同伴一抢而光。

年轻的军官们非常激动，他们在六年前的卫国战争中追击拿破仑的法军，一直打到巴黎。看到法国那种自由、民主、平等的生活，再看看俄国遍地都是农奴的局面，他们决心进行一场变革。

恰达耶夫和雷列耶夫是年轻军官们的领袖，他们一直在俄国各地宣传法国的启蒙思想，准备先在圣彼得堡发动一次起义。1825 年底，沙皇亚历山大一世死了，由于他没有子女，枢密院大臣和大主教决定由沙皇的二弟康斯坦丁继承皇位。

但是，身在华沙的康斯坦丁表示自己不愿当沙皇，主动放弃了继承权。这时，沙皇的三弟尼古拉表示自己想当沙皇，于是枢密院通告全国，决定在 12 月 14 日举行登基仪式。

登基这天清晨，全副武装的 3000 多名近卫军突然开进圣彼得堡的元老院广场，围绕着彼得大帝的铜像排成一个战斗方阵，领头的就是雷列耶夫和恰达耶夫，他们高呼口号："要求民主！""要求自由！""废除农奴制！"

这让正在试穿登基新衣的尼古拉大为惊恐，他做梦也没想到这个时候会有人反对他。大臣和将军们急忙调集军队，双方冲突起来。尼古拉见许多贫民也加入了起义军官的队伍，更加恼怒，命令动用大炮轰击。一颗颗炮弹在广场中央爆炸，起义队伍伤亡惨重，很快溃散了。恰达耶夫和雷列耶夫也被抓住，关进了监狱。

半个月后，俄国南部的乌克兰也爆发了士兵起义，结果还是被残酷镇压下去。因为圣彼得堡和乌克兰起义正好是在俄历十二月，他们又是相同组织发起的，所以人们把领导这次起义的成员称为"十二月党人"。

克里米亚战争

战争的导火线是俄罗斯与奥斯曼帝国之间的宗教问题。俄罗斯向奥斯曼帝国提出在其"圣地"建立俄罗斯的保护地，以便保护奥斯曼帝国境内的东正教徒，但是这个要求被君士坦丁堡的奥斯曼帝国苏丹直接回绝了。这时法国的天主教徒和英国的新教徒也倾向支持奥斯曼。于是俄罗斯在苏丹拒绝后决定以此作为采取军事行动的理由，1853 年俄罗斯与奥斯曼帝国断交，并开始占领多瑙河流域的土耳其附属国。

俄奥间之所以爆发克里米亚战争，其真正原因是奥斯曼帝国内部出现分裂，俄罗斯认为这是它在欧洲扩大势力范围的大好时机，尤其是觉得可以趁此机会打通去地中海的航路并实现其占领巴尔干半岛的夙愿。由于奥斯曼帝国在巴尔干半岛上的统治此时已经摇摇欲坠，而俄罗斯可以极力争取获得对恰纳卡莱海峡和伊斯坦布尔海峡的控制。为了实现各国的均势，英国和法国反对俄罗斯的扩张，所以在俄有所行动后，1854 年底英国和法国对俄罗斯宣战，1855 年皮德蒙特－萨丁尼亚也加入此同盟。奥地利虽然力图迫使俄罗斯从多瑙河撤军，但它并未帮助英法围攻

克里米亚半岛上塞瓦斯托波尔要塞的舰队。尽管它并未主动参战，但奥地利在这场战争中仍是一个重要角色。不久，在英法围攻下，俄军退出克里米亚半岛。

克里米亚战争是世界史上第一次现代化的战争。无论从军事上还是从政治上对于改变欧洲列强之间的地位和关系，这场战争都具有重要意义。它与巴黎和约同为 19 世纪继 1815 年的维也纳会议后的第二次重大事件。

克里米亚战争的后果之一是结束了奥地利、普鲁士和俄罗斯之间的神圣同盟时代。普鲁士在这场战争中保持中立，战后普鲁士与俄罗斯交好，俄奥关系破裂。后来英国与法国在战后开始与俄罗斯修好，因此奥地利日趋孤立。到此为止，奥地利在德意志联邦中的支配地位日益减弱，而普鲁士地位则日益上升。不久普鲁士首相俾斯麦发动了普奥战争，打败奥地利，将其排除在德意志之外，之后又发动了普法战争，再次获胜，主导建立了德意志帝国。由此，欧洲各强国之间的势力均衡开始向不利于奥地利的方向发展。在奥地利削弱的同时，皮德蒙特－萨丁尼亚不断增强。皮德蒙特－萨丁尼亚在意大利统一运动中起了支配性的作用。1861 年在法国的支持下皮德蒙特－萨丁尼亚建立了一个意大利王国。

1861年农奴制改革

十二月党人起义失败之后，雷列耶夫和恰达耶夫等人被绞死，100 多人被流放到了西伯利亚的苦寒之地，600 多人受到牵连被判刑。但从此以后，俄国的起义就没有停止过，要求废除农奴制的呼声也越来越高。

终于，在 1857 年，沙皇召开了农民事务机密委员会，开始拟定改革方案。1861 年，沙皇亚历山大二世颁布了废除农奴法令。这个法令包括一系列的文件，

其主要内容可以归纳为以下几个方面：

在人身解放方面：农民获得了自由民的权利和地位，可以自由经营工商业，订立契约，拥有动产与不动产和处理个人和家庭事务的权利。农民再不能被任意买卖，也不能随意被地主惩罚。

有关土地规定：农民缴纳赎金后可以得到一份土地。至于份地的面积，法令规定了最高和最低定额，如果份地超过最高定额，地主可以割去多余部分，这就是所谓的"割地"。

关于赎买手续：农民的宅旁园地可以自由赎买，但要先向政府交纳 60 卢布的赎金，6 个月后即可取得所有权，赎买份地还要得到地主的同意。关于赎金的数额，规定为每年代役租额为赎金的 6%，农民赎买时，必须先付赎金的 20%－25%，其余部分由政府垫付给地主，农民再在 49 年内，分期向政府还本息。这样规定的赎金之高大大超过当时的实际地价，据统计，农民分到的土地共值 6 亿多卢布，而赎金总额则高达 9 亿卢布。在农奴制被废除后不久，募兵制也被义务兵制所代替，俄国终于告别这种落后的制度了。

强者普鲁士

普鲁士，欧洲历史地名，一般指17世纪–19世纪期间的普鲁士王国。它在短短200年内迅速崛起并最终完成德国统一，建立了德意志第二帝国，所以普鲁士有时也成为德国近代精神、文化的代名词。

哈布斯堡家族的发迹

祖籍在瑞士阿尔高的哈布斯堡伯爵家族，经过数百年的经营，成功地使自己成为欧洲最强大的家族。这个家族最初的发迹是在1273年，当鲁道夫·冯·哈布斯堡就任德意志帝国"临时皇帝"的时候，还没有哪个大公爵愿意戴上这顶皇冠，因为此时的德意志，贫穷且纷乱。

一直被认为是软弱无能的鲁道夫，很快就展现了他作为政治家的非凡智慧，他巧妙地把自己的九个子女嫁娶出去，使得越来越多的家庭成员占据帝国的重要岗位，这为家族的非凡兴旺发展奠定了基石。

1496年，奥地利国王、神圣罗马帝国皇帝之子英俊王菲利浦，在他第一次见到胡安娜的时候就被她的美貌折服了，要求立即举行婚礼。胡安娜是西班牙国王斐迪南和女王伊莎贝拉的女儿。于是，这次联姻造就了历史上最庞大的帝国之一。

1504年，伊莎贝拉女王撒手人寰，胡安娜和菲利浦成为卡斯蒂利亚王国新一代君主。然而，28岁的菲利浦刚即位就蹊跷地暴亡。有人怀疑是他的岳父斐迪南一手策划毒死了他，因为他从来就没喜欢过这个女婿，更不想和他分享统治权。

丈夫虽然死了，但心如死灰的胡安娜一步也不离其左右，强烈的妒忌心使她禁止任何女性接近菲利浦的尸体。她时常命人打开棺材，这样她就能够拥抱菲利浦逐渐腐烂的尸身。最后她终于决定安葬丈夫，但仍然不让任何女性靠近灵柩，连修女也不行。她下令把灵柩抬出修道院，放在空地上，自己整晚都睡在旁边。

于是，斐迪南将胡安娜关进了城堡，由胡安娜的儿子查理五世继承了帝国，包括从母亲这边继承的西班牙、意大利、北非和美洲殖民地，从父亲那里继承的奥地利、尼德兰、卢森堡等地，领地横跨四大洲。1519 年，查理五世当选神圣罗马帝国皇帝，西班牙人一跃成为世界上最大帝国的统治者。

查理五世在位时（公元 1519–1556 年），哈布斯堡家族的统治范围已经东起匈牙利，西到西班牙，而且到达了美洲。那个曾经不受重视的皇帝，现在已经变成了永不落山的太阳。但查理五世在壮年时决定退隐，此后帝国又分裂成了哈布斯堡家族、西班牙和奥地利。

普鲁士的崛起

除了哈布斯堡家族，当时德意志还有另外一个势力强大的古老王侯家族，那就是霍亨索伦家族，占据着勃兰登堡和普鲁士。

经过父辈的改革，1701 年，弗里德里希在科尼希堡加冕成为"普鲁士国王"，不过普鲁士这位首任国王未引起人们的任何重视，直到他的儿子威廉一世时，威廉很快就获得了"士兵国王"的称号。他把军队扩大了一倍，达到了 8 万人。为使士兵绝对服从，威廉一世选择了唯一的方法——严厉的体罚。责任感、服从、纪律、秩序和勤奋，是这位"士兵国王"的最高价值，他的目标是想把全国变成一座兵营，全民拥有"普鲁士品质"。在威廉一世生命即将结束的时候，普鲁士已经具有了一支欧洲第三强大的军队。士兵国王希望他的长子弗里德里希能够和他一样，把这个事业继承下去，但他的儿子并不如他所愿。

年轻的弗里德里希在别无选择的情况下，顺从了父亲的意愿，开始学习"普鲁士品质"，甚至和父亲为他选择的、他并不爱的公主结了婚。婚后的生活虽不幸福，但终于有了闲暇，让他转向喜欢的音乐和文学。弗里德里希开始和伏尔泰通信，并写了一本书。在这本书中，他塑造了一个责任心很强又热爱和平的统治者，在行动中接受了启蒙运动的影响，接受了国王是国家的第一公仆的思想。

弗里德里希于 1740 年登基，成为普鲁士国王。登基后没过几天，弗里德里希就取消了体罚，还取消了国王干预司法的权力。他又宣告信仰和宗教自由。"在我的国家里，每个人都可以根据自己的方式获得灵魂的安慰"，这是他的一句名言。

不过，这位宽厚的君主毕竟还是普鲁士最高级别的军人，他趁哈布斯堡的皇帝查理六世驾崩之际，把军队开进了属于奥地利管辖范围的西里西亚，爆发了西里西亚战争。哈布斯堡的新继承人玛丽亚·特蕾萨遭到两次失败后，联合了俄国和法国，与普鲁士展开了长达 7 年的战争。面对强大的联军，弗里德里希显示了他作为统帅的卓越才干，他依赖普鲁士军队的严明纪律和战斗力，一次次逼退了对手。当这一切都不足以取胜，战争眼看就要失败时，弗里德里希却十分幸运地迎来了一个转机，那就是俄国的女皇伊丽莎白突然谢世，她的继承人彼得三世是弗里德里希的崇拜者，因此掉转了枪口。一年后，这场战争以《胡伯图斯堡和约》宣告结束。这时已被称为弗里德里希大帝（即腓特烈大帝）的普鲁士国王，终于使普鲁士变成了欧洲大国。

奥地利哈布斯堡王朝世系

国 王	头 衔
阿尔贝特二世	匈牙利国王、波西米亚国王、德意志国王
腓特烈三世	德意志国王、神圣罗马帝国皇帝
马米连一世	德意志国王、神圣罗马帝国皇帝
查理五世	西班牙国王、德意志国王、神圣罗马帝国皇帝
斐迪南一世	匈牙利国王、波西米亚国王、神圣罗马帝国皇帝
马米连二世	波西米亚国王、匈牙利国王、神圣罗马帝国皇帝
鲁道夫二世	匈牙利国王、波西米亚国王、神圣罗马帝国皇帝
马蒂亚斯	匈牙利国王、波西米亚国王、神圣罗马帝国皇帝
斐迪南二世	匈牙利国王、波西米亚国王、神圣罗马帝国皇帝
斐迪南三世	匈牙利国王、波西米亚国王、神圣罗马帝国皇帝
利奥波德一世	匈牙利国王、波西米亚国王、神圣罗马帝国皇帝
约瑟夫一世	匈牙利国王、波西米亚国王、神圣罗马帝国皇帝
查理六世	匈牙利国王、波西米亚国王、神圣罗马帝国皇帝
玛丽亚•特蕾萨	奥地利大公、匈牙利女王、波西米亚女王
弗兰茨一世	神圣罗马帝国皇帝
查理七世	神圣罗马帝国皇帝
约瑟夫二世	匈牙利国王、波西米亚国王、神圣罗马帝国皇帝
利奥波德二世	匈牙利国王、波西米亚国王、神圣罗马帝国皇帝
弗兰茨二世	匈牙利国王、波西米亚国王、神圣罗马帝国皇帝

马克思与恩格斯

在德意志统一的过程中，卡尔•马克思和他的思想也在逐渐成长。

马克思 1818 年生于普鲁士莱茵省的特里尔城，父亲是个崇拜法国启蒙学者的犹太律师。1835 年，马克思进入波恩大学学习，一年后转入柏林大学法律系，一度醉心于黑格尔哲学。获得博士学位后，马克思本想到波恩大学执教，但鉴于普鲁士政府迫害进步教授，便转入新闻界工作，成为《莱茵报》的主编。

在马克思任职《莱茵报》期间，莱茵省的地主凭借普鲁士政府的袒护，不断侵犯农民利益。马克思不断发表文章为农民辩护，他渐渐发现，普鲁士国家并不是黑格尔所说的理性和自由的化身，而是充满了暴力和专横。现实和理论发生了冲突，为了深入理解这些问题，马克思转而开始了政治经济学的研究。

不久《莱茵报》被封闭，马克思被迫辞职后，与少年时的女友，出身名门的燕妮·冯·威斯特华伦结婚，迁居巴黎，从此开始了长期的侨居生活。在此期间，马克思相继发表了《〈黑格尔法哲学批判〉导言》和《论犹太人问题》两篇文章，完全抛弃了年轻时候"青年黑格尔派"的影响，由唯心主义转向了唯物主义。这两篇文章同时引起了普鲁士和法国政府的恐慌。1845 年，马克思被法国政府驱逐出境，举家迁至布鲁塞尔，成了一个没有任何国籍的"世界公民"。

恩格斯（1820-1895 年）也出生在莱茵省，17 岁时被迫退学经商。在柏林服兵役时，恩格斯总是利用闲暇时间到柏林大学听哲学课。服役期满后，便前往英国曼彻斯特父亲的工厂经商。恩格斯喜欢英国的古典政治经济学，在《德法年鉴》上发表了《政治经济学批判大纲》和《英国状况——评托玛斯·卡莱尔的〈过去和现在〉》两篇文章。当他看过马克思那两篇著名文章后，十分欣赏。他拜访马克思，发现彼此的观点非常接近，从此共同战斗，成为了毕生的合作者。

《共产党宣言》

1847 年 11 月 29 日，共产主义者同盟在伦敦召开第二次代表大会，德、英、法、比、波兰、瑞士等国的共产主义者均有参加，马克思、恩格斯出席了这次大会。大会批准了同盟章程，并着手制订同盟纲领，经过十天的争论，最后大会一致通过了马克思、恩格斯提出的原则，委托马克思、恩格斯负责起草共产主义者同盟的纲领——《共产党宣言》，并于 1848 年 2 月在伦敦发表。

《共产党宣言》第一次全面系统地阐述了科学社会主义理论，指出共产主义运动已经成为不可抗拒的历史潮流。构成《宣言》的基本原理是：每一历史时代其政治的和精神的历史所赖以确立的基础，主要是生产方式与交换方式以及必然由此产生的社会结构，并且唯有从这一基础出发，历史才能得到说明。在当时的历史时期，无产阶级若不能领导整个社会摆脱剥削、压迫以及阶级划分，并进行阶级斗争，就不能使自己从资产阶级的剥削统治下解放出来。

《共产党宣言》还运用辩证唯物主义和历史唯物主义分析了生产力与生产关系、经济基础与上层建筑的矛盾，分析了阶级和阶级斗争，特别是资本主义社会阶级斗争的产生、发展过程，论证了资本主义必然灭亡，社会主义必然胜利的客观规律，资本主义的掘墓人必将是无产阶级。《宣言》公开宣布必须用革命的暴力推翻资产阶级统治，建立无产阶级"政治统治"，从而表达了以无产阶级专政代替资产阶级专政的思想。《宣言》还指出无产阶级在夺取政权后，需要在大力发展生产力的基础上，逐步进行社会改造，从而消灭阶级对立和阶级本身的存在条件。《宣言》批判当时各种反动社会主义思潮，对空想社会主义作了科学的分析和评价，同时阐述了作为无产阶级先进队伍的共产党的性质、特点和斗争策略，指出了党的最近目标与实现共产主义这个终极目标之间的联系。《宣言》最后庄严宣告："无产者在这个革命中失去的只是锁链。他们获得的将是整个世界。"同时发出"全世界无产者，联合起来！"的革命号召。

《资本论》论资本

《资本论》是无产阶级政治经济学的一部光辉巨著，也是马克思主义的百科全书。列宁曾指出："马克思认为经济制度是政治上层建筑借以树立起来的基础，所以他特别注意研究这个经济制度。马克思的主要著作《资本论》就是专门研究现代社会即资本主义社会的经济制度的。"马克思一生致力于政治经济学的研究，他的《政治经济学批判》和《资本论》，"使这门科学革命化"。《资本论》的版本有很多，马克思、恩格斯在世时，每出一版，都会另写序或跋，这些序言和跋文也构成了《资本论》不可缺少的一个组成部分，它们现在成为人们学习《资本论》的入门向导。

开发美洲

北美殖民地所受的压迫是近代新兴资本主义的殖民压迫，从这个意义上说，它所进行的不是历史上一般反异族统治的独立战争，而是带有资产阶级革命内容的殖民地独立战争。美国革命充分运用了英国资产阶级反对封建王权的思想武器，这一点带有鲜明的西方资产阶级革命性质。它举起独立的大旗把斗争的矛头集中指向大英帝国殖民统治的权力中心——英国议会与国王，这一点又带有鲜明的民族解放性质。一身而二任焉，这就是美国革命的特点。

——罗荣渠

到美洲去

17、18 世纪，成千上万的欧洲人向美洲进发，他们渴望得到更多的土地，期待在这个未经开发的新世界里，有更好的生活。

移民者在这里修建村庄、开发森林、开垦土地，一个个农庄拔地而起。当地的土著居民印第安人，本来将白种人视若天神。可现在，这些天神变成了魔鬼，正在无情地掠夺他们祖先的土地，自己的长矛虽然拼不过他们的短枪，但印第安人仍旧激烈抵抗，不愿向这些侵入者低头。

在北美洲北部定居的外国移民，多是受到教会号召而来的。他们在这里从事农业和手工业，捕鱼造船，生活上带有很明显的清教徒印记，奉行勤奋和节俭。南方的发展和北方不同，这里的土地适宜种植水稻、烟草、甘蔗和棉花。这里的庄园主需要大批劳力，穷白人很少，因为每一个移民都渴望开辟自己的天地，不愿意为别的移民干活。而当地印第安人又极难对付，庄园主们于是就让人去非洲寻找奴隶，将这些非洲人和他们的子孙世代捆绑在自己的庄园里。

正是这些非洲奴隶一步步被南方大庄园主剥削，完善了半封建的租佃制和奴隶制。半封建的租佃制是从英国搬来的，并且多是与大土地所有制联系在一起。以纽约的殖民地为例，大封建主所有土地往往田连阡陌，土地高度集中，其中仅约翰逊一个人就独占5万英亩的土地。此外，在一些殖民地上还有英国国王的遥领土地。大地主一般把自己的土地分成小块出租给佃农。在这种体制下，纽约殖民地区几乎有六分之五的居民是佃农。

美利坚民族的诞生

这些欧洲移民们不但自己到了美洲，还把他们的牛也带到了这片土地上。北美洲西部的俄亥俄和肯塔基，在印第安语中被称为草地州，是印第安人眼中的"草原之国"，更是欧洲移民的"牛乐园"。这里不久就有了专门的"牛道"和"牛镇"，"牛道"是"牛群"走的道路，"牛镇"则是沿途的歇脚站。

牛群长途跋涉，跨州越县，当然需要人带领、照管，这种人就是"马背上的英雄"——牛仔。牛仔们都戴墨西哥式的宽边高顶帽，既有利于遮挡烈日风雨，还可以用来做枕头，甚至可以用它舀水喝。牛仔们不但要能管束半驯服的牛，特别是性情凶野的西班牙牛，还要留意沿途的狼群等野兽，防范毒蛇、毒虫的袭击，小心提防印第安人的冷箭、标枪……

北美洲的贸易往来，很大程度上就是依靠牛仔完成的。由于美洲移民有很大一部分都是英国人，美洲在一定程度上也等同于英国的殖民地。1660年，英国颁布了《列举商品法》，规定美洲出产的烟草、砂糖、棉花、靛青等只能输往英国，如要输往外国，必须先在英国卸货，再由英国商人运往外国。这项法律的颁布只有一个目的，就是把北美殖民地变成英国工业的原料供应地，使英国商人买到廉价的原料。不久，英国又在北美洲设置税关，征收英国以外的欧洲国家的商品进口税。

北美洲的经济，在英国的压制下依然蒸蒸日上地发展，呈现出一派繁荣景象。北方主要生产工业品向南方销售，南方的重头是农产品，满足北方需要。费城、波士顿和纽约，渐渐发展为大规模城市，一个统一的北美市场就这样形成了。

在这个统一市场里，虽然有不同国家的殖民地，但因为同是欧洲人，语言相通，因此到18世纪中叶，在北美英属殖民地上，便形成了一个新兴的民族——美利坚民族。

波士顿倾茶

1773 年，英国为了倾销东印度公司的积存茶叶，通过《救济东印度公司条例》，给予了东印度公司到北美殖民地销售积压茶叶的专利权，免缴高额的进口关税，只征收轻微的茶税，并明令禁止殖民地贩卖"私茶"。东印度公司因此垄断了北美殖民地的茶叶运销，其输入的茶叶价格较"私茶"便宜50%。

这个条例引起了北美殖民地人民的极大愤怒，纽约、费城、查尔斯顿的工人拒绝卸运茶叶。在波士顿，一批青年以韩柯克和萨姆尔•亚当斯为首，组成了波士顿茶党，要求停泊在港口的东印度公司茶船开出港口，但遭到了拒绝。于是，波士顿茶党趁着夜色，化装成印第安人闯入了茶船，将东印度公司三条船上的 342 箱茶叶全部倒入大海。

英国政府大怒，采取高压政策，宣布封锁波士顿港口，取消马萨诸塞州的自治，允许在殖民地自由驻军。这一来更激起了殖民地人民的强烈反抗，使英国政府与北美殖民地之间的矛盾尖锐，公开冲突日益扩大。

波士顿倾茶事件是一场由马萨诸塞州波士顿居民发起的对抗英国国会的政治示威。它标志着北美人民反对殖民统治暴力行动的开始，也是美国革命的关键点之一。自此，北美人民掀起了反抗英国殖民者的民族斗争，终于导致了 1775 年 4 月美国独立战争的第一声枪响。

列克星顿的枪声

1775 年 4 月 19 日清晨，列克星顿上空响起了独立战争第一枪，从此拉开了美国独立战争的序幕。

1775 年 4 月，马萨诸塞总督兼驻军总司令盖奇得到一个消息：在距波士顿不远的康科德镇上，设有"通信委员会"的一个秘密军需仓库。得到消息后，盖奇立即命令少校史密斯率 800 名英军前往搜查。4 月 19 日凌晨，他们到达了距康科德 6 英里的小村庄——列克星顿。

"射击！给我冲！"史密斯一看对方只有几十个人，原来的紧张心情马上放松下来。他根本没把这几十个衣服破烂的民兵放在眼里。列克星顿的民兵立刻还击，积极抵抗英军进攻，枪声久久响彻在列克星顿上空。民兵由于人少，地形不利很快撤离了战场，分散隐蔽起来。

史密斯初战告捷，十分得意，指挥士兵直奔康科德。等英军赶到镇上时，天已大亮，但街道上却不见一个人，家家关门闭户，史密斯于是下令搜查，但是进入居民住宅的英军即使翻箱倒柜，折腾半天，仍然一无所获。原来，民兵得知消息，早已经把仓库转移，"通信委员会"的领导人也隐蔽起来了。

史密斯觉得情况有些不妙，连忙下令撤退。就在这时，镇外喊杀声、枪声陡然大作，附近各村镇得到消息的民兵，也纷纷从四面八方向康科德赶来，包围了正在撤退的英军。他们埋伏在篱笆后边、灌木丛中、房屋顶上、街道拐角处，从各个方向向英军射击。英军由于在地势上处于劣势，一路向波士顿方向退却，沿途不断遭到民兵袭击，狼狈不堪。

战斗一直持续到黄昏，最后还是从波士顿开来的一支英国援军，才最终使史密斯等人摆脱了困境。

经过此役，英军死伤 247 人，民兵仅牺牲几十人。劫后余生的英军弹药耗尽，回想起来仍然心有余悸，他们第一次尝到殖民地人民铁拳的滋味。有个士兵回忆说："我 48 小时没吃一点儿东西，帽子被打掉 3 次，2 颗子弹穿透上衣，连刺刀也被人打掉了。"

列克星顿的枪声震动了大西洋沿岸的 13 个殖民地，美国独立战争从此开始。

独立战争

独立战争爆发后，北美 13 个英属殖民地的代表迅速在费城召开"大陆会议"，推举华盛顿为大陆军总司令，正式对英国宣战。

此时，波士顿的民兵还在和英军激战，华盛顿立即骑马出发，亲临前线指挥战斗，给了英军严重打击。这时候的美军打得非常艰苦，他们中的大多数人是临时召集来的农民，没有军服，缺少武器，更没有受过正规的军事训练，根本就不能称其为军队。另一方面，美军的后勤供应也极度困难，士兵们有时一连五六天吃不到面包，只好吃马料，在寒冷的冬季不得不赤脚行军。

相反，他们的对手英军却装备精良，训练有素，后勤供应充足。美军在此情况下一败再败，纽约等城市相继失守。

华盛顿在一些人意志动摇之时力挽狂澜，他努力将各州团结、联系起来，共同作战。1776 年 7 月 4 日，《独立宣言》发布，这为独立战争增加了新的动力。终于，华盛顿率领美军在一年后取得萨拉托加大捷，一举扭转了整个独立战争的局面。与此同时，为了孤立英国，美国又多方展开外交活动，争取法国的援助。法国军舰不久开进美国，英军被迫从费城撤退，把主力转移到南方港口城市约克镇。法军和美军两路并进，直逼约克镇。法军用海军封锁海港，切断了英军的海上补给和退路，华盛顿则率领部队从正面猛攻。

1781 年 9 月，英军统帅康华理率部千余人向华盛顿投降，独立战争取得了最后胜利，美利坚合众国建立了。

美国的缔造者——华盛顿

美国的第一任总统华盛顿，1732 年出生于弗吉尼亚。11 岁时，父亲死了，只留给他少量田产和 10 个黑奴。

16 岁时，华盛顿去西部做了土地测量员。这时英法两国为了争夺在北美的领地和利益发生了冲突，双方都开始积极备战。命运为华盛顿提供了一个走入军界的机会，他由此成为英属弗吉尼亚地区的一个少校副官，时年 19 岁。人们都说，华盛顿身材高大健壮，外貌庄严，沉默寡言，充满了个人魅力，是一个天生的军人。

在接下来的战争中，华盛顿不仅出色地完成了任务，而且多次出生入死，被称为"最勇敢的人"。

当历时 7 年的英法战争以英国的胜利宣告结束时，华盛顿并未感到自豪和喜悦。战争中，英国人给予本土士兵和北美士兵的不同待遇，让华盛顿感到受了歧视。而战争后英国为了充实国库，对其在北美的属地课以重税，更让华盛顿感到不满。

列克星顿的枪声响起后，大陆会议召开，华盛顿是唯一身着戎装的代表，最终当选为大陆军总司令，时年 43 岁。随着战争的一步步胜利，独立迫在眉睫。但当时的中央政府无权向各州征税，中央政府还是靠各州摊派所得来运转。随着战争的胜利，各州政府对大陆会议的要求反应冷淡，军队的薪饷也被拖欠。军人们开始担心，一旦和平来到，自己的生活会不会没有保障。此刻，人们希望有一个独揽大权的人物来接管政府。在人们眼里，华盛顿就是这样一个人。军队中的这种呼声更是高涨，甚至有军官上书要求华盛顿做皇帝。

但是华盛顿并不想当皇帝，他追求的只是尊敬和荣誉。当和平终于来临之时，

51 岁的华盛顿辞去军职，解甲归田。

1787 年，制宪会议在费城召开，华盛顿被邀请作为这次会议的主席。在会议上，华盛顿竭尽全力，用自己的威望和影响力，为代表们之间的相互沟通创造气氛，起到了平衡和协调的作用。最终，所有代表都同意将行政权力赋予一人——美利坚合众国的总统。

联邦宪法通过，各州代表在同一时间进行投票，选举美国的第一位总统。结果是，华盛顿获得全票。此时的华盛顿已无法再拒绝了，他手按《圣经》，在大法官的主持下，进行了庄严的宣誓。

华盛顿在人们的一致拥护和信任下，连任了第二届总统，在他的正确领导下，美国跨过了一次次危机，走向了稳定的正途。但是党派的纷争常常给华盛顿带来困扰，使他感到厌恶与痛苦。1797 年 3 月 3 日，华盛顿等待已久的一天终于到来了，这是他担任公职的最后一天。在人们的惋惜、痛苦和眼泪中，华盛顿平静地离开了政坛，回到他向往已久的家园——弗家山庄。他的退隐也为美国总统的任期立下了不超过两届的先例。

后人曾经这样评价华盛顿：他曾让美国军队团结在一起，他曾把各个殖民地团结起来，他曾使大陆会议团结一致。没有华盛顿，就没有今天的美利坚合众国，他是美国的国父。他那无与伦比的领袖风范及崇高的人格与威信，使他成为美国总统名单上唯一比政府本身更重要的人物。

制宪会议

独立是艰难的，和平需要付出血的代价，而自由平等的生活，更不可能是一蹴而就的。

美国独立战争后，幸福生活并没有如期而至。农民依然贫穷，工人的工资也还是少得可怜，各种捐税多如牛毛。人们意识到，本地的资产阶级和种植园主并不比英国人慈善。

严酷的生活环境让许多人又拿起了枪，各州暴乱频发。在康科德，谢司发动的起义声势最为浩大，他们到处攻打法院，烧毁债务诉讼档案。谢司在独立战争中立过军功，还因此被晋升为上尉。可当战争后回到家乡，谢司才发现，自己原来身无分文，比战争之前还要贫穷。谢司的反抗引起了联邦政府的恐惧，急忙派出政府军镇压，一直将谢司的队伍赶到荒凉的西部，才得以平息了这场叛乱。

新兴的资产阶级意识到，虽然他们有一个统一的联邦政府，但各州都有自己独立的军事、财政和外贸权力，一旦爆发大规模的起义，联邦政府根本无力镇压。

就这样，各州纷纷派出代表来到费城，召开了制宪会议。经过长达四个月的讨论，1787 年，体现三权分立原则的宪法终于出台。宪法规定美国由总统掌握行政权，而总统由选举产生，任期四年。总统既是政府的行政首脑，也是武装部队的总司令。国会由参议院和众议院组成，众议院议员由各州选民直接选出，参议院议员由各州立法会议选出。国会拥有立法权，法律由国会两院通过，总统批准后生效。如果国会的决议被总统否决，经国会两院再以三分之二的多数票通过，也可直接生效。司法权属于最高法院，法官由总统任命，参议院批准，终身任职。

拉美独立运动

美国的《独立宣言》不仅给了殖民统治者重重的一击，也给了美洲人一次不小的震荡。宣言中主张的"人人生而平等"，"每个人都有生存权、自由权和追求幸福的权利"，让几乎所有人都重新审视了一番这个世界，自由和平等，人们意识到，这是他们听说过的最动听、最美好的两个词。

在《独立宣言》发表后不久，"拉丁美洲"就爆发了要求独立的战争。所谓拉丁美洲，就是包括北美洲的墨西哥在内的南美洲的众多殖民国家。

1742 年秘鲁爆发了由胡安·桑托斯领导的印第安人起义，起义者赶走和杀死殖民官吏、地主和传教士，起义把复兴印加国家作为主要目的。1780 年康都尔堪基又领导了一次秘鲁印第安人的起义，号召印第安人复兴独立的"印加帝国"，参加者达数万人，起义队伍席卷了秘鲁南部广大地区，历时两年之久。起义虽然最后以失败告终，但表现了拉丁美洲人民不甘屈辱，争取自由和独立的革命精神。在巴西，社会结构与西班牙殖民地相似，不同的是巴西 300 万人口中有近一半的黑人奴隶，因此这里的起义主要是黑人奴隶反对奴隶种植园主的斗争。1630 年有两万多黑人集会成立自己的政权巴马瑞斯国，抗击葡萄牙殖民政府的围剿，此次起义前后坚持半个世纪之久。18 世纪欧洲资产阶级启蒙运动和美国、法国资产阶级革命极大促进了拉丁美洲人民的民族独立运动。18 世纪下半期，殖民地出现了一批接受过革命教育的知识分子，他们多熟悉启蒙思想家的学说和著作，熟悉美国独立和法国革命的历史，以这些人为核心，在殖民地资产阶级革命的思想得到传播，革命的思想准备日益成熟。哥伦比亚人纳利诺（公元 1769-1822 年）于 1794 年翻译发表了法国的《人权宣言》。智利罗哈斯（公元 1743-1816 年）曾在智利建立秘密组织，阅读和讨论《人权宣言》和《百科全书》。委内瑞拉的米兰达（1750-1816 年）参加过美国独立战争和法国大革命，深受资产阶级革命的影响，后来他成为独立战争的领导人之一。1796 年英法战争之际，西班牙被迫与法国签订同盟条约，加入对英作战。由于英海军实行封锁，西班牙商业每况愈下，1807 年，葡萄牙、西班牙被迫参加了拿破仑的"大陆封锁体系"，这引起英国对西海岸更加严密的控制，这种控制削弱了西班牙对拉丁美洲殖民地的控制，从而有利于拉丁美洲民族解放运动的开展。

自由海地的诞生

海地位于中美洲，原来被强大的西班牙殖民者占领，后来法国打败西班牙，占领了海地。海地人大多是非洲黑奴的后代，1791 年，海地的混血种人和黑人发动武装暴动，高喊着"宁愿死也比当奴隶好"的口号，放火焚烧了咖啡园和甘蔗种植园，烧毁了殖民者的豪华别墅，杀掉了法国殖民官吏和许多白人奴隶主。仅仅两个月，烽火就燃遍了海地，2000 多名法国殖民者被打死。

在这次起义中，黑人马车夫杜桑脱颖而出，他以严明的纪律统率部队，所到之处，敌人望风而逃。当时的法国正在闹内乱，政府只派出了 6000 人的军队到海地镇压起义，结果当然是没起任何作用。西班牙和英国看到有机可乘，先后派兵入侵海地，但都被杜桑领导的起义军赶走。

1801 年，海地召开制宪会议，制定了宪法，宣布废除奴隶制度，所有海地人不分人种、肤色一律平等，都享受自由的公民权。在这次会议上，杜桑被选为终身总统，海地正式宣布独立，并恢复了印第安人的传统名称——"海地"，意为"多山的地方"。

拿破仑无法容忍，立刻派他的妹夫黎克勒远征海地。当三万法国远征军来到海地的时候，海地军队早在他们要登陆的地方点起火来，烧毁了那里的一切。法军不但找不到吃的，甚至找不到喝的，因为水中已被下了毒药。

黎克勒大伤脑筋，拿不下海地拿破仑就要拿下他了。不久，一个大胆而有效的计划出来了，黎克勒十分欣赏自己聪明的脑袋。

黎克勒写了一封言辞恳切的信给杜桑，建议双方坐下来协商，一起消除战争。这封信言辞恳切，诚意十足，且信誓旦旦。杜桑相信了黎克勒，一个人单枪匹马来到法军驻地，想与黎克勒会面。然而，接待杜桑的却是镣铐。

杜桑被押送到法国，拿破仑下令将他送进监狱。不久，这位杰出的黑人领袖便死在了法国监狱中。杜桑之死让海地的革命烈火又熊熊燃烧起来，在克里斯托夫和德萨利纳的领导下，海地人对法国殖民者进行了沉重打击。

黎克勒的抵抗越来越弱，不久便死于黄热病，法国侵略军陷入了绝境。仅剩的 8000 老弱残兵无奈，决定返回法国，在回国途中被英国海军俘虏，全军覆没。

"解放者"玻利瓦尔

西蒙·玻利瓦尔是南美洲北部地区独立战争中最为重要的领导人，生于委内瑞拉，家里除拥有大片种植园和 1000 多名奴隶外，还有金矿、糖厂、房产以及呢绒商店等。虽然生活富足，但经常受到西班牙殖民者的歧视和压制。

玻利瓦尔曾在西班牙、法国、意大利等国家留学，回国后，他建立了委内瑞拉第一共和国，不久被西班牙镇压。玻利瓦尔不甘心失败，率领革命军解放了加拉加斯等地区，在那里建立了委内瑞拉第二共和国，但不久又失败了。玻利瓦尔不得不流亡于牙买加、海地等国家。

当玻利瓦尔来到海地的时候，海地总统佩蒂翁送给他 7 艘船和大批武器弹药。玻利瓦尔经过两个月的准备，于 1816 年返回委内瑞拉，在奥里诺科省成功登陆。

经过认真总结经验，玻利瓦尔不再攻击大城市，而是把部队引入奥里诺科河流域的东部地区，展开游击战。

1818 年，委内瑞拉第三共和国成立，玻利瓦尔率领部队翻越安第斯山，突袭新格兰纳达地区的西班牙人。西班牙军队没想到玻利瓦尔的军队会从天而降，一时间惊慌失措，还没等拿起武器应战，就被消灭在懵懂中了。

这次袭击大获全胜，玻利瓦尔乘胜追击，向波哥大进军。波哥大的西班牙守军顽强抵抗，双方展开了艰苦的鏖战。最后，玻利瓦尔取得胜利，开始以强大的攻势横扫委内瑞拉全境，西班牙军望风而溃，玻利瓦尔的军队终于开进了首都加拉加斯。

委内瑞拉解放后，玻利瓦尔又南下厄瓜多尔，将盘踞在那里的西班牙军队赶走，至此，南美洲的西北部地区也获得了独立。

1819 年，新格兰纳达、委内瑞拉、厄瓜多尔共同成立了"大哥伦比亚共和国"。玻利瓦尔被选为总统和最高统帅，不久即进军秘鲁。秘鲁当时是西班牙势力最为顽固的地区，玻利瓦尔为之付出了巨大代价，当秘鲁东部被玻利瓦尔解放后，就改名为玻利维亚，以纪念这个国家的解放者。

玻利瓦尔与圣马丁

玻利瓦尔有一位亲密战友——圣马丁，他在翻越安第斯山，出其不意地进攻智利的西班牙守军时立下赫赫战功。在秘鲁与西班牙军队作战时，圣马丁更是表现得异常英勇，因此被大哥伦比亚共和国推为"护国公"。

由于圣马丁的突出功勋，他后来便担任了阿根廷北方军总司令，还享有"南美洲的解放者"，秘鲁、智利、阿根廷三个共和国的"祖国之父"和"自由的奠基人"、"南方的华盛顿"等各种称号。

正当人们以无限钦佩的心情庆祝圣马丁的胜利时，圣马丁却主动辞职了。关于他急流勇退的原因，人们议论纷纷，最终的焦点便都集中到了玻利瓦尔身上。

1822 年，圣马丁到瓜亚基尔与玻利瓦尔会谈，会谈的第二天和第三天是在绝密的情况下进行的，没有任何第三者参与，因此会谈的内容至今无人知晓。会谈结束后，玻利瓦尔未作任何透露，圣马丁也同样缄口不言，但就是在这次会谈后，圣马丁默默离开了，给世人留下了一个永远的迷惑。

人们后来对会谈内容作了各种猜测。据说圣马丁到达港口时，玻利瓦尔的两位助手去迎接，玻利瓦尔在他要下榻的宾馆欢迎他，两位巨人还紧紧拥抱在一起。但是会谈结束后，圣马丁却神情严肃、一声不响地走出了大厅，他旁边的玻利瓦尔则带着一种神秘的表情，两个人没有再度拥抱。当晚，玻利瓦尔在通宵舞会上尽情欢乐，圣马丁却悄无声息地不辞而别。

返回秘鲁不久，圣马丁即辞去了国家首脑和军队统帅的职务，决定不再拥有任何权力，并取下了他身上象征权力与最高荣誉的两色绶带。当时在场的人都非常吃惊，纷纷劝说圣马丁收回辞呈，但圣马丁依然意志坚决地离开了。

关于圣马丁的悄然隐退，人们的说法很多，对于圣马丁的"我并不寻求荣誉"，"我的剑绝不为争权夺力而出鞘！"这句话，每个人都记忆犹新。所以大多数人认为是玻利瓦尔排挤了圣马丁，至于排挤的手段和方法，就只有玻利瓦尔、圣马丁和上帝这三个人知道了。

相信唯一让圣马丁遗憾的不是放弃权力，而是独立并没有给大多数人带来所期望的自由。那里的印第安人、黑人和各个种族的混血儿，虽然摆脱了西班牙人和葡萄牙人，却又陷入大地主、大商人、官吏和宗教贵族的压榨之中，新的法律导致了贫富进一步分化。

巴西的独立与奴隶贸易

1500 年，葡萄牙航海家佩德罗·卡布拉尔率探险队来到巴西，给这里起名叫"圣十字地"。后来，人们在海岸附近的热带森林中发现一种可以提炼贵重红色染料的树木，于是他们就把这里叫作"巴西"。"巴西"在葡萄牙语里就是红木的意思。

随后在长达 300 年的殖民统治时期，数百万的葡萄牙人、意大利人、德国人、波兰人移居巴西，其中一部分人与当地的印第安人融合在一起，出现了大量印欧混血种人。后来大批黑奴被贩运到巴西，东方黄种人也涌入这里，不同种族间长期通婚，各种混血种人之间又再次融合，逐步形成了巴西特殊的民族。

随着美洲独立浪潮的掀起，巴西也爆发了武装起义，黑人宋巴发起的反葡运动持续了 60 多年。1792 年，"巴西的国父"、民族英雄蒂拉登特斯被殖民者残酷绞杀，尸体被砍成九段，由此激发了更大规模的反抗。

1822 年，巴西宣布完全脱离葡萄牙独立，成立了巴西帝国，年仅 24 岁的彼得罗一世成为国王，宣布废除奴隶制。第二年帝制垮台，巴西又成立联邦共和国，在宪法颁布后定国名为巴西合众国。

那些同样获得独立的黑人奴隶，都是欧洲殖民者从非洲贩运过来的，要不是美洲的独立运动，他们世世代代都将是奴隶。

原本充当奴隶的，是美洲土著居民，那些印第安人被成批赶往矿井，继而成批成批埋于废弃的矿井之中。土著居民的数量本就不多，其中许多人因过重的劳动过早地结束了生命，殖民者于是将目光转移到了贫瘠落后的非洲。

四码白布可以在非洲换取一个黑奴，把这个黑奴运到牙买加，可以卖 60 至 100 英镑。一艘贩奴船往返一趟可以运 300 多名黑奴，获利 1.9 万多英镑，利益快呈几何倍数增长了。西班牙、荷兰、英国、法国，尤其是最先垄断奴隶贸易的葡萄牙，都在贩奴运动中发了横财。

一般的贩奴船从欧洲起航以后，直接从欧洲各地开往非洲西岸距美洲最近的内亚湾，在那里用船上的商品换取奴隶。每一个奴隶身上都要烙上所属奴隶主的姓名，然后像运送一头猪那样，把奴隶塞进拥挤不堪、污浊熏天的船舱中。

在运送过程中，各种疾病经常凶猛肆虐，还不时流行瘟疫。奴隶主也十分害怕瘟疫，所以只要发现患病黑奴，就立刻把他们扔进大海。一旦奴隶们不甘忍受、揭竿而起，就会遭到最为惨烈的屠杀。

在人类的历史上，没有什么比贩奴更可耻的了，但是这种公开的奴隶贸易竟然延续了长达 400 年的时间！

世界进入快车道

　　第一次工业革命使世界进入蒸汽时代，英国因此在资本主义的发展中脱颖而出。不久因电气化时代的到来而开始的第二次工业革命，使资本主义的发展进入帝国主义阶段，各资本主义国家在发展本国经济的基础上纷纷走上殖民征服的道路，在侵略与反侵略的过程中，人类历史上爆发了两次世界大战，对人类生活的各个方面都产生了深远影响。二战结束后，人们开始认真考虑国家建设与国际关系问题，由此开启了新时代和平与发展的篇章。

亚洲的苏醒

这些古老的王国在遭受帝国主义冲击后，渐渐稳住了阵脚，
用它们深厚的底蕴开始了新一轮的反击，让世界重新认识了东方。

明治维新

德川幕府时期，日本开始实行闭关锁国的政策，自丰臣秀吉把基督教传教士赶出日本后，连经商的外国人也无法进入日本了。

到了幕府末期，天灾不断，民不聊生。西方殖民者这次带来的不是《圣经》，而是坚船利炮，1853年，美国海军将领柏利率领舰队两次闯进江户湾，迫使日本开港通商，幕府屈服于列强的炮火，签订了很多不平等条约和关税协定，就这样锁国达两百余年的日本国门被叩开了。

随着外国资本的不断注入，大批农民和手工业者因为外货的倾入而纷纷破产。在内忧外患的双重压力下，日本人逐渐认识到，只有推翻幕府，向西方学习，才是日本的富强之路。于是，一场轰轰烈烈的倒幕运动展开了。

1868年，在有"维新三杰"之称的大久保利通、西乡隆盛、木户孝允的领导下，成功发动政变，迫使德川幕府第十五代将军德川庆喜交出政权，并由新即位的明治天皇颁布"王政复古"诏书。这就是日本历史上的"明治维新"。

明治天皇虽然年幼，可颇有见识，随即宣布迁都江户，并将其改名为东京，随后从政治、经济、文教、外交等各方面都进行了一系列重大改革，在后来的甲午中日战争中击败中国的北洋舰队，全歼俄国太平洋舰队和波罗的海舰队，成为亚洲头号强国。

明治天皇

明治天皇（1852–1912 年），名睦仁。嘉永五年（1852 年）11 月 3 日生，他是孝明天皇的第二皇子，其母为英照皇太后。实际上他真正的生母是权大纳言中山忠能的女儿，名中山庆子，又名典侍庆子。万延元年（1860 年），他被定为储君，并赐名睦仁。

"广兴公议，万机决于公众；公卿与武家同心，以至于庶民，使各遂其志，人心不倦；破旧来之陋习，立基于天地之公理正气。"这是明治天皇登基的誓言。

日本明治维新，在世界史上堪称一大奇迹。一个既小又穷，资源贫乏的偏僻岛国，仅用半个世纪，便实现了社会、经济、军事等多方面的脱胎换骨，成为一个世界强国。这一切，总是与"明治"这个年号有千丝万缕的联系。

庆应三年，即 1867 年倒幕运动开展之际，孝明天皇骤然离世，16 岁的睦仁继承皇位。次年 1 月 9 日，举行了践祚典礼。在革命分子的鼓舞之下，明治天皇于 12 月 9 日毅然实行"王政复古"。庆应四年一月，倒幕派曾发动政变，迫使将军德川庆喜将政权交与天皇睦仁。1868 年 3 月明治天皇发布《五条誓约》，同年 7 月改江户为东京，翌年以旧江户城为皇宫，天皇总揽统治大权，同时规定明治新政府的官僚在天皇权威的基础上保持政权。8 月 27 日天皇举行即位典礼，9 月 8 日改元明治。10 月，明治天皇抵达东京执政。12 月，天皇返回京都，与一条美子（昭宪皇太后）举行大婚之礼。明治二年即 1869 年，明治天皇再度抵达东京，定东京为首都。接着，在明治政府大力改革，接二连三地推出版籍奉还、废藩制县、制定征兵令等前所未有之策令。1869 年天皇政府宣布"版籍奉还"（版是领地，籍指户籍），1871 年又实行废藩置县，1873 年政府着手地税改革。1881 年（明治十四年）发布《军人敕谕》。1889 年制定《大日本帝国宪法》和《皇室典范》。1889 年颁布帝国宪法，并于次年召开帝国议会。其中与天皇地位联系最紧密的就是《大日本帝国宪法》的制定。1890 年 10 月天皇政府发布《教育敕语》。这些文件后来成为近代天皇制国家的基本法律和意识形态的支柱。

在对外政策上，明治天皇于 1894–1895 年发动中日甲午战争，1904–1905 年又发动日俄战争。随着甲午战争、日俄战争的胜利，明治天皇至高无上的地位日益稳固。

明治四十五年（1912 年）7 月 30 日凌晨零时 43 分，明治天皇因尿毒症医治无效去世，享年 61 岁。在他执政的 45 年中，日本资本主义极大发展，并迅速走上了军国主义的道路。他的一生可以说是日本近代国家诞生的同义词。

伊藤博文

伊藤博文，日本天保十一年（1840 年）出生于长州藩（今山口县）山村的贫农家庭。其父被下级武士伊藤家收为养子，并被选为继承人，遂继姓伊藤。

早年伊藤博文曾入吉田松阴创办的松下村塾学习，从那时起他和井上馨曾一同被秘密带往英国学习现代海军技术。

在英期间，他得知英国战舰炮轰萨摩藩后，于是辗转回国，结果回到日本后他发现长州藩也被炮轰了，于是他加入了长州藩军队，反对幕府统治，主张"开国进取"。

明治维新成功后，在木户孝允、大久保利通和细田道一的领导下，伊藤博文主要负责处理外交事务。曾先后出任外国事务局交涉员、判事，兵库县知事，会计官权判事、大藏少辅兼民部少辅、工部大辅等职务。

1885 年 12 月由明治天皇政府根据伊藤博文的建议废除太政官制，开始实行内阁制，并由伊藤博文出任首届内阁总理大臣兼宫内大臣，负责宪法的起草。因此在日本的历史上伊藤博文被誉为"明治宪法之父"。

1894 年，伊藤博文参与策划了日本对朝鲜的侵略以及中日甲午海战，并于战后由其出面与中国政府签订了《马关条约》。

1898 年，戊戌变法时他曾亲往北京访问，面见光绪皇帝和康有为，并提供改革方针。政变后，他又参与救援被捕的黄遵宪，并协助康有为和梁启超逃往日本。1900 年伊藤博文创立政友会，自任总裁，开日本两党政治之先河。

1905 年，日本在日本海海战（对马海峡海战）获胜后，伊藤博文被任命为第一任韩国统监，于 1907 年迫使朝鲜签订第三次日韩协约，使朝鲜变为日本的保护国。尽管如此，伊藤博文本人是反对日韩合邦的，在 1909 年的阁议中他就曾公开表达反对立场，表示"合并是长期的问题"，这有别于众多的日本对朝鲜政策参与者的想法。

1909 年 10 月，为解决日俄争端，伊藤博文到中国东北与俄国财政总长谈判，当他坐车抵达哈尔滨车站时，被朝鲜爱国志士安重根刺杀身亡。伊藤博文遇刺以后，主张日韩合并的一派成为日对朝政策的主导。1910 年 8 月 22 日，日本终于迫使朝鲜签订了《日韩合并条约》。同年 10 月 1 日，日本统监府改为总督府，由此开启了对朝鲜长达 36 年的全面殖民统治时代。

伊藤博文在日本的发展过程中，是促成其迈进现代化国家、成为近代世界列强之一的功臣，但由于伊藤博文一贯奉行对外扩张政策，因而无论在日本国内，还是世界其他各国，对他的评价仍是毁誉参半。

德里抗英

英国殖民者占领印度后，收买了大量的印度籍雇佣军为其服务。这些雇佣军虽然身穿英国军服，但对英国殖民者占领自己的祖国早已是满腹怨恨。不但是雇佣军，所有印度人都对国家被侵占感到耻辱和愤恨。

1857 年，印度士兵中开始流传着一件违背民族教规的事情。在印度教中，教徒是不吃牛肉的，而伊斯兰教则不吃猪肉，这是千百年来形成的教规。可是英国人不管这些信仰，士兵们竞相传说，英国新发下来的子弹上，涂了牛油和猪油。因为子弹在使用时，必须用嘴咬开后盖，所以这无疑是让印度兵吃他们忌讳的东西。

这年 3 月，印度士兵曼加尔·潘迪因与英国兵发生争执，打死了三个英国军官，后来被公开处死。这两件事情成了德里大起义的导火索。

5 月 9 日，德里附近密拉特城第三骑兵连的 85 名印度士兵公开拒绝英国殖民者所发的子弹。英国军官一气之下，把他们统统捆绑起来，硬把子弹塞到他们口中，而且嘴里不停地说着侮辱士兵的话："吃吧，吃吧，这是牛油、牛肉、猪油、猪肉，让你们吃个够，你们这群愚蠢的牛和猪！"百般侮辱之后，英军还把这 85 名军人送往了陆军监狱囚禁。印度士兵们再也忍不住了，决定第二天马上起义。

5 月 10 日是个星期天，英国军官们都在教堂做祈祷。下午 5 点，印度起义士兵们突然呼喊着冲进教堂，把教堂里的英国军人杀了个干干净净。接着他们冲进英国官署和监狱，救出了被关押的同胞。随后，士兵们冲进兵工厂和弹药库，把武器弹药分发下去，一同向德里前进。

起义军到达德里城外时，英国军官立刻率军应战。突然，起义士兵中的一个人看到对面来打自己的全是印度人，只有军官才是英国人，他马上大声喊道："同胞们，我们是自己人，不要再替英国强盗卖命了，把枪掉过头去！"

"打倒殖民强盗，把英国人赶出去！"起义士兵们的呼喊声一浪高过一浪。准备攻击起义军的德里士兵随即响应了起义士兵的要求，立刻把枪口朝向了英国军官。

随着几声枪声，英国军官倒地身亡，两支起义队伍会合到一起，冲向德里城中。英国派驻印度的总督肯宁十分恐慌，立刻请示英国政府，调集军队向印度起义部队开战。几路英军从不同方向进军到德里城下，双方展开了激烈战斗。英军久攻不下，最后竟然动用了 50 门大炮，猛轰德里。德里城墙塌陷后，英军侵入，双方展开巷战。城里的上千名穆斯林，个个手持钢刀与英军搏斗。英军举枪射击，顷刻有 200 多名穆斯林被他们打死，但其余的穆斯林仍旧勇敢地冲向敌人，与他们展开了肉搏战，结果，几百名英军士兵被大刀砍死。

德里起义军与强大的英军顽强战斗了 6 天，最后被迫撤离。但英军也伤亡惨重，英国女王无力再次拼杀，采用分化政策，颁布了保护贵族利益的文告，于是印度一些贵族投靠了英国殖民者，转过头来镇压起义军，起义彻底失败。

章西女王葩依

章西是印度中部的一个小城，葩依在 1835 年生于印度的贝拿勒斯，从小精通武艺，7 岁就学会了骑马。17 岁时，葩依嫁给了比她大许多的章西王公甘加达尔·拉奥，成了章西王后。

王公死时没有儿子，按照当时英国所定的规矩，王公死后如果没有儿子继承王位，那么就要废除他的领地，收归英国所有。虽然葩依已经领养了一个儿子，但英国殖民者不管这些，强行兼并了章西。

当印度爆发了反英民族大起义后，章西人也在女王葩依的领导下参加了起义。女王亲自冲锋陷阵，率领章西起义军占领了英军军火库，打死了英国在章西的最高指挥官邓洛普，并重新占领章西，登上王位。

英军攻陷德里后，很快扑向了章西，葩依早已率军等候多时了，他们先把粮食运进城中，并在城墙上构筑了工事，架起了大炮，做好了一切准备。

英军统帅罗斯到达章西后，派军队把章西城围了个水泄不通，还在城南和城东南修筑炮台。女王葩依看准时机，命令部下率先发起攻击。一时间，炮声隆隆、硝烟弥漫。英军急忙发炮还击，虽然英军的大炮比葩依女王的炮威力大，但仍是连续两天僵持不下。第三天，英军猛攻南城门，试图集中火力打开南门。女王见状，急忙掉转炮位，对准英军炮台，只听见"轰轰"几声巨响，英军的一座炮台飞上了天。

英军重新集结后，依然对准南门开炮。不久，南门的缺口越来越大，章西马上就要被英军攻破了。女王派人去与附近的起义军领袖托比联系，请他火速增援。托比得到消息后，立刻发兵章西，不料途中中了英军埋伏。女王寡不敌众，率军弃城而走。

女王葩依将军队带出章西，同托比的部队会合在一起，进驻到瓜辽尔。瓜辽尔是印度中部的一个军事重镇，但由于德里的莫卧儿王朝已投降英军，各地起义军群龙无首，盲目作战。葩依和托比于是推举起义军的一个重要领导人萨希布为领袖，托比担任起义军总司令。

罗斯追踪起义军到了瓜辽尔，女王手拿钢刀，骑着一匹白色的战马，亲自在战场上纵横驰骋，镇守东门。起义军们见女王如此骁勇，信心倍增，多次打退英军的进攻。

僵持了几天后，英军决定发动总攻击，女王与以往一样，率军袭击攻城英军，她本人身着男装，多次迎着敌人的炮火英勇杀敌。英军看到女王所守的东门不易攻克，就派兵袭击其他守军，直到最后才包围了女王。

在英军迅速向城内逼来时，女王却率起义军的骑兵部队径直冲向了敌人的炮兵阵地，英国炮兵本以为自己的队伍已经杀进城里了，没想到起义军会向自己冲来，急忙放下大炮，想去拿步枪。但已经来不及了，葩依的部队横扫敌营，敌军尸体遍地。

杀散了敌人的炮兵，葩依准备回去救援，但这时敌人已经围了上来，葩依陷入重重包围之中。这时，一名英国军官认出了身穿男装的女王，立即喊道："她就是女王葩依，快，把她活捉！"于是，大量英军都向女王移动过来。女王四面受敌，仍英勇奋战，最后头部右侧被砍下，一只眼睛都被砍掉，但女王仍骑在马上，挥舞着战刀。当一个英军再次把刺刀捅进她的胸膛后，女王从马上摔了下来，停止了呼吸。这时，她才 22 岁。

民族英雄蒂博尼哥罗

蒂博尼哥罗是爪哇岛上的一个小王国日惹的最高统治者苏丹的儿子，本来可以继承马塔兰的王位，但荷兰殖民者借口修筑公路，破坏了蒂博尼哥罗的领地。蒂博尼哥罗异常气愤，找荷兰政府理论，结果险些遭到逮捕，蒂博尼哥罗于是决定起义。

起义军转移到卡里梭科地区，蒂博尼哥罗树起圣战的旗帜，号召人民推翻荷兰殖民者，建立属于自己的伊斯兰国家。人们开始从四面八方涌向卡里梭科，起义队伍迅速壮大。

一开始，蒂博尼哥罗把部队驻守在离日惹荷军只有十几公里的斯拉朗，在这里不断杀死荷兰官吏，烧毁荷兰人的住宅、关卡、仓库以及种植园等，并接连消灭了从日惹派出的几支荷军小部队，切断日惹的对外交通线，袭击护粮队。

这种游击战术让荷军十二分的头痛，荷兰总督是气急败坏，决定率大军转攻起义军的根据地斯拉朗。于是，荷军几千人马、几十门大炮在副总督德·科克的率领下，浩浩荡荡向斯拉朗开来，试图一举消灭起义部队。

德·科克一路顺利地进入斯拉朗，正欲下令部队发动进攻时，突然听到士兵报告斯拉朗空无一人，起义军不知去向。其实，蒂博尼哥罗并未远离斯拉朗，当德·科克率领的主力撤走后，他迅速回师斯拉朗，途中，与范·兴的部队发生了战斗，打得荷军晕头转向，损失惨重。

运用这种战术，蒂博尼哥罗很快就控制了爪哇岛的大部分地区。1825 年，蒂博尼哥罗建立了伊斯兰教王国，自称爪哇苏丹。第二年，起义军对荷军驻守的一个城镇发动攻坚战，结果遭到失败，伤亡很大。蒂博尼哥罗本人也身负重伤，长子还被荷兰人俘虏，双方进入相持状态。

德·科克俘虏了蒂博尼哥罗的长子，欣喜若狂，立即以此威胁蒂博尼哥罗，要他投降。蒂博尼哥罗撕毁了德·科克的信件，愤怒地说："可恶的强盗，你们可以杀掉我的儿子，但起义军你们是杀不完的，我最终要清算这笔血债！"

蒂博尼哥罗这种置国家、民族利益于个人利益之上的作为，深深地激励了人民的抗敌斗争。遗憾的是，起义军在遭受损失后内部分裂，蒂博尼哥罗和摩佐为争夺最高领导权，不时发生摩擦。荷兰又派人离间起义军内部，挑拨矛盾，收买参加起义的领主。

1830 年，德·科克邀请蒂博尼哥罗谈判，并作出承诺，谈判成与不成，都保证蒂博尼哥罗的安全。但是，当蒂博尼哥罗带着次子和官员来到谈判地点时，却发现上当了，院子周围隐藏着不少荷枪实弹的荷兰士兵。德·科克出尔反尔，逮捕了蒂博尼哥罗，把他囚禁到远离爪哇的苏拉威西岛的望加锡。这位印度尼西亚的民族英雄，最终死在了流放地。

❁非洲的独立❁

　　亚、非、拉一系列新的、独立的民族国家的出现，不仅面临着发展经济、消除贫困的问题，而且还有一个政治制度的选择和建立以及政治制度的有效运作问题。西方发达国家为了继续在实际上对这些国家予以控制和施加影响，就不能仅仅停留在对这些新兴国家提供经济援助上，还必须同时充分了解这些国家的政治结构现状和现实政治需求，并尽可能地将西方国家的政治制度模式、政治文化观念向这些国家输入，才有可能取得较为满意的结果。

　　　　　　　　　　——阿尔蒙德（Almond，美国政治学家）

悲惨世界

　　从人类有战争开始，奴隶便出现了，他们作为战胜者的财产，离开自己惨遭洗劫的家乡，世代为征服者服务。

　　罗马人就把所有战俘变成奴隶，让他们在皮鞭下摇着全副武装的战舰渡过茫茫大海，然后战死疆场。那些侥幸活下来的，则回到农田里继续劳动。

　　就在欧洲的奴隶制逐渐被历史遗弃之时，非洲的贩奴运动又猖獗起来。欧洲殖民者为了获得足够的劳力奔走于全球各地，为了寻找更广阔的商品销售市场和原料产地，他们逐渐把北非各国变成了自己的"保护国"。

　　欧洲人将非洲人强行带走，用船运过大西洋。这些黑人在拥挤、恶臭的船舱中，被像牲畜一样捆在一起，踏上一条不归路——去新世界过痛苦的、猪狗不如的生活。他们一天要劳动 20 个小时，砍甘蔗、制糖、摘棉花、收获烟草并把它们晒干、锄草、播种等。即使他们有幸不被累死，也不会躲过奴隶主随心所欲的鞭打。枪杀男奴或奸污女奴，这些罪行都不会受到处罚。

那些没被卖到美洲去的非洲人，生活也没好多少。由于非洲的金矿和钻石产量非常丰富，许多经济作物也种植成功，让欧洲人感到分外眼红。以英国、法国为主的殖民者，掀起了一场瓜分非洲的狂潮，到 20 世纪初，除了埃塞俄比亚和利比里亚保持独立外，整个非洲都被瓜分。

非洲人不但丧失了主权和大片土地，还因为奴隶贸易而人口锐减，丰富的资源遭到无情掠夺，许多地区被强制变为单一的经济种植区，造成了经济的畸形发展。

阿萨蒂的抗英斗争

非洲人当然不甘心被宰割，从 15 世纪末西方殖民者在西非的黄金海岸登陆开始，反抗就没有停止过。

黄金海岸的内陆民族阿萨蒂族，18 世纪初形成了强大的阿萨蒂国家，首都设在库马西。英国在 1807–1900 年间，先后发动了八次侵略阿萨蒂的战争。前四次战争中，英国遭到惨败，被迫和阿萨蒂签订和约，承认阿萨蒂的独立。

1873 年，英国向阿萨蒂发动了第七次侵略战争。阿萨蒂军民在埃尔米纳英勇抗击敌军，后因军队中感染痢疾和天花，人员损失巨大而被迫退兵。英国侵略军占领了库马西，但在英军侵占的前一天，阿萨蒂军民已带走了所有粮食，只给英军剩下一座空城。英军深怕孤军深入被围歼，慌忙撤出了库马西，但在临走前炸毁了皇宫，并放火烧毁全城。阿萨蒂不久被迫和英国签订屈辱的条约，规定阿萨蒂赔款五万两黄金，并放弃对沿海地区的领土主权，英国则承认阿萨蒂为独立的主权国家。

和约签订后，英国又担心德、法两国的势力渗透到阿萨蒂，所以改口要阿萨蒂接受英国"保护"，遭到阿萨蒂的坚决拒绝。1896 年，英军再次大举进犯阿萨蒂，俘虏了国王普列姆佩一世，阿萨蒂成为了英国的保护国。

抓住了国王的英军十分嚣张，总督弗雷德里克·霍奇森在库马西召集酋长会议，逼迫他们交出象征权力和尊严的金凳子。这件事激怒了阿萨蒂人，女酋长雅·阿萨蒂娃宣布起义，开始了阿萨蒂的第八次抗英战争。起义军把英军围困在库马西长达数月之久，大量英军饿死、病死。这时，英军提出停战，在起义者停止了军事行动后，英军乘机突围南逃。不久英国援军到达，围攻库马西，经过激烈的战斗，起义军最终战败，雅·阿萨蒂娃被俘。

不久，阿萨蒂国被肢解为 18 个小邦国，归英国总督统辖，正式并入英属黄金海岸殖民地。

阿拉比的反抗

殖民统治遍布非洲每个角落，连地处北非的文明古国埃及也没能在这次瓜分狂潮中幸免。

1805 年，奥斯曼帝国驻埃及的军官穆罕默德·阿里夺取政权，自立为总督。阿里上台后进行了一系列改革，并提倡学习西方文化，派留学生出国，还在国内建立新式学校，办印刷所，出版了《埃及纪事报》。埃及的国力得到极大增强。

从 19 世纪初起，埃及不断对外用兵，先后占领了苏丹、叙利亚和黎巴嫩等地。英国不愿意看到埃及的强大，唆使奥斯曼帝国发动对埃及的战争，随后又联合俄、普、奥支持奥斯曼帝国。结果埃及失败，被迫签订《英埃条约》，规定埃及只保留本土和苏丹，陆军裁减到 1.8 万人，取消造船厂，承认奥斯曼帝国的宗主权。

对外战争的失败，使埃及国力一蹶不振。阿里死后，英国开始在埃及修建铁路，架设电报线，开办工厂和银行，建立商船队。法国则取得了修建苏伊士运河的特许权。埃及国库日益空虚，一再被迫以高达 7%–9% 的年利向英法等国借债。

1874 年，埃及将自己占有的 44% 的苏伊士运河公司股票全部廉价卖给了英国，但仍无法解决财政困难，只得宣布财政破产，由债权国英、法接管财政大权。在这之后的埃及内阁中，英国人被任命为财政部长，法国人担任公共工程部长，埃及人的政府完全变成"欧洲内阁"了。

很快，"欧洲内阁"以紧缩开支为名，解除了 2500 名埃及军官的职务。陆军中校阿赫美德·阿拉比创立"祖国党"，提出了"埃及是埃及人的埃及"的口号。在接下来的议会选举中，祖国党获胜，阿拉比担任陆军部长，修改了宪法，削弱了英法的财政监督权。

英国人从此将阿拉比视作眼中钉，1882 年，英国舰队炮击亚历山大港，声称要给阿拉比点儿颜色看看。阿拉比毫不示弱，宣称埃及"全民族与英国进行不可调和的战争"，双方展开了战斗。

由于阿拉比轻信了英国关于遵守苏伊士运河中立的保证，因而只注意了西线和北部沿海，忽视了东线的防御。英军秘密调动北线主力到东线，出其不意占领了运河区，并向开罗进逼。阿拉比急到东线布防，但为时已晚，只好退守到开罗。英军与开罗城内叛军里应外合，占领了开罗，阿拉比等抗战领袖被俘。自此，埃及逐渐处于英国的统治之下。

马赫迪力主"圣战"

英国控制埃及后，很快将势力渗入到苏丹这个非洲面积最大的国家。苏丹有美丽的白尼罗河，河水清澈透明，两岸的树木翠绿茂盛，异常迷人。这样美丽的家园被英国人占领了，谁都不会甘心。

一天，苏丹的大批伊斯兰教徒们聚集在阿巴岛教堂，听一位阿訇宣读教义。"我是马赫迪，我要把你们从痛苦中拯救出来，我要使你们摆脱苦难，获得幸福的生活。受苦受难的苏丹人民，站起来吧，让我们携起手来，赶走英国强盗！"

马赫迪的真名叫穆罕默德·艾哈迈德，出身于贫苦家庭，受过伊斯兰教学校的教育，后来成为一名教长。1881年，他宣布自己是马赫迪（意为救世主），声称要在世上重建真正的信仰和正义，号召苏丹人为摆脱外国奴役进行"圣战"。

英国人听说马赫迪在布道，也派兵前去他的驻地阿巴岛。不过他们可不是来听教义的，而是要逮捕马赫迪。结果，英军被马赫迪的随从打败，死了100多人，剩下的都狼狈逃走。

初战告捷，马赫迪和众多伊斯兰信徒非常高兴，立即宣布起义，在卡迪尔山建立了根据地。苏丹总督指使拉希德也马上行动起来，率领"讨伐军"偷袭马赫迪的根据地。马赫迪率起义军预先埋伏在"讨伐军"所经过的山路周围，当拉希德带兵进山后，堵死了各个要道出口，然后亲率士兵冲下山去。"讨伐军"仓促应战，结果全被歼灭。

第二年，新上任的苏丹总督盖格勒又派遣尤来福·沙拉得来征讨，这回的英军比上次多了一倍。当这支部队长途跋涉而来，立足未稳时，马赫迪率起义军连夜奇袭，取得了成功，再次全歼了敌军。

这两次战役的胜利，让马赫迪缴获了大批武器弹药，起义队伍也迅速壮大。1883年，起义军攻下苏丹第二大城市乌拜依德。英国政府派希克斯率领万人大军再次征伐起义军，希克斯除了这支万人远征军外，还有14门大炮、6挺机枪、500匹战马和5000多头骆驼，规模异常庞大。而马赫迪仅有步战人马，力量悬殊。

马赫迪早已得到了英国行动的消息，并时刻派人跟踪打听英军的部署动向，将希克斯进军乌拜伊德沿途的水井全部封填，英军到达乌拜伊德附近时，已经是唇焦口干，疲惫不堪了。到达目的地后，希克斯开始摇头晃脑地指挥军队列队。他把部队分成三大块，第一部分人马在前开路，后面是并行的两部分人马，以便前呼后应。英军为了搞突袭，不顾疲劳连夜行军，在凌晨时分进入了乌拜伊德地区。

其实马赫迪早就将英军的动向了解得一清二楚了，苏丹起义军的探马可是无处不在的。英军刚进入一个小山坳，就遇见了一股起义军，这支起义军故意袭击希克斯，然后掉头就跑。希克斯哪里想到是计，他一直以为自己的行动很诡秘呢，于是下令追击。

追着追着，起义军突然不见踪影了，希克斯大怒，下令一定要找到这帮人。正当他急得找不到人时，又一股起义军在英军前方放了几枪，于是大队人马飞速向前，结果还是没追着。英军就这样一步步自己走进了马赫迪的埋伏区。

天亮后，英军看到了一片开阔地，希克斯便下令英军休息。疲惫的英军得令，横七竖八躺倒了一地。还没等英军喘过气来，就听"砰"的一声枪响，惊起了尚未坐稳的士兵。希克斯连忙向四周遥望，他的头刚抬起来，一连串的枪声响了起来。紧接着，四周的山上冒出了无数起义军，将希克斯的军队包围起来。

希克斯大惊失色，连忙命令士兵战斗，但已经晚了。马赫迪亲自率军拼杀，英军转瞬间便尸横遍野，希克斯也没能逃脱。自此之后，起义军所向无敌，不久就占领了苏丹大部分地区。英军占据的苏丹首都喀土穆，变成了一座孤城。

乌拜伊德战役让英国政府震惊不已，为了挽回败局，英国政府派了大刽子手戈登担任苏丹总督。1884 年，这个曾在中国犯下累累罪行的刽子手到达了苏丹。

戈登的第一招是收买，他任命马赫迪为科尔多凡省的省长，但马赫迪没有上当，反过来劝戈登投降。戈登一计不成又生二计，他一面加紧备战，一面向伦敦发出求援电报。

马赫迪等不及了，他率先领兵攻占喀土穆北部地区，切断了戈登的退路，继而包围了喀土穆。为了使敌人投降，起义军采用了围而不攻的战术，希望英军因饥饿而束手就擒。果然，长时间的围困让英军不但面黄肌瘦，还军心动摇。但戈登却死不投降，他相信英国援军已从埃及出发，马上就会到达喀土穆。

马赫迪也得到消息，知道英国援军正在赶往喀土穆，必须在他们到达之前攻下喀土穆。起义军终于得到了进攻的命令，马上向喀土穆发动总攻，成千上万起义军像潮水一样冲进城内，经过短时间作战便占领了喀土穆。戈登在逃跑时被一个起义军用长矛刺中心窝，连哼一声的时间都没有，便一头栽下楼死了。

长达四年的马赫迪起义宣告成功，建立了统一的伊斯兰国家——马赫迪王国。正当人们欢庆胜利的时候，马赫迪却病逝了，他的战友阿卜杜拉继任，定都恩图曼。

阿卜杜拉自称哈里发，集军事、行政、宗教大权于一身。起义领导人包括阿卜杜拉及其亲信、部落酋长、伊斯兰教的阿訇等，把没收来的土地占为己有，成为地主，引起了许多人的不满。英国又看到了机会，唆使埃塞俄比亚对苏丹发动进攻，阿卜杜拉虽然打败了这次进攻，但也极大削弱了自身力量。

1896 年，英国再次派出大军进犯苏丹，苏丹军民进行了两年抵抗后，在阿特巴拉河激战中遭到失败，不久就在恩图曼决战中全军覆没。英军占领恩图曼后，进行了骇人听闻的大屠杀，甚至毁掉马赫迪的陵墓，挖出尸体加以焚毁。阿卜杜拉无奈，只得率余部退出首都，和英军展开游击战，不久在一次英军偷袭中牺牲。苏丹至此沦为英国殖民地。

埃塞俄比亚的胜利

曾为英国占领苏丹充当了枪手的埃塞俄比亚，是北非一个古老的国家，1853 年才在库阿尔族的卡萨领导下统一全国。卡萨于 1855 年自立为帝，称提奥多二世。

提奥多二世建立起统一的军队，改革税制，减轻捐税，并限制教会特权，收回了大量教会土地。英国为了占领埃塞俄比亚，借口领事和传教士被扣，悍然出兵。由于许多贵族不满提奥多二世的改革，纷纷叛变投敌，只剩下提奥多二世和 16 名战士死守马格达拉要塞，最后全部牺牲。

提奥多二世死后，贵族们为争夺皇位进行了长达四年的内战。1872 年，提格雷的领主在英国支持下夺取了皇位，称约翰四世。约翰四世一上台便给了英国许多特权，例如免征关税，提供种植棉花、咖啡的租让地，允许英国商人和传教士在埃塞俄比亚境内自由活动，等等。

英国在埃塞俄比亚的特权引起了法国和意大利的忌恨，它们也要求分一杯羹。英国与法国是老对手，为了遏制法国的势力，决定联合意大利。英国将马萨瓦港

让给意大利，并公开怂恿意大利入侵埃塞俄比亚。但意大利军队在侵入提格雷后大败，不得不退回马萨瓦港。

1889 年，约翰四世在进攻苏丹马赫迪起义军时战败身亡，绍阿公国的麦纳利克在意大利的支持下继承皇位，将埃塞俄比亚北部的一部分领土作为报答，割让给了意大利，意大利则公开宣布埃塞俄比亚成为自己的保

护国。

　　麦纳利克没想到事情会变成这样，又提出抗议，宣布收回割让的领土，于是意大利发动了侵略埃塞俄比亚的战争。麦纳利克见战争无法避免，只得迎头出击，他发表《告全国人民书》，号召人们为保卫祖国而战。

　　很快，麦纳利克建立起一支配备有强大武器的军队，并在安巴·阿拉吉战役中首战告捷，收复了被意军占领的马卡累。这时麦纳利克曾提出议和，但意大利不甘心失败，决定孤注一掷。1896 年，双方在阿杜瓦进行决战，意军伤亡过半，损失了全部大炮和辎重。经过这次惨败后，意大利被迫求和，承认埃塞俄比亚的完全独立，并赔款 1000 万里拉。

　　埃塞俄比亚的胜利，是殖民者瓜分非洲时期非洲地区人民取得的唯 —— 次胜利的卫国战争。

埃塞俄比亚

　　埃塞俄比亚为非洲东北部的内陆国。其东与吉布提、索马里毗邻，西同苏丹交界，南与肯尼亚接壤，北与厄立特里亚相连。国家地势以高原山地为主，中部隆起，四周低下。高原占全国面积的 2/3，平均海拔约为 3000 米，大部地区为海拔 2500 米 ~3000 米的火山熔岩高原，素有"非洲屋脊"之称。该国年平均气温约为 13℃。埃塞俄比亚的最高峰达尚峰高 4620 米。国家东南部为索马里高地，东北沿海有狭长平原。东非裂谷带斜贯中部，谷地深陷，分布有成串状的湖泊群，多火山和热泉。国家年降水量从西部高原的 1500 毫米，向东北、东南递减到 100 毫米。沙漠和半沙漠约占全国总面积的四分之一。

美国奴隶的解放

奴隶制度之所以消亡，是因为保护这种制度的成本大于它
所带来的收益。

——约拉姆·巴泽尔（Yoram Barze,美国著名经济学家）

黑奴的呐喊

美国奴隶制度是一个非常野蛮的社会制度，它的存在与英国及美国北方的工业资本主义经济发展有密切联系，英国及美国北方纺织工厂原料——棉花都是由南方奴隶主提供。可以说，对于黑奴制度的罪恶，美国北方资产阶级也有推卸不了的责任。在种植场奴隶制度下，奴隶主不仅对生产工具及生产资料拥有所有权，而且对黑人奴隶也拥有充分所有权；他不但可以在肉体上惩罚奴隶，任意买卖黑奴，甚至可以随意处死他们。但与古代奴隶制度不同，美国南方奴隶制不但是资本家一手创造，而且是世界资本主义体系中的一个组成部分，它为资本主义工业提供原料，为资本主义经济服务。正因为如此，美国南方奴隶制度带有更大的残酷性。黑人奴隶在监工的鞭打下劳动，被剥夺一切自由，甚至建立家庭的权利也没有。在奴隶主的残酷役使下，奴隶往往劳动七八年，就活活累死。

迫于奴隶主的剥削和压迫，黑人奴隶一再起来反抗。最著名的奴隶起义是1831年弗吉尼亚爆发的纳特·特纳起义，不过这次起义被奴隶主无情镇压下去，起义者被淹没在血泊里。不仅奴隶反抗，南方奴隶制度在北方广大人民中也激起了强烈反对，他们要求废除这个野蛮的剥削制度。持有这种见解及主张并且为此主张而斗争的人，称为废奴主义者。废奴主义者从19世纪20年代末起就开展运动，他们到处演讲，主张解放黑奴，废除奴隶制。他们还建立"地下铁路"，也就是秘密通道，把黑奴从南方分段护送到北方的自由州或转送到加拿大。废奴运动中的杰出领袖，就是当时已年过半百的约翰·布朗。约翰·布朗是白人，但对奴隶

制一直表示愤恨。他的父亲也是一个坚决的废奴主义者,约翰·布朗的家就是"地下铁路"的一个中转站。

1854 年,在南方奴隶主的操纵下,美国国会通过了一个《堪萨斯—内布拉斯加法案》,规定让堪萨斯和内布拉斯加两地区的居民自行决定他们自己居住的地区应为蓄奴州还是自由州。南方奴隶主组织了大批武装匪徒,企图建立奴隶制。北方的废奴主义者也拿起武器来到堪萨斯,决心把这里变为自由州。

在一次废奴派的集会上,几百名蓄奴派武装匪徒突然闯进来,不由分说开枪杀人,堪萨斯立时陷入恐怖中。约翰·布朗听到这个消息,当晚就带着儿子、女婿和另外几名勇士来到了堪萨斯,径直闯进匪徒的巢穴,处死了杀害废奴主义者的五名凶手。随后,布朗带领手下的战士隐蔽在深山里,昼伏夜出,不断袭击蓄奴派的据点,终于让堪萨斯成为了自由州。

这次胜利坚定了约翰·布朗用武力解放黑奴的决心。1859 年,约翰·布朗来到弗吉尼亚州,进攻哈泼斯渡口。哈泼斯渡口是波托马克河和申南多亚河的汇合口,周围是群山、沼泽和丛林,地势十分险要,而且这里有一个很大的军火库,一旦到手,便可把奴隶武装起来。这支仅有 22 人的约翰·布朗小队伍,以无畏的精神勇猛地扑向哈泼斯,仅用了几个小时,便俘虏了全部驻军,控制了整个城镇,把当地几个庄园的黑奴都解放了。

这时,闻讯赶来的军队包围了他们,将布朗和战士们困在军火库里。经过两天一夜的激战,大部分起义战士都牺牲了,其中包括布朗的四个儿子,但布朗仍然不肯投降,最后身负重伤被俘。

约翰·布朗被弗吉尼亚州州长判处死刑,罪名是"杀人叛国,煽动黑奴叛乱"。在临赴绞刑之前,约翰·布朗留下了最后的遗言:"我,约翰·布朗,现在坚信只有用鲜血才能清洗这个有罪的国土的罪恶。过去我自以为不需要流很多血就可以做到这一点,现在我认为这种想法是不现实的。"

在约翰·布朗英勇就义的时刻,北方各州统统下半旗,教堂鸣钟志哀。

南北战争的开端

19 世纪上半期,美国在西进运动过程中不断发出废奴的呼声,这与南方种植园主的利益产生了冲突。北方资产阶级和农民主张在新州内禁止奴隶制存在,力主建立自由州。南方奴隶主力图把奴隶制扩大到西部,主张建立蓄奴州,即容许奴隶制存在。但是在 19 世纪初期争夺西部土地的斗争中,北方资产阶级最初表现为向南方奴隶主让步，突出事件是 1820 年达成的密苏里妥协案。它确定密苏里为奴隶州，同时从马萨诸塞州分出一个新州——缅因州作为自由州。尤为重要的是，它还划定了奴隶制与自由制的分界线——北纬 36 度 30 分以南为奴隶制区域，以北为自由制区域。但是南方奴隶主并不满足于北方这次的让步，他们妄图将奴隶制扩充到整个西部地区。1854 年，当讨论堪萨斯和内布拉斯加建州问题时，国会在奴隶主压力下，通过了《堪萨斯—内布拉斯加法案》，规定新州的奴隶制问题由该州的居民自主决定，这就等于否认了"密苏里妥协案"所规定的分界线，并将把整个西部置于奴隶制下。法案一通过，奴隶主武装便冲进堪萨斯，但是当时从北方也赶到成千上万的农民，他们用英勇的斗争反击了奴隶主的残暴行为。结果，在堪萨斯发生了流血冲突，即"堪萨斯内战"。

这次冲突后，在美国形成了一个新的政党——共和党，该党是由北方工业资产阶级领导，有广大农民、工人和自由黑人积极参加的反对奴隶主的统一战线组织。这时与共和党对立的是民主党，它代表南方奴隶主的利益。共和党在成立后不久，参加了 1856 年的总统选举运动。不过未能成功当选，但它信心百倍地准备参加 1860 年的大选。1860 年在竞选当中，共和党代表亚伯拉罕·林肯当选并提出一个反奴隶制纲领。在纲领中他要求限制奴隶制的扩展，要求实行保护关税及实现《宅地法》。但他并非废奴主义者，他反对马上取消奴隶制度，反对干涉南方诸州现存的奴隶制度，而仅要求限制奴隶制向西部扩张。尽管如此，林肯的当选对于南方奴隶制仍是一个直接威胁。林肯在选举中的胜利，无疑意味着反奴隶制扩张的纲领势在必行。如此南方奴隶制度及奴隶主的统治就面临崩溃的危险。为了保全自己的统治，奴隶主决定作最后的挣扎，脱离联邦，发动叛乱。1861 年 2 月 4 日，南方七个州的代表在亚拉巴马州的蒙哥马利集会，宣布成立"美利坚诸州联盟"。同年 4 月，南方奴隶主叛乱集团悍然发动武装进攻，于是酝酿多年的内战终于爆发了。内战爆发后，南方又有四个州也参加了叛乱。

唐纳尔逊堡大战

南北两方的分歧由此愈演愈烈，无法调和。1861 年，美国南部各州宣布脱离美利坚合众国联邦政府，建立一个"美利坚邦联"，美国内战爆发。

林肯总统授命欧文·麦克道尔将军，率领三万大军，渡过波托马克河进攻南方叛军。麦克道尔于是对南军博雷加德率领的两万余人发动了进攻。博雷加德据守在布尔伦河后面的一片高地上，北军稍占优势，但双方的部队都缺乏训练，而且服装不统一，穿得乱七八糟的，两军的旗帜还十分相似，所以战斗一开始就变成了一片混战。

北军的人数比南方多，在就要冲垮博雷加德的防线时，南方的托马斯·杰克逊将军率领援兵赶到，北军溃败四散。北方的士兵们都是临时招募的，连主帅都不认识，他们七零八落地逃回华盛顿，倒在街上便呼呼大睡。

布尔伦河溃败后，南军又连连取胜，于是谣言四起，传说博雷加德马上就杀到华盛顿了。林肯于是任命麦克米伦将军为华盛顿军区司令，不久又任命他为陆军总司令。麦克米伦是个幻想家，迟迟不肯发兵进军，北方军民怨声四起。

就在这时，却出人意料地传来了唐纳尔逊堡大捷的消息，使焦虑而沮丧的北方人受到一次鼓舞。

指挥唐纳尔逊堡大战的是尤利塞斯·格兰特将军，后来他成了美国总统。格兰特做过许多生意，还经营过农场，但无一例外都失败了。因此镇上的人，包括他的兄弟都耻笑他，认为他是窝囊废。南北战争打响时，格兰特已经 39 岁了，他决定从军。周围的人这回更是大笑特笑，认为格兰特疯了，这个连小小的皮革生意都谈不下来的小个子，怎么可能成为军人呢？北方征兵的人也因为格兰特个子矮小，多次拒绝他入伍。但格兰特一旦下了决心，就要做成，最终还是当上了北方军的一名上校。很快，格兰特率领一个团在密苏里州击溃南军哈里斯上校的一个团，人们开始对他另眼看待了。

格兰特不久被升为准将，率军攻打亨利堡。亨利堡与唐纳尔逊堡相距 15 英里，防御工事非常坚固。双方发生激烈交火后，你来我往几次都分不出胜负。这时，格兰特突然发现南军俘虏的干粮袋内只有三天的口粮，审问俘虏才得知，要塞内存粮不多，南军正准备夺路逃走。于是格兰特命令士兵停止进攻，只要把夺路而逃的南军士兵赶回战壕就算完成任务了。这个方法果然见效，过了几天，格兰特一举拿下了亨利堡和唐纳尔逊堡，随后便挥师挺进纳什维尔，夺取了那里的南方火药厂和军械厂，收复了田纳西州。

这是内战以来北军取得的第一次胜利，击败了南军不可战胜的神话。南军统帅艾伯特·约翰斯顿撤退到孟斐斯，格兰特想乘胜追击，但他的上司哈勒克心怀妒忌，制止他追击。这样，约翰斯顿赢得了时间，和南军其他部队会合，重新集结力量。

喘过气来的，约翰斯顿出奇不意地向格兰特发起了攻击。当时格兰特的大军正驻在一处低地上，背后是涨了水的田纳西河，前面没有任何防护沟渠。但格兰特十分沉着，他手下的师长谢尔曼也是骁勇善战，破釜沉舟的北方士兵勇猛异常，双方展开了一场前所未有的混战。经过 24 个小时的激战，北军终于等到了增援。

又经过 10 个小时的拼死鏖战，北军最终击溃了南军，取得了胜利。

但为这次胜利格兰特部队死伤了 1.3 万多人，一时引起激烈的争论，人们纷纷向总统施压，要求撤换格兰特。但当时的总统林肯却力挺格兰特："我少不了这个人，他能打仗。"

以后的事实证明，林肯的确有远见卓识。

血战葛底斯堡

林肯的远见卓识还表现在他的果断换将上，临阵易帅本是极为不利于稳定军心的，但鉴于麦克米伦的畏敌不前，林肯再次走马换将，起用当时只是准将的米德，并给了他 8 万人马。

要知道，当时的南方叛军司令罗伯特·李这时正率 10 万大军和 250 门大炮，从南向北一路打来。当他听说北方的统帅换成了米德后，不屑一顾地撇撇嘴说："米德，打他就像踩死一只蚂蚁一样！"

1863 年，米德联络库奇，在华盛顿以北 200 公里的小镇葛底斯堡设下埋伏，准备在这里痛击罗伯特·李的叛军。葛底斯堡是通往费城的必经之地，一路向北进发的南军缺少补给，一定会打费城的主意。

此时的南方叛军并没发现米德的部队，还在向葛底斯堡进发。突然一阵巨响，埋伏在山边的北军的大炮开火了，雨点般的子弹向南军射来，转眼之间，南军被打得人仰马翻，罗伯特·李的先头部队几乎全部丧生。

罗伯特·李见状，命令士兵猛攻北军左翼。指挥左翼北军的库奇立即命令 20 门重炮对准扑过来的骑兵轰击，顷刻间，冲杀过来的一万多南军死伤过半，罗伯特·李眼看情形不妙，只好下令撤退。

第二天清晨，罗伯特·李集中火力轰击库奇的阵地，又发起了两次冲锋，但很快就被库奇击退。北军正准备反击南军的又一次进攻时，却半天不见敌人动静，而不远处的山林中，隐约有军旗飘动。库奇估计罗伯特·李正在组织更大规模的进攻，但这次他错了，罗伯特·李声东击西，早把主力部队悄悄运动到北军右翼了，出其不意地向那里的北军发动了攻击。双方在这里展开激战，北军凭借有利地形打退了敌人的进攻，但双方都伤亡惨重。

罗伯特·李一路进军都非常顺利，第一次遇到如此顽强的对手，他怒气冲天，命令所有大炮同时向右翼的北军开火，然后又指挥 5000 名骑兵冲锋，骑兵的后面则是 3 万多步兵，像潮水一样涌上来的南军，与北军展开了肉搏战。

战斗一直持续到下午，南军以惨烈的代
价，夺取了北军的右翼阵地。罗伯特·李这
时才稍感轻松，下令休息。夜幕刚刚降临了，
战场上就一片沉静，经过两天激战的南军士
兵疲倦不堪，尽管山上蚊虫成群，他们还是
很快睡着了。

突然，南军被一阵喊杀声惊醒，朦胧中
只见山上到处都是火光。北方军队已经冲上了阵地，许多南军士兵还没弄清楚是
怎么回事，就永远躺在了地上。原来，米德抓住罗伯特·李一惯轻敌的毛病，半
夜偷袭，果然一举成功，收复了白天失去的阵地。

罗伯特·李急躁起来，南军的给养和弹药此时都出现短缺，僵持下去对自己
非常不利，必须尽快击溃米德，才可以挥师费城得到军需品，让疲惫的部队得到
休整。罗伯特·李决定孤注一掷，继续猛攻北军。这一次的战斗空前激烈，阵地
几次易手，战马和士兵的尸体满山都是，山间的溪水全都是红色的。罗伯特·李
无奈，连夜渡过波托马克河，率残部仓皇退却。

葛底斯堡大战，南方军队伤亡近三万人，北方军队也死伤两万多人，这是内
战中规模最大的一次战斗。虽然双方都付出了惨重代价，但从此南方由进攻转入
防御，北方的最终胜利只是时间问题。

维克斯堡战役

罗伯特·李退却后，南军在密西西比河两岸修筑了两个重要堡垒——维克斯
堡和哈得逊堡，由约翰·彭伯顿将军坚固设防据守。这两个堡垒之间是绵延100
多英里的峭壁，临河而建。堡垒上配有大炮，居高临下控制着整个河面。

1863年冬天，格兰特挥师8万，准备先攻下维克斯堡，把南北相连的南军
从中拦腰斩断。

维克斯堡易守难攻，它高出水面将近200英尺，从河上正面进攻无异于以卵
击石，南军的大炮足以让北军全部葬身河底。堡垒的右侧是丛林密布、积水很深
的亚祖河谷，谷内有许多沼泽地。左侧是崇山峻岭，只有紧挨维克斯堡的地方地
势较为平坦。

格兰特几经考虑，终于制定了一个大胆而冒险的作战方案。他派格里尔森上
校率一万军队，长驱600英里，穿过密西西比州的心脏地带，沿途炸断桥梁，拆

毁铁路，破坏一切交通设施。又派谢尔曼沿田纳西州边界向南进军，吸引彭伯顿的注意力。与此同时，格兰特率主力部队沿密西西比河西岸下行，在格兰德湾以南找到了一个渡口。

进攻的那天夜里，天色一团漆黑，格兰特的舰队熄灭灯火，关掉引擎，悄无声息地沿河顺流而下，舰队过了大半时，被堡垒上的哨兵发现了。顿时，堡垒里枪炮齐发，弹如雨下，舰队急忙开足马力向前行驶，幸运的是，密集的炮火正好穿过舰队，只有一艘船被击毁，整个舰队安然无恙。

格兰特进入干燥地带后，立刻奔袭维克斯堡的背面，攻占了一个重要的铁路枢纽站，切断了彭伯顿与外部的联系，随即挥师追击彭伯顿。用了三个星期，格兰特拔掉了维克斯堡外围的据点，把敌军团团围困在维克斯堡内。

这时，北方的海军也赶来助战，从水上和陆上对维克斯堡进行猛烈炮击，轰隆隆的炮声一直响了47天，几乎摧毁了要塞上的所有工事。南方守军早已断粮，每天都抓蛇和老鼠充饥。终于，彭伯顿派人打着白旗出来，交出了他的军队。

哈得逊堡的守军见维克斯堡失守，不久也宣告投降，胜利之神已经向北方招手了。

弗吉尼亚大会战

维克斯堡战役的胜利让林肯总统欣喜万分，他亲自接见了格兰特。

1864年3月的一天，这个矮个子将军走进了林肯的办公室，他依然不修边幅，手中还拿着一支雪茄。

"这就是尤利塞斯·格兰特！"办公室里的人都在小声议论："天哪，他真像一个扫马圈的农民！""不过，他可不是罗伯特·李的对手。"

这些议论多多少少飘进了格兰特的耳朵，但他连眼睛都没眨一下，径直上去握住了林肯总统伸过来的手。

"我把您请到华盛顿来，就是要告诉您，我任命您为陆军中将和联邦政府陆军总司令。"林肯总统第三次更换了主帅。

"非常感谢总统的信任。"格兰特回答。

就是如此简单，当格兰特走出总统办公室后，他脸上的神情不再是懒散和漫不经心，而是好像要去撞一堵墙，而且一定要把墙撞倒。

两个月后，格兰特指挥10万大军，向罗伯特·李发动了总攻。双方激战两天后，互有胜负。格兰特知道，他面对的是和约翰斯顿、彭伯顿大不相同的将军，而罗伯特·李也明白，北方军找到了可当其任的统帅。

双方军队在盖恩斯掘战壕对峙，阵线长达八英里，两军在这里对峙了十天，始终无法分出胜负。两军阵线之间，尸体遍地，由于炎热的夏季已经到来，尸体很快腐烂，受重伤的士兵躺在那里得不到救治，只能默默渴死、饿死、失血而死。

最后，北军发动了一次最勇猛的攻击，每一个士兵都在背部用针别上一张纸条，写明自己的姓名和家乡，以便死后认尸。这支抱着必死决心的军队，终于打开了南军阵线的缺口，罗伯特·李指挥部队开始撤退。

格兰特在一个月内，把战线向敌方推进了近100英里，但他的军队的阵亡人数大大超出罗伯特·李的损失。这时，北方新兵不断补充进来，而罗伯特·李却没有了兵源补充，南方战士已经全部在战场上了，甚至孩子都被征召了上来。

罗伯特·李不久退进彼得斯堡，双方又在这里整整对峙了9个月。围攻开始时，双方兵力不相上下，但9个月后，格兰特的兵力达到11万，而罗伯特·李只剩5万人了。此时的罗伯特·李进退两难。不撤退，可能被彻底包围，全军覆没；但如果放弃，南方的首都里士满就会立即陷入重围。

罗伯特·李试图先攻打北军左翼，打破对彼得斯堡的围困，但遭到惨重失败。这时，北军横扫弗吉尼亚，成功击溃了罗伯特·李的右翼。格兰特乘胜突破了南军的中部防线，罗伯特·李唯一的希望就是向西撤退，与约翰斯顿会合。

当罗伯特·李的军队悄悄撤出彼得斯堡后，格兰特攻进里士满，接着毫不停留地追击罗伯特·李，终于让对手竖起了白旗。历时四年的美国内战，终于以北方的彻底胜利而告结束。

北方的灵魂——林肯

南北战争中的联邦总统亚伯拉罕·林肯，生在一个农民家庭，因为贫穷没机会上学，每天都在西部荒原上开垦农田。

长大后，林肯离开家乡外出谋生，他打过短工，当过水手、店员、乡村邮递员、土地测量员和伐木工。无论干什么，林肯始终都坚持一件事：自学。他抓紧一切空闲时间，自学历史、文学、哲学、法学，获得了丰富的知识。

1830年，林肯迁居伊利诺伊州。在那里，他第一次发表了政治演说。由于抨击黑奴制，提出了一些有利于公众事业的建议，林肯在公众中有了影响，加上他谦逊的人品，四年后当选为州议员。不久，林肯通过自学成为一名律师，在1846年当选为美国众议员。

1854 年，北方各州主张废奴和限制奴隶制的人士成立了共和党，林肯很快成为这个新党的领导者。他在一次集会上发表了著名的演说《裂开的房子》，把南北两种制度并存的局面比喻为"一幢裂开了的房子"。他说："一幢裂开了的房子是站不住的，我相信这个政府不能永远保持半奴隶、半自由的状态。"林肯生动的演说为他赢得了很大声誉，1860 年，林肯作为共和党候选人，当选为美国第十六任总统。

林肯任职后不久，南部奴隶主挑起了南北战争，他们宣布成立一个"美利坚邦联"，推举大种植园主杰弗逊·戴维斯为总统，还制定了"宪法"，宣布黑人奴隶制是南方联盟的立国基础："黑人不能和白人平等，黑人奴隶劳动是自然的、正常的状态。"

在这场战争中，林肯肩上的担子沉重，是以往绝大多数美国总统都未曾经历的。他凭借着自己的非凡毅力和决心，履行了自己的职责，即使在遭到诋毁时，也从未动摇。1862 年 9 月，林肯发布了著名的《解放黑奴宣言》，宣布即日起废除叛乱各州的奴隶制，解放的黑奴可以应召参加联邦军队。宣布黑奴获得自由，从根本上瓦解了叛军的战斗力，使北军得到雄厚的兵源。内战期间，直接参战的黑人达到 18.6 万人，他们作战非常勇敢，平均每三个黑人中就有一人献出了生命。

这个法令的颁布也是南北战争的转折点，1864 年 6 月，南北战争以北方胜利而告结束，奴隶制彻底崩溃。由于林肯的卓越功绩，他再次当选为美国总统。

然而，还没等林肯把他的战后政策付诸实施，悲剧发生了。1865 年 4 月 14 日晚，林肯在华盛顿福特剧院遇刺。凶手是一个同情南方的精神错乱的演员，他从林肯的背后对着其后脑开了一枪。第二天，美国历史上最伟大的巨星之一陨落了，时年 56 岁。

林肯的不幸逝世引起了国内外的巨大震动，他的遗体在 14 个城市供群众凭吊了两个多星期，700 多万人站立在道路两旁迎候出殡队伍，向林肯致哀。得到解放的黑人，纷纷给他们的孩子取名为林肯，以此向这位伟人表达自己的敬意。

殖民主义浪潮

伴随经济的不断进步，资本主义的发展进入帝国主义阶段，由此世界各资本主义国家逐渐走上殖民征服的道路，在世界范围内殖民侵略的悲剧愈演愈烈。

美国的"门户开放"

因为主客观条件的限制，美国扩大在华利益的企图并未得逞。当美西战争开始后，美国更是无暇东顾。美西战争中美国虽然战胜了西班牙，但作为一个后起之国，美国毕竟还不是其他大国的对手，不能凭借武力来同其他帝国主义国家格斗。此外还有一个重要原因，就是当时国内风起云涌的抨击美国政府对外扩张的反战运动。这让当时的麦金莱政府既要遵照垄断资产阶级的意旨，积极保护美国在华利益，又要谨慎从事，掩饰侵略面目，避免反帝运动的攻击，于是门户开放政策应运而生。

从 1899 年 9 月到 12 月，美国国务卿约翰逊令驻英、俄、德、法、意、日等六国大使，向各驻地国政府递交一项照会，这就是近代史上著名的所谓第一次关于中国的门户开放通牒。尽管这些照会的行文略有不同，但基本内容一致，都要求六国政府承认以下三项原则：

（1）对在中国的所谓利益范围或租借地内的任何条约口岸或任何既得利益，一概不加干涉。

（2）中国现行条约税则适用于所有势力范围内一切口岸（自由港除外）所装卸的货物，不论其属何国籍，此税款均由中国政府征收。

（3）在各自势力范围内任何口岸，对他国入港船舶所征收的入港费，不得高于对本国船舶所征的入港费；在各自势力范围内修筑、管理及经营的铁路，对他国臣民运输的货物征费，应与对本国臣民运输同样货物、经过同等距离所征收的铁路运费相等。

从上述三项原则可以看出，门户开放政策以承认列强在华的势力范围和既得权利为前提。它所要求的，仅仅是势力范围和租借地内实行同等的关税、入港费和铁路运费，也就是保持各国在华租借地和势力范围都对美国开放。"门户开放照会并没有提出帝国主义应停止对中国侵略的要求，它仅仅表示了'我也要分享'这样一个要求。"在未争得清政府同意的前提下，美国擅自与其他国家交换照会，要求在列强控制的势力范围内享受同等的贸易地位，这是对中国主权的粗暴践踏。当清政府得知门户开放照会的消息后，向美国国务院提出质询时，海约翰对此不但未作解释，也没有表示歉意。

门户开放政策提出后，各大国对美国照会的态度各异。只有意大利表示无条件接受，其余各国都作了不同程度的保留，而俄国基本上没有接受。

垄断的产生

卡特尔是垄断组织的一种形式，为法语 cartel 的音译，原意是协定或同盟。生产同类商品的企业为垄断市场，获取高额利润而达成有关划分销售市场、规定产品产量、确定商品价格等方面的协议，从而形成垄断性企业联合。1865 年在德国最早产生。第一次世界大战后在各资本主义国家迅速发展。随着垄断资本的国际化而后产生了国际卡特尔。按协议内容卡特尔可以分为规定销售条件的卡特尔、规定销售价格的卡特尔、规定产品产量的卡特尔、规定利润分配的卡特尔、规定原料产地分配的卡特尔等。作为卡特尔成员，各企业除必须遵守协议所规定的内容外，在法律上保持其法人资格，独立生产经营。

辛迪加是垄断组织的另一种形式。参加辛迪加的企业，在生产上和法律上保持自己的独立性，但丧失了商业独立性，销售商品和采购原料由辛迪加总办事处统一办理。其内部各企业间存在着争夺销售份额的竞争。

同卡特尔相比，辛迪加较稳定，存在时间也较久。辛迪加的参加者虽然在生产和法律上拥有独立性，但它们在商业上完全受制于总办事处，不能独立行动。因此在各参加者不能与市场发生直接联系的情况下，它们若想随意脱离辛迪加，事实上也很困难。

托拉斯，英文 trust 的音译。垄断组织的高级形式之一。它由许多生产同类商品的企业或有联系的企业合并组成。旨在垄断销售市场、争夺原料产地及投资范围，从而增强竞争力，以获取高额垄断利润。参加的企业无论在生产上、商业上还是法律上都丧失独立性。托拉斯的董事会负责统一经营、销售和财务活动，最大的资本家掌握领导权，原企业主成为股东，按股份取得红利。

1879 年托拉斯首先在美国出现，如美孚石油托拉斯、威士忌托拉斯等。这种垄断形式一方面保障投资者获利丰厚，从而刺激投资，有利于经济发展；另一方面它也减少了竞争，阻碍企业技术进步和新兴企业的发展，影响中小企业的生存。

光荣孤立

19 世纪 80 年代是欧洲各大国结盟争霸的时代。德奥于 1879 年结盟，意大利在 1882 年加入，于是形成了三国同盟。后来法俄日渐接近，于 1894 年签订协约。此时英国却独辟蹊径，采取置身于结盟浪潮之外的立场。自由党领袖格拉斯顿于 1880 年重任首相后，着手实施他的"正确政策"，此政策包括两个基本点：其一是英国在欧洲大陆各国中协调斡旋，以确立所谓的"协调的欧洲"。其二是英国要避免与欧洲其他国家结盟，以保持自己的行动自由，实现"光荣孤立"。因此，可以说英国的协调与孤立政策是相辅相成的。

不过，协调政策很不成功，它遭到欧洲大陆上最强大的国家德国的猜疑和反对。唯一令格拉斯顿感到安慰的是欧洲列强在 1880–1881 年对于重新划定门特内哥罗与希腊之间的边界采取了协调一致的行动。但不久这项政策在奥斯曼帝国、南非和埃及等地接连碰壁。在 1884–1885 年解决埃及财政问题的国际会议上，德国联合法国将欧洲各国置于其控制之下，致使英国备受冷落。

1885 年索尔兹伯里的保守党政府上台执政，逐渐放弃协调政策。从当时欧洲实力对比来看，德奥意三国同盟显然超过法俄两国。在 19 世纪 80 年代后半期，英国首先与德奥意接近，但并不正式加入该同盟。另一方面，英与法俄关系较为冷淡。

在德国的推动下，意大利于 1887 年 2 月 17 日与英国达成一项秘密协定，两国约定防止任何其他国家在毗邻地中海地区建立霸权。6 个星期后，奥匈帝国加入这项协定。尽管如此，英国仍恪守不结盟的孤立政策。1889 年 1 月，索尔兹伯里拒绝了俾斯麦的邀请，拒绝加入同盟国。

到 19 世纪 90 年代，欧洲局势发生改变。法俄两国先后缔结咨商协定和军事协定。军事协定于 1893 年生效，标志着法俄正式结盟。德皇威廉二世登基后，于 1890 年解除了俾斯麦的职务，变本加厉地扩充军备。英国对此感到不安，开始与德国疏远。到 19 世纪 90 年代中期，英国再一次处于孤立境地。加拿大政治家们于 1896 年初首先使用了"光荣孤立"这一术语来形容英国的这一处境，很快就在英国流行开来。海军大臣戈申曾宣称这种孤立是有选择的和光荣的，因为它赋予"我们选择行动的自由"，不像其他国家那样互相牵制。同年，索尔兹伯里在伦敦市长举行的宴会上致词时也将"光荣孤立"作为外交政策加以阐述。他强调英国不应该参加任何同盟和集团，保持行动自由，便于操纵欧洲均势。"光荣孤立"这个词虽然产生于 19 世纪 90 年代，但它作为一种外交政策，从 19 世纪中叶起就已为历届英国政府所奉行。

法国偏左

1893 年，一起震惊法国的"巴拿马丑闻"被揭露，这是一件耸人听闻的贪污受贿舞弊案，因此引起了法国政局的动荡。早在 1879 年 5 月，法国的企业家、工程师雷赛布就从哥伦比亚政府中取得了巴拿马运河开凿权，1881 年他还成立了巴拿马运河开凿公司，并发行总数达 30 多亿法郎的股票，想发财的众多中小资产阶级把股票抢购一空。运河开工后，由于对运河开凿工程估计的错误及法国银行强加的苛刻条件，以及开凿公司的贪污挥霍，使资金严重短缺，工程很快陷入绝境。为获得资金，公司企图发行新的股票，但这需要经议会立法授权及政府批准。为此，公司通过银行中间人贿赂国家要人、高级官员、议会议员及报刊舆论界，从而使公司得以再次发行股票。但是到 1889 年 2 月，当公司骗到了大量股金后，竟突然宣布因负债 12.8 亿法郎而破产，只完成 1/3 的工程被迫停工，约 90 万户小股东也因此破产，许多企业倒闭。

1892 年底，巴拿马舞弊案的真相得以披露，当时法国许多政府要员以及一些报刊记者均受贿赂。正是因为政府官员的支持，才酿成了这次巨大的骗局。

1893 年 2 月，法国政府对巴拿马公司的董事长和三名董事以诈骗罪进行审判，其中公司董事长、88 岁的雷赛布和他的儿子被判处 5 年徒刑并罚款 3000 法郎，另三名同案人被判处 2 年徒刑，但许多受贿的政府头面人物却逍遥法外。4 个月后，重罪法庭再次宣判他们全体无罪，就这样，这场轰动一时的骗局在资产阶级政府的庇护下草草收场。

尽管如此，巴拿马丑闻曝光后，一些著名的资产阶级激进派人士因受贿而声名狼藉，不得不退出政治舞台。新一代共和派取代他们的位置，这些人抛弃了机会主义派的特点，变得更加温和，而且丑闻还使资产阶级政府和实业家信誉扫地。

丑闻的揭露让人民群众，尤其是无产阶级开始认清统治者的真面目，他们纷纷脱离资产阶级激进派转向社会主义，社会党的力量开始加强。

日俄战争

中日甲午战争以及《马关条约》的签订极大地影响了俄国的在华利益，其中关于割让辽东半岛给日本的规定，更是引起了沙俄的不满，于是沙俄联合法德上演了一场"三国干涉还辽"。对此，日本怀恨在心，伺机报复。1900 年，中国爆发义和团运动，沙俄乘机出兵占领东北全境，企图据为己有，日本伺机与英国订立反俄同盟，要求俄国撤出在中国东北的占领军，双方谈判未果。日本便依仗英美等国的支持，于 1904 年 2 月 8 日派遣海军偷袭停泊在旅顺港外的沙俄舰队，并击沉在朝鲜仁川的俄军舰。日俄两国遂于 2 月 10 日同时宣战。

其时，日本现役兵员 13 个师，20 余万人，军舰 152 艘。俄国实力则远胜日本。但俄国陆军精锐集中于西部边境，驻扎在远东的俄军仅 4 个师，12 万人，海军则较分散，战斗力弱。

战争开始后，日本黑木第一军 6 万人，在仁川登陆，迅速北上，5 月初强渡鸭绿江，迅速击败沙俄沿江守军 3 万余人，攻入中国境内。占领了重要据点九连城、凤凰城，取得对俄陆上作战的首次胜利。

沙俄军于是在辽阳修筑牢固工事，与太平洋舰队基地旅顺要塞共同作为抗击日本陆海进攻的强大堡垒。

1905 年 1 月 1 日，经过几个月的激战，在双方均遭极大伤亡后，旅顺俄军投降。乃木遂率第三军移师北上，参加奉天会战。3 月 10 日，俄军被迫后撤，日军占奉天，乘胜进攻铁岭、开原。俄军退至四平街。5 月 27 日至 28 日，俄日发生对马海战，俄国舰队几乎全军覆没，随后日军占领库页岛的一部分。至此，大规模军事行动停止。

当时俄国因国内爆发革命，无心再战；日本也因战争消耗，急欲结束战争；美国方面因担心日本过分强大，于是从中调停。1905 年 9 月 5 日，日俄两国签订《朴次茅斯和约》，该条约背着中国，擅自在中国东北划分"势力范围"。根据条约，俄国将其势力范围的库页岛南半部及附近一切岛屿割让给日本，将旅顺、大连及附近领土领海的租借权转让给日本，同时还承认朝鲜为日本"保护国"。条约签订后，日、俄两国立刻逼清政府给予承认。1905 年 12 月，在日本的压力下，清政府与日本签订《中日会议东三省事宜条约》，除接受日、俄《朴次茅斯和约》中的所有规定外，还额外给日本一些权益。

◀第一次世界大战▶

大家要我们承认我们是战争的唯一祸首，我本人如果这样
来承认，那就是欺人之谈。

——伦卓（巴黎和会的德国代表）

"三国同盟"与"三国协约"

三国同盟是德国、奥匈帝国、意大利在维也纳结成的秘密同盟。1881 年法国从阿尔及利亚侵入突尼斯，并将它变为自己的保护国。这破坏了意大利对此的侵略计划，于是意大利投靠德、奥。经过谈判，1882 年 5 月 20 日，德、奥、意三国在维也纳签订同盟条约。条约承诺：若意大利遭法国进攻，德、奥两国应全力援助，如德国受法国侵略，意大利也担负同样义务。缔约国的一国或两国如遭两个或两个以上大国（特指法、俄）进攻，则缔约三国应协同作战。意大利对此有一个保留条件：如英国攻击德国或奥匈，意大利不负援助盟国的义务。另外条约还约定当一大国（指俄国）攻击缔约国一方时，其他两缔约国应取善意中立，即一旦发生俄、奥战争，意大利应保持中立。条约有效期 5 年，后来在 1887 年、1891 年、1902 年、1912 年又 4 次续订，并增补了一些义务条款。

三国同盟的缔结标志着欧洲两大对峙军事集团的一方初告形成。三国同盟的矛头直指俄国和法国，随着德国不断扩张以及英、德矛盾激化，意大利改善了同法国的关系。第一次世界大战爆发后，1915 年 5 月意大利参加协约国，三国同盟瓦解。

三国协约是英、法、俄为对抗三国同盟，通过 1904–1907 年签订一系列协议而结成的一个帝国主义集团。英布战争后，英国开始放弃"光荣孤立"政策，同法国接近。1903 年春，英王爱德华七世访法。7 月，法国总统卢贝回访，两国外长开始谈判。1904 年 4 月 8 日英法达成"衷心协约"，其主要内容有：法国在

埃及对英国的行动不予干涉，同时英国承认法国在摩洛哥的权利；两国划定在暹罗的势力范围；法国放弃在纽芬兰的捕鱼独占权，在西非英国让给法国一些殖民地。此外额外秘密条款规定，双方政府之一如为"情势所迫"，可变更埃及或摩洛哥的现状，但自由贸易、苏伊士运河自由通行、直布罗陀海峡南岸禁止设防等原则需继续维持。

英法协约签订后，英俄开始接近，1907 年 8 月 31 日，俄英签订了分割殖民地的协定。两国划定波斯东南部为英属势力范围，北部为俄属势力范围，两者之间的地区为中立地带，对两国平等开放；俄国不对阿富汗享有管理权，并承允英国代管阿富汗外交。英国则宣称不变更此国家的政治地位；两国共同尊重西藏的领土完整，不得干涉它的内政，只能经过中国政府中介与它进行交涉，西藏自古以来是中国的神圣领土，协定关于西藏的条款是对中国主权的粗暴侵犯。英、法协约和英、俄协约，加上法俄同盟，共同组成了"三国协约"或"协约国"。与三国同盟不同，三个协约国没有签订一项共同条约，只有俄、法两国负有军事义务，英国拒绝承担军事义务。三国协约与三国同盟疯狂扩军备战，终于导致第一次世界大战的爆发。

萨拉热窝的枪声

14 世纪下半期，奥斯曼帝国开始入侵巴尔干地区，后来俄国人也来了，打着解放"斯拉夫人"的旗号，其实是为自己扩张势力范围。巴尔干人曾不止一次结成联盟，共同反抗外国殖民者的入侵，但都失败了。殖民者在瓦解了巴尔干的地区同盟后，开始了瓜分狂潮。由于分赃不均，彼此间的矛盾也进一步加深。巴尔干这个火药桶，一触即炸。

1914 年 6 月 28 日，一个阳光灿烂的星期日，在巴尔干地区波斯尼亚的首府萨拉热窝，人们都聚集在道路两侧，探头张望着。不久，一趟豪华专列驶进了萨拉热窝车站，从车厢里缓缓走出的，是显赫的奥匈帝国王储弗兰茨·斐迪南大公和他的妻子索菲女公爵。

斐迪南大公是来这里巡视的，奥匈帝国在吞并了波斯尼亚后，开始将目光投向了邻近波斯尼亚的塞尔维亚。斐迪南大公在来萨拉热窝之前，刚刚亲自指挥了一次军事演习，假设的进攻对象就是他今天来到的萨拉热窝。

斐迪南大公的嚣张和明目张胆的侵略，早就激起了塞尔维亚人的极大愤恨。以加夫里洛·普林齐普为首的一个爱国军人团体，组成的一个七人暗杀小组，早已埋伏在车站到市政厅的街道两旁，瞪着愤怒的眼睛，静静等待这个凶恶的敌人。

当车队行驶到拉丁桥时，普林齐普早已做好准备。这位年仅19岁的塞尔维亚青年，在车子离他不到2米时，突然一个箭步冲上前去，不等侍从官缓过神来，举起手枪对准斐迪南夫妇扣动了扳机。

"砰！""砰！"两声枪响，一颗子弹射进了斐迪南的脖子，第二颗洞穿索菲的腹部。当侍从武官举刀要向普林齐普砍去时，普林齐普立即将枪对准自己头部。还未开枪，就被警察逮住，双方挣扎中，普林齐普服下了毒药。

斐迪南大公夫妇被刺身亡，这让早想吞并塞尔维亚的奥匈帝国欣喜若狂，终于找到了一个借口，可以出兵了。

7月28日夜晚，奥匈帝国的部队炮击塞尔维亚首都贝尔格莱德，炸死了5000多居民。紧接着，德国以俄国拒绝停止战争总动员为理由，对俄宣战。法、英两国见状随即对德国宣战。奥匈帝国于是又向俄宣战。短短几天内，欧洲这几个国家互相宣战，全部卷入了战争，日本见状也加入进来，宣布对德国作战，侵占了德国在中国的殖民地——胶州湾。

第一次世界大战终于爆发。

坦伦堡战役

德国对俄国宣战后，并没有直接进攻俄国。因为当时绝大部分德军都部署在西线，德国人想借助优势兵力，通过闪电战术一举攻克巴黎，打败法国。他们认为俄国国内充满危机，不可能在战争一爆发就立即向东进攻，因而在东线只配备了一个集团军——第八集团军，以此防御俄国。

但俄国的军事计划是与英、法两国共同制定的。这份计划规定，一旦德国集中精力对付法国，俄国就从东线进军，直逼东普鲁士和奥地利的加利西亚，迫使德国东、西两线作战，分散其兵力。俄国的参谋总长吉林斯基将军还向法国信誓旦旦地保证，"两个星期内，将有80万俄军做好战斗准备。"

1914年8月中旬，吉林斯基将军率领两个集团军向东进发，由莱宁堪普和萨松诺夫各率一个集团军，兵分两路进攻东普鲁士。守在东线的德国第八集团军毫无防备，只得向西撤退。

俄军初战告捷，傲气顿生，两个集团军各行其是，长驱直入突进了普鲁士。但过了不久，因为战线过长，后方供给不及，两个集团军之间很快就出现了一条100公里的空隙地带。

德军的霍夫曼上校抓住俄军的漏洞，首先攻击萨松诺夫的第二集团军。双方刚一接触，德军便溃不成军，掉头向西就跑。萨松诺夫误认为这是德军的全线溃退，便拼命向西追击。一天后，俄军疲惫不堪，德军也不见了踪迹。萨松诺夫正在迟疑，忽然接到侦察兵的报告，说发现两翼出现大量德军。萨松诺夫吃了一惊，急忙给吉林斯基将军发电，请求暂停追击，以免遭到德军夹攻。

吉林斯基这时正在离前线三四百公里的指挥部喝酒，看到萨松诺夫的电报，一脸不耐烦。他认为德军根本无暇东顾，这不过是小股德军在作垂死挣扎。吉林斯基回电斥责萨松诺夫怯懦，命令他继续进攻。

就在电报发出的时候，德军突然向萨松诺夫发起进攻。疲惫不堪的俄军毫无招架之功，仓皇后退，有几个连的士兵竟然是掉进湖里淹死的。德军很快就在坦伦堡附近包围了萨松诺夫的第二集团军，萨松诺夫再次发电求救，请第一集团军迅速靠拢。

在东普鲁士境内的莱宁堪普看到电报，根本不予理睬，想到自己以前被敌军围困时，萨松诺夫曾坐视不理，这回怎么能放过报仇的机会呢。吉林斯基也收到了第二份请求增援的电报，但他顽固的脑袋就是不肯相信，并一口咬定德军根本没有大规模作战的能力。

萨松诺夫见一次次电报均无回音，只好硬着头皮下令迎敌。不久，德军便从四面八方向俄军阵地发起进攻，饥疲交加、士气低落的俄军，被德军像羊群般兜捕起来，纷纷缴械投降。十几万俄军顷刻之间便土崩瓦解，除战死和失踪的三万多人外，近 10 万名俄军被俘，500 多门大炮被毁，萨松诺夫也在战火中举枪自杀。

等到吉林斯基发现与第二集团军失去了联系，才意识到自己的判断出了错误，急忙命令莱宁堪普去寻找已经不存在的第二集团军。莱宁堪普还不知道自己已是孤军了，仍旧傻乎乎地向前挺进，结果一头扎进了德军的怀抱。

德军刚消灭了第二集团军，势头正旺，看到掉头就跑的莱宁堪普，马上一鼓作气包抄上来，一场激战后，俄国第一集团军死伤过半，莱宁堪普虽然逃回了俄国，但马上被撤职了。德国的霍夫曼上校则因作战有功，晋升少将军衔，并担任德军东线总参谋长。

马恩河之战

德国的主力军，此时正在西线与法国恶战。1914 年 8 月，德国首先在西线发动进攻，占领了比利时、卢森堡，并很快突破了法国的边境防线。

法军迅速动员预备队，第四、第五集团军和英国远征军撤至马恩河以南，在巴黎至凡尔登一线布防。法军总参谋长霞飞将军组建第六、第九集团军，分别部署在巴黎外围以及第四和第五集团军之间，准备实施反攻。

德国的第一、第二集团军，为了追歼法国第五集团军，偏离了原定的进攻方向。德军总参谋长毛奇在获悉法军即将反攻后，急忙命令第一、第二集团军在巴黎以东转入防御。由于毛奇所在的最高统帅部和其他军队之间距离拉得太长，让当时还不完善的无线电通信变得更加杂乱。已经深入法国腹地的第一集团军统帅克卢克，根本听不见毛奇在对他嚷嚷什么，他也无法告诉毛奇他正在干什么。

克卢克继续率军南下，结果遭到法军的突袭，双方在乌尔克河西岸遭遇。法军这回首次使用汽车，把第六集团军的一部由巴黎运往前线，这种快速的进军是克卢克根本想象不到的。等到他发觉右翼和后方受到威胁时，只得命令所有部队全部撤至马恩河北岸，与第二集团军之间出现了宽50公里的防御间隙。

法国第五集团军和英远征军便从德军的防御间隙地带穿插，逼近了马恩河，将克卢克的集团军团团围住。这时，德国的第二集团军也面临被围的危险，不得不选择后撤。

德军虽然在其他地段略占上风，但鉴于第一、第二集团军所面临的态势，毛奇下令全线停止进攻，撤至努瓦永和凡尔登一线。英法联军趁机推进，以伤亡25万人的代价，换取了前进60公里，消灭德军30万人的成果。

因为俄国在东线的进攻，德军不得不抽调部分兵力赶往东线支援，英法联军阻止了德军速战速决的打算。

第一次世界大战伤亡人数

国　　家		士　兵	平　民
协约国	英国	90.8 万	3.1 万
	比利时	1.3 万	3 万
	希腊	0.5 万	13.2 万
	法国	124 万	4 万
	意大利	65 万	
	黑山	3 万	
	罗马尼亚	33.6 万	27.5 万
	俄罗斯	170 万	310 万
	塞尔维亚	45 万	65 万
	美国	5 万	
同盟国	奥匈帝国	120 万	30 万
	保加利亚	8.7 万	27.5 万
	德意志帝国	177 万	76 万
	奥斯曼帝国	32.5 万	100 万

化学武器登场

1915 年春，东线的俄军战败，处于防守态势。德军便转过头来，准备在依普尔运河一带与英法大战一场，以雪马恩河惨败之耻。

德国皇帝对此战非常重视，连忙召见接替毛奇的参谋总长法尔根汉，问他有没有战胜英法联军的妙策。法尔根汉很诡秘地一笑，信心十足地说："陛下尽管放心！这次我要把依普尔运河变成敌人的坟墓！"

1915 年 4 月 21 日，沉寂多日的西线战场战火重燃。双方在对轰了一个多小时的榴弹炮后，停下来休息。英法联军的战士们趁此间隙，有的吃东西，有的则开始聊天。他们认为，这只是德军的常规作战，凭借坚固的工事，德军的这点火力根本不足为惧。

这时，空中突然响起了飞机的"嗡嗡"声，十几架飞机从东北方飞来。"德国飞机！"随着英国士兵的叫声，大家纷纷跳入战壕，一齐向飞机瞄准，轻重机枪同时开火。但德国飞机却一掠而过，既未投弹，也未扫射，远远地绕了一个弧形又飞回去了。虚惊一场！英法联军的士兵们都嘲笑起德国人来："又是神经战！德国人没炮弹了吧？"

这批飞机是法尔根汉派来的侦察机。侦察员回去向他报告说，英法联军阵地拉得很长，阵地上崎岖不平，掩体和碉堡参差错落，兵力无法估计。

法尔根汉并未责怪士兵，他对前线指挥官说："我们必须设法把敌军引到平旷之地，这样才能使用我们的秘密武器。只等东北风吹起，就可实施我们的计划了。"说完，这家伙冷笑了一声，似乎已经看到了痛苦抽搐的英法士兵。

当晚的法尔根汉可能在睡梦中都是笑着的。可就在他做梦的时候，法国间谍吕西托把他要使用秘密武器的消息告诉了法军总司令霞飞。霞飞吃了一惊，赶忙下令各军从速准备防毒面具，一旦敌军施放毒气，要赶快撤到上风处或高处去。各军仓促之间没法置办大批防毒面具，因此每个士兵都多发了一条毛巾。

4 月 22 日深夜，法尔根汉盼望的东北风微微吹起了。天刚蒙蒙亮，英法联军就发现黑压压的一百多辆德军军车向阵地开来，便立即用各种炮火还击。打了一阵，德军似乎招架不住，向后仓皇撤退。英法联军不知是计，便跃出战壕，向德军猛追过去。

当英法联军杀声震天地追到一处空旷地带时，忽然间德军大炮齐鸣，截断了退路，在前面逃跑的德军也停下脚步，转而向联军射击。几万名英法联军只好在这片平旷的地面上寻找小丘或树丛作隐蔽。

这时几十架德军飞机从东南方直飞过来，一到这片平旷的地带，便纷纷投下炸弹，团团浓烟迅速向四周弥漫。英法联军顿时醒悟过来，纷纷系上毛巾。但这根本不起什么作用，靠近毒气的战士纷纷倒下，很快口角流血，四肢抽搐起来。被大量毒气笼罩着的平原上，连乱草中的野兔也伸直了腿。

这就是法尔根汉的秘密武器——氯气弹，这种气体比空气重 1.5 倍，人吸入后很快就会窒息而死。英法联军一万多人立时死亡，其余的也丧失了战斗能力。这时，头上裹着防毒纱罩的德军冲向联军阵地，英法联军十公里长的防线已无人防守，被德军轻松占领。

凡尔登战役

毒气战之后，德英又展开了一系列小型激战，但始终没打开僵持的局面。1916 年初，法尔根汉又提出了"处决地"计划，即全线进攻凡尔登。

法尔根汉为了在军队的数量和力量上压倒对方，下令把俄国、巴尔干半岛前线以及克虏伯兵工厂的大炮全部运来。在 12 公里长的战线上，排列了德军近千门大炮，前沿阵地还配有 5000 多个掷雷器，兵力更是高达 27 万。

2 月 21 日清晨，德军开始了猛烈进攻，近千门大炮随着一串闪光的信号弹在高空爆炸，一齐怒吼起来，顷刻之间，法军阵地变成一片火海。紧接着，德军又用 13 门 16.5 英寸口径的攻城榴弹炮，把一颗颗重磅炮弹射向要塞。在一阵阵震耳欲聋的爆炸声中，法军整段整段的堑壕变成了平地。

经过 12 小时的不间断轰炸后，德军又搬来了小口径高速炮，开始发射霰弹，对惊慌失措、乱跑乱叫的法军进行扫射，并用喷火器进一步制造恐怖。

这样反复轰炸和扫射之后，凡尔登要塞附近狭窄的三角地带的战壕完全被摧毁，森林全被烧光，连山头都被削平，整个法军阵地完全暴露出来。

德军的六个步兵师开始了冲锋，虽然法军的阵地上是一片火海，但士兵们仍然凭借剩余的工事奋勇抵抗，靠白刃近搏，一次次把敌人压了回去。经过两天激战，法军终因寡不敌众败退了，前沿的野战防御阵地基本上被德军占领。

法军在凡尔登失利的消息很快传到霞飞耳朵里，总司令大吃一惊，委任贝当将军为凡尔登地区司令官，死守阵地。

贝当来到凡尔登后，看着堆满尸体的前沿阵地，感到情况危急，急忙召开前线军事会议，讨论怎样保证后方援军和军火物资迅速到达。法军负责后勤的指挥官亲自督促修路，两天后，被德军炸毁的巴勒迪克——凡尔登公路修通了，6000辆汽车通过这条路，源源不断地把19万援军和两万多吨军火物资运到凡尔登要塞。这是战争史上首次大规模汽车运输，人们后来把这条路叫作"圣路"。

这下，双方的军事力量逐步趋向平衡。法尔根汉做梦也想不到，短短一周时间，法军竟然派出了这么多援军赶来。但吃惊过后，他却高兴起来，这与他事先估计的一样，法国将全部埋葬在这里！

3月5日，大规模的战斗再次打响。德国步兵在猛烈炮火的掩护下，从30公里的战线上一齐向法军阵地发起进攻。贝当将军命令所有的法国大炮一齐开火，还击德军，剩下的士兵则用各种炮火向德军扫射。

这一次德军死伤惨重，退了回去。法尔根汉命令德军缩短战线，集中兵力突击马斯河左岸，并由急促的冲击改为稳步进攻。经过70个昼夜的苦战，德军只前进了两公里，而且代价极高。

到了7月，双方开始来回拉锯，德军前进的步伐再一次放缓。10月24日，法军转入反攻，迅速收复了丢失的炮台，德军无奈溃退。

在这次空前规模的战役中，伤亡人数多达70万，因此被称为"凡尔登绞肉机"、"屠宰场"和"地狱"。法尔根汉确实让法国人流尽了血，但也使德国人把血流尽了，回国后便辞去了参谋总长的职务。

索姆河战役

凡尔登战役惨烈进行之时，法军总司令霞飞正在索姆河指挥战役，这也是一次大规模的残酷战斗。

1916年初，根据协约国确定的战略方针，英法联军计划在索姆河及其支流昂克尔河地区发动大规模进攻，彻底击溃盘踞在法国北部的德军。

索姆河地区属丘陵地带，地势起伏不平，森林和村庄星罗棋布，德军在这里构筑了三道阵地，主阵地是阶梯式堑壕和坑道工事，前沿阵地铺设多道铁丝网，贝洛将军指挥的德第二集团军，防御纵深达到8公里。

英法联军经过一番准备，在7月1日率先发起攻击。英国第四集团军在罗林森将军指挥下，从正

面实施突击。法国的第六集团军由法约勒将军指挥，实施辅助突击。当日，法军和英军右翼突破了德军的第一道阵地，但英军左翼为德军坑道工事所阻，损失惨重，伤亡近6万人。

但很快英军右翼和法军就攻占了德军的第二道阵地，一度占领巴尔勒、比阿什等德军防御要地。可因为联军组织协同不力，进展迟缓，使德军得以迅速调集援兵。双方你来我往，从攻击战变成了消耗战。

9月15日，英军使用了坦克，配合步兵进攻。这种新式武器让德军一度大幅度后退，不得不调动在凡尔登的军队前来增援。

索姆河一役，英法联军虽然没有彻底击败德军，但迫使对方收缩了防线，在西线暂时转入战略防御。

陆战之王登场

索姆河战役中闪亮登场的坦克，是英国一个名叫斯文顿的工业技师发明的，这种能活动的装甲堡垒不怕机枪扫射，而且能越堑过沟，在掩护步兵冲锋的同时，还能向敌人发射子弹，因而人们把这种武器称为"机枪破坏器"。

坦克刚刚问世的时候，很多英国将军都觉得新奇，但对于它的作战能力却深表怀疑。当时的海军大臣丘吉尔却非常欣赏这个新武器，暗地里筹集资金，让制造人对其进一步加以改进。

1916年8月，英国造出了48辆坦克，马上就被运到了索姆河前线。在此期间，德军使用毒气弹、穿甲榴弹等新式武器，杀伤了大批英法士兵。这一回，英国人也要让他们尝尝新武器的威力。

这48辆坦克是从没参加过战斗的，连模拟试验都没做过，驾驶人员也是临时从汽车驾驶员中抽调来的。因而在首次战斗中，只有18辆坦克开到了战场上，其中能参加战斗的，只有10辆。

当这10辆怪物"隆隆"地驶向德军阵地时，德军吓得惊慌失措，急忙用枪射击。机枪子弹在坦克外表撞出阵阵火花，而坦克却继续前行，德军只有纷纷逃跑。这时，一辆坦克冲进了一个村庄，面对这庞大的钢铁怪物，德军惊恐不已，纷纷逃离据点。一个村庄就这样被这辆坦克轻松占领了。还有一辆闯进堑壕的坦克，当时已经陷在里面无法移动了，可德军竟然吓得不敢逃走，300多名德军乖乖做了俘虏。

这次胜利，使那些对坦克不以为然的将军们大吃一惊，更让英国士兵受到莫大鼓舞。但这种武器造价太高，而且速度极慢，无法越过泥沼地，所以在第一次世界大战中没有显露更多的价值。

日德兰海战

1916年5月30日，以"留佐"号为首的战斗巡洋舰，沿着日德兰海岸向北海航行，并不时向德军军港报告自己的航线和位置。这些电报信号很快被英军截获，并马上送到海军司令杰立克的手里。

杰立克认为德国此举是公然挑衅，于是，命令贝蒂率4艘战列舰和6艘巡洋舰，迅速驶向日德兰半岛西北部海面，迎击德舰。按照杰立克的命令，贝蒂会先假装败退，引德国舰队来到英国海军的大部队面前。杰立克将亲率由24艘战列舰、3艘战斗巡洋舰和许多辅助舰组成的强大舰队，离开军港，到海上坐镇。

"留佐"号一路频繁发报，就是要引诱英国海军。其后实际上跟着由德国海军总司令舍尔率领的大批德军主力舰队。

一天后，两支舰队都驶到日德兰西北部的海面上，很快英军舰队的前锋船只首先发现了德国舰只，舰长赶快报告贝蒂中将。贝蒂马上命令战舰全速向前。德军舰队也是一样，当他们发现英舰后，也全速向前驶来。

"隆隆"的炮声震荡着日德兰海面。贝蒂本想按照杰立克的布置，稍一接触便回转逃去。可这时德军舰只死死咬住不放，英舰相继中弹，贝蒂怒不可遏，下令舰只向德国人冲去。

希佩尔见状急忙掉转航向，全速向舍尔的主力舰队靠近。贝蒂隐约发现大批的德国舰只，急忙下令转向。"留佐"号一看"玛丽王后"号不进攻了，想趁机占点便宜，再次掉头追击。英国人气坏了，瞄准"留佐"号射了一弹，"留佐"号中弹起火。

这时，英国主力舰队已经赶到，杰立克以为贝蒂已经把德舰诱引过来，兴奋地下令："全部战列舰向左排成舷侧单行，进入战斗状况，准备迎击敌人！"很快，24艘战列舰就排成了一条长长的作战单行。

舍尔只顾猛追，猛然发现英国舰队时，双方已形成"T"字作战阵势。这下德国慌了手脚，因为英国能够使用所有大炮轰击，而德国舰只能用舰首炮，后面的舰队距离太远，不能射击。

英国人抓住时机，炮火齐发，德国的三艘军舰马上遭到重创，沉下了海底。"留佐"号本来就已中弹，这时雪上加霜又挨了一炮，率先沉了下去。

舍尔兴冲冲而来，没想到立脚未稳，劈头盖脸挨了一顿炮弹，急忙下令舰队掉转船头，在薄雾中仓皇逃去。舍尔本想撤回本土，但因夜色黑暗，偏离了航线。

深夜时分，德国军舰又与英舰相遇。双方在照明弹、探照灯的照射下，进行了一场混战，直到黎明时分才分开，各自向本土驶去。

这次海战是第一次世界大战期间规模最大的海战，也是世界海战史上最后一次战列舰大编队交战。但是，英国和德国的舰队主力并未发生重大变化，预期的战役目的也都没有实现。

谍战改变战局

俄国由于国内革命宣布退出战争后，德国东线的战役随之结束，德国人将兵力全部调往西线，希望以此消灭英法联军。可一直隔岸观火的美国却宣布对德作战，让德国人既震惊又愤恨。

1917年，一封由当时的德国外长亚瑟·齐默曼发的密码电报被英国人截获，这份以德国最高外交密码0075加密的电报，是传送给德国驻华盛顿大使约翰·冯·贝伦朵尔夫的，并还要继续转发给德国驻墨西哥大使亨尼希·冯·艾克哈尔特，最后再交给墨西哥总统瓦律斯提阿诺·加汉扎。

密件从柏林经美国海底电缆送到了华盛顿，但接到密件的贝伦朵尔夫却犯了一个致命的错误：他将电报用新的0075密码译出后，又用旧的103040密码加密后发送到墨西哥。

当时英军早已破译了德国旧密码系统，于是，密电内容被揭开了：德国将重新开始"无限制海战"，用潜艇攻击包括中立国在内的海上商运船。为了阻止美国因此参战，德国建议墨西哥入侵美国，并承诺帮助墨西哥从美国手中夺回得克萨斯、新墨西哥和亚利桑那三州。德国还要墨西哥说服日本共同进攻美国，德国将提供军事和资金援助。

英国马上向美国驻伦敦大使佩奇展示了破译电文的打印件。时任美国总统的威尔逊对外公布了上述消息，美国人被激怒了，正式参战。这之后，战争开始呈现一边倒的局势。

兰斯保卫战

1918 年 7 月，德军意识到战争不能再无限期僵持下去，为了迅速攻占法国首都巴黎，在统帅鲁登道夫的布置下，从两面包围巴黎的"门户"兰斯城，想一举攻克兰斯，然后长驱直入巴黎。

为了实现这个计划，德军由皇储威廉亲自率领，庞大的集团军秘密进入阵地。为了高度保密，在行军过程中，连车轮也用布包裹起来，以避开法国侦察兵的耳目。

法国第四集团军司令古罗将军，根据战争的态势，果断地作出判断，认为德军即将对兰斯发动进攻，下令情报部门不惜一切代价获取德军情报。情报部门于是派出一股精干的小分队，捉住了一名德国士兵，果然获悉德军将要发动进攻，时间就在当晚的零点 10 分。

古罗将军马上作出反应，命令炮兵部队提前开火。零点整，法军的 2000 多门各种口径大炮同时向德军开火。德军毫无防备，仓促应战，但为时已晚。

鲁登道夫见状，率领军队企图强渡马恩河，但守卫在河对岸的美军怎能允许他们轻易过河，立即朝那些船只进行猛烈射击。德军正好渡到河中央，几十艘小艇在瞬间被击沉，损失惨重，当德国军队以惨重的代价渡过对岸后，迅速占领了一个制高点，开始向美军进行反击。美军第三十八步兵团越战越勇，双方一时也分不出胜负。

与此同时，在兰斯城的其他方向，双方也进行着激战。你进我退、你退我进，拉锯战异常惨烈，战场上枪炮声不绝，双方士兵的尸体也在不断增多，整条马恩河都被鲜血染红了。

到了第二天傍晚，德军以前仆后继发疯般的人海战术，前进了三英里。而协约国的炮兵则以逸代劳，整整一天都在接连不断地炮击河对面的德军后备部队。这样前击后炸，处处开花，德军攻击渐渐被削弱。

鲁登道夫决心拼死一试，下令皇储的第六集团军补充战斗力，准备把这支后备力量投到前线去。但是皇储没有接到命令，他已经撤退了。这下，鲁登道夫只得靠马恩河和兰斯之间的两个军，准备第二天重新发起攻击。

就在这时，在兰斯附近的茫茫森林中，24 个整编师的协约国部队正集结待命，准备向疲惫的德军发起全面进攻。

第二天清晨，协约国的坦克轰然而至，喊杀声震耳欲聋。德军立时乱了方寸，纷纷退却，片刻之间，协约国就俘获 1.5 万名德军。面对强大的攻势，德军大部分都投降了，只有少数部队在继续抵抗，做着困兽之斗，但很快也被打退。德军见大势已去，纷纷扔下长枪，不断地喊道："结束战争！"

兰斯保卫战，虽然协约国也付出了惨重的代价，总计伤亡达 5000 人，但这却是协约国从防御转入反攻的转折点。

布尔什维克

俄国社会民主工党于 1898 年成立，但当时尚未制订出党章和党纲，党的组织也不够成熟。这时列宁在"彼得堡工人阶级解放斗争协会"和在国外出版的《火星报》的活动为进一步建党做了理论与思想上的准备。1903 年 7 月，俄国召开社会民主工党第二次代表大会。会上就党纲、党章问题展开激烈争论。在列宁的坚持下，党纲中最后写入了无产阶级专政的条文。讨论党章时，在入党条件问题上又出现尖锐分歧。列宁主张一切承认党纲，在物质上帮助党并加入党内任一组织者，均可入党。但是马尔托夫等人反对把参加党的任一组织作为入党条件。结果马尔托夫的条文最后被通过。在选举党中央委员会及机关报《火星报》的编辑部时，拥护列宁的人又占多数，被称为布尔什维克。而以马尔托夫为首的少数派被称为孟什维克。因此从 1903 年开始，布尔什维克成为马克思主义者的称号，布尔什维克的理论及政策被称为布尔什维克主义。从此俄国社会民主工党内部出现了两个对立的政治派别。以后布尔什维克在列宁的领导下，不断发展马克思主义的无产阶级专政学说，从而积极进行争取民主革命和社会主义革命的斗争。1912 年 1 月俄国社会民主工党布拉格代表会议把坚持机会主义的孟什维克派开除出党。布尔什维克从此成为新型的无产阶级政党。1918 年 3 月，该党听取列宁的建议改名为"俄国共产党（布尔什维克）"，简称俄共（布）；1925 年 12 月，该党又易名为"苏联共产党（布尔什维克）"，简称联共（布）；1952 年 10 月，在苏共第十九次代表大会上取消双重名称，改称苏联共产党，即苏共。

俄国二月革命

一战爆发后，俄国的参战促进了俄国国内革命运动的发展。战争期间，俄国国民经济遭到严重破坏。工业发展大幅度倒退，农业生产也受到严重破坏，而且这时沙皇政府的财政面临全面崩溃，其内部斗争也日趋表面化。在这样的环境下，全国革命运动高涨起来。

1917 年 1 月 22 日，彼得格勒工人在布尔什维克的号召下举行罢工。以后革命势头不断高涨，3 月 3 日（俄历 2 月 18 日），彼得格勒普梯洛夫厂工人罢工，要求提高计件工资并召回被解雇的工人。3 月 7 日（俄历 2 月 22 日），军管当局拒绝工人的要求，工人于是成立罢工委员会，并决定请求其他工人支援，冲突逐渐发展成全市性的斗争。

3 月 9 日，彼得格勒罢工的人数增加到 20 万。3 月 10 日，彼得格勒罢工转变为总罢工。各种企业、商店、餐厅、咖啡馆都停止工作。沙皇尼古拉二世下令对罢工运动实行恐怖手段。但是，革命烈火并未因此而熄灭。根据布尔什维克党中央局的决定，由维堡委员会代行彼得格勒委员会的职权，继续领导人民进行斗争。在 3 月 11 日，彼得格勒举行了星期天起义，在此之后士兵开始转到人民方面。3 月 12 日，成千上万的工人向彼得格勒市中心行进，大批士兵不断转到革命方面。起义士兵和工人冲进营房，击毙教导队长，夺取了武器，武装了工人。越来越多的军队士兵参加起义。3 月 12 日晚，沙皇的大臣们在玛丽亚宫开了最后一次会，但很快即被逮捕了。尼古拉二世企图从前线调回军队镇压彼得格勒起义，但是，当地附近的军队已经起义，沙皇的讨伐队被阻拦在半路，起义人民掌握了整个首都。

3 月 12 日晚，布尔什维克党中央委员会发表了《告全体俄国公民书》，宣告沙皇制度垮台，同时指出这时工人阶级和革命军队的主要任务是建立民主共和国，没收地主土地，实行 8 小时工作制，联合各交战国人民制止帝国主义战争。

彼得格勒起义取得胜利后，革命在各地迅速展开。3 月 14 日，起义人民控制了整个喀琅施塔得。赫尔辛基的水兵、士兵也举行起义，各地的民族解放运动广泛开展起来。这样，俄国第二次资产阶级民主革命，即二月革命取得了胜利。

四月提纲

二月革命后，俄国出现两个政权并立的局面，即工人士兵代表苏维埃和资产阶级临时政府。正当人民不知何去何从之时，列宁从芬兰回到彼得格勒，对人民作了及时指导。1917 年 4 月 17 日（俄历 4 月 4 日），列宁在塔夫利达宫布尔什维克会议上发表了《论无产阶级在这次革命中的任务》的演讲，因其发表在俄历 4 月，故又称之为《四月提纲》。

在提纲中列宁指出俄国资产阶级民主革命已经基本完成，目前应努力过渡到社会主义革命阶段，从而实现无产阶级和贫苦农民的专政；新建立的国家政权形式应该是苏维埃共和国，而不应为议会制共和国；资产阶级临时政府进行的战争是掠夺性的帝国主义战争，要摆脱这场战争，只有推翻他们的统治；同时在演讲中列宁还提出了"不给临时政府以任何支持"和"全部政权归苏维埃"的口号。他认为，因为苏维埃支持它，所以当时不能采取一般的暴力方式去推翻临时政府，如果这样做就会同苏维埃对立，导致脱离群众。他要求苏维埃收回全部政权，然后通过苏维埃内部的斗争，使苏维埃真正成为无产阶级专政的政权。同时，列宁也提醒人民警惕资产阶级反革命的暴力镇压；在经济方面他提出，没收地主土地，实行土地、银行国有化，由工人士兵代表苏维埃对社会生产和分配实行监督。

《四月提纲》指出俄国当时形势的特点是从革命的第一阶段向革命的第二阶段过渡，在第一阶段中由于无产阶级的觉悟和组织程度不够，所以政权落到了资产阶级的手中，在第二阶段应当使政权转到无产阶级和贫苦农民手中。

《四月提纲》成为了布尔什维克党从资产阶级民主革命过渡到社会主义革命的纲领性文件。

十月革命

第一次世界大战爆发后，1917年2月，俄国爆发了资产阶级民主革命，沙皇被迫退位。在彼得格勒成立了一个资产阶级的临时政府。这样在俄国出现了资产阶级临时政府和士兵代表苏维埃两个政权并立的局面。

7月1日，临时政府冒险向德意志帝国和奥匈帝国军队发动进攻，妄图用战争消灭革命，但遭到惨败，于是在国内，彼得格勒的工人和士兵及其他革命群众在7月16日走上街头，举行示威，要求全部政权归还苏维埃。临时政府派出军队进行血腥的镇压，制造了七月流血事变。此后布尔什维克党转入地下，两个政权并立的局面结束。

9月，布尔什维克在各大城市的苏维埃中都取得了绝对多数。其政策主张渐渐被大多数群众所接受。列宁于是提出组织武装起义的任务。11月2日，临时政府派士官生，占领彼得格勒重要的据点，试图封闭《工人之路》和《士兵》报，同时搜捕布尔什维克党的领导人，妄图切断彼得格勒苏维埃与工人区的电话联系，并密令彼得格勒军分区司令派兵进攻革命军事委员会所在地斯莫尔尼宫。

根据列宁的指示，布尔什维克党决定提前于11月6日（俄历10月24日）发动武装起义。11月6日，列宁秘密来到总指挥部——斯莫尔尼宫，亲自领导武装起义。从6日夜到7日上午，20多万革命士兵和起义工人迅速占领彼得格勒的各个战略要地。7日凌晨1时，起义部队占领邮政总局。2时，攻占了波罗的海火车站及尼古拉耶夫斯基火车站。接着起义群众关闭了政府大楼的照明电路，电话局还切断了临时政府和司令部的大部分电话。6时左右，赤卫队员、士兵和水兵占领了皇宫大桥。这时除了宫廷广场和伊萨基耶夫斯卡广场地区外，其他地区几乎都掌握在起义者手里。临时政府总理克伦斯基仓皇出逃。10时，革命军事委员会散发了列宁起草的《告俄国公民书》，宣布临时政府垮台，政权已经转归苏维埃。但是临时政府作垂死挣扎，晚间8时过后，革命军事委员会向临时政府下达的无条件投降的最后通牒书，遭到拒绝。晚上9时45分，停泊在涅瓦河上的阿芙乐尔号巡洋舰开炮，发出了总攻信号。赤卫队员和革命士兵越过街垒，猛冲向冬宫，在冬宫的楼梯间，革命士兵与工人赤卫队员同士官生展开了激烈的白刃战，到8日凌晨1时50分，临时政府的成员除克伦斯基外全部被擒。彼得格勒武装起义取得胜利，标志着资产阶级临时政府彻底被推翻。

世界迎来社会主义的曙光

"苏维埃"，意思为"代表会议"或"会议"。苏维埃制度是苏联的政治基础，是俄国劳动人民在反对沙皇专制统治的斗争中创造出来的政权组织形式，列宁称之为"革命政权的萌芽"。

1917年二月革命时期，俄国各地成立了工人士兵代表苏维埃和农民代表苏维埃，以此作为人民的政权机关，与当时的临时政府并存。1917年11月7日（俄历10月25日），俄国人民在以列宁为首的布尔什维克党的领导下，推翻了地主资产阶级政权，从而取得了十月革命的胜利。胜利的当天全俄苏维埃第二次代表大会召开，会上通过了列宁起草的《告工人、士兵和农民书》，宣布全部政权归苏维埃。从此，苏维埃成为了俄国无产阶级专政政权组织形式。

1922年12月30日，苏联苏维埃第一次代表大会通过了《联盟条约》和《联盟成立宣言》，从此宣告苏维埃社会主义共和国联盟的成立。1924年1月31日，苏联苏维埃第二次代表大会又通过了《苏维埃社会主义共和国联盟宪法》，简称苏联宪法，确认苏联为统一的苏维埃社会主义的联盟国家。1934年，苏联宣布已经消灭剥削阶级，社会主义公有制经济在国民经济中占统治地位。

1936年12月5日，苏联苏维埃第八次非常代表大会通过的苏联宪法，又进一步完善了苏维埃制度。

德国十一月革命

随着阿尔贡战役的结束，德国在第一次世界大战中的败局也眼看就要来到。然而，德国并不甘心就此认输，还想作最后的挣扎。

1918年10月，德国军队首脑命令基尔港的舰队出海，同强大的英国舰队再次决战。指挥部还下达了死命令：如果战败，就永远不要回来了。

这无疑是把海军官兵当作炮灰，水兵们愤怒了！11月3日，8万名水兵在基尔发动起义，他们拒绝去送死，并且杀死军官，夺取了舰艇。消息传开，基尔的工人也发动总罢工，声援水兵。起义的工人迅速占领政府机关，很快便控制了基尔港地区，宣布成立工人和士兵代表苏维埃。德国十一月革命开始了！

从5日到8日，汉堡、不来梅、莱比锡、慕尼黑等地也相继发生武装暴动，在德国社会民主党的左派组织斯巴达克团的领导下，柏林的工人、士兵举行总罢工和武装起义，占领了警察局、邮局、火车站和国会，成千上万的武装人群涌向了德皇的皇宫。

魂飞胆破的德皇威廉二世赶忙宣布退位，然后仓皇逃向荷兰。柏林的市民和工人非常激动，他们来到广场上欢呼胜利。起义的组织者卡尔•李卜克内西和罗莎•卢森堡发表演讲，宣布德国从此成为自由的社会主义共和国，和苏联一样！

德国社会民主党右派的艾伯特，不甘心这样被左派夺得权力，依靠皇室巴登亲王，宣布成立"自由德意志共和国"，并组织起了临时政府。李卜克内西和卢森堡等人领导的社会民主党左派斯巴达克团，马上成立了德国共产党，发出了"全部政权归苏维埃！"的口号，和艾伯特针锋相对。

1919年1月，李卜克内西和卢森堡领导柏林工人发动武装起义，与艾伯特的临时政府军发生激烈冲突。由于起义准备不够充分，很快就失败了。艾伯特的临时政府开始大屠杀，悬赏十万马克索购李卜克内西和卢森堡的首级。由于叛徒告密，李卜克内西和卢森堡在避居的地下室里被捕，遭到枪杀。

临时政府镇压了各地的起义，宣布德国为联邦共和国，由艾伯特出任总统。艾伯特死后，兴登堡又登上总统宝座，德国加快了扩军备战的步伐。

极端主义狂潮

美国最大的错误，是同意协约国在一战后实施剥夺德国的政策，这是二十年后德国再次发动世界大战的诱因之一。美国在世界事务中处在一个独一无二的时刻，应当利用其食品供应和经济力量帮助欧洲实现长期的经济复苏。一个繁荣的欧洲更容易忘却过去的伤心记忆，重新合理地调整，而不是乘一时之兴强行划定的边界。

——约翰·梅纳德·凯恩斯（John Maynard Keynes，英国经济学家）

战争创伤

由于战后条约的签订，欧洲和中东发生了巨大变化。首先，奥匈帝国解体。奥地利把它南部的一些领土割给意大利，在奥匈帝国原来的属地上建立了新的国家捷克斯洛伐克和南斯拉夫，另一部分领土归还波兰。其次，土耳其丧失了更多的领土和属地，在欧洲仅保有伊斯坦布尔及其附近的地区。

第一次世界大战还给欧洲留下了无法弥补的惨重创伤。当时的欧洲各国中，只有法国和瑞士不是君主制，其他国家的下级军官几乎全是世家子弟。他们在弹雨中率先冲锋，死亡率是士兵的两倍。欧洲贵族的年轻精华，在这四年战争期间死伤殆尽。

伍尔芙在她的小说《雅各的房间》里，就曾经沉痛地反映了这段历史：雅各并不是贵族，但他的母亲贝蒂设法让他经历了年轻绅士的三阶段完整教育：家庭教师；就读牛津或剑桥；欧洲游学。贝蒂利用当地牧师对她的倾慕，让他指导雅各，等于给儿子找了个免费的家庭教师。然后雅各又进了牛津，用的是另一位男人的钱。在牛津读书时，雅各还拜访了西方文明的源头——希腊。在家庭付出这样大的代价后，雅各似乎该有一个光明的前途，但他却无声无息地死在了战场上。他留在房间中的零星遗物，让母亲伤痛欲绝。

和雅各的母亲一样，一战后的欧洲几乎没有一个完整的家庭，不是丈夫牺牲就是儿子阵亡。《凡尔赛和约》的签订，不可能让他们走出失去亲人的痛苦，也无法带来和平的生活，世界，仍然是一片动荡不安。

苏俄的复苏

虽然整个欧洲都沉浸在痛苦之中，但是苏维埃共和国却很快启动了复苏之路。这个新兴的苏维埃共和国自从宣布退出战争以后，就开始大力发展生产。由于英、法、美等国的经济封锁和武装干涉，加上国内白匪军的叛乱，苏联的情形并不十分明朗。

在这种极端困难的条件下，布尔什维克党和苏维埃政府带领着人民，经过近3年的艰苦奋斗，到 1920 年 10 月，终于打败国内外的武装，取得了决定性的胜利。

在国内局势稳定后，新政权接下来的任务是治疗战争留下的巨大创伤。饥荒当时威胁着广大农村地区，农民迫切需要苏维埃政府在经济上帮助他们，同时他们还希望城市可以提供布匹、靴子、钉子、犁和其他工业品，以便改善生活。但是连年的战祸也使工业衰败不振，许多工厂处于半毁坏状态，多数设备破旧不堪；铁路运输几乎停顿，在战争中几百座铁路桥被炸毁，几千公里的铁路报废，大部分机车和车厢已经超过使用期限；很多工人失业，跑到了农村。

这时在国际上，资本主义国家联合起来对苏俄实行经济封锁，为了打击苏维埃，它们还在暗地里组织匪帮和富农暴动，时刻准备进行颠覆活动。

面对严峻的形势，列宁认识到，党和政府必须要有新的举措，于是苏维埃的工作重心逐渐转到经济方面，在改进农业的基础上，着手恢复工业，及时为农村提供机器和货物供应，从经济上加强工农联盟；同时在国家电气化的基础上恢复工业。

1921 年 3 月，布尔什维克第四次代表大会通过了实行新经济政策的决议。新经济政策以粮食税代替征收，允许农民自由出卖余粮，允许私商的自由贸易，并且将一部分小工厂还给私人，而且还准备把一些企业租给外国资本家，等等。

尽管这些政策遭到一些人的反对，但它对恢复经济确实起到了巨大作用。

新经济政策使苏维埃国家的经济得以顺利恢复，从而使国家建设进入社会主义时期。1922 年 12 月，第一届苏维埃代表大会召开，宣布成立苏维埃社会主义共和国联盟，简称苏联，并制定了第一部宪法。第一个社会主义国家终于在世界上站稳了脚跟。

共产国际的成立

共产国际即第三国际，指由列宁领导创建的各国共产党和共产主义团体的国际联合组织。第一次世界大战爆发后，第二国际破产，十月革命的胜利，使各国共产党得以发展，客观形势要求建立一个新的国际组织。1919 年 3 月 2 日，国际共产主义代表会议在莫斯科召开，来自 21 个国家的 35 个政党和团体的 52 名代表参加。大会通过了《告国际无产阶级宣言》《共产国际行动纲领》《关于资产阶级民主和无产阶级专政的提纲》等文件，标志着第三国际的成立。第三国际的任务是宣传马克思主义，团结世界各国工人阶级及广大劳动人民，为推翻资产阶级的统治，建立无产阶级专政，消灭剥削制度而奋斗。它以民主集中制为组织原则，其最高权力机关是代表大会，各国共产党成为它的支部。代表大会在闭会期间，要由代表大会选出的执行委员会负责向各国支部发布指示和监督它们的工作。第三国际总部设在莫斯科。

在其存在的 24 年中，第三国际共召开过 7 次代表大会、领导过 65 个共产主义政党和组织。在捍卫马克思主义，推动国际工人运动和亚非拉民族解放运动，反对法西斯主义和帝国主义战争，以及促进国际共运发展等方面都作出了不可磨灭的贡献。它曾帮助过欧洲、美洲、亚洲的许多国家建立马克思列宁主义政党，协助它们培养了一批革命骨干，加速了各国共产党的成长。但是，它在工作中也存在一些失误，特别是后来由于受斯大林大国沙文主义错误的干扰，国际共产主义运动的发展出现了偏差，其高度集中的组织形式也曾影响各党的独立自主和各党间的平等关系。第二次世界大战爆发后，为有效地组织反法西斯斗争，经各国共产党同意，共产国际于 1943 年 6 月宣告解散。

列宁远去

弗拉基米尔·伊里奇·列宁是一个精力充沛的人。他每天工作十几个小时。在十月革命前后那段艰苦和繁忙的日子里，他甚至一天会工作 20 个小时以上。

这位身材不高、有着钢铁般意志和锐敏头脑的思想巨人，在人类的历史上第一次实现了由社会成员中的大多数，即广大工农群众来管理和建设国家的壮举；他领导着第一个社会主义国家，独自与整个资本主义世界顽强抗衡，并成功粉碎了一切外来的武装干涉；他向人们证明，从前只是作为理想的公平和正义正在变成现实。

然而，奇迹的创造是要付出代价的。由于长期超负荷、超强度的工作，列宁的身体状况每况愈下。头疼、失眠无情地折磨着他。但是为了工作，他仍坚持着指导苏维埃布尔什维克党的工作。1922 年，他还带病参加了布尔什维克党的第十一次代表大会，并在会上作了报告。后来由于病情的恶化，从 1922 年 5 月起，在医生及布尔什维克党中央的坚持下，列宁到了莫斯科郊外哥尔克村去疗养。在这里，他的动脉硬化症严重发作，连语言功能也发生了障碍，经过治疗，两个月后病情稍有好转。

11 月 20 日，在列宁的强烈要求下，他再次参加了莫斯科苏维埃全体会议，并发表演说。然而这成为了他最后一次的公开演说。十几天后，病魔再次袭击列宁。他的右半身彻底瘫痪。但是在神志仍然清醒时，他仍然坚持工作。他半身麻木，无法执笔写作，便口授文件，让别人帮助记录。由于头疼越来越严重，为了保持思维连贯性，他一边冷敷额头，一边口授，列宁后来的多篇文章就是以这种方式写下来的。

1923 年春天，病魔第三次袭击列宁。他开始丧失了语言能力。之后的日子，列宁不断与疾病进行顽强斗争，以惊人的意志和毅力，接连创造着奇迹：夏天，他不再失眠，在别人的挽扶下，慢慢地可以下床走路。到了秋天，他居然又能说话了。这位年轻共和国的缔造者以顽强的毅力与病魔战斗着，人们期待出现奇迹，盼望他们的领袖可以再次回到克里姆林宫，苏维埃共和国的工作还需要他，走向光明未来的道路也不能缺少他。

然而，事与愿违。1924 年 1 月 21 日傍晚，这位巨人溘然长眠，永远地离开了他眷恋的土地和人民。苏维埃共和国举国志哀，钟声长鸣，礼炮轰响，哀悼这位 20 世纪的巨人。

斯大林上台

列宁死后，苏维埃党内展开了一场争夺接班人的激烈斗争，最后斯大林取得了胜利，并将对手列夫·托洛茨基开除出党，然后驱逐出境。

斯大林执政后，颠覆了列宁的新经济政策，他认为把企业交给私人违背了工人的利益,交给外国人简直就是可耻。他说:"我们比世界上先进国家落后 50 或 100 年,但我们要在十年中赶上去。"

为了达到这个目标,斯大林安排了一次"自上而下的革命"。农民的自留地没有了,农村全部成立集体农庄,实行集休化生产,谁要是反对,就会被流放到西伯利亚去。城市里则以重工业为主,工厂全部收归国有,人们再一次加班加点地工作。

在这场强制集体化运动中,苏联国内的工业生产有了数倍增长,仅仅落在美国后面。但由于轻工业生产被忽视,人们的生活水平并没有得到太大提高,集体农庄在开始时无法生产足够的粮食,国家实行粮食统一分配,造成众多人死于饥饿。

有一些人开始对这种政策不满,提出质疑。斯大林为了防止反对派形成,进行了"大清洗"。党、国家、军队内的一切真正的或强加的对手,都成了这次运动的牺牲品,其中包括列宁全部的战友。在 20 年时间里,斯大林变成了一个独裁者。

恐怖清洗

斯大林在成为苏联的最高领袖后,威望一度空前提高。他 50 岁生日的时候,著名的《真理报》曾用八个版面刊载祝寿文章,称颂斯大林是列宁的唯一主要助手,是列宁事业的继承人,是活着的列宁……更是真理的代表。渐渐地,国家大事不再是通过党代表大会进行决议,而是"责成各级党组织以斯大林同志报告中所提出的原理和任务作为自己工作的指南"。斯大林的话逐渐成了人们工作、发言的唯一依据,成为判断事物对错的唯一标准。

当然,并不是所有人都在盲目崇拜斯大林,毕竟还是有人保持着清醒头脑和独立思考的能力的。在 1934 年初召开第十七次党代表大会期间,苏联酝酿选举党中央政治局委员、列宁格勒省委书记基洛夫取代斯大林担任党的总书记职务。在选举中央委员时,斯大林是当选委员中得票最少的一个,缺票 270 张,而基洛夫只缺 3 张。

斯大林震惊了。半个月后，基洛夫被暗杀，凶手被当场抓获，是内务部的工作人员。斯大林亲自过问了这一案件，随即宣布暗杀是白色恐怖分子干的，并处决了 100 多名白卫分子。又过了半个月，苏联报纸宣布，暗杀是托洛茨基和季诺维也夫反对派策划的。托洛茨基早在 1929 年已被驱逐出苏联，而季诺维也夫曾在 1927 年被开除出党，他在写信给党中央承认错误后，重新被接纳入党，担任一般工作。基洛夫被刺后，他们再次被开除出党，进行审判。虽然没有可靠证据，但仍被判处十年徒刑，不久后改判死刑。

大清洗就这样进入了高潮，苏联的"反革命案件"暴增，1937 年一年中被捕的人，比以前多了 9 倍还多，许多人无辜遭到迫害。据估计，在这场大清洗中，约有 500 万人受到牵连，30 万至 40 万人被处决。在 1936-1939 年间，有一半以上的党员，即 120 万人被逮捕。第十七次代表大会的 1966 名代表中，有 1108人被捕，占 56%；大会选出的 139 名中央正式和候补委员中，有 98 名被逮捕和枪决，占 70%。会后选出的 17 名政治局成员中有五名被害，一名自杀。军队的损失更是惊人。第一批被授予红军元帅军衔的五人中，有三人（图哈切夫斯基、叶戈罗夫、布留赫尔）被处死。15 名集团军司令中，13 名被杀。总共有 4 万多名营级以上的高中级军官遭迫害。乌克兰、哈萨克等少数民族的党政领导人几乎全被处决。许多学者、作家也没能幸免，著名的生物学家瓦维洛夫，经济学家康德拉季耶夫、恰亚诺夫，喀秋莎炮的发明设计者朗格马克，喷气技术研究所所长克雷伊苗诺夫，坦克设计家札斯拉夫斯基等人都被杀害。这场历时多年的大清洗，给苏联造成了难以估量的损害。

日本"米骚动"

亚洲的日本在 20 世纪初也陷入了饥荒之中，这个曾以出产优质大米而自豪的国家，此时竟然闹起了米荒。女人们都挎上菜篮子去摘野菜，男人们则去打鱼，但这样仍然无法糊口。

其实，不是日本遭受了天灾，也不是土壤结构发生变化，而是日本正迅速向工业社会转变，城市不断扩大，所有储备的大米和日本政府临时征调的粮食，都被用来供应军队了。米商们趁机把大米囤积起来，哄抬米价。

不断暴涨的米价使得人们怨声载道，骚乱首先由西水桥村的渔妇们发起。300 多愤怒、饥饿的渔妇涌向米店，要求降价出售大米。老板一看这么多人，吓得紧闭大门，并偷偷派人去叫警察。愤怒的渔妇们开始砸门，这时警察来了，用枪托和皮靴驱赶人群。

渔妇们这下子更加怒不可遏，她们似乎已经忘了到那儿是去要米来的，多日来的愤怒与委屈像山洪般朝着警察宣泄出来了。已被饿得面黄肌瘦、奄奄一息的渔妇们，也不知哪来的那么大力气，竟然打倒了数名警察。最后，一名警察朝天空开了枪，这次骚乱才算平息下去。

西水桥村抢米的消息第二天传到了对岸的东水桥村，那里的渔妇仿佛受到了某种启示，800多人当即来到当地的一家大米店，一拥而上，将1000多袋大米哄抢一空。

抢米风潮很快就波及了全日本，大阪的市民抢光了250多家米店，神户的市民不但抢米，还烧掉了米商的店铺和住宅。

1918年的这场日本"米骚动"，波及了全国3/4的地区，寺内内阁在这场骚乱中倒了台，新上台的原敬内阁不得不采取措施，降低米价，惩治奸商。

朝鲜"三·一"运动

经历了"米骚动"的日本政府，并没将精力放在治理国家上，在吞并了朝鲜后，开始疯狂地掠夺朝鲜的资源。

朝鲜国王李熙因为在荷兰海牙的"第二届万国和平会议"上要求各国承认朝鲜独立，废除日本"保护"，从此被日本视为仇敌，不久即被日本人废黜。

李熙虽然被逼退位，但朝鲜人仍然十分怀念这位国君，日本于是派人在红茶中放上砒霜，将李熙毒死。事后，做贼心虚的日本驻朝鲜总督还假惺惺地发出讣告，称李熙是患脑溢血病逝的，并宣布要为他举行"国葬"。

李熙之死很快真相大白，引起了朝鲜全国上下的激愤。这时，一个名叫孙秉熙的人，联合了朝鲜工商企业界等33人，自称为"朝鲜民族的代表"，起草了一份《独立宣言书》，向巴黎和会、美国总统威尔逊和日本政府发出呼吁，要求给予朝鲜独立。并且决定在3月1日举行大规模和平示威游行。

和平示威这天，30万人走上汉城街道，高喊"日本总督、日本军队滚出去！""朝鲜独立万岁！"的口号，向日本警察署和宪兵队进发。

日本总督慌了手脚，先逮捕了在客栈里的孙秉熙，随即下令全体出动，将闹事者统统抓起来。日本军警挥舞着指挥棒，举着枪，和起义人群发生了战斗，汉城的大街小巷到处都是鲜血。日本人把抓来的人绑在木架上，刀劈枪刺，甚至举行灭绝人性的杀人"竞赛"！据日本官方缩小了的数字，在"三·一"起义中，被杀害的有近8000人，受伤的1.6万多人，还有大批人被投入监狱，活活折磨致死。

甘地的"非暴力不合作"

朝鲜想通过和平请愿、依靠国际社会干涉达到独立的愿望失败了，可在印度，依然有一个人坚持他的"非暴力不合作运动"，希望以此实现国家的独立自主。这个人就是甘地。

甘地剃着光头，上身赤裸，皮肤黝黑，他总是随身携带一架木制的纺纱机，一有空就坐下来纺纱。无论他走到哪里，都会引起人们激动的欢呼，都会有一群信徒自愿跟随着他，人们称他是印度的"圣雄"。

甘地出身于印度一个古老的家族，在英国接受了高等教育，并成为一名出色的律师。甘地大学毕业后一直在南非工作，但他始终希望自己的祖国能摆脱英国人的殖民统治，因此最终选择回国。

在印度，佛教和印度教的影响都非常深远，这两种宗教的教义都是反对暴力，主张以忍让的方式解决一切争端。甘地也是一个虔诚的教徒，笃信教义，因此他创造了一种他认为最适合印度的争取民族独立解放的方式，叫作"非暴力不合作运动"。

"非暴力不合作运动"包括两部分内容："非暴力抵抗"和与英国殖民者"不合作"的态度。说得再具体些，就是辞去英国人授予的公职和爵位；不参加殖民政府的任何集会；不接受英国教育，以自设的私立学校代替英国的公立学校；不买英国货，不穿英式服装，自己纺纱织布；不买英国公债，不在英国银行存款；等等。

"非暴力不合作运动"在甘地的倡导下，被众多印度人奉行，确实给英国殖民者以很大冲击。这种默默坚忍的反抗，比暴力攻击更加让他们无法忍受。

1930年，英国殖民当局制定和颁布了食盐专营法，垄断了食盐生产，任意抬高盐税和盐价。甘地于是号召人们用海水煮盐，自制食盐，以此抵制食盐专营法。此时已是60多岁的甘地，身体力行。他带领一群人从印度北部的阿默达巴德城修道院出发，步行向南，到海边去煮盐。一路上，甘地向人们宣传他的主张，在经过24天的徒步行走，到达海边时，甘地的队伍已有上千人了。

甘地和他的信徒们在海边坚持了三个星期。每天清晨，他们先在海边祈祷，然后打来海水，蒸煮、分馏、过滤、沉淀。沿海各地也纷纷响应甘地的号召，自制食盐。印度全国都受到了甘地不懈精神的感染，纷纷罢工、罢课、游行示威，请愿运动一浪高过一浪。英国殖民当局十分惊恐，他们立刻下令，逮捕甘地，取缔甘地领导的国大党。

甘地被捕的消息传开，犹如在油锅里加进了水，顿时举国沸腾，数万印度民众要求与甘地一同坐牢。英国当局一不做，二不休，马上逮捕了 6 万多人。这一下，被激怒了的人们忍不住了，各地纷纷爆发武装起义，有的地方还宣布独立。

英国殖民当局左右周旋，疲于应付，这时他们想起甘地的"非暴力"主张，便改变了策略。殖民当局释放了甘地，撤销了取缔国大党的禁令，并希望甘地改变不合作态度，停止不合作运动。这样，英国当局也愿意释放政治犯，允许沿海居民煮盐。

这就是《甘地—艾尔文协定》，让当时混乱的局势得以缓解。可这与甘地为之奋斗的印度独立的目标相去甚远，因此甘地依然进行他的"个人不合作运动"，并为此多次被捕入狱，多次绝食祈祷。在甘地和其他一些志士的努力下，印度民族独立的运动就这样一直坚持着，希望靠耐力最终赢得胜利。

土耳其凯末尔革命

1918 年 10 月 30 日，奥斯曼帝国被迫与协约国签订《摩得洛司停战协定》。根据协定协约国军队占领伊斯坦布尔、海峡地区、安纳托利亚的东南部和西南部以及铁路沿线的重要城镇，土耳其面临被瓜分的危险。1919 年 5 月 15 日，希腊军队又在英法支持下占领伊兹密尔及其邻近地区。这时土耳其各地纷纷成立护权协会等民族主义组织。1919 年 7 月 23 日至 8 月 7 日，土耳其东部各省护权协会召开大会，选举凯末尔为大会主席和代表委员会主席；大会还宣布，停战协定确认民族边界内的领土为不可分割的整体；反对外国以各种形式占领或干涉；一旦伊斯坦布尔政府无力捍卫国家独立，应成立临时政府，土耳其不接受任何形式的托管和委任统治。同年 9 月 4 日至 11 日举行锡瓦斯大会，再一次确认了之前大会所通过的民族斗争纲领，大会还成立全国性的安纳托利亚和罗梅利亚护权协会，并选出以凯末尔为首的 16 人代表委员会。1920 年 1 月 28 日，奥斯曼帝国议会代表委员会根据《国民公约》，宣布停战协定规定的边界内土耳其人民占多数的地区"构成一个真正的、在法权上不能以任何借口分割的整体"；反对阻碍土耳其政治、司法、财政发展的各种限制等。3 月 16 日，协约国军队在伊斯坦布尔登陆。4 月 23 日，首届大国民议会在安卡拉召开，大会成立以凯末尔为首的临时政府，宣布自 3 月 16 日起一切议定书一律无效，同时要求苏俄政府支援土耳其民族事业。

1920 年 8 月 10 日，巴黎和会通过了剥夺土耳其民族生存权利的《色佛尔和约》。1921 年 7 月，在英国支持下希腊十余万干涉军，进犯安纳托利亚。土耳其人民奋起反抗，在土耳其国民军取得萨卡里亚战役的胜利后，民族独立战争开始发生转折，协约国阵营发生分化。1921 年 10 月 20 日，法土签订停战协定，法国正式承认大国民政府，并承诺在两个月内从安纳托利亚东南部撤离全部占领军。意大利也于同年秋撤出安纳托利亚的南部驻军，不久英国改变公开支持希腊的立场，转向"中立"。1922 年 8 月 26 日，土军向希军发动反攻。9 月 18 日，最后一批希腊军队撤离安纳托利亚。同年 10 月 11 日，土希两国签订停战协定，土耳其收复东色雷斯，同时收回了伊斯坦布尔地区的行政管理权。1923 年 7 月 24 日，土耳其和英、法、意、希、日等国签署《洛桑和约》，从而取得了外交上的重大胜利。1922 年 11 月 1 日，大国民议会废除苏丹制。1923 年 9 月，由护权协会第一集团改组的人民党正式成立。1923 年 10 月 29 日，议会通过建立土耳其共和国的决定，凯末尔当选为共和国总统。凯末尔革命最终以胜利宣告结束。

大萧条和世界经济危机

柯立芝繁荣造成的泡沫很快就破灭了，1929 年 10 月 29 日，美国迎来了它的"黑色星期四"。这一天，美国金融崩溃了，股票一夜之间从顶巅跌入深渊，价格下跌之快连股票行情自动显示器都跟不上。短短的两个星期内，共有 300 亿美元的财富消失，相当于美国在第一次世界大战中的总开支。随着股票市场的崩溃，美国经济随即全面陷入毁灭性的灾难之中，可怕的连锁反应很快发生：疯狂挤兑、银行倒闭、工厂关门、工人失业、贫困来临、有组织的抵抗、内战边缘。农业资本家和大农场主大量销毁"过剩"的产品，用小麦和玉米代替煤炭做燃料，把牛奶倒进密西西比河，使这条河变成"银河"。城市中的无家可归者用木板、旧铁皮、油布甚至牛皮纸搭起了简陋的栖身之所，而那些被迫以经营流动水果摊讨生活的人中，也许就有从前成功的商人和银行家。

股票市场的大崩溃导致了持续四年的大萧条，这次经济危机很快从美国蔓延到其他工业国家。英国本来就没有出现美国那样的柯立芝繁荣，长期存在的失业问题因经济危机的影响变得更糟。虽然英国政府实行了一系列施救措施，可失业状况并没得到好转，英镑也在不断贬值。一年内，全国罢工工人的人数从 30 万激增到 50 万，仅伦敦就有 15 万工人举行示威游行，各地工人还多次举行到首都的"饥饿进军"。

看到英国的窘境，法国起初还暗自庆幸，因为它还在享受20年代的繁荣。然而，当1930年11月乌斯特里克银行突然宣告破产后，法国人傻眼了，经济危机原来就这样一声不吭地空降了。

法国的经济危机虽然来得晚，但持续的时间长。1933年，当欧洲许多国家从危机中复苏的时候，法国的经济还在恶化，并一直延续到1936年。许多企业、银行倒闭，工农业生产和贸易额大幅度下降。轻工业遭受的打击最大，6年间，约有130家纺织厂破产，许多中小企业和小商人纷纷破产。

当然遭受打击最严重的还是美国，当时的美国，30万儿童失学，许多州的矿区营养不良的儿童有时达90%以上。

在这次危机中，据粗略统计，欧美各国大批的工厂矿山企业倒闭，造成300多万工人失业；还有刚从学校毕业找不到工作的青年人、两手空空的农民以及退伍老兵。他们经常是饥肠辘辘，衣裳破烂，流落街头。

经济危机的暴发其根源就是资本主义制度，资本家扔掉牛奶面包，这并不是"真正过剩"，而仅能称作"相对过剩"。资本家要追求利润，就必须将过剩的产品毁掉，这样市场供应量的减少就能保证产品高价，从而保持高额利润。这就是资本主义社会的"经济危机"。

罗斯福的新政

就在这种大萧条的极端时期，富兰克林·罗斯福就任美国第三十二届总统。他在就职演说中表达了要实行"新政"、挽救美国经济于危难之中的决心，并表示"新政"的核心就是三个R：改革（Reform）、复兴（Recovery）和救济（Relief）。

1933年3月6日，罗斯福在正式就任总统后的第三天，即从整顿金融开始下手，宣布全国银行"休假"，这是他所采取的重建银行和经济结构的第一步。

三天后，国会通过《紧急银行法令》，对银行采取个别审查、颁发许可证制度，对有偿付能力的银行，允许其尽快复业。半个月内，全国绝大多数的银行经过财政部审核，在政府的监督下，分批陆续恢复了营业。罗斯福对惊魂未定的美国人说："我向你们保证，把你们的钱存入重新开业的银行比藏在床褥下更为保险。"不久国会又通过《1933年银行法》，建立由联邦政府承担责任的联邦储备体系。由于采取了这些措施，银行信用很快恢复，存款在不到一年的时间里增加了近20亿美元！

罗斯福的第二步是整顿农业，新设立的农业调整管理局着手开展了一场雷厉风行的行动：在春夏两季犁掉了大约 1000 万英亩棉田，收购和屠宰了大约 20 多万头即将临产的母猪、600 多万头小猪、几千万头牛和羊。物缺则贵的无情法则马上显现了作用，随着农业生产的下降，加上严重的旱灾，农产品的价格开始回升，农民们的元气得以迅速恢复。

1933 年春天，罗斯福政府还制定了旨在整顿工业的《全国产业复兴法》，提出了公平竞争规约和成立"公共工程署"的计划，并为此拨款 33 亿美元。

在罗斯福的"新政"中，"救济"也是一个主要方面。在进行直接救济的同时，更主要的是以工代赈。罗斯福上任后，以极大的力量兴办大规模的公共工程，扩大政府开支来弥补私人投资下降而出现的空白，并解决部分就业问题。罗斯福宣布，对有工作能力的失业者不发放救济金，而是帮助其通过参加不同的劳动获得工资。

罗斯福的"新政"和他雷厉风行的作风，帮助美国渡过了这场空前大灾难。当时的美国是世界经济中心，美国得救了，世界也缓过气来了。欧洲主要国家普遍认为，美国实行的政府干预经济的做法十分成功，纷纷仿效。

美国和欧洲的一些国家，依靠国家干预经济的办法，利用旧市场，开辟国内新产业来缓和经济危机。而德国和日本等国也爆发了不同程度的经济危机，它们没有依靠政府的帮忙，而是希望获取新的市场，用战争掠夺殖民地的物资和廉价劳动力，战争的阴云已然开始聚拢。

❄第二次世界大战❄

今天，枪炮沉没了，一场大悲剧结束了。一个伟大的胜利赢得了。天空不再降临死亡，海洋只用于贸易交往，人们在阳光下可以到处行走。全世界一片安宁和平，神圣的使命已经完成。我们体验了失败的痛苦和胜利的喜悦，从中领悟到绝不能走回头路。我们必须前进，在和平中维护在战争中赢得的东西。

——道格拉斯·麦克阿瑟（Douglas MacArthur，美国军事家）

战前实力榜

第一名：美国。早在 20 世纪初，美国就是世界头号经济强国了。1940 年，美国 GDP 达到 2000 多亿美元。不过军事力量较弱，陆军只有十万人，编为四个步兵师、一个坦克师和一个后备预师，坦克的数量只有 300 多辆，还不如波兰。参战后，美国武器生产能力大增，到 1945 年，总兵力达到 1000 多万人，军事工业的规模发展到年产飞机 4 万架、坦克两万辆的水平。

第二名：苏联。苏联是二战时期军事实力最强盛的国家，世界第二工业国。二战期间苏联共生产了 10.8 万余辆坦克和自行火炮，但有近 7 万辆在战争中被击毁。

第三名：德国。在希特勒的严抓下，德国 1940 年的经济总量达到 500 多亿美元，基本度过了经济危机。军火工业生产全面运转，其军火产量在 1939 年就已经超过英法之和。由于盟军的轰炸和资源短缺，德国经济在 1945 年开始崩溃。

第四名：英国。英国国内经济并不景气，其经济和资源的维持很大一部分来自于殖民地和美国的支援。

第五名：意大利。意大利在 1940 年时就已经爆发经济危机，加上意大利军队的接连失利，国内罢工浪潮高涨，经济状况很不乐观。

第六名：日本。"七七事变"前，日本的经济总量达到 200 多亿美元，但全国只有四个装备整员的师团，不到 20 万人。"七七事变"后，日本开始大量扩充兵员，到 1941 年太平洋战争爆发前，仅在中国就有 100 多个师团，250 多万人。到 1945 年，兵力达到 600 多万，但兵员的素质却在不断下降。当时日本人口只有 7600 多万，已经不堪重负。

墨索里尼登台

第一次世界大战之后，几乎大部分欧洲国家都经历了经济危机，人们对于政府在困难时期的表现大多表示不满，意大利人贝尼托·墨索里尼就在这时发明了所谓"法西斯"的政治体制，巧妙利用人们的不满情绪，组建了一支穿制服的打手队伍——"黑衫党"。

墨索里尼生于一个农村铁匠家庭，曾在 1900 年加入社会党，后来因为力主意大利同英法一起参加第一次世界大战而被社会党开除。成立了"黑衫党"这个法西斯战斗团后，墨索里尼开始帮助工业家镇压工人的起义，得到许多大财阀的信任。

1922 年 10 月，墨索里尼率领他的 5 万名黑衫党徒向罗马进军，旨在夺取国家控制权。怯懦的国王维克托·埃马努埃尔三世在墨索里尼的压力下无奈退让，任命他为首相。

成为国家元首的墨索里尼，开始频繁出现在公众面前，发表蛊惑人心的讲演。当有人问他法西斯的思想基础时，墨索里尼毫不犹豫地回答说："不需要什么思想，行动比哲学更为重要。"

墨索里尼还号召全体意大利人放弃私利，作为整体的一部分和谐地共同生活。并且这个目标要在每个人的儿童时期就加以灌输，只有这样，才能让这个信念深植骨髓。"信任、顺从和斗争！"这就是墨索里尼给意大利人提出的口号纲领，而且这位元首也正是借助这个纲领，使意大利在短短几年里就变成了一个集权的元首国家。

希特勒出场

如果说墨索里尼创建了法西斯主义，那么将法西斯主义推向顶峰的无疑是阿道夫·希特勒。希特勒上中学时，没毕业就退学了，因为各科成绩太差。他唯一喜欢的就是画画，于是18岁的希特勒带着当一名画家的幻想来到了维也纳，报考美术学院，但因为成绩不理想未被录取。

不久父母双双亡故，希特勒开始过着贫困潦倒的流浪生活。希特勒25岁的时候，第一次世界大战爆发了，于是他参军了。在军队中，希特勒第一次感到安全，命令和服从的原则使他着了迷。

但战争还是结束了，在所有人都欣喜若狂地赶回家乡团聚时，希特勒却失落迷茫起来，他不知道自己该去干什么。

不久，在好奇心的驱使下，希特勒去参加了一次"德国工人党"的会议，并在会上发了言。由于希特勒很会讲话，所以一个月之后就被选进"德意志工人党"的理事会，担任"宣传部长"。之后在不到一年的时间里，希特勒又迅速上升为党的主席，具有几乎无限的权力。

墨索里尼成功"进军罗马"后，希特勒十分羡慕，也想模仿这个榜样。1923年11月8日，希特勒率领他组建的"冲锋队"进军慕尼黑，包围了一家名叫格勒劳凯勒的大啤酒馆，并发动了一次啤酒馆政变。但是这次政变最后失败了，希特勒因此还被判处五年徒刑。

希特勒的啤酒馆政变虽然失败了，但他却一举成名，成了全国性的新闻人物。在狱中的希特勒开始写书，定名为《我的奋斗》。在书中，他毫不掩饰地表明自己的思想和目标，其中很大一部分和意大利的法西斯一致。不同的是，希特勒还加进了他为之狂热的种族学说，以及基于这种学说形成的对犹太人的仇恨。

很多人都把这看成是一个失意和绝望男子的妄语，不值得认真对待。但世界性的经济危机恰在此时爆发，德国工人斗争高潮迭起，内外交困的资本家们，感到建立在议会制度上的软弱政府已经毫无作用了，希特勒就在这时脱颖而出。

希特勒只坐了9个月牢便出来了，他吸取啤酒馆政变失败的教训，决定通过宪法手段来夺取政权。希特勒于是开始竞选活动，他坐着火车到全国演说，向处在贫穷中的人们许下种种美好的谎言，大谈人民的苦难、民族的仇恨和共和国政府的无能……

希特勒煽动性的言语赢得了人们的赞同，一年间，纳粹党徒从17万增加到

38万，纳粹党的冲锋队员有十多万人，比国防军还要庞大。通过竞选，希特勒让纳粹党成为了德国的第一大党，控制了议会的多数席位。德国17个工业、银行巨头集体上书给总统兴登堡，要求任命希特勒为总理，让他组阁。

1933年1月，寒冷的北风呼啸着，希特勒从兴登堡的手里接过了总理印章，他发誓，要建立一个前无古人、"永世不衰"的新帝国。

国会纵火案

1933年2月27日晚上，寂静的德国首都柏林突然燃起火光，只见坐落在共和广场旁的国会大厦浓烟滚滚，红光照亮夜空，很快就吞噬了大厦的中央圆顶。

国会议长戈林很快赶到现场，他没有指挥人群救火，而是满脸通红，两眼放光，挥动着双拳大声叫喊："这是共产党干的！共产党反对新政府！我们要把他们抓起来杀掉！"

在戈林歇斯底里的喊叫声中，德国总理希特勒和宣传部长戈培尔也来到现场。希特勒对一旁的外国记者说道："看，这是神的指示，我们要消灭共产党！"

当夜，德国政府发表通告，宣布是共产党放火烧了国会大厦，并声称纳粹冲锋队在现场抓到的一个"纵火犯"，名叫卢勃，是荷兰的共产党员。

第二天，希特勒党徒按照早已拟定好的名单开始了大搜捕，希特勒颁布了紧急法令，勒令解散除法西斯党以外的一切政党，取缔工会及一切社团集会。德国的秘密警察——盖世太保到处抓人，德国的共产党领袖恩斯特·台尔曼和1.8万名共产党员被捕入狱。就连正在德国的保加利亚共产党主席格·季米特洛夫也未能幸免。

很显然，这是个蓄谋已久的阴谋，希特勒不过是借着这把火来拔除他的眼中钉，从而消灭异己，控制全国罢了。

1934年8月2日，兴登堡去世，希特勒接管了帝国总统的职务，从此成了帝国国防军的最高统帅。他的正式头衔是"德意志国家和人民的元首"，德国终于成了一个集权主义的元首国家，进入第三帝国时代，它的心脏和灵魂就是它的元首——希特勒。

《慕尼黑协定》

为了消灭犹太人,让"优秀"的德意志民族统治世界,希特勒在 1935 年宣布:重整军备,实行兵役制。

德国的这个举动严重违反了《凡尔赛条约》,英国和法国马上提出正式抗议,但这两国似乎更重视加强条约中有关经济制裁方面的条款,对于军队人数的增加不太注意。当时很多人认为,《凡尔赛条约》确实太过严厉,而希特勒只是做了条约原本就不该限制德国做的事,因此也没有深究。

希特勒尝到了甜头,决心再试一把。1936 年 3 月,希特勒派兵进驻莱茵兰。根据《凡尔赛条约》,莱茵兰是非军事区。但是这次行动就像上次一样,并没有遭到英、法的阻止。

这之后,德国的胃口更大了,当日本的铁蹄踏入中国的时候,德国也一枪不发,吞并了同文同种的奥地利,让其成了德国的一个省。奥地利到手后,希特勒的注意力转向捷克斯洛伐克。

在靠近德捷边境的捷克苏台德区,住着 300 多万日耳曼人,希特勒利用这一地区居民和德国人同一种族的关系,指挥他们不断制造事端,要求"自治",也就是脱离捷克斯洛伐克,归附德国。

希特勒叫嚷着,不能容忍有人"欺侮"德国境外的日耳曼人,开始大规模地向捷克斯洛伐克边境调集军队,拟订了"绿色计划",准备进攻。眼看兵临城下,捷克政府也加强边境的作战兵力。两军对峙,战争一触即发。

这时,远在英国的张伯伦却睡不着觉了。捷克是他们的盟国兼被保护国,英国和法国都订有互助同盟条约,一旦德军进攻捷克,英法按照条约规定,必然卷入对德战争中,西欧的战火势必蔓延。

张伯伦马上发了一份十万火急的电报给希特勒,说道:"由于局势越来越严重,我有意前来看你,以寻求和平解决的办法。我乘飞机前来,明天就动身。"

张伯伦生平第一次坐了七个小时的飞机,在慕尼黑着陆后,又马不停蹄地坐了三个小时的火车,来到德国的贝斯加登,拜见希特勒。希特勒喜出望外,他正为捷克的事大伤脑筋呢。因为当时准备攻打捷克的德国军队只有 12 个师,捷克却有 35 个装备精良的师,如果英国再站在捷克一边,那后果不堪设想。

可现在张伯伦竟然登门求和,希特勒在大感意外之际,迅速意识到这是一个天上掉下来的敲诈良机。两人在一间密室里进行了一番长谈,据战后查获的当时翻译官的笔记透露，当时希特勒是在大谈他对德国人民、对国际和平、对德英亲善的"功劳"。当然他也不忘杀气腾腾地威胁："不论用什么办法，这次都要解决捷克境内 300 万日耳曼人的问题，就是为此打一场世界大战，也在所不惜。"

张伯伦在交谈结束后，次日便赶回了伦敦，当晚即召开内阁会议，鼓吹只有把苏台德区割让给德国，才能阻止希特勒进犯整个捷克。两天后，法国总理达拉第也愁眉苦脸地赶到伦敦，双方经过一夜协商，决定在慕尼黑的"元首馆"里进行会谈，签署一个《慕尼黑协定》。协定上规定，捷克必须把苏台德区及其附属的一切设备无偿地交给德国。

根据协定，捷克斯洛伐克将苏台德区割让给德国，德国军队将分阶段占领日耳曼人占多数的领土；由签约国组成国际委员会，以公民投票确定领土的归属，并由国际委员会确定最终边界。英、法、德、意"保证"捷克的新疆界不再受侵犯。英、德两国首脑另外还签署了一项共同宣言，声称将采取协商的方法处理有关两国关系的一切问题，排除两国纠纷的根源，努力确保欧洲的和平。

作为主权国的捷克代表，虽然在会谈前已经来到，但没被邀请进入会场，只是在作出决定后他们才被告知。虽然捷克斯洛伐克政府提出抗议，但在英法的压力下，9 月 30 日捷克斯洛伐克政府被迫接受《慕尼黑协定》。此外，在德国支持下，波兰和匈牙利分别获得了捷克斯洛伐克的一部分领土。

以后，在国际上凡企图以牺牲他国利益为代价，纵容侵略，以达到自身苟且偷安的政策，均泛称为"慕尼黑政策"。1973 年 12 月，捷克斯洛伐克和联邦德国签订相互关系条约，宣布：鉴于根据本条约建立的相互关系，《慕尼黑协定》失效。

《钢铁盟约》和《三国公约》

虽然德国一些将领对意大利的军事实力评价很低，但希特勒仍然急于同意大利成立军事同盟，但墨索里尼却并不急于缔结。随着形势发展，意大利逐渐调整同德国的关系，在感觉到德国对波兰的行动已"迫在眉睫"后，为了避免在开战后意大利处于被动地位，德意两国外交部长开始接触。

5 月 6 日，德意外交部长在米兰会面。意大利代表齐亚诺带来了墨索里尼的书面指示，向德国人强调至少在 3 年之内意大利希望避免战争，令意大利人意外的是，德国代表里宾特洛甫也表示希望能维持这么久的和平。在轻松的谈判中，德意代表达成共识，他们研究了欧洲的形势，同意改进轴心国同苏联的关系，于是在休会后共进晚餐，庆祝会谈成功。

这个条约后来被称为《钢铁盟约》，于 5 月 22 日在柏林总理府签订。齐亚诺赠给里宾特洛甫一枚阿农齐亚塔颈章。

第二次世界大战爆发后，德日为进一步在欧、亚扩大侵略战争，于 1940 年9 月在东京再次谈判，意大利随后也加入。9 月 27 日三国在柏林签订军事同盟条约，即《德意日三国同盟条约》，通称《三国轴心协定》，又称《柏林公约》。条约有效期为 10 年。至第二年 6 月，匈牙利、罗马尼亚、斯洛伐克、保加利亚和克罗地亚等国相继加入。条约共 6 条，主要内容为：日本承认并尊重德意在欧洲建立新秩序的领导权，德意承认并尊重日本在"大东亚"建立新秩序的领导权；三国保证若缔约国一方受到目前未参与欧战或中日冲突中的一国攻击时，应以一切政治、经济和军事手段相援助；同时强调上述条款毫不影响各缔约国与苏联现存的政治关系。另外，在三国谈判期间，德日还秘密商定：一旦日英发生战争，德国将全力援助日本；德国同意除将其太平洋地区前殖民地仍委由日本管辖外，其他地区在战后先由德国收回，然后再与日本讨论归属问题，日本为此应向德国提供相应补偿。《三国公约》的签订标志着德、意、日军事同盟正式形成，它加速了苏德战争和太平洋战争的爆发。

敦刻尔克大撤退

1939 年 9 月 1 日，德国以闪电战侵略波兰，6000 门大炮，2000 架飞机，2800 辆坦克同时出现在波兰的国土上，波兰很快沦陷，这宣告了第二次世界大战爆发。英、法两国面对东边战事形势的剧烈变化，却依然一动不动，西线的法德边疆平静得让人发毛。

英、法两国之所以没采取行动，是认为德国的目标是他们的宿敌——苏联。在占领了波兰后，希特勒一定会去攻击苏联，它们哪里会想到，昔日的不共戴天之敌，在政治利益面前会达成和议。

希特勒正是利用了这点，宣称只要英、法承认德国吞并波兰，就不和英、法为敌。在这种谣言的掩护下，希特勒进一步扩军备战，于 1940 年 4 月进攻丹麦和挪威，之后又侵占了中立国荷兰、卢森堡和比利时。

但法国依然没采取任何行动，他们自认为有固若金汤的马奇诺防线，因此对德国宣而不战。在德法边境上，只有小规模的互相射击声零星响起。

1940 年 5 月，德军绕过马奇诺防线，出其不意地攻入了法国，直驱英吉利海峡，把近 40 万英法联军围逼在法国北部的狭小地带，只剩下敦刻尔克这个仅有万名居民的小港可以作为海上退路。但敦刻尔克港口是个极易受到轰炸机和炮火持续攻击的目标，40万人要从这个港口撤退，还是在德国炮火的强烈袭击下，想想都觉得头皮发麻。英国政府和海军只得发动大批船员和民众，请他们帮忙营救军队，力争撤离3万人。

对于即将发生的悲剧，人们怨声载道，但仍然无谓地投入到撤离部队的危险中去。于是，在德国炮火的猛烈袭击下，上千条各色各样的船只向着敦刻尔克方向前进：颜色鲜艳的法国渔船、运载乘客的旅游船、维修船、小型护航船、扫雷艇、拖网渔船、驱逐舰、英国救援船、雷达哨船……

这支极为离奇、难以形容的船队，由各式各样的英国、法国人驾驶着。他们中有银行家、牙科医生、出租汽车司机、快艇驾驶员、码头工人、工程师、渔夫、政府文职官员甚至刚学会开车、开船的少年……这只船队上没有武装、没有护航，只有迎着枪林弹雨和硝烟烈火的人，在漂着沉船的海面上，奋力向前行驶。

整个敦刻尔克都在德国的炮火下燃烧起来，但没有人去救火，人们唯一在做的事就是帮助军队撤离。这支杂牌船队就在这样危险的情形下，在一个星期的时间里，救出了33.5万人，举世震惊。一个月后，法国贝当政府宣布投降，将法国送给了希特勒。

法国投降了，英国怎么办呢？

强硬丘吉尔

德国占领法国后，立即对英国实施"海狮计划"，英国被迫与德国孤军奋战。张伯伦在万众唾骂声中倒台，一贯主张对德采取强硬政策的原海军大臣丘吉尔出任英国首相。

希特勒知道，英国拥有强大的海军，德国海军无法与之抗衡，因此必须利用空中的闪电战优势，夺取制空权，为德军登陆扫清道路。

1940年8月13日，德国出动1485架飞机，开始轰炸英国的机场、雷达站及其他军事设施。英勇的英国空军奋力迎击，在激烈的空战中，双方都损失惨重。

于是，希特勒又开始对民用设施进行轰炸，企图以野蛮残酷的"恐怖空袭"让英国人屈服。从9月到11月，平均每晚都有200架德国轰炸机在伦敦上空狂扔炸弹。这场轰炸持续了3个月，德国一共在英国投下了一万多吨炸弹，炸死1.26万居民，伤残的人不计其数，但英勇的英国人并没有被吓退，他们不但不投降，还有200万人报名参军，随时准备去和德国军队拼命。

希特勒的空军在付出重大损失后，没有达到打垮英国空军的目的，"海狮计划"宣告破产，这也是在希特勒发动的世界大战中，第一个未达到目的的入侵计划。

英国首相温斯顿·丘吉尔，出身于声名显赫的贵族家庭，与斯大林、罗斯福并称为二战时期的"三巨头"。丘吉尔自小顽劣，没上过大学，他的渊博知识和多方面才能是经过刻苦自学得来的。他年轻时在印度南部的班加罗尔驻军，每天阅读四小时或五小时的历史和哲学著作。

回到英国后，丘吉尔于 1900 年代表英国保守党参选，顺利当选议员，从此开始了他长达 61 年的政治生涯。在张伯伦的绥靖政策遭到国内一片指责后，丘吉尔组阁，以首相身份发表了一段非常著名的讲话："我没有别的，只有热血、辛劳、眼泪和汗水献给大家……你们问：我们的目的是什么？我可以用一个词来答复：胜利，不惜一切代价去争取胜利，无论多么恐怖也要争取胜利，无论道路多么遥远艰难，也要争取胜利，因为没有胜利就无法生存。"

很快不列颠战役正式打响，英德空军进行了人类历史上第一次大规模的空战。这期间，丘吉尔几乎每周都亲自到被炸现场视察。虽然他不止一次地在被炸毁的房屋现场流下热泪，但依然以钢铁般的意志继续带领人民战斗。最终迫使希特勒无限期推延登陆计划，不列颠计划以英国的胜利告终。

二战期间，丘吉尔与斯大林的关系十分特殊。丘吉尔是著名的反共分子，但在二战中却愿意与斯大林合作，并亲自访问莫斯科，向斯大林保证盟军很快就会在欧洲大陆开辟第二战场，减轻苏联独自面对德军的压力。他以一个杰出政治家的巨大勇气和高度灵活性，从英国的根本利益出发，毫不犹豫地与苏联结成统一战线，从而保证了赢得战争的最后胜利。斯大林称赞丘吉尔是"百年才出现一个的人物"。

列宁格勒保卫战

苏德战争爆发了。

8 月中旬，希特勒的部队兵临列宁格勒城下，宣布要在 9 月 1 日前占领列宁格勒。列宁格勒全城不分男女老少，纷纷行动起来，修筑战壕街垒，决心与列宁格勒同生死。

德国的进攻开始了，半个月内，死伤官兵 17 万人，损失飞机 300 架、坦克500 辆、大炮 500 门，负责进攻列宁格勒的莱布元帅焦头烂额。希特勒简直要疯掉了，大骂莱布无能，并疯狂地叫嚣道："给我把彼得堡（列宁逝世后，苏维埃将彼得堡命名为列宁格勒）从地球表面抹掉！"

德军于是从陆海两方面严密封锁列宁格勒，同时日夜不停地轰击，企图迫使城内的军民整天待在防空洞里，无法进行抵抗。围困的时间越来越长，城里的粮食越来越少，军队养马场的饲料成了粮食，榨油厂做燃料的棉籽渣也成了食品。最后，连从海底沉舰上打捞起来的发了芽的谷子，也成了宝贵的粮食。城里的人开始因饥饿而丧生了。从 1941 年 11 月到 1942 年 12 月期间，列宁格勒死于饥饿的人共有 6.3 万多人。

但饥饿并没让列宁格勒人投降，他们在冰封的拉多加湖上开辟了一条冰上运输线，连接拉多加湖东西两岸，终于可以得到一些援助。狡猾的德军很快就发现了这条"生命之路"，派飞机整天轰炸湖面。但列宁格勒勇敢无畏的司机们依然冒着枪林弹雨，冒着零下三四十摄氏度的严寒，把粮食、燃料和各种急需物品运进城里，同时还把城内的老人、儿童、妇女、伤员和重要的文化珍品运离城市。

一年的坚守，让希特勒妄图饿死列宁格勒人的诡计没有得逞。1943 年 1 月，苏军开始反攻，2000 门火炮一齐轰鸣，德国对列宁格勒长达 17 个月的围困终于被突破。

斯大林格勒保卫战

北路的德军失败了，再看看中路的情况。这一路的德军有 150 万，于 1942年 7 月 17 日开始进攻斯大林格勒。

斯大林格勒位于伏尔加河下游西岸，原名察里津，是苏联内河航运干线伏尔加河的重要港口，也是苏联南方铁路交通的枢纽和重要的工业城市。

德军集中了 40 个师的精锐部队，每天出动上千架次飞机，把 100 多万颗炸弹投向了这座城市，斯大林格勒几乎成为一片瓦砾，建筑物全被炸毁。

9 月 13 日，德军在几个地段突破了苏军防线，进入市区阵地。苏联的市民人人手执武器跑来，和士兵一起，在废墟中同德军展开搏斗，一场最为残酷、最为激烈的市区争夺战开始了。

为了争夺火车站，德苏双方战斗得极为激烈，一周内，火车站13次易手。守卫"巴甫洛夫大楼"的激战更是持续了58个昼夜。连斯大林格勒的姑娘们都纷纷走上战场，成为高射炮手、无线电兵、卫生员和护士，7.5万人壮烈牺牲。在激战中，拖拉机厂的工人竟然坚持生产，一个月内造出了1200辆坦克……

希特勒原想速战速决，但斯大林格勒人的顽强反击，使德军陷入困境。市区争夺战持续了13天，德军每天的伤亡都在3000人以上，但仍无法占领全城。德军的士气一天天低落，随着冬季的来临，毫无过冬准备的德国士兵陷入饥寒交迫之中，很多士兵被活活冻死。

11月19日，斯大林发布了大反攻的命令，33万德军被围困起来。这时希特勒发来急电，命令统率鲍罗斯不许投降，必须死守阵地，直至一兵一卒一枪一弹。鲍罗斯陷入万分绝望之中，他也给希特勒发出了一份回电："部队将于二十四小时内最后崩溃。"

斯大林格勒大会战终于结束了，历时6个月。9.1万多德国官兵，其中包括鲍罗斯在内的24名高级将领，都穿着单薄的衣衫，抓紧裹在身上满是血污的毛毯，在零下二十四摄氏度的严寒里，一步一拐走向了寒冷的西伯利亚战俘营。

库尔斯克会战

斯大林格勒保卫战的胜利，让苏德战争发生了根本变化，苏联开始转向反攻，并取得了一系列胜利。德军统帅部为了摆脱不利处境，决定发动大规模的夏季攻势。

1943年7月5日，德军开始在库尔斯克突出部向苏军发动进攻，"帝国坦克师"、"骷髅坦克师"和"阿道夫•希特勒坦克师"一起上阵。在这个坦克集团内，有大量"虎"式重型坦克和"斐迪南"式强击火炮。德军企图以此突破苏军防线，然后再从东南实施突击，夺占库尔斯克。

当时苏军配备的是T−34型坦克，在性能和射程上都比不上"虎"式重型坦克。T−34坦克唯一的优势，就是速度快。苏军于是将坦克部队展开，采取"以快制慢、近战肉搏"的战术，迅速突入德军的战斗队列。敌人完全没料到苏军会有这么多的坦克迅速投入战斗，一时乱了阵脚。

这场坦克战持续了一整天，在普罗霍夫卡草原上，到处都是坦克的残骸。在这次库尔斯克会战中，德军30个精锐师包括7个坦克师被击溃，其余均遭重创。其损失兵力达50多万人，损失坦克约1500辆，损失火炮和迫击炮3000门，损失飞机 3700 架。会战的失利使纳粹德国从此丧失战场主动权，再也无力在东线发起有威胁的攻势。

同时苏军也为库尔斯克会战付出了惨重代价，损失兵力 80 多万，并分别损失坦克 6064 辆、火炮 5244 门、飞机 1716 架。但是会战的胜利使苏军从此获得战场主动权。此次会战后苏军又向德军连续发动攻势，收复了大量失地。

偷袭珍珠港

1941 年 12 月 7 日，一个明媚的星期日早晨，夏威夷的珍珠港碧海如镜。驻扎在这里的是美国太平洋舰队，官兵们有的在吃早饭，有的上岸度假去了。舰艇都整齐地停泊在港内，飞机也密密麻麻地排列在机场上。

两个值班的美军新兵在雷达监视器前无聊地摆弄仪器，突然，荧屏上显示出东北方向 130 海里外，一群飞机正朝这里飞来，他们立即拿起电话通报了陆军基地。"别神经过敏，那是我们自己的飞机。"值班军官嘲笑地说。原来，值班军官曾接到通知，今天早晨将有一队美国空军的 B-17 飞机从本土飞来。他放下话筒，便把这件事扔到脑后去了。港湾里，美国军舰正准备举行升旗典礼，一切都像平日一样，轻松而安详，战争的硝烟远在北非和苏联，一时半会儿还烧不到这儿。

雷达屏幕上显示的机群，实际上是日本战斗机，而它们袭击的目标正是珍珠港。占领印度支那和南太平洋诸国，夺取石油资源，一直是日本的梦想，看到德国和意大利已经在欧洲扩大了战果，日本再也无法忍耐下去，他们决定消灭驻守在夏威夷群岛的美国太平洋舰队，除去南进太平洋的最大障碍。

在日本天皇的授意下，日本联合舰队司令山本五十六决定由南云海军中将率领舰队去完成这一任务。

此时，偷袭珍珠港机群的指挥官渊田美津中佐已飞临珍珠港上空，他身后是 49 架水平轰炸机、40 架鱼雷轰炸机、51 架俯冲轰炸机和 43 架制空战斗机。这天的天气非常晴朗，穿过云层，渊田清楚地看到了珍珠港中停泊的军舰和机场上的飞机。

"开始攻击！"渊田的攻击命令下达，日本机群随即呼啸而下，机关炮喷吐着火焰，炸弹飞蝗般落下去。美军士兵望着从天而降的炸弹和军舰上的滚滚浓烟，全部惊呆了！

"空袭！空袭！这不是演习！"舰队司令部的军官们此时才醒过神来，纷纷准备投入战斗，而此时的珍珠港，已经是一片火海了。渊田中佐见袭击成功，发出了预定信号：托拉！托拉！托拉！（虎！虎！虎！），坐镇在万里之外的广岛"长门"号旗舰上的山本五十六收到这个信号后，兴奋得脸都红了。

日本机群的第一次攻击进行了半个小时，随后而来的 171 架日本战斗机继续进行第二次攻击，前后历时 1 小时 50 分钟，炸沉美国主力舰四艘，重创一艘，炸伤三艘，还炸沉、炸伤驱逐舰、巡洋舰等各类辅助舰十余艘，击毁飞机 188 架，机场全部炸毁，美军官兵死伤 4500 多名。而日本仅损失 29 架飞机。

在日本飞机开始攻击珍珠港后的一个小时，日本驻华盛顿代表野村来到美国国务卿赫尔的办公室里，递交了一份最后通牒。赫尔气愤地说："我在五十年的公职期间，从未见过这样厚颜无耻的文件！"挥手把他赶了出去。

日本偷袭珍珠港，宣告了太平洋战争的全面爆发。第二天，美国对日宣战，接着，澳大利亚、荷兰等 20 多个国家也对日宣战。随后，德、意对美宣战。第二次世界大战的范围更加扩大。

空袭日本

日本偷袭珍珠港成功后，开始向南太平洋伸出魔爪。

1942 年 3 月 7 日夜，日本第四舰队偷偷在新几内亚的莱城登陆。莱城是战略重镇，控制了这里，就等于拿下了南下澳洲的跳板。

日本军方当然知道，美军绝不会对日军占领莱城默然置之，但美国要想进攻莱城，只能从海上强攻，等到美国舰队劳师远袭到达这里，日本可能已经占领澳洲了。于是，日军便放心大胆地将军舰、油船、供应舰、运输舰停泊在莱城港口里。

此时，美国却在布朗海军中将的指挥下，率"列克星敦"号和"约克敦"号航空母舰南下。3 月 10 日，100 余架美国舰载机从航空母舰上起飞，飞越了新几内亚丛林，将机下挂着的千磅炸弹统统投向了莱城港口。持续了 20 分钟的猛烈轰炸，让日本损失惨重。

但美国并没就此罢休，日本偷袭珍珠港使美国蒙受了奇耻大辱，罗斯福总统岂能就这样饶了日本，他一再要求陆海军参谋长，"一定要狠狠回击日本！"

当时，美国没有一个地面基地够得上轰炸日本本土。如果像新几内亚这次袭击一样动用航空母舰，则必须驰近海空戒备森严的日本，危险极大。美军当局经过仔细研究，提出了一个大胆的方案：用航程较远的 B-25 轰炸机从航空母舰上起飞，返航时在中国或苏联着陆一下，这样既可以轰炸日本，又可以使航空母舰保持在日本陆上轰炸机的作战半径之外。这个计划当即得到罗斯福总统的首肯。

1942 年 4 月 18 日，也是一个晴朗的日子。中午，东京街头挤满了熙熙攘攘的人群。12 时 30 分，街上突然响起了警报声，惶恐的日本人开始东奔西跑寻找藏身之所，他们边跑边在心底抱怨："防空演习偏偏挑在中午吃饭时间！"

很快，一批轰炸机从海上飞来，日军以为是自己用于演习的飞机，都静静地看着它们飞近。飞机以超低空飞到东京北郊后，突然投下了炸弹，顿时火光冲天，硝烟弥漫。

指挥这次袭击的，是美国中校杜立德，虽然这次空袭在军事上给日本造成的损失并不大，但却给日本带来了巨大的心理冲击。日本人做梦也没想到，美国的航空母舰明明远在 500 英里以外，飞机却会飞到自己本土来轰炸。

而美国却因为这次成功袭击而士气大振，各大报刊都得意地宣布："杜立德立奇功、创奇迹。"杜立德则被美国国会授予荣誉勋章，并越级由中校晋升为准将。

中途岛海战

日本偷袭珍珠港虽然获得了重大胜利，但主要目的并未达成，于是决定再集中优势兵力，进攻中途岛。

可是，准备偷袭的日本海军做梦也没想到，他们这次行动不会成功了，因为美国情报机关已经破译出了日军的密码电报，知道了密码电报中频繁出现的 "AE" 目标，就是指中途岛。美国决定将计就计，让日本海军自投罗网。

1942 年 6 月 4 日，在黎明的晨曦中，隐蔽在预定海域的日本舰队开始进攻了。随着南云中将的命令，108 架飞机轰鸣着向中途岛飞去。不一会儿，扩音器再次发出命令："第二次攻击准备！"第二批飞机都被提到了甲板上，只等第一批飞机攻击胜利的消息传来，就立即起飞。

与此同时，中途岛的美国空军早已严阵以待。当日本战机距离中途岛还有 30 英里时，美国的 25 架 "野猫式" 战斗机便出现在日本机群前，双方展开了一场空中激战。当日本轰炸机好不容易飞赴中途岛，穿过美军高射炮的猛烈火网，扔下炸弹后，却发现机场和跑道上空空如也，美军的飞机全都飞到了空中，有的进行拦截和攻击，其他的则隐藏了起来。

日本战斗机发回了战况报告，此时，升到甲板上的第二批飞机已装好鱼雷，准备前去轰炸美军军舰。南云中将于是命令士兵卸下鱼雷，换上炸弹，他认为刚才飞出去躲避的美国战机应该降落了，此时轰炸才能达到目的。

甲板上顿时一片忙乱，就在此刻，日本侦察机报告发现美国军舰。南云中将大吃一惊，赶忙又下令战斗机重新卸下炸弹，装上鱼雷，改去袭击美军舰队。

恰巧这时，第一批轰炸中途岛的飞机回来了，南云中将只得又命令把飞行甲板腾出，让返航飞机降落。装好鱼雷的飞机好不容易可以起飞了，信号兵刚发出起飞命令，美国轰炸机竟然出现在他们头顶！

随着瞭望兵绝望的喊声，三架美国"无畏式"轰炸机朝南云中将所在的旗舰"赤城"号垂直俯冲下来，一颗颗黑色的炸弹落下，"赤城"号闪起夺目的火光，随即便是巨大的爆炸声。

此时的山本五十六正威风凛凛地端坐在"大和"号战舰上，突然望见烈火蔓延的"赤城"号，山本五十六痛心不已。他知道日本舰队惨败的命运不可避免了，但还要作垂死的挣扎。

战斗进行到中午，日本只幸存下"飞龙"号航空母舰。在 6 架零式战斗机的掩护下，"飞龙"号上的 18 架轰炸机重创了美国航空母舰"约克敦"号，"约克敦"号慢慢沉没海底。于是，美国士兵对"飞龙"号发动了更为猛烈的攻击。虽然"飞龙号"成功躲过了 26 枚鱼雷和大约 70 颗炸弹，但最后还是被击沉——被日本舰队自己的鱼雷击沉。

中途岛战役，美军损失 1 艘航空母舰，1 艘驱逐舰和 147 架飞机。日本损失了 4 艘航空母舰，1 艘巡洋舰和 330 架飞机，还有几百名经验丰富的飞行员和几千名舰员。

从此，日本海军在太平洋上的优势很快丧失。

攻克西西里岛

1943 年夏天，盟军在北非沿海港口集中了大量兵力，准备在西西里岛登陆，这次作战的代号为"哈斯基"，由亚历山大将军指挥的第十五集团军群负责实施。该集团军群下辖蒙哥马利指挥的英军第八集团军和巴顿指挥的美军第七集团军，总兵力达 47 万余人，拥有作战飞机 4000 余架，各种战斗舰艇和辅助船只 3000 多艘。

为了保证西西里岛登陆战的胜利，盟军在战役前实施了一个代号为"肉馅"的误导行动，发出盟军将在撒丁岛和希腊登陆的错误信息，致使希特勒下令分散了西西里岛上的德军兵力。

4 月 30 日，在西班牙南部城市韦尔发的海滩上，发现了一具被海浪卷上岸来的尸体。尸体身着英国皇家海军陆战队军服，西班牙政府从尸体上搜出了死者的身份证和一些文件的副本，其中包括一封英帝国参谋部副总参谋长阿奇博尔德·奈写给亚历山大将军的信。从身份证上看，这名死者是联合作战司令部参谋、皇家海军少校威廉·马丁。

西班牙总参谋部立刻将死者携带的文件送给了德国人，希特勒欣喜若狂，以为他们意外地获取了盟军的最高军事机密，殊不知，这就是引诱他们上钩的"肉馅"。

英国人把一具无名尸体扮成一名英国海军陆战队军官的尸体，在他身上带着的背包里装有盟军进攻撒丁岛和希腊的作战计划，然后再用潜艇将这具尸体运抵西班牙，抛入韦尔发附近海域，就这样让德国上了大当。

其实，英国对这个计划可是煞费了苦心的。他们从医院里搞了一具无人认领的尸体，为他编造了"联合行动司令部参谋，皇家海军少校威廉·马丁，09560"的身份代码。除此之外，还为他伪造了一张银行透支单和一封银行发出的措辞委婉的催款信以及两封情书。为了让德国人深信不疑，英国情报部门特地请蒙巴顿勋爵给英国地中海舰队总司令坎宁安写一封信，并将信放入死者背包的文件袋里。同时，伦敦海军部公证司伤亡处还将"马丁"与1943年4月29日-30日阵亡的其他将士的姓名一同公布。

德国果然中计，这让盟军在西西里岛登陆成功。一上岸，美国便使出第二招撒手锏——分化军心。

美军炮兵对着敌人的阵地狂扔炮弹，但这些炮弹里根本没装火药，而是塞满结婚彩纸，上面印着劝告投降的话，并且告诉德、意士兵，他们捡到的这些传单就是盟军送给他们的"投降证"，可以凭此到盟军阵地的后方领取可口的食物，盟军将确保他们的人身安全。

在前线散兵坑里，美军还用意大利语不断地念着这些传单，通过扩音器使传单上的话在山谷里回响，让德、意士兵简直没法睡觉。

这个方法很快取得了成功，第二天就有一批意大利人从敌人阵地那里跑了过来，每个人手里都拿着一份传单。盟军对他们表示了热烈欢迎，还请他们吃美国罐头。很快，意大利人开始成群结队地前来投降，他们还告诉盟军官员，请他们多散发一些传单，因为还有同伴想投降，但因为没有"投降证"，所以不敢过来。

见对方的军心被瓦解得差不多了，1943年7月10日，盟军在恶劣天气的掩护下，对西西里岛发动猛攻，一个月内即完成战斗，攻克了西西里全岛。

德黑兰会议

1943 年，反法西斯战争各主要战场形势开始发生转折，盟国这时逐渐取得战略进攻主动权。为商讨加速战争进程和战后世界安排的问题，美、英、苏三国首脑于 1943 年 11 月 28 日至 12 月 1 日在德黑兰举行会晤。

德黑兰会议的主要内容有：决定于 1944 年 5 月在法国南部开辟欧洲第二战场；就战后成立一个维护世界和平与安全的国际组织问题交换了意见；对战后如何处置德国进行了初步讨论，三国分别提出不同的分割方案；会上三国一致赞成战后重建独立的波兰，将其边界西移，并将德国东部的部分地区并入波兰；苏联还表示在欧洲战争结束后参加对日作战，同时提出归还整个库页岛等条件。

会议签署了《苏、美、英三国德黑兰宣言》和《苏、美、英三国德黑兰协定》，三国表示以后将"共同协作""力求所有大小国家的合作……全心全意抱着消除暴政和奴役、迫害和压制的真诚"。此次会议是反法西斯联盟三大首脑在二战中的首次直接会晤，对维护及加强盟国间的团结与合作，协调军事行动，加速反法西斯战争的胜利起了重大作用。但三国在会议期间为自身利益而达成的一些损害他国利益的妥协与默契，又给战后的国际关系造成了许多不良影响。

诺曼底登陆

美国艾森豪威尔将军被任命为盟军总司令，近 300 万盟军陆海空将士在英伦之岛集结，准备横跨英吉利海峡，登上欧洲大陆，开辟第二战场，和东线的苏联红军配合，夹击德军。这个大规模的作战计划，代号为"霸王"行动。

盟军的登陆地点选在法国西北部的诺曼底，为了迷惑早已布下重兵、严阵以待的德军，不让他们知道盟军的真正登陆地点，

盟军摆开了声势浩大的"迷魂阵"。

英国电影制片厂的布景道具师们设计出"登陆艇"、"弹药库"、"医院"、"兵营"和"飞机、大炮",布置在英国东南沿海一带;盟军谍报人员开始在各中立国到处收集法国加莱海岸的详细地图;英国建筑师在沿海显眼的地方制造起"油船码头",还配备了发电厂和贮油罐等。

这时德军元帅隆美尔错误断定:盟军要在加莱海岸登陆了,于是加强此处防御。看到加莱海岸变成了铜墙铁壁,隆美尔非常满意。这时德国空军气象站报告说,近几日英吉利海峡的气候将变得非常恶劣。这令隆美尔更加确信,盟军是不会在恶劣的天气发动渡海作战的。

而此时,盟军的百万大军已做好从诺曼底登陆的准备。1944年6月6日凌晨,载着三个伞兵空降师的3000余架英、美运输机和滑翔机,从英国的20个机场起飞,驶出了严密伪装的英国南海岸基地,飞向法国诺曼底海岸。

直到此时,德军仍然蒙在鼓里。正在睡觉的德军西线司令伦德斯特听到诺曼底前线紧急报告:"一股英美空军部队着陆,看来是一次大规模行动⋯⋯"但依然漫不经心地回答:"不必惊慌,空降伞兵是盟军惯用的虚张声势,声东击西的手法。"

但这回狼真的来了!黎明时分,英国皇家空军1000多架飞机,对事先选定的德军海岸的10个堡垒投下了5800吨炸弹。美军第八航空队的1000余架轰炸机则对德军海岸防御工事投下了1700多吨炸弹。盟军的各种飞机轮番轰炸着海岸目标和德军内陆炮兵阵地。

诺曼底海滩此时已成一片火海,美军第四师率先登陆,蒙哥马利指挥的英国第二集团军也随后赶到,后续部队和装备源源不断地运到岸上。正在家中休息的隆美尔得到消息,立刻乘车返回。

希特勒也得到了消息,但他拒绝了伦德斯特急调两个精锐坦克师去诺曼底的建议。等他慌忙批准装甲师支援诺曼底时,一切都晚了!

傍晚时分,登陆的盟军已在诺曼底建立了牢固的阵地,近十个师的部队连同坦克、大炮及其他武器都已上岸,后续部队仍源源而来。到了6月12日,盟军在诺曼底的几个滩头连接成了一条阵线。希特勒所吹嘘的"大西洋铁壁"被彻底突破!

诺曼底登陆胜利后,盟军又成功地在法国南部登陆,将战火烧向了希特勒。

血战硫磺岛

盟军的反攻彻底展开了,1945年2月,为了创造进攻日本本土的有利条件,美军出动 22 万人，在 800 余艘舰船、2000 余架飞机的支援下，进攻硫磺岛。

硫磺岛北面距日本东京 1200 余公里，南距塞班岛 1100 余公里，虽然这个小岛南北不足 4 公里，东西仅约 8 公里，但却是日军阻击太平洋美军的前沿据点之一，与在其西面的冲绳岛同为日本南大门的两个重要堡垒。

驻守硫磺岛的，是日本栗林忠道陆军中将，他利用岛上的天然洞穴，修建了大量地道和地下堡垒。

登陆之前，美军先对硫磺岛进行了长达 6 个月的轰炸，登陆前三天，又再次向这个小岛倾泻了大量炮弹。但是，美军扔在这里的 2.4 万多吨炸弹、炮弹并未摧毁日军的工事。当第一批美军登上硫磺岛时，日军炮火就让海滩变成了美军的地狱，从洞穴工事中像螃蟹一样钻出来的日军，在一个早上就让美军伤亡了2000 多人。

美军每前进一步，都付出了惨重的代价。经过 5 天血战，美军第三师以伤亡6000 多人的代价，仅控制了硫磺岛南部三分之一的地面。虽然最后日军全军覆没，但美军付出了伤亡官兵两万余人，损失坦克 270 辆，飞机 160 多架，军舰 49 艘的重大代价。

冲绳之战

美军攻占硫磺岛之后，将矛头指向了冲绳岛，代号"冰山作战"。日本派陆军中将牛岛满率领 10 万日军坚守冲绳，随时准备用神风特攻飞机撞击美国舰船，不惜同归于尽。

1945 年 3 月 25 日，美军开始炮轰冲绳岛，并一直持续到 31 日。4 月 1 日拂晓，美军舰船护送两个军登上冲绳岛西海岸，一路上没遇到任何抵抗，到日落时分，已有 6 万美军顺利登岛。

美军不知道，这是日军在诱敌深入。为了避开美军海上炮火的轰击，日军主动放弃滩头阵地，准备在内地和美军决战。三天后，日军突然杀了出来，双方展开阵地战，均是伤亡惨重。

在首里地区，顽强的日军靠天然山洞和现代化暗堡阻击美军。美军指挥官霍奇少将说："山洞里躲藏着七万日本精兵，除了一码一码用炸药把他们炸出来，没有别的办法。"血腥的消耗战就这样开始了，美军动用 300 多门大炮，猛轰日军的五英里防线，发射炮弹将近两万发，却还是无法前进一码。

直到 6 月 1 日，日军才显露败相，美军开始全面清剿，用炸药包、火焰喷射器和施放毒气的方法，去消灭洞穴里的日军。

因为使用毒气是违反国际公约的非人道手段，美军还用现代"火化"手段，企图销毁使用毒气的证据，但依然有9000多名被毒死的日本人的尸骨留在了山洞里。

冲绳之战期间，日军先后发动了十次自杀性的"菊水特攻"，神风特攻飞机疯狂地撞击冲绳海面上的美国舰船，击沉美军舰船34艘，击伤300多艘。但"神风"终究没能阻止冲绳岛的陷落。

牛岛满兵败自杀后，"冰山作战"结束，美军损失了将近5万人，而日军损失11万人，并失去了掩护日本本土的最后一道屏障。

枪决墨索里尼

在美军攻占冲绳岛的时候，墨索里尼在意大利被处死了。

1945年4月26日深夜，一支由30辆汽车组成的德、意车队，在漆黑的夜色中向意大利边界穆索疾驶着。行至半路，车队被全副武装的意大利游击队员拦截，而其中一辆车上坐着的，正是墨索里尼。

在英美盟军登陆西西里岛后，意大利门户大开，军队节节败退，墨索里尼也是众叛亲离，一群军官和政要发动政变将他赶下了台，软禁在一座高山顶上。不久，意大利就宣布投降，退出了战争。

但希特勒并不希望如此，他派出一支党卫军小分队，用滑翔机把墨索里尼救到了德军占领下的意大利北部。两天后，墨索里尼宣布成立新的意大利共和国，并处决了一批发动政变赶他下台的人，其中还包括他的女婿齐亚诺。

可一年以后，德军的防线也被摧垮，墨索里尼眼看大势已去，连忙带上他的情妇，装扮成德军军人，企图混在德军车队里逃出边境，去中立国瑞士，可他却没能成功。

1945年4月28日，意大利人举国欢庆解放。这天下午，游击队总参谋部派瓦莱里奥上校来到东戈，他将代表意大利，处决墨索里尼。墨索里尼被处死后，他的尸体被运回米兰的洛雷托广场，被人们用电线倒吊在一个废弃加油站的钢梁上，遭受了千百万人的指责和唾骂。

1946年4月22日，米兰圣维托雷监狱发生了叛乱，当晚，安放在米兰穆索科区墓地里的墨索里尼的尸体失窃。经过追查，人们很快证实墨索里尼的尸体是被法西斯分子偷走的。

4个月后，意大利人找到了被盗的墨索里尼的尸骨。在之后的16个星期里，墨索里尼的尸体一直被移来移去，一会儿被放在一座别墅里，一会儿又被移进一个修道院，然后又被移到一个女修道院里。

此后，一个亲法西斯的政党发起了一项请愿活动，要求将墨索里尼入土为安。意大利议会后来通过这项请愿。1957年，即墨索里尼死后12年，他的尸体终于被运到他的出生地埃米利亚的普雷达皮奥下葬。

帝国末日

墨索里尼的下场让希特勒震惊不已，此时，苏联红军完成了对柏林的包围，并与英、美联军会师，开始对柏林进行猛烈攻打了。

1945年4月25日，苏联红军突入柏林市区，开始了激烈的巷战。希特勒躲进离地面五十英尺的地下室，像困在笼中的野兽一样，只剩下喃喃自语和不时地大声吼叫："我没有可信赖的人。他们都背叛了我！"

就在几天前，希特勒的心腹、空军总司令戈林，坐上满载着金银财宝的汽车逃跑了，随后他从萨尔斯堡打来电报，声称要"接管帝国全部领导权"。党卫军总头目、陆军元帅希姆莱也独自逃出柏林，准备和盟军谈判投降。只有党卫军将军施坦因纳还留在柏林，但当希特勒命令他向苏联红军反攻时，这位将军却表示只有把部队带到西线投降美国人才是上策……

当墨索里尼的死讯传来，希特勒满脑子都充斥着可怕的场景：他的尸体被愤怒的人群拖着游行，头朝下吊在广场上，成千上万的人对着他的尸体吐唾沫……

4月29日，希特勒口述了两份遗嘱：任命海军元帅邓尼茨为他的"继承人"；与情妇爱娃·勃劳恩结婚。

当天深夜，婚礼在地下室的地图室举行。而第二天中午，苏联红军已经打到离总理府只有一条街了。午饭后，希特勒和他的"新娘"同部下告别，回到了自己的房间。不久后，外边的人们听到一声枪响。

希特勒坐在沙发上，用一支7.65毫米口径的手枪，冲着自己的右太阳穴开了一枪。爱娃·勃劳恩则吞下了剧毒的氰化钾。卫队长格林和几个随从军官走进来，用毛毯裹起希特勒和爱娃的尸体，一起抬着走出地下室，放在总理府花园的一个小坑里，浇上汽油，然后把点燃的纸卷扔了上去。随后，第三帝国的宣传部长戈培尔也模仿希特勒，先毒死了六个孩子，然后命令部下开枪打死自己和妻子。

5月2日，苏联红军占领柏林，30万德军官兵被俘投降。5月8日，德国宣布无条件投降，统帅部代表在投降书上签了字。希特勒和他那自吹是"千秋帝国"

的法西斯德国一齐灰飞烟灭了。

广岛之泪

现在，依然在负隅顽抗的就只剩下日本了。

美军为了让日本投降，从 1945 年 3 月开始，不断向日本本土投放炸弹和燃烧弹，大阪、神户、名古屋等城市无一幸免，东京的东区甚至整个消失。但是，日本就是不宣布投降！

1945 年 8 月 6 日清晨，尖厉的防空警报再次响起，但人们并没有显出特别的惊慌，美国飞机几乎每天都要投下成吨成吨的炸弹，大家都习惯了。

不过，广岛还一直没有遭到大的轰炸破坏。这次警报响起后，几架美国飞机在广岛上空盘旋了数圈就离开了，没有投掷炸弹。城市又恢复了平静，人们以为这是美国的恐吓或是飞行训练，一些人甚至还抬头看着天上慢慢飞来的三架 B-29 轰炸机。

9 时 14 分，当其中一架美机上的瞄准仪对准广岛一座大桥的正中时，一颗不同寻常的"炸弹"落了下来，在离地面 600 米的空中爆炸。白光一闪，人们仿佛看到天空中又出现了一颗太阳。这令人目眩的白色闪光一瞬即逝，随后，震耳欲聋的大爆炸在广岛市中心上空响起，烟尘好像是从地面生长出的一只巨大蘑菇，瞬间腾空而起，几百根火柱从地面竖起，广岛变成了一片焦热的火海。

爆炸的光波使成千上万的人双目失明；十亿度的高温把钢铁瞬间熔化；冲击波形成狂风，建筑物全部坍塌；在爆炸中心范围内的人和物，都消失在空气中了；离中心远一点的地方，满是散落的残骸，男人、女人和孩子，都变成了焦土般的尸体；更远的一些地方还有幸存者，但他们不是被严重烧伤，就是双眼变成了两个窟窿；强烈射线形成放射雨，让更多人慢慢走向了死亡。

当时，广岛的人口为 34 万，在爆炸中立即死去的有 8.8 万多人，负伤和失踪的为 5.1 万多人。全市 7.6 万幢建筑物中的 4.8 万幢完全毁坏，2.2 万幢严重毁坏。

广岛惨烈的悲剧立时引起全国混乱，但日本政府还在为是否投降而激烈地争论着，他们希望苏联出面进行调停。但是，8 月 8 日，日本从苏联政府得到的回答是：苏联遵守对联合国的义务，接受联合国的要求，将从 8 月 9 日起对日宣战。

就在苏联出兵的这天上午 11 时 30 分，美国又在日本长崎投下了第二颗原子弹，1/4 的长崎市民当场死亡。

到了此时此刻，日本天皇终于宣布：无条件投降。

远东审判

第二次世界大战结束了，5000 万人丧失了宝贵的生命。

美国首先列出了一张长长的战犯名单，在军事法庭上将其中罪大恶极的 22 人予以公开审判。1946 年 5 月 3 日，由中、苏、美、英等 11 国代表组成的远东国际军事法庭，经过长达半年的调查后，对以东条英机为首的战犯，正式开庭审判。

东条英机是日本的重要战犯，他指挥日本关东军大举侵略中国、发动太平洋战争。虽然在日本败局已定的情况下被迫下台，但发动战争的罪行是无法逃脱的。

东条英机知道自己的末日快到了，请医生确定了心脏的位置，还用墨汁在胸膛上作了标记。当美国士兵来到面前时，他开枪自杀，但子弹没射中要害，他很快就被救活了，押到了法庭上。

在近两年的审讯中，东条英机拒不认罪，坚持日本发动的对外战争是"自卫战争"，"九一八事变"和"七七事变"是由中国的"不正当行为引起的"……在死前的遗书中，东条英机写道："想起刚开战时的情况，令人悲痛断肠！这次死刑，对个人是个安慰，但作为国际性的犯罪，我始终认为是无罪的，只不过是在强力面前的屈服。"

1948 年 11 月，远东国际军事法庭再次开庭，判处东条英机、板垣征四郎、土肥原贤二、广田弘毅、木林兵太郎、松井石根、武滕章等七人绞刑。

两次世界大战期间重要的国际条约

条约	时间	主要内容及影响
《凡尔赛和约》	1919 年 6 月	法国收回阿尔萨斯和洛林；禁止德国实行义务兵役制，德国陆军总数不得超过十万人；莱茵河东岸地区 50 千米内，德国不得设防；德国承认并尊重奥地利的独立；德国应进行赔款，由协约国设立"赔款委员会"决定德国赔款总数；德国的全部海外殖民地由英法日等国以"委任统治"的名义加以瓜分，德国在山东的全部权益由日本继承。
《四国条约》	1921-1922 年	英法日美相约相互尊重在太平洋区域属地的权益。
《限制海军军备条约》	1921-1922 年	规定了美英日法意五国海军主力舰的吨位比例为 5：5：3：1.75：1.75。
《九国公约》	1922 年	宣称尊重中国的独立和领土、主权的完整,遵守各国在中国的"门户开放""机会均等"的原则。为美国在中国的扩张提供了条件。
《慕尼黑协定》	1938 年 9 月	规定捷克斯洛伐克把苏台德区割给德国。助长了德国的侵略气焰，加速了二战的爆发。
《开罗宣言》	1943 年	宣告日本侵占中国的领土必须归还。
《波茨坦公告》	1945 年	要求日本立即无条件投降。

东西对峙的冷战时代

相互依存不再仅仅意味着军事力量和经济实力。在这种关系下，各国通过依靠他国弥补自身的不足。如果断绝关系甚至发生冲突，结果必将波及本国利益，从而遭受更加巨大的损失。因此，通过军事威胁和经济禁运迫使对方按照自己的意志行事的做法变得越来越困难。

——田中孝彦（日本学者）

处置战败国

在第二次世界大战后期，德国的欧洲仆从国们已经先后投降。波茨坦会议上，决定设立美、苏、英、法、中五国外长会议，负责对意大利、罗马尼亚、保加利亚、匈牙利、芬兰的和约准备工作。

但是，由于美苏等国对战后欧洲的安排各有打算，在讨论五国和约时争吵激烈，一直达不成共识。美英企图通过订约与苏联争夺东欧，防止苏联在地中海取得立足点。而苏联希望通过订约巩固和扩大它在东欧的地位。

在讨论意大利的非洲殖民地处置问题时，英国只提出意大利应该放弃这些殖民地，但不提其归属，实际上是由英国当局占领控制；美国主张由联合国托管十年，反对英国独占；苏联则要求将的黎波里塔尼亚交由苏联托管。关于意、南边界问题，美国主张的里雅斯特的主权属意大利，行政上由"国际共管"；苏联主张主权归南斯拉夫。结果把的里雅斯特划为自由区。1954年，西方国家单方面决定由意大利合并该自由区的城区，郊区部分归入南斯拉夫。1945年9月，伦敦外长会议正式开始和约的讨论，先后开了三次外长会议，才达成一定协议，各有关国家分别在五个和约上签了字。

德国投降后，苏、美、英、法四国分区占领德国：东区由苏联占领，西北区由英国占领，西南区由美国占领，西区由法国占领。大柏林也由四国分区占领，并由四国总司令组成盟国管制委员会。根据波茨坦协议规定，处置德国的政治和经济原则是：德国境内最高权力由苏、美、英、法四国总司令分别在各占领区内执行，并共同处置有关全德国之一般事件；在民主的基础上改造德国的政治生活；永远消灭德国军国主义和法西斯主义；消灭纳粹党及其一切附属机构；消灭德国的垄断组织；准备缔结一项符合波茨坦协定原则的和约。但是，四大国在各自的占领区实行军事管制，只按照本国政府的政策行事，对本国政府负责。而各国分歧甚多，斗争激烈，都想把战败国德国的处置纳入自己欧洲战略的轨道。盟国管制委员会只有四国完全一致才能作出决定，很难在重大问题上达成协议，因而形同虚设。

日本投降后，美国军队以"盟军"的名义占领了整个日本，由美太平洋陆军总司令麦克阿瑟担任盟军最高统帅，遭到苏联的强烈反对。1951 年，在旧金山召开了有 52 个国家参加的对日媾和会议。中国、朝鲜民主主义人民共和国、越南民主共和国没有被邀请，印度、缅甸拒绝参加。会议签订的片面对日和约规定，日本承认朝鲜独立，放弃对台湾、澎湖列岛、南威岛、西沙群岛、千岛群岛、南库页岛等岛屿的权利，但只字不提这些岛屿的归属。和约还规定盟国可与日本缔结协定，驻军日本；日本同意把琉球群岛、小笠原群岛等交美国"托管"。苏联虽然在会上提出自己的方案，但美国拒绝讨论，于是苏联、波兰、捷克斯洛伐克拒绝在和约上签字。就这样，美国取得在日本领土及其周围无限制地驻军及设置军事基地的权利，可以出动驻军"平定"日本的"内乱"，日本被完全纳入美国世界战略轨道。

建立联合国

第二次世界大战还让人们认识到一个问题：各国之间必须有一个交流的纽带，在出现问题的时候可以相互沟通。在德黑兰会议时，美国总统罗斯福和苏联部长会议主席斯大林就曾单独会晤，都希望能建立一个维护世界和平的共同机构——联合国。

1944 年 8 月 –10 月，美、苏、中、英四大国的代表齐聚美国华盛顿的敦巴顿橡胶园，开始起草联合国章程。在成立联合国问题上，各国有着相同的出发点，但是，各自又有着截然不同的目标。特别是美苏两国，因为意识到战后将成为主要对手，都极力在联合国的机构和权力上争取设置有利于各自国家的规定，在一些关键问题上相持不下。

苏联提出，联合国安全理事会中，苏、英、美、中、法五个常任理事国应有否决权，即只要五国中有一个国家反对，表决就无效。因为在当时，大国中只有苏联一个社会主义国家，在很多问题上，它是少数，有了否决权就可以保证苏联不会吃亏。英、美代表则坚决反对拥有"否决权"，主张少数服从多数。

于是，苏联又提出让它的两个加盟共和国——乌克兰和白俄罗斯直接成为联合国成员。这样，苏联就可以有三票的表决权。这显然又是英美两国所不能接受的。

问题就这样僵持不下，直到 1945 年 2 月，在苏联雅尔塔会议上，罗斯福和丘吉尔考虑到要争取苏联同意，全力击败德国并对日宣战，才同意了苏联的建议。

1945 年 10 月 24 日，联合国正式成立，第一次会议就开了整整两个月，会员国增加到 50 个，总部设在美国东海岸的纽约，至于它成立的目的，就是要保障世界和平、保护人权、各国平等、改善世界生活条件。

杜鲁门主义

第二次世界大战后，德、意、日三个法西斯国家遭到彻底失败，而英、法的力量也严重削弱，只有美国，依仗其在战争中发展起来的经济、军事实力，在资本主义世界获得了统治地位。1947 年 2 月 21 日，英国照会美国国务院，声称其由于国内经济困难，自 3 月 31 日之后，无法再从经济和军事上援助希腊和土耳其，同时英国希望美国给予继续援助。1947 年 3 月 12 日，美国总统杜鲁门在国会两院联席会议上宣读一份国情咨文，发表了敌视社会主义国家的演讲，后来这份咨文被称为"杜鲁门主义"。在咨文中美国支持自由国家抵御"极权政体"的观念，被普遍地认为是美国外交政策史上一个新的转变。苏联认为杜鲁门主义的提出是美国方面对苏联控制地区及苏俄发展构成的公开威胁。咨文提出后，美国国会两院经过激烈辩论，分别于 4 月 22 日和 5 月 8 日通过了关于援助希腊、土耳其的法案。随后美国国会拨款 4 亿美元援助希腊和土耳其政府，帮助它们镇压国内人民革命运动。

杜鲁门主义实质上是遏制共产主义，干涉别国内政，加紧控制其他国家的纲领和政策。以杜鲁门主义为起点，美国此后在经济方面推行了援助西欧的马歇尔计划，在军事方面还建立了北大西洋公约组织。从此以后，"杜鲁门主义"成了干涉别国内政的代名词，它的提出，标志着美苏之间"冷战"的正式开始。

马歇尔计划

马歇尔计划（The Marshall Plan），官方名称为欧洲复兴计划（European Recovery Program），它是二战后美国对西欧各国进行经济援助、协助重建的计划，该计划对战后欧洲国家的发展和世界政治格局产生了深远的影响。

二战结束后，美国凭借其雄厚实力提出帮助其欧洲盟国恢复因大战而濒临崩溃的经济体系，同时抗衡苏联和共产主义势力威胁的计划。该计划由时任美国国务卿的马歇尔提出，因而得名。

重建计划最初于1947年7月在一个由欧洲各个国家普遍参加的会议上提出。计划最初曾考虑给予苏联及其在东欧的卫星国以相同援助，但条件是苏联必须进行政治改革，并允许西方势力进入苏联势力范围。但另一方面，美国担心苏联利用该计划使自身实力得到恢复和发展，因而故意提出许多苛刻条款，最终苏联和东欧各国被排除在援助范围之外。

1947年7月该计划正式启动，并整整持续了4个财政年度。在这段时期内，西欧各国通过参加经济合作发展组织（OECD）共接受了美国包括金融、技术、设备等各种形式的援助合计130亿美元。若考虑到通货膨胀的因素，那么这笔援助可能相当于2006年的1300亿美元。

当该计划临近结束时，西欧国家中除德国以外的绝大多数参与国的国民经济都已恢复到战前水平。在接下来的20余年时间里，整个西欧经历了前所未有的高速发展时期，社会经济呈现一派繁荣景象，这与马歇尔计划是紧密相关的。同时马歇尔计划长期以来也被认为是促成欧洲一体化的重要因素之一。由于该计划消除，或者说减弱了长期存在于西欧各国间的关税及贸易壁垒，因而使西欧各国的经济联系日趋紧密并最终走向一体化。该计划同时也使西欧各国在经济管理上系统地学习和借鉴了美国的经验。

北大西洋公约组织

北大西洋公约组织，简称北约组织或北约，是美国与西欧、北美等主要发达国家为实现防卫协作而建立的一个国际性军事集团组织。

1949年4月4日，美国与加拿大、英国、法国、比利时、荷兰、卢森堡、丹麦、

挪威、冰岛、葡萄牙、意大利 12 国在华盛顿签订了《北大西洋公约》，这标志着北约的正式成立。此公约于 1949 年 8 月 24 日生效。北约成立的目的是与以苏联为首的东欧集团国家相抗衡，若某成员国受到攻击，其他成员国可以及时作出反应、联合反击。但这一条款在"9•11"事件之前，一直没有付诸实施。及至苏联解体，华沙公约组织宣告解散，北约遂成为一个地区性防卫协作组织。北约最高决策机构为北约理事会，由成员国国家元首及政府首脑、外长和国防部长组成。其总部设在布鲁塞尔。其组织机构主要有北大西洋理事会、防务计划委员会、常设代表理事会、军事委员会、国际秘书处等。欧洲盟军的最高司令历来由美国将领担任。北约的职责主要是就重大国际问题进行磋商合作，协调立场，加强集体防务，北约每年还会举行各种联合军事演习。它拥有大量核武器和常规部队，是西方重要的军事力量。北约组织的成立是资本主义阵营在军事上实现战略同盟的标志，是马歇尔计划的发展，从而使美国得以更好地控制欧洲的防务体系，成为美国称霸世界的标志。

华沙条约组织

1955 年 5 月 14 日，苏联、捷克斯洛伐克、保加利亚、匈牙利、民主德国、波兰、罗马尼亚、阿尔巴尼亚 8 国针对美、英、法决定吸收联邦德国加入北约之举，八国在华沙签订了《友好互助合作条约》，并决定同年 6 月条约生效，因而正式成立了军事政治同盟——华沙条约组织，简称华约，其总部设在莫斯科。

条约规定："如果在欧洲发生任何国家或国家集团对一个或几个缔约国的武装进攻，每一缔约国应……个别地区或通过同其他缔约国的协议，以一切它认为必要的方式，包括使用武装部队，立即对遭受这种进攻的某一个国家或几个国家给予援助。"

北约、华约两大国际组织的成立，标志着双方冷战形式的军事对抗正式开始。1968 年 8 月，捷克斯洛伐克发生了布拉格之春的改革运动，华约组织武装力量在苏联的牵头下大规模武装入侵捷克斯洛伐克，因而招致普遍的抗议。阿尔巴尼亚遂于同年 9 月 13 日宣布退出华约。

1990 年 10 月 3 日，东德与西德统一后宣布退出华约。华约也于 1991 年 3 月 31 日停止一切活动，官方于 1991 年 7 月 1 日在捷克斯洛伐克首都布拉格签署了关于华沙条约停止生效的议定书，华沙条约组织正式宣布解散。

争夺太空

苏联与美国对立后，双方都在试图寻找一种不冒任何军事对抗的风险，而置对方于死地的方法。最后，他们将目光投向了太空。而竞赛的焦点，则集中在谁能成为第一个制造出能打到敌方领土的洲际导弹的国家。

当轨道发射成为可能的时候，两个超级大国开始考虑卫星所能起到的作用，并且马上开始进行研究。

1955 年 7 月 29 日，艾森豪威尔总统正式宣布美国将发射卫星的决定。一个月后，苏联向世界宣布："苏联将最先发射一颗卫星，而且一定比美国的大。"事实发展果如苏联所言，苏联在太空竞赛的第一仗中打了胜仗，他们于 8 月 21 日发射了第一颗洲际导弹，10 月 4 日又发射了人造地球卫星 1 号（Sputnik）。

虽然如此，许多美国人还是不十分确信这件事，甚至认为这只是一个笑话。五角大楼的一个官员甚至把苏联的卫星看成"任何人都能发射的一堆废铁"。但美国总统不这么看，苏联的人造地球卫星 1 号发射升空，无疑是第二次珍珠港事件。他发誓，美国的反击将会和在太平洋战场上对日本的反击一样。

美国的第一颗卫星探险者 1 号，于 1958 年 1 月 31 日发射升空，多少为美国赢得了一些面子和荣誉。但斯大林的继任者赫鲁晓夫对此嗤之以鼻，表示要全力以赴巩固苏联在太空方面的霸主地位，竞赛还将继续，苏联还在前面。

赫鲁晓夫的话不是说说就算了的，让我们看看苏联在此期间的成果就明白了。1957 年，苏联发射了人造地球卫星 2 号卫星，首次将小狗莱伊卡送入太空。1958 年，人造地球卫星 3 号卫星升空。1959 年，月球 1 号探测器实现了物体首次脱离地球轨道。1961 年，加加林乘坐东方 1 号飞船，人类首次进入太空。1962 年，东方 3 号和 4 号飞船发射，这是首次双飞船太空飞行。1963 年，东方 6 号飞船将第一名女宇航员捷列什科娃送入太空。1964 年，上升 1 号飞船首次将三名宇航员同时送入太空。1965 年，上升 2 号飞船发射，列昂诺夫进行了首次太空行走。

而同期的美国，只实现了两个主要成就：1958 年，第一个绕越火星的探测器发射成功，并传回了第一张火星照片。1962 年，第一个绕越金星的探测器（34632km）水手 2 号探测器成功发射。虽然在太空竞赛上美国先失一分，但其在商业和军事应用方面却处于领先地位。

在人造地球卫星 1 号和卫星探险者 1 号卫星发射成功后的一段时间里，月球成为了苏联与美国竞争的主要目标。

美国在 1958 年 8 月 17 日发射月球探测器，但不幸失败了。苏联于同年 9 月 23 日也发射了月球探测器，遭到与美国相同的命运。

苏联的月球计划

苏联也在加紧实施他们的计划，赫鲁晓夫委托切洛梅全权负责，要设计至少够装载一名宇航员环月飞行的运载火箭与载人飞船。

具体目标是：在 1967–1968 年间，由科罗廖夫负责的 N1–L3 运载火箭将把一个苏联人送上月球。1967 年第二季度，切洛梅的 UR500K/LK1 载人飞船项目将实施绕月飞行任务。

两个国家战略上的差异在于，美国集中在一个计划上，而苏联则致力于两个计划，将力量与资源分散了。

与此同时，N1 计划进展得颇为不顺，科罗廖夫与切洛梅发生了意见分歧。1964 年 10 月，赫鲁晓夫被解职，切洛梅因此失去了支柱，航天部也被改组，由科罗廖夫指挥两个月球计划。但 1966 年 1 月科罗廖夫逝世了，这使按时完成计划变得越来越不现实，苏联领导人与技术人员之间的关系也变得紧张起来，技术人员经常被召到克里姆林宫遭受训斥。

切洛梅在一次受训之后，回来愤愤地说："他们试图用诅咒的方式激励我们为国家作出更大的探索成就！假如他们连自酿白兰地和火箭的区别都说不清的话，还不如什么都不说。"事实的确如此，每次当切洛梅演讲的时候，其他人都在喋喋不休地批评。如果你问他们切洛梅谈到了什么敏感话题，他们会立刻回答道："当然没有，他说的都是胡话。"

资金的缺少和团队的不和谐，让苏联航天事业举步维艰。

争霸进入白热化

美苏在太空成就方面的争霸在经过此前一段时间的发展后，从 1967 年开始，两国的争霸呈现出阶段性变化的特点：

1967–1969 年为美国与苏联载人月球计划的最后阶段。在这一阶段二者的发展并驾齐驱。从 1968 年开始美国进行首次探月。同年 12 月 24 日，阿波罗 8

号飞船机械乘员组绕月成功。美国首次赶在苏联之前在探月里程碑上刻下了自己的名字。面对美国的成功，苏联取消了所有发射均未获成功的"探测器"计划。1968年9月，苏联成为世界上第一个使乘坐生物的"探测器"进行绕月飞行的国家。

1969-1972年，美国在争霸中开始占领先地位。1969年2月21日，苏联N1-L3首次发射以爆炸告终。7月3日，第二次发射再次失败。此后不久，苏联又提出了一个自动探测器的候补计划。7月13日，苏联在拜克努尔发射了月球15号探测器，用于取回月球标本。但三天后美国从卡纳维拉尔角成功发射了阿波罗11号。7月21日，尼·阿姆斯特朗成为第一个在月球上行走的人类，与此同时，月球15号探测器在宁静海几百千米处坠毁。至此，美国终于在登月竞赛中胜出。

1975年为阿波罗—联盟号休战期。1975年7月17日，阿波罗与联盟号在轨道上对接，美国航天员托·斯塔福德和苏联航天员阿·列昂诺夫在太空中握手，同时宣布"空间竞赛已经结束，美国与苏联平局"。

1975-1991年，争霸开始出现冲突不断的局面。两个超级大国之间的太空竞赛在休战一阶段后再起冲突。70年代初期，两个国家开始在"礼炮"号和"天空实验室"空间站计划上展开竞赛，后来几年两国相继研制了窗体顶端和窗体底端航天飞机。美国航天飞机于1981年进行了处女航，而苏联的暴风雪号航天飞机直到1988年才第一次飞入太空，并且成为苏联航天飞机迄今为止的唯一一飞行。

一直到1991年苏联解体，空间竞赛的时代才最终落幕，随着全球其他各个航天大国的崛起，人类航天进入了一个新的时代。

冷战之后

在整个上世纪70年代，苏联已将列宁的不称霸教导远远地抛到脑后了，转而希望成为强大的战争机器。与之对应的，便是巨大的军费开支，占了国民生产总值的12%-14%，占全国财政支出的1/3以上，全国2/3的人员服务于军事部门。大量的人力、物力、财力，都被消耗在军备竞赛上，而苏联经济的发展和人们的生活水平却没人关心。

苏联的国策是优先、全力发展重工业。赫鲁晓夫曾说："优先发展重工业是唯一的正确的道路，指责不重视发展重工业的观点是'极其错误的'，是'反马克思主义的'，是'右倾的复活'。"这种理论被切实贯彻后，苏联的经济开始长期畸形发展，农业严重减产，人们的生活水平急剧下降。

1964年赫鲁晓夫下台后，勃列日涅夫曾企图改变这种状况，但想快速打败美国的思想控制了他的大脑，借口"国际局势尖锐化"，极力使"苏联武装力量拥有最新式的和最高级的战斗技术设备"，结果占用了发展农业和轻工业的资金和力量。

苏联一直不重视轻工业的生产，以致许多产品的质量都十分低劣，这引起了人们的不满。虽然苏联的航天部队制造出了当时世界上最好的空调机和吸尘器，但未能转化为现实的生产力。勃列日涅夫对于存在的这些问题视而不见，反而盲目乐观地说："苏联打算在与西方达成协议的同时，建设自己的经济和军事能力。在上世纪80年代的时候，苏联的实力将达到无须同西方合作便有的独立和优势地位的水平。"但美苏争霸没能使苏联的普通民众得到任何好处。

到了戈尔巴乔夫时代，则宣布苏联处于发达社会主义的起点。人们无法理解，开始出现苦闷、彷徨、失望和冷漠的情绪，怠工、酗酒、劳动纪律松弛日益成为突出的问题。戈尔巴乔夫清醒地认识到，苏联已经站在了悬崖边上，再不变革就将走向灭亡。为了维护苏联，戈尔巴乔夫决定来一场彻底的改革，他倡导实行政治多元化的改革，一下子使各种矛盾迅速激化，成了苏联加速瓦解的催化剂。随着爱沙尼亚、拉脱维亚、乌克兰、立陶宛和格鲁吉亚的先后宣布独立，苏联元帅阿赫罗梅耶夫自杀身亡，他无法忍受苏联的解体。

红旗就这样从克里姆林宫的上空降落，一面三色的俄罗斯联邦国旗取而代之。

美苏争霸过程简表

	上世纪50-60年代	上世纪60-70年代	上世纪80年代
特点	互有攻守，总的优势仍在美国方面。	苏联处于战略进攻，美国转攻为守。	美国转为战略进攻，对苏联采取强硬政策。
原因	两极格局形成，两种社会制度的不相容。	勃列日涅夫改革增强了国力，军事上超过美国。西欧、日本独立自主的倾向不断发展。第三世界崛起，动摇了美国霸权的根基。	上世纪80年代起美国经济持续增长。苏联经济发展速度趋缓。
重大事件	苏联与西方合作订立对奥和约，承认联邦德国。赫鲁晓夫访美。柏林墙危机。古巴导弹危机。	苏联在亚非进行一系列扩张，占领阿富汗。尼克松在亚洲进行战略收缩。	美国排挤苏联在第三世界的势力。戈尔巴乔夫寻求摆脱军备竞赛，从阿富汗撤军，改善与中国关系，放松对东欧控制，与美国进行裁军谈判。

亚非拉的独立

　　亚、非、拉一系列新的、独立的民族国家的出现，不仅面临着发展经济、消除贫困的问题，而且还有一个政治制度的选择和建立以及政治制度的有效运作问题。西方发达国家为了继续在实际上对这些国家予以控制和施加影响，就不能仅仅停留在对这些新兴国家提供经济援助上，还必须同时充分了解这些国家的政治结构现状和现实政治需求，并尽可能地将西方国家的政治制度模式、政治文化观念向这些国家输入，才有可能取得较为满意的结果。

——阿尔蒙德（Almond，美国政治学家）

朝鲜战争

　　第二次世界大战结束后，原是日本殖民地的朝鲜半岛被以北纬三十八度线为界，划分为两个部分，由苏联、美国分别驻军。苏联在北面扶持金日成，美国在南面扶持李承晚，根本无法在朝鲜半岛达成统一，于是，朝鲜半岛整个民族迈向了分裂。

　　1950 年 6 月 7 日，朝鲜领导人向南北朝鲜人民发出呼吁，要求在 8 月 5 日 –8 日在整个半岛举行大选的基础上，实现国家的和平统一。这一行动加速了战争的爆发，1950 年 6 月 25 日凌晨，朝鲜战争爆发。当时南朝鲜的国防军根本没进入战备状态，毫无招架之力，一溃千里。

　　战争初期，朝鲜人民军节节胜利。可到了 9 月，在美英两国 300 多艘军舰和 500 多架飞机的掩护下，美军成功登陆仁川，从朝鲜军队后方突袭，迅速夺回了失地。本来美国只想将朝鲜军队赶回三八线以北，可看到战事进展如此顺利，麦克阿瑟将军改变了主意，要求乘势追击，宣布要将共产主义逐出整个朝鲜半岛。

就在美国人认为战争马上就要结束，可以在感恩节前赶回家去的时候，中国人民志愿军跨过了鸭绿江，只用了一个多小时便占领温井，歼灭了那里的所有敌军，麦克阿瑟大惊失色。

由于中国的参战，美国速战速决的美梦彻底破灭，朝鲜军队、美军和中国志愿军，在美丽的朝鲜平原上展开了厮杀，三方都是损失惨重。

1953 年 7 月，中美双方签署了停火协议，谈判的最终结果是在三八线附近，于 1953 年 7 月 27 日 22 点整双方实际控制线南北各两公里宽设立非军事区。直到今天，朝鲜半岛依然是分裂的两个国家：朝鲜和韩国。

朝鲜历史概览

时 代	历 史
箕子朝鲜	据中国历史记载，朝鲜最早的历史是西周灭商之后，商朝遗臣箕子到朝鲜半岛与当地土著建立了"箕氏侯国"。
卫氏朝鲜	燕国的将军卫满于公元前 194 年在平壤一带建立卫氏政权。
汉四郡	公元前 108 年，汉武帝灭卫氏朝鲜，在朝鲜半岛北部设立乐浪、玄菟、临屯、真番四郡，史称"汉四郡"。
三韩时代	在朝鲜半岛南部的土著韩人建立以辰韩、马韩和弁韩为中心的辰国。
三国时代	4 世纪，朝鲜形成高句丽、新罗、百济三国鼎立时期。
统一新罗时代	676 年，新罗最终得以统一朝鲜半岛大部，定都庆州，效仿唐朝的国家制度进行统治。
高丽	918 年，王建被部将拥立为王，改国号为"高丽"。
李氏朝鲜	1368 年明朝推翻元朝，1370 年高丽朝贡明朝。1636 年，清军攻占朝鲜，国王投降，改向清朝朝贡，成为清朝的册封国。
日本统治时期	日本于 1910 年 8 月迫使韩国政府同之签订《日韩合并条约》，正式吞并朝鲜半岛，设立朝鲜总督府，进行殖民统治。

古巴导弹危机

古巴危机是美、苏两国之间进行的一次核赌博。这场危机不仅对美、苏关系，而且对整个国际关系都产生了深远影响。

1962 年 7 月 3 日和 8 日，赫鲁晓夫参加了与劳尔·卡斯特罗的会谈，从而达成秘密协议。根据协议苏联决定在古巴部署中程导弹，提供伊尔 –28 喷气式轰炸机，此协议于 7 月开始实施。不久美国人也开始拟定有针对性的训练计划，并以此为借口向佛罗里达和接近古巴的美军基地集结军队。

1962 年 10 月 16 日中午 11 时、下午 6 时，肯尼迪两次秘密召开会议，讨论对古巴的行动计划。会上"鹰派"提出了两种强硬措施：其一是美国武装部队直接攻击古巴；其二是动用 500 架飞机对古巴进行地毯式轰炸，以导弹发射场为主要目标。

在美国采取行动后，莫斯科很长时间没有任何反应。不久，美国驻苏大使收到一份照会，指责美国的"海盗行为"，并承认其设在古巴的导弹意在用于军事目的。

核战争已经是迫在眉睫，战争的阴云比此前任何时候都要浓重。但是这时事情似乎出现了转机，下午 6 点（莫斯科凌晨 1 点钟），苏联传送过来赫鲁晓夫的一封感情激动的长信。在信中苏联总理第一次承认苏联在古巴有导弹，但是他建议不再往古巴运送武器；只要肯尼迪同意不进攻古巴，苏联可以把古巴境内的武器撤除或毁掉。

时隔不久，莫斯科电台又宣读了苏联对美国的一个答复：……为了尽快消除危害和平事业的冲突……苏联政府……已发出一道新的命令，撤除你们所谓进攻性的武器，把它们装箱运回苏联。苏联人事先并未征求卡斯特罗的意见，卡斯特罗因而宣称他被出卖了，并表示对这个协议将不予理睬。然而他并不能制止危机的结束。

古巴领袖卡斯特罗

菲德尔·卡斯特罗，1926 年出生在古巴巴连奥特省马亚里市一个富有的庄园主家庭。父亲是一名西班牙军人，到古巴定居后，以种植甘蔗起家，成为当地有名的种植园主。虽然出身在庄园主的家庭，但卡斯特罗从小就反对父亲虐待雇农，为此还多次与父亲争吵。13 岁时，他组织自家庄园的蔗糖工人罢工，令父亲无所适从。

19 岁时，卡斯特罗考入哈瓦那大学法律系，当时正值拉美民族运动风起云涌之时，卡斯特罗积极投身其中，很快就成为了学校的风云人物。

1952 年，巴蒂斯塔发动军事政变，加紧独裁统治。次年，26 岁的卡斯特罗率领 134 名爱国青年攻打圣地亚哥的蒙卡达兵营，旨在夺取武器，在全国掀起反对巴蒂斯塔独裁政权的武装斗争。由于双方力量悬殊，起义失败，大部分青年起义者都惨遭杀害。卡斯特罗虽然幸免于死，却被关进了监狱。在法庭上，身为律师的卡斯特罗为自己辩护，发表了著名的自我辩护词：《历史将宣判我无罪》。

两年后，巴蒂斯塔为自己竞选总统笼络人心，大赦政治犯，卡斯特罗意外获释。出狱后的卡斯特罗一分钟都没闲着，赴墨西哥组织了秘密武装。当卡斯特罗率领 81 名战友乘"格拉玛"号游艇从墨西哥回到古巴，在奥连特省登陆时，遭到了政府军袭击。远征战士大部分伤亡，卡斯特罗等 12 名幸存者进入山区开展游击战争。随着起义军的不断壮大，巴蒂斯塔独裁政权很快土崩瓦解了。

1961 年 4 月，卡斯特罗向全世界宣布，古巴独立了，实行社会主义制度。此后，他领导的"七•二六运动"与人民社会党和"三•一三革命委员会"合并，组成了古巴共产党。他当选为党中央第一书记。

刺杀肯尼迪

1960 年，肯尼迪参加总统竞选。上台后，肯尼迪一共执政了 1037 天。任职开始，就遇到美国入侵古巴遭受惨败的事件。继而与苏联领导人赫鲁晓夫在维也纳会谈，肯尼迪以强硬态度对待苏联要与东德单独签订和约的威胁。然后发现苏联在古巴设置导弹，他马上下令对古巴实行封锁，迫使苏联撤出导弹装置。十个月后，美、苏、英禁止核试验条约签字。肯尼迪组织拉丁美洲争取进步同盟与和平队。他还提出了大量削减所得税的立法以及扩大人权的立法，却推迟到他死后才得以通过。

1963 年，肯尼迪在踌躇满志要进一步干一番事业的时候，遇刺身亡。这一年是林肯总统遇刺的一百年之后，刺杀手法一样，武器一样，连刺客的名字都一样：约翰。还有一点一样的就是，肯尼迪总统的秘书姓林肯，而林肯的秘书姓肯尼迪。

印巴分治

在亚洲，独立运动中最重大的一个事件，就是印度和巴基斯坦赢得了独立。

印度被英国统治了一个世纪之久。当英国 1939 年对德国宣战时，印度总督林利斯戈侯爵便在同一天宣布印度也将参战，这曾让国大党领袖尼赫鲁抱怨："一个人，而且是外国人和令人憎恨的制度的代表，能够不与四亿人做最起码的商讨，就使他们陷入战争。"对国大党的抗议，印度总督表示，战争期间不可能实行根本的变革，但战后印度将被授予自治领的地位。国大党立即拒绝了这一提议，他们相信印度早晚将获得独立。

英国首相丘吉尔为了取得印度的支持，又派使节同甘地等人商谈战后自治问题。甘地明确要求英国退出印度，并再次发出不合作的号召。英国人恼羞成怒，将甘地与国大党执委会全体成员一起逮捕，由此触发了印度全国性的大骚动。这场骚动遭到英国当局的暴力镇压，6万多人被逮捕，900多人被杀死，1600多人在与警察和军队的冲突中受伤。甘地为此绝食三周，终于使大部分被捕者获释，但国大党领导人依旧被关押。

趁国大党陷入困境之际，穆斯林联盟的领导人真纳，说服印度的穆斯林加入了他的组织。他不知疲倦、满怀激情地宣讲他关于一个独立自主的巴基斯坦的教义："穆斯林不是一个少数派……根据任何有关民族的定义，都可说穆斯林是一个民族，他们应当拥有自己的家园、自己的领土和自己的国家。"

看到印度的自治将是不争的事实，英国利用了穆斯林联盟，提出一个分而治之的策略，派蒙巴顿勋爵为新任总督，建议按宗教实行印、巴分治，使印度和巴基斯坦享有自治领地位。这时，国大党领导人已认识到分治是不可避免的，只好接受了这一计划。

1947年8月15日，在印度联邦宣布成立之际，制宪会议特意向被称为"过去三十年来的向导和哲学家、印度自由的灯塔"的甘地致以崇高的敬意。可是此刻，这位伟人却因印度和巴基斯坦分治、自己未能使印度人团结起来而自责。这位老人一整天都在加尔各答绝食，并从早到晚在手摇纺车上纺纱，痛心不已。

分治后的印度和巴基斯坦并不平静，宗教冲突不断，这让英国人非常高兴。与此同时，甘地依然在为平息宗教冲突而四处奔波。1948年1月30日，79岁高龄的甘地在赴祷告场的途中，被一名宗教极端分子杀害。

印度首相尼赫鲁在向全国宣布这个消息时说："甘地离我们而去了，黑暗笼罩了一切……我们的国父不复存在了。我们再也不能够到他那里听取建议和获得安慰了。"

巴基斯坦的缔造者真纳，在1906年加入印度国民大会党（简称国大党），1916年又出任了穆斯林联盟主席。因为在非暴力不合作运动纲领问题上同甘地发生分歧，五年后退出了国大党。

真纳一直认为自己是一位民族主义的印度人，认为每一个真正的民族主义者都应该不计较政党或教派，而为民族的反帝统一战线出力。

当时的印度宗教情况非常复杂，东孟加拉居民主要是伊斯兰教徒，西孟加拉则多是印度教徒，经常发生大规模的宗教纷争，仇杀不断。

第一次世界大战期间，真纳曾不断向伊斯兰教徒发出呼吁书："难道我们不能埋葬我们的分歧，组成联合阵线吗？那样，印度教的朋友将会更尊重我们，觉得我们更有资格和他们并肩站在一起！"

正因如此，真纳被选为"穆盟"主席，呼吁印度教徒与伊斯兰教徒团结起来，共同实现印度自治。然而，真纳的呼吁并没得到积极响应。失望之余，真纳一度到伦敦重操律师职业。当英国批准印度政府法，印度有部分省开始享有自治权后，真纳又看到了希望，马上结束了伦敦的生活，返回印度。很快印度进行大选，国大党获得多数票，坚持一党组织内阁，拒绝与"穆盟"合作。这盆凉水彻头彻脑地浇到了真纳心上，他放弃了坚持多年的理想，决心建立一个独立的伊斯兰国家。

1940 年，真纳主持召开"穆盟"年会，指出印度穆斯林既是一个教派，也是一个民族，应同印度教徒一起共同分享管理国家的权力。会上通过了著名的《巴基斯坦决议》，要求伊斯兰教徒聚居的省份脱离印度，建立一个伊斯兰国家。这个决议得到大多数伊斯兰教徒的拥护，也给真纳招来了死亡威胁。几天之内，他收到电报信件 50 多封，都是扬言要除掉他的。

刺杀的确发生了，好在真纳没有性命之忧，很快又投入到争取独立的斗争中，终于使得印巴分制。六年后，积劳成疾的真纳因肺结核去世。

东南亚自强

与印度不同，东南亚在二战期间一直被日本人占领。如果说英国是利用印度民族自身的矛盾来实现自己的利益，那么日本则是对它的殖民地实施完全残暴的武力掠夺，无情地对占领地进行掠夺，抢夺一切可以拿到手的东西。

日本宣布投降后，东南亚所有的国家都赢得了独立，只是赢得独立的方式各不相同，这主要取决于它们以前的宗主国。

1948 年 1 月，英国承认缅甸为英联邦之外的独立共和国，第二个月，准许锡兰在英联邦内享有完全的自治领地位。不过，马来亚的独立却被拖延到 1957 年 2 月，因为这个国家的种族成分混杂，不仅有马来亚人、中国人、印度人、巴基斯坦人，还有少数欧洲人。1963 年，马来亚同新加坡、沙捞越和沙巴（英属北婆罗州）联合起来，组成了一个新的国家——马来西亚。后来马来亚与由中国人占优势的新加坡之间的局势紧张，致使新加坡于 1965 年退出马来西亚，成为英联邦中的一个独立国家。

与英国人相比，法国人和荷兰人就不太灵活了。印度尼西亚的苏加诺的民族主义政府在日本投降后即宣布成立，不久荷兰人返回，他们表示愿意给印度尼西亚以某种程度的自治，但这种自治仍不足以使民族主义者满意。双方谈判破裂后，荷兰人妄图依靠武力来重申自己的权利，武装冲突让两国的关系迅速恶化。印度尼西亚为了报复，在宣布独立后，还没收了荷兰人价值 10 亿多美元的资产，并断绝了同海牙的外交关系。

　　法国人本来是不愿意放弃他们在东南亚的殖民地的，为了保住印度支那，法国人进行了更为长期、顽强的战斗，但最后也被迫撤退了。印度支那由三个国家组成：越南、老挝和柬埔寨。1945年，胡志明宣布成立临时的越南共和国。法国人马上做出反应，很快出兵占领了老挝和柬埔寨。在胡志明统治的越南，双方展开了一场旷日持久的消耗战。就在双方都快筋疲力尽之时，中国表示支持胡志明，而且付诸了行动。如此一来，法国获胜的机会便不再存在了，只能承认越南独立，规定以北纬17度为界，将越南暂时划分为两部分，要求于1956年在国际监督下举行选举，以使国家重新统一。这实际上是给了胡志明半个国家，并使他期望两年内得到另外半个国家。

越南是个泥沼

　　1964年7月31日，一艘在靠近北越领海的中立海域进行支援任务的美国驱逐舰马多克斯号，遭到了北越鱼雷艇的袭击，并在附近的航母支援下击沉了其中一艘。四天后，马多克斯号与滕纳·乔埃号往北航行时，后者被雷达讯号追踪并宣称受到攻击，两艘船随即采取应对措施。美国以轰炸北越海军基地作为报复。这就是著名的"东京湾事件"，也叫"北部湾事件"。

　　越南战争爆发了，仅用了10个月时间，42万美国大兵就踏上了越南土地。1965年8月18日，美国海军陆战队的5500名士兵发动了战争中的第一场大规模登陆战。在空中支援和一场大规模炮击的共同打击下，北越的精锐之师遭到重创。

　　美军驻越最高司令官威斯特摩兰将军十分满意，接连发动了一系列"搜寻并摧毁"行动。他相信只要以大规模火力消耗敌军人力，北越最终将被迫认输。同时，北越决定：避免与美军进行正面冲突，采取游击战来对付美国佬。当然，要在精心准备的有利地形下吸引美军进攻，激战至伤亡达到一定程度后就撤离战场。北越做好准备承受巨大的伤亡，并且坚信无限制的消耗战最终会迫使美国人撤出越南。

　　游击战的确让美军吃尽了苦头，越南已经没有什么作战区和非作战区了，几乎每家每户都组成一个战斗单位，每村每乡都是一个战斗堡垒。随着战争的扩大，大量游击队员开始转变为正规军，投入到前线与美军作战。

　　1965年4月，美军在清化战役中遭受重创。4月3日上午7时，停泊在南海海面上的美国第七舰队的 400 架飞机分批侵入清化省上空，对一些居民区、民用工程和经济设施进行狂轰滥炸。越南北方清化防空部队和地方民兵自卫队，在敌机俯冲下来的一刹那，使用各种火力一齐射向天空，组成强大严密的火力网，敌机一架架被击中，冒着浓烟倒栽下来。这一天，他们击落 17 架敌机，生俘一名美国飞行员，创造了一天击落美军飞机最多的纪录。

美军不甘心，第二天又出其不意对清化突袭，不料当地武装早有准备。这一次美军失败得更惨，战机被击落 30 架，一名飞行员被活捉。

这次战役后，美国的轰炸行动陷入窘境。从 1964 年到 1965 年，越南军民共歼灭美军近 6000 人，超过 1961-1964 年所歼灭的美军总数的一倍。在越南的长期战争，让美国耗费了巨大人力物力，却没有取得预想效果，结果招致国内外一致反对，美国国内的反战运动更是一浪高过一浪。不得已，美国宣布撤军。

美军撤出越南后，北越和南越之间的战争并未结束，又经过了一年多的内战。最终北越发动春禄战役和胡志明战役，攻克南越首都西贡，组成了新的统一的越南社会主义共和国。

非洲独立

在非洲，独立运动比亚洲更加引人注目。

1948 年，民族独立运动首先在黄金海岸爆发，克瓦米·恩克鲁玛趁机建立起以民众为基础的人民大会党，并在两年后的全国大选中赢得了占压倒多数的选票。

继加纳之后，非洲人口最多的国家尼日利亚也宣布独立。其他的英属西非殖民地，如塞拉利昂和冈比亚，分别于 1961 年和 1963 年赢得独立。

在这种形势下，法国也没有作过多无谓的挣扎，渐渐让法属殖民地脱离了自己。

但与法属西非和英属西非顺利过渡到独立截然不同，比属刚果则经历了一场痛苦的、代价高昂的斗争。看到法属殖民地获得自治后，刚果人对欧洲统治的潜在敌意一下子爆发出来，在帕特里斯·卢蒙巴的带领下，开展了一场声势浩大的民族主义暴动。比利时人看到矛盾激化，宣布刚果可以通过自由选举来获得立即独立。结果，这引起了刚果内部各派的冲突，局势一片混乱。

当卢蒙巴成为第一任总理后，他突然发现只有依靠比利时军官和文官的帮助才能统治这个国家，因为刚果没有自己的武装，也没有受过良好教育的人。这时联合国不得不站出来，承担了用主要由非洲人组成的国际部队来维持刚果秩序的责任。经过数月的暴乱之后，秩序似乎有了一定的恢复，不过，卢蒙巴和联合国秘书长达加·哈马舍尔德却为此牺牲了。

尽管如此，非洲的独立进程还在如火如荼地展开，不久就只剩下安哥拉和莫桑比克了。葡萄牙一直试图阻止殖民地独立的浪潮，它的"葡萄牙没有殖民地"的论调让非洲人十分气愤，安哥拉和莫桑比克相继爆发起义。无奈之下，葡萄牙只能允许安哥拉和莫桑比克独立了。

与北非的情况不同，种族歧视和隔离是南非面临的最大问题。

纳尔逊·罗利赫拉赫拉·曼德拉，1918年出生在南非特兰斯凯一个大酋长家庭，先后获南非大学文学学士学位和威特沃特斯兰德大学律师资格，当过律师。曼德拉自幼性格刚强，又是长子，因而被指定为酋长继承人。但曼德拉表示："决不愿以酋长身份统治一个受压迫的部族"，而要"以一个战士的名义投身于民族解放事业"。从此，曼德拉就开始为废除南非种族歧视政策而努力奋斗，矢志不渝。

他曾组织并领导了"蔑视不公正法令运动"，并为此赢得了全体黑人的尊敬。1961年6月，曼德拉创建非国大军事组织"民族之矛"，任总司令。但半年之后即被捕入狱，当时他年仅43岁，南非政府以政治煽动和非法越境罪，判处他五年监禁。后来又被指控犯有阴谋颠覆罪而改判为无期徒刑，从此开始了长达27年的铁窗生涯。直到1990年，南非当局在国内外舆论的压力下，才被迫宣布无条件释放曼德拉。

女权主义运动

在1944年，法国的夏尔·戴高乐将军在阿尔及尔曾签署了法兰西临时政府的一道命令：使法国女性成为真正的法国公民。也就是说，给予妇女们投票权和被选举权。

在第二次世界大战中，许多男人死去了，一项调查表明，女人的人数和平均寿命都超过了男人。但是，虽然女人们具有了投票权，且参政的热情很高，但是当选的人数却在日渐减少，女性们一直对此很不满意，女权主义就在这一时期萌芽了。

从20世纪60年代初开始，女权主义很快成为了人们争论和研究的主题。妇女运动有组织地进行，是从1966年开始的，标志性的事件是美国"全国妇女运动"组织的成立。1967年，"全国妇女运动"在纽约举行理事会，妇女们决定到一家男士烤肉馆用午餐。但她们被男招待拦在外面："对不起，女士们，我们不向妇女提供服务。"于是，"全国妇女运动"发起了一场抗议公共场所性别歧视的抗议活动。不久，美国很多州通过了禁止类似性别歧视的法律。

妇女们在工作上的斗争也十分有效。1968年，一家法庭判定一家公司给女职员低薪水是正确的，于是，"全国妇女运动"呼吁全国妇女抵制这家公司的产品。结果不到一年，高级法院便为妇女赢得平等薪水和升入高级位置开辟了道路。

1970年11月，第一个女权主义会议在芝加哥召开，妇女解放运动逐渐从美国影响到了大部分欧洲国家。女权主义者最初追求的目标，是使女性得到美国宪法规定的基本权利；废除那些限制女性工作的法律，她们为了更好的生活条件而奋斗，应当得到平等的薪水、更好的工作条件；解放那些被作为性目标、被剥削的女性，通过建立一些幼儿园和集体机构，由夫妻共同负责，使女性从家务和养育小孩中解放出来，使她们有时间进行自己的斗争，为避孕和堕胎的普及而斗争。

这一时期，有三位女权主义者最有名。

凯特·米利特，英语和哲学教师，她在《性政治》一书中，分析了女性的历史，并把它解释为男性的统治，对很多女权主义者产生了深刻影响。

格劳利亚·斯坦纳姆，在20世纪60年代因与妇女国民组织立场相近而出名。她创立了妇女行动联盟，鼓励妇女进行政治活动。

杰梅恩·格瑞，原籍澳大利亚，在剑桥大学获得了文学博士学位。于1971年发表了一篇捍卫恋爱自由的文章，得到女权主义者们大力的赞扬，因此轰动一时。

多事的中东

中东问题的根源，在于二战后的欧洲过于沉迷于文化多元主义、宽容精神和政治正确原则，致使其内部的伊斯兰激进势力日益坐大，终于酿成今日的苦果；从这个意义上说，苦苦奉行这些原则的欧洲各国政府和知识阶层其实正是伊斯兰激进势力摧毁欧洲的共犯。

——伊恩·伯鲁马（Ian Buruma，美国学者）

巴以冲突的源头

如果说世界上只有一个最不安定的地方，那一定是中东。

中东，这个地理概念是欧洲人以欧洲为中心提出来的，它包括埃及、叙利亚、黎巴嫩、伊拉克、约旦、科威特、巴勒斯坦和以色列等 18 个国家和地区，衔接亚、非、欧三大洲，拥有丰富的石油资源，战略位置也十分重要。

1914 年，第一次世界大战爆发，英国为了取得阿拉伯人的支持，瓦解奥斯曼帝国，表示支持奥斯曼帝国境内的阿拉伯人在战后建立一个包括巴勒斯坦在内的独立国家。但是，英国又背着阿拉伯人，同法国签订了一个《塞克斯——皮科尔协定》，除了划分两国势力范围外，还规定巴勒斯坦由"国际共管"。然后，在 1917 年 11 月，英国发表了支持犹太复国主义的《贝福尔宣言》，支持犹太人在巴勒斯坦建立一个犹太人的国家。

1917 年，英国军队入侵巴勒斯坦，以执行《贝福尔宣言》为由，采取分而治之的政策，以约旦河为界，将巴勒斯坦分为东西两部分：东部称外约旦，扶植了一个傀儡政权；西部仍为巴勒斯坦，由英国委任总督直接统治。

在英国的支持下，犹太人开始大规模迁入巴勒斯坦。凭借自己雄厚的资金，以及英国的庇护，犹太人在巴勒斯坦建立了许多城市和工业基地，使阿拉伯人的工商业受到很大打击。美国此时也掺和进来，因为在美国国土上，生活着几百万犹太人，从《贝福尔宣言》发表开始，美国就高兴地意识到：可以通过犹太人，把美国的经济触角伸入巴勒斯坦。

到了第二次世界大战期间，美国开始排挤英国，大力扶持犹太复国主义，赞成在巴勒斯坦无限制移民和建立犹太国家。这时，犹太人建立起"哈加纳"、"伊尔贡"、"斯特恩集团"等秘密武装组织，打击阿拉伯人。从此，双方的矛盾和冲突日益加剧。

1942 年，英国把巴勒斯坦问题提交联合国处理，联合国大会在 1947 年作出决议：英国对巴勒斯坦的委任统治于 1948 年 8 月结束，其后在巴勒斯坦建立阿拉伯国和犹太国。阿拉伯面积 1.1 万多平方公里，包括北部的加利利、约旦河以西地区和加沙地区；犹太国面积 1.4 万多平方公里；耶路撒冷成为一个在国际政权下的独立主体，由联合国管理。

这个分治决议遭到了巴勒斯坦的阿拉伯人和阿拉伯国家的集体反对，因为当时巴勒斯坦的阿拉伯人有 130 多万，占总人数的 2/3，而分到的土地只占总面积的 43%。而犹太人表示基本满意，开始筹措武力建国。最高兴的则是美国，它以优惠的价格向犹太复国主义者提供价值千万美元的军火，大赚了一把。

第一次中东战争

1948 年 5 月 14 日，以色列临时政府总理本·古里安在特拉维夫正式宣布以色列国成立，很快就得到了美国和苏联的承认。

但是，巴勒斯坦地区的阿拉伯人却没有建立起自己的国家。5 月 15 日，阿拉伯国家联盟，包括埃及、伊拉克、黎巴嫩和约旦的军队相继出兵巴勒斯坦，宣布对以色列处于战争状态，第一次中东战争由此爆发。

战争一开始，阿拉伯国家军队就以绝对优势的兵力发起了进攻。埃及军队首先开火，分兵两路开入巴勒斯坦，直接向特拉维夫进发。由于以色列军队在特拉维夫南面拼命抵抗，夜间袭击了埃及军队先头部队的后方，使埃军慌乱不堪。埃军于是改变目标，转而占领内格夫的一些要地及公路干线。

约旦国王阿卜杜拉向耶路撒冷派出了"阿拉伯军团"的精锐部队，一心想夺取这个城市，成为"耶路撒冷之王"。当阿拉伯军团占领了耶路撒冷通往海岸平原公路的要地特伦时，切断了以色列人的增援，城中的犹太人弹尽粮绝，饮水都发生了困难。然而，军团不了解这些情况，没有抓住机会，致使耶路撒冷新城的战斗陷入僵局。

伊拉克军队和黎巴嫩军队此时都取得了不小的进展，叙利亚军队更是高歌猛进，接连攻克了约旦河两岸的三个犹太居民点。为扭转战局，以色列总理急电以色列驻联合国代表埃班说："以色列需要立即停火。"

在美、苏两国的干预下，阿、以双方同意停火四周。这给了以色列以喘息之机，它开始扩充兵源，命令 17 岁的男女青年都要接受两个月的训练，并召集 36–38 岁的男女服现役，动员 42 岁以下的男子构筑工事。35 岁以下的男子，即使有两个以上的抚养者也要服兵役。紧接着，以色列从美国、英国进口了轰炸机，从法国运来了坦克和大口径火炮，从捷克获得了大量轻武器、野战炮、炸弹和炸药，还购买了小型舰船和巡逻艇。很快，以色列的陆海空三军就初具规模了。

1948 年 7 月 9 日，经过充分准备的以色列军队向阿拉伯军队发动了"十天进攻"。阿拉伯国家由于内部分歧，没有统一的军事计划，一下子处于被动地位，被以色列打得连连后撤。十天的战斗，以色列夺取了阿拉伯约 1000 平方公里的土地。

7 月 18 日，联合国下达"停火令"，要求双方放下武器，坐下来和谈。阿拉伯本以为可以缓一口气了，但以色列军队不久就破坏了停火令，重新向阿拉伯军队发起了进攻。

很快，埃及在军事上失利，被迫签订停战协定，承认除加沙地带外，以色列占有整个内格夫地区。约旦、伊拉克、黎巴嫩和叙利亚也相继与以色列签订停战协议。

这次战争共历时 15 个月，阿拉伯国家死亡 1.5 万人，以色列军队死亡约 6000 人，最后以阿拉伯国家的失败告终。除了加沙和约旦河西岸部分地区外，以色列占领了巴勒斯坦 4/5 的土地，比联合国分治决议规定的多了 6700 多平方公里。96 万巴勒斯坦人因此逃离家园，沦为难民，仇恨变得更加深了。

苏伊士运河战争

1956 年，英、法两国为了夺得苏伊士运河的控制权，与以色列联合，对埃及发动了突然袭击，这就是第二次中东战争，又称苏伊士运河战争。

苏伊士运河是埃及境内的一条国际通航运河，连接地中海和红海，是沟通欧、亚、非三洲的要道，战略位置十分重要。

苏伊士运河自开通以来，一直为英、法所控制，直到埃及独立，宣布将苏伊士运河公司收归国有。英、法为了重新控制苏伊士运河，决定采取武力来解决问题。为了解决兵力不足的问题，法国首先提出邀请以色列加入。对以色列来说，它早就对埃及不准它的船只通过苏伊士运河不满了，因此两者一拍即合。

三个国家偷偷举行会议，制定了作战计划。决定由以色列首先向西奈半岛的埃及军队发起进攻，吸引埃军的主力部队。接着，英、法从塞浦路斯、马耳他、亚丁和航空母舰上出动飞机轰炸埃及，摧毁埃及的军事基地，然后英法军队从塞得港登陆，向运河区进攻，切断埃军退路。最后，由以色列占领西奈半岛全境，英法占领运河区，全歼埃军。

1956 年 10 月 29 日下午，由沙龙上校指挥的以军第二〇二伞兵旅，在法国空军的支援下，利用埃军在西奈中部地区兵力稀少，防御单薄的弱点，首先在米特拉山口空降了 500 余人和部分武器装备。同时，该旅的主力 3000 人与米特拉山口的伞兵会合，向米特拉山口突进。埃军司令部接到前线报告后，急忙出兵迎战，双方激战至黄昏，以军才占领了米特拉山口东部。在随后两天的交火中，以军遭到埃军炮火的猛烈袭击，进攻屡屡受挫。

就在埃及军队准备大规模反击的时候，英法两国借口保护运河航运，向埃及发出"最后通牒"，要求双方停火，并允许英法军队进驻运河区，否则派兵干涉。埃及对此严辞拒绝，英法空军于是开始对埃及的重要城市和公路发起疯狂轰炸。

埃军在多面夹击、孤军奋战的情况下，为了保存有生力量，决定放弃阵地，将主力全部撤出了西奈半岛。不久，埃军同英法军队开始争夺运河区，埃军的顽强抵抗让英法军队始终没能完全占领塞得港，不得不接受联合国的停火决议，撤出埃及。

在整个战争过程中，英法对埃及的轰炸持续了 6 天，伤亡将近 400 人，损失飞机 50 余架；以色列伤亡约 1000 人。埃及也死亡 1000 多人，伤两万多人，损失飞机 200 架，五大城市均遭到严重破坏。

这次战争引发了英国国内的极大不满，保守党艾登首相因此下台。但美国却从中看到了机会，总统艾森豪威尔宣布：一定要打进中东真空地带。

六日战争

第二次中东战争之后，美、苏两国展开了对中东的势力渗入，以色列得到美国的支持，而苏联则大力资助阿拉伯国家。

1958 年 2 月，埃及和叙利亚合并，成立阿拉伯联合共和国（1961 年 9 月又取消联合）。第二年，法塔赫（FATEH）在巴勒斯坦秘密筹建，逐步开始了反对以色列的武装斗争，其武装力量称为"暴风部队"。这一时期，阿拉伯国家出现了团结合作的局面，让以色列感到了来自南北夹击的威胁。

为了削弱阿拉伯联盟的力量，消灭巴勒斯坦解放组织法塔赫，以色列发动了第三次中东战争。

1967 年 6 月 5 日，以色列出动了全部空军，对埃及、叙利亚和约旦等阿拉伯国家发动了大规模的突然袭击。从早晨开始，一直到下午 6 时，以色列空军对阿拉伯各国进行了四波突袭，阿拉伯国家的 400 余架飞机被炸毁，其中埃及就损失飞机 300 多架，整个埃及空军陷于瘫痪，而以色列只损失了 26 架飞机。

为实施这次空袭，以色列进行了长时间的侦察，不但摸清了阿拉伯各国军队的情况，甚至对埃及军官的活动规律也了如指掌。

以色列在实施空袭的半小时后，其地面部队就出动了，很快占领了加沙地带，进入了西奈半岛的阿里什、阿布奥格拉等地。接着，以军兵分三路，向苏伊士运河地区进犯：北路攻打坎塔腊，中路指向伊斯梅利亚，南路对准陶菲克港和苏伊士城。

为了挽回败局，埃军顽强抵抗，发动了两次反攻，终因没有空军支援而失败。仅仅三天时间，西奈半岛就全部落入以军之手。

约旦也没能幸免，以军在进攻埃及后不久便挥师而来，夺取了耶路撒冷东区和约旦河西岸约旦管辖的全部地区。联合国这时紧急出面，要求双方"立即实现停火"和"限期停火"。以色列 8 日同意"停火"，到了 9 日，又开始向叙利亚发动大规模进攻，进攻方向直指戈兰高地。

戈兰高地是叙利亚西南边境内一条狭长山地，与以色列接壤，居高临下，对以色列威胁甚大。一番激战后，以军夺取了戈兰高地的大部分地方和通往大马士革的几条主要公路，夺取了横跨阿拉伯地区通往黎巴嫩的输油管，而后宣布停火。

至此，战争进行了 6 天，埃及、约旦、叙利亚损失惨重，伤亡和被俘的人员多达 6 万，而以色列仅死亡不到 1000 人。通过这次战争，以色列占领了加沙地带和埃及的西奈半岛、约旦河西岸、耶路撒冷旧城和叙利亚的戈兰高地共 6.5 万平方公里的土地，100 万阿拉伯人和巴勒斯坦人逃离家园，沦为难民。

斋月战争

第三次中东战争让阿拉伯国家丧失了大片领土，尤其是埃及，损失最为惨重。一心想收复失地的埃及，不断对运河东岸的以军开炮，而以军也不时派突击队偷袭埃及，双方展开了一场长时期的消耗战。

通过两年的"消耗战争"，埃及深感自己防空力量薄弱，地面部队的力量也需得到加强，决定从苏联购置大量武器装备。

以色列因为在前三次战争中占领了大片阿拉伯领土，战略思想由进攻转为了防守，他们在苏伊士运河东岸兴建起一条长100多公里，以当时的以军总参谋长巴列夫命名的防线。该防线不仅密布铁丝网和地雷，还设置有通向运河的凝固汽油管，点燃后可在运河上形成一道火网。

1973年10月6日下午，苏伊士运河东岸以军防御工事的沙垒中，突然发生两声巨响，这是埃及蛙人在前一天晚间埋入水下的两个炸药包爆炸了，此事揭开了第四次中东战争的序幕。紧接着，埃及、叙利亚两国的军队从西、北两线同时向以军发起了突然袭击。

10月6日是穆斯林的斋月节，又是犹太教的赎罪日。在斋月节里，阿拉伯人白天是不吃饭的，而且会缩短工作时间，减少活动。赎罪日对于犹太人来说，也是一个绝对的休息日，从日出至日落，不吃、不喝、不吸烟、不广播。以色列人做梦也没有想到，这些不吃饭的阿拉伯人，竟然会在下午发动战争。

以军在仓促之时应战，连连后撤。不久埃军在西奈半岛取得全面胜利，开始着手调整部署，巩固阵地。这给了以军以喘息之机，他们迅速集结兵力向叙军反击。埃及军队赶忙出兵增援，但以军对埃军的进攻有了准备，让埃军损失了200辆坦克，被迫退回。

这次胜利让以军非常满意，开始向西线埃军发动进攻，北线则继续与叙利亚对峙。10月22日，联合国再次呼吁双方"就地停火"，埃及、以色列都表示接受，但以军的进攻却没有停止，他们继续向北推进，企图攻占伊斯梅利亚，包围埃及的第二军团，但未能成功。沙龙见状，依靠夜间偷运过河的人员和补给，向阿塔卡地区发动猛攻，占领了苏伊士城郊外的炼油厂，完成了对埃军第三军团大部分部队的包围后，才宣布停火。叙利亚军队的情况也不乐观，虽然收复了一些失地，但成效不大，见以军对埃及停火了，也只能放下了武器。

经过这场"斋月战争"，埃军收复了运河东岸的3000多平方公里土地，但以色列新占了运河西岸埃及领土 1900 余平方公里和叙利亚戈兰高地以东 440 平方公里的领土，可以说不分胜负。

复仇的战争

经过四次中东战争，以色列几乎占领了巴勒斯坦的全部领土。1964 年，第一届巴勒斯坦人国民大会召开，宣布成立巴勒斯坦解放组织，该组织所领导的游击队指挥部主要分布在叙利亚和黎巴嫩等国家内，并逐步控制了黎巴嫩南部和首都贝鲁特地区，成为"国中之国"。

巴解组织经常在以色列后方、戈兰高地和加沙地带等地区展开游击战，袭击以色列军营，摧毁以军的雷达设施和军火库。以色列对其恨之入骨，视为心腹大患，希望发动一场战争消灭在黎巴嫩境内活动的巴勒斯坦解放组织的武装力量。

1982 年 6 月，以色列突然袭击巴解组织在黎巴嫩的据点，第五次中东战争爆发。仅用了 8 天时间，以军凭借着空中和地上的优势兵力，向前推进了 90 余公里，占领黎巴嫩领土约 3000 平方公里，摧毁了巴解游击队在黎巴嫩南部的全部基地，也给了叙利亚军队以沉重打击。

联合国召开紧急特别会议，要求以色列立即停火，并无条件从黎巴嫩撤军。这时，巴解组织为了保存实力，同意撤离贝鲁特西区，但条件是以军从贝鲁特南部后撤五公里。以色列表示拒绝，要求巴解组织必须缴械，所有巴解成员撤出贝鲁特和黎巴嫩，否则就血洗贝鲁特。7 月 6 日，巴解组织拒绝由美军护送撤离，要求在贝鲁特部署多国和平部队，护送自己安全撤离。还没等联合国的维和部队组织起来，以军就率先攻占了国际机场，空袭了巴解总部大楼。巴解组织向苏联、叙利亚及其他阿拉伯国家紧急求援，但它们反应冷淡。在孤立无援的情况下，巴解组织被迫同意撤出贝鲁特。

直到 8 月 21 日，多国部队才分批抵达贝鲁特，执行监护巴解和叙军撤出贝鲁特西区的任务。以色列军队见巴解组织和多国部队相继撤走了，以黎巴嫩总统杰马耶勒遇害为由，进驻贝鲁特西区。多国和平部队不得不再次返回贝鲁特西区，勒令以军撤出。在美国的调停之下，经过 5 个月的谈判，黎、以双方就以军撤出黎巴嫩的问题达成了《黎以撤军协议》，以色列基本上达到了入侵黎巴嫩的目的。

铸剑为犁的拉宾

第四次中东战争后，拉宾当选为以色列议员，次年当选为工党领导人，出任内阁总理。这时，拉宾开始重新思考一个问题：人要是都死光了，土地还拿来干什么呢？拉宾知道，目前的中东，谁也不可能吞掉谁，战争解决不了问题。

于是，拉宾开始为实现中东和平分别与叙利亚和埃及签订"军事脱离"协议，又在美国调解下，签订了著名的《埃以双方谅解备忘录》，他还数次访问约旦，为后来的约旦与以色列的和解铺平了道路。

然而在 1976 年，拉宾却因为在安息日组织军官及部分内阁成员欢迎美国的F-15 飞机，触怒了以色列颇有影响的宗教政党。雪上加霜的是，拉宾夫人非法在美国存款一事不久被揭露，拉宾被迫辞职。

1984 年，拉宾东山再起，出任国防部长，1992 年二度出任以色列总理。拉宾上任后，立即与巴勒斯坦的巴解组织领导人阿拉法特接触，接受了以土地换和平的主张，试图谋求最终解决阿以争端。

1993 年 11 月 13 日，巴以第一个和平协议——《加沙 — 杰里科自治原则宣言》的签字仪式在美国白宫的南草坪举行。在全世界的注目之下，拉宾同另一位中东和平的缔造者、巴勒斯坦人的领袖阿拉法特握手言和，化干戈为玉帛。两年后，拉宾再次来到这里，同阿拉法特签署了关于扩大巴勒斯坦自治范围的《塔巴协议》，宣布以色列将在 10 天后开始从约旦河西岸撤军，6 个月后完成第一阶段撤军，巴勒斯坦权力机构管辖的范围将扩大到西岸 27％的地域。至此，巴勒斯坦国的雏形已经出现。

但是，《塔巴协议》遭到以色列极右势力的反对，他们认为"拉宾是犹太民族的叛徒"！

拉宾非常伤心，1995 年 11 月 4 日晚，在以色列特拉维夫市国王市场上，"要和平，不要暴力"的集会正在这里举行，拉宾当即发表了演讲："我当了 27 年的军人，只要和平没有到来，我就会矢志不渝地斗争下去。我相信现在有一个机会，一个争取和平的伟大机会，为了站在这里的人，为了更多的不在这里的人，我们必须把握住这个机会。"拉宾的讲话一结束，偌大的国王广场上随即响起热烈的掌声，许多人还挥拳喊起了"要和平，不要暴力"的口号。

9 点 40 分，当拉宾和夫人走下台阶，向停在广场旁边的专车走去时，一个黑头发的年轻人阿米尔突然掏出一支左轮手枪，向拉宾的胸部开了一枪。凶手一边开枪，一边大声叫喊着："没事，没事，这不是真子弹。"而此时，拉宾已然手捂腹部向前弯下了腰。如梦初醒的保镖们扑上前去，想用他们的身体遮盖拉宾，却在慌乱中把拉宾的背部暴露给凶手。阿米尔又向拉宾的背部连开两枪，一颗子弹击中了拉宾，另一颗击中了保镖的肩膀。

拉宾倒下了，他胸前的口袋里，还放着一张沾满鲜血的歌词——《和平之歌》。

"不死鸟"阿拉法特

为了避免刺激以色列人的情绪，阿拉法特没有出席拉宾的葬礼。葬礼四天后，阿拉法特出人意料地从加沙飞抵特拉维夫，亲自来到拉宾的家中吊唁。

对于阿拉法特来说，暗杀是他经常遇到的，未遂谋杀的次数几乎与他的年龄相等。幸运的是，他每次都能化险为夷，因此被人们称为"不死鸟"。

这位九死一生的战士，19 岁时便投身于抗击以色列的斗争中，在科威特秘密筹建了"巴勒斯坦民族解放运动"（简称"法塔赫"）及其军事组织"暴风"突击队，并从 1971 年起任巴勒斯坦革命武装力量总司令。

1974 年 11 月，阿拉法特踏上了联合国大会的讲坛，发表了一个让整个世界为之震动的演讲：

"多年以来，巴勒斯坦人民经受着战火的煎熬，被驱逐，被打击，过着流离失所的生活，整个民族流的血永远都无法被偿还。但是这一切都没有使我们的民族怀恨在心并进行报复。我们没有仇视我们敌人的民族，但也没有失去分辨朋友和敌人的能力。

"我以巴勒斯坦解放组织主席及巴勒斯坦革命领导人的身份保证，在我们说到巴勒斯坦人的明天时，我们也包括了那些与我们和平共处的居住在巴勒斯坦的犹太人。我们不希望阿拉伯人和犹太人再流一滴血，我们也不想再有杀戮。

"我请求你们帮助我们的人民取得自治的目标。这项权利被写在联合国宪章中，而且在宪章起草的那一天起，已经在联合国的历史中被反复使用。我再一次请求你们，帮助我们的人民回到我们的家园，武力、暴政的压迫迫使我们离开了自己的土地，而我们想回去，想拿回属于我们的东西，在我们自己的国土上自由地生活，享受我们应得的一切权利。只有这样我们才能和其他民族一起共建人类文明，只有这样耶路撒冷才能再一次成为所有宗教和平共处的神殿。

"我请求你们帮助我们的民族在我们自己的土地上建立自己的国家。

"今天我来到这里，带着橄榄枝和自由战士的枪。请别让橄榄枝从我手中掉落。"

当阿拉法特和拉宾在华盛顿签署了巴勒斯坦自治《原则宣言》后，阿拉法特结束了他长达 27 年的流亡生活，回到加沙，当选为巴勒斯坦民族权力机构（自治政府）主席。他依旧穿着那身军装，头上裹着那块方格头巾，为实现巴勒斯坦建国与和平奔忙着。

后来由于遭受以色列的长期"软禁"，阿拉法特的健康状况逐渐恶化，不得不取道约旦前往巴黎就医，自此离开了他挚爱的巴勒斯坦。

2004 年 11 月 11 日，阿拉法特在法国巴黎因病逝世，享年 75 岁。消息传来，举世为之悲痛。阿拉法特走了，和平还能到来吗？